权威·前沿·原创

皮书系列为

“十二五”“十三五”“十四五”时期国家重点出版物出版专项规划项目

智库成果出版与传播平台

湖南乡村振兴报告（2022）

HUNAN RURAL REVITALIZATION REPORT (2022)

主　编／陈文胜

社会科学文献出版社
SOCIAL SCIENCES ACADEMIC PRESS (CHINA)

图书在版编目（CIP）数据

湖南乡村振兴报告.2022/陈文胜主编.—北京：社会科学文献出版社，2022.7
（乡村振兴蓝皮书）
ISBN 978-7-5228-0283-1

Ⅰ.①湖… Ⅱ.①陈… Ⅲ.①农村-社会主义建设-研究报告-湖南-2022 Ⅳ.①F327.64

中国版本图书馆 CIP 数据核字（2022）第 103873 号

乡村振兴蓝皮书
湖南乡村振兴报告（2022）

主　　编／陈文胜

出 版 人／王利民
责任编辑／桂　芳
责任印制／王京美

出　　版／社会科学文献出版社·皮书出版分社（010）59367127
　　　　　地址：北京市北三环中路甲 29 号院华龙大厦　邮编：100029
　　　　　网址：www.ssap.com.cn
发　　行／社会科学文献出版社（010）59367028
印　　装／三河市东方印刷有限公司

规　　格／开　本：787mm×1092mm　1/16
　　　　　印　张：31.75　字　数：476 千字
版　　次／2022 年 7 月第 1 版　2022 年 7 月第 1 次印刷
书　　号／ISBN 978-7-5228-0283-1
定　　价／198.00 元

读者服务电话：4008918866

《湖南乡村振兴报告（2022）》
编委会

主　　编　陈文胜

副 主 编　陆福兴　瞿理铜

执行主编　游　斌　李　珺

成　　员　陈文胜　邹冬生　杨胜刚　王文强　瞿理铜
　　　　　柳中辉　陆福兴　游　斌　李　珺

主编简介

陈文胜　湖南师范大学潇湘学者特聘教授，中国乡村振兴研究院院长、二级教授、博士生导师，享受国务院政府特殊津贴专家，中央农办乡村振兴专家咨询委员会委员，中共湖南省委农村工作领导小组三农工作专家组组长，中国农村发展学会副会长，湖南省政府参事室特约研究员、省重大决策咨询智囊团专家，《中国乡村发现》主编，香港中文大学访问学者，湖南省“五个一批”人才，湖南省中国乡村振兴研究基地首席专家。主要从事三农问题研究。主持国家社科基金项目 2 项、国家社科基金重大项目子课题 1 项；主持省社科基金重大项目 2 项、重点项目 3 项、一般项目 15 项，其他项目 28 项。出版专著 5 部、合著 7 部、编著 60 多部；在《求是》《政治学研究》《人民日报》《光明日报》《经济日报》发表论文 100 余篇，被《新华文摘》《中国社会科学文摘》等转载 20 余篇；研究报告获党和国家领导人肯定性批示 9 人次、省部级领导肯定性批示 60 余人次，15 项成果进入湖南省委省政府决策。代表作《论大国农业转型》《论中国乡村变迁》均入选“国家社科基金中华学术外译项目”。

摘 要

2021年，是“三农”工作重心历史性转移、巩固拓展脱贫攻坚成果同乡村振兴有效衔接的起步之年，是实施“十四五”规划、开启全面建设社会主义现代化国家新征程的开局之年，更是全面建成小康社会向党的第二个百年奋斗目标进军的启航之年。本书立足于湖南传统农业大省的省情，以解决城乡发展不平衡不充分的矛盾为主线，对湖南全面推进乡村振兴，促进农业高质高效、乡村宜居宜业、农民富裕富足取得的成效、存在的问题及对策进行了研究。

2021年湖南全面推进乡村振兴取得明显的成效。一是以对标对表稳守脱贫底线，脱贫攻坚成果持续巩固拓展。表现在：保持战略定力，自觉扛牢巩固脱贫攻坚成果政治责任；保持底线思维，坚决筑牢防止规模性返贫的屏障；保持政策稳定，协调部署推进“有效衔接”落到实处。二是深耕“三块田”，农产品供给保障能力稳步提升。表现在：深耕稳产保供“责任田”，深耕综合改革“试验田”，深耕精细农业“高产田”。三是以美丽宜居为着力点，乡村建设行动稳步推进。表现在：强化先规划后建设、强化人居环境改善、强化农村基础设施建设、强化公共服务县域统筹。四是抓党建兴文化立新风，乡村治理取得新成效。表现在：加强党建引领，增强基层组织凝聚力；发挥德治教化作用，弘扬时代新风；创新特色治理模式，激发农民内生动力。五是强化体制机制创新，乡村组织保障体系不断健全。表现在：强化党建引领，加快推动乡村治理能力现代化；强化组织动员，广泛凝聚乡村振兴力量；强化纪律监督，从严整治形式主义、官僚主义；强化关心关爱，持续激发干部干事创业激情。湖南农业农村现代化的基本态势为：一是农业由粗放低效逐渐向高质高效新阶段迈进；二是乡村由传统封闭逐渐向开放多元新阶段迈进；三是农民由全面小康逐渐向富裕富足新阶段迈进。

推进湖南乡村振兴亟待破解六大现实问题：一是粮猪型农产品结构不优、效益不高，稳产保供压力大。二是丘陵山区居住分散化和空心化，人居环境改善困难多。三是乡村传统文化多样性与乡愁迷失，乡风文明建设困惑多。四是乡村治理农民自主性参与不足，干群关系融洽互信难。五是疫情防控常态化，农民外出就业减少，农业大省增收难。六是资源开发不够与土地要素流动不足，农村改革深化难。

全面推进湖南乡村振兴的基本对策：第一，“做优一桌湖南饭”，乡村产业应着力区域特色分工。以“一县一品”为取向，优化湖南特色农产品品种结构；适应消费结构变迁，着力提升中高端农产品品质；发挥地理优势，不断拓展特色农产品生产立体耕地空间；加大对湘菜的扶持力度，实现吃得好又卖得好；加大科技研发和科技赋能力度，实现从田间到餐桌智能化。第二，突出留住“乡愁”，乡村风貌应彰显湖湘乡村风情。制定村容村貌的顶层设计和正负面清单；推进村容村貌提升与文化传承互相融合；加强村庄规划提档和建设管控。第三，激活乡村内生动力，乡村治理应敬畏农民法定权利。以农民群众答应不答应、高兴不高兴、满意不满意作为衡量乡村治理成效的根本尺度；对农民的法定权利始终保持敬畏之心；赋予农民充分的话语权和自主权。第四，聚焦城乡融合发展，农村改革应把县域作为主战场。推进农村发展与城镇发展对接；推进农村资源要素与城市资源要素对接；推进农业发展与工商业发展对接。第五，守住不发生规模性返贫底线，“三农”主线应突出农民增收。巩固脱贫攻坚成果，筑牢实现农民共同富裕的基础；拓展农民家庭经营净收入空间；促进农民更高质量、更充分就业，实现工资性增收；完善农业支持保护制度，着力增加农民转移收入；持续深化农村集体产权制度改革，提升村集体经济支撑农民增收的能力。

本书还以湖南大湘南地区的永州市、郴州市、衡阳市、娄底市及其典型县为依托进行了调研，撰写四市的乡村振兴调研报告；同时还选择部分典型村庄进行调研并撰写了相应的调研报告，力图全面反映湖南推进乡村振兴的各个侧面图景。

关键词： 乡村振兴 城乡融合 农业农村现代化 湖南

Abstract

2021 is the starting year for the historic shift of the focus of the work on agriculture, rural areas and farmers, and for the effective connection between consolidation and expansion of the achievements in poverty alleviation and Rural Revitalization. It is the beginning year for the implementation of the 14th Five-Year Plan and the start of a new journey of building a modern socialist country in an all-round way. It is also the sailing year for building a well-off society in an all-round way to the party's Second Centennial Goal. Based on the provincial situation of Hunan's traditional agricultural province and taking solving the contradiction of unbalanced and insufficient urban and rural development as the main line, this book studies the achievements, existing problems and countermeasures of comprehensively promoting Rural Revitalization in Hunan, promoting high-quality and efficient agriculture, rural livability and industry, and farmers' prosperity.

In 2021, Hunan has made remarkable achievements in comprehensively promoting Rural Revitalization. First, it has firmly adhered to the bottom line of poverty alleviation by benchmarking against the table, and the achievements of poverty alleviation have been continuously consolidated and expanded. It is manifested in: maintaining strategic concentration and consciously shouldering the political responsibility of consolidating the achievements of poverty alleviation; maintaining the bottom line thinking and firmly build a barrier to prevent large-scale return to poverty; maintaining policy stability, coordinate deployment and promote the implementation of "effective connection"; maintaining policy stability, coordinate deployment and promote the implementation of "effective connection". Second, the "three fields" were deeply cultivated, and the supply guarantee capacity of agricultural products was steadily improved. It is manifested in: deep cultivation, stable yield and guaranteed supply of "responsible field"; deep ploughing comprehensive reform "experimental field"; deep ploughing fine agriculture "high yield field" . Third, taking beauty and livability as the focus, rural construction has been steadily promoted. It is reflected in: strengthening planning before construction, strengthening the improvement of living environment, strengthening the construction of rural infrastructure, and strengthening the overall planning of public services at the county level. Fourth, we should strengthen party building, promote culture, establish new practices, and achieve new results in rural governance. It is manifested in: strengthening the guidance of Party construction and enhancing the cohesion of grass-roots organizations; giving full play to the role of rule of virtue and education and carry forward the new trend of the times; innovating the characteristic governance model and stimulate the endogenous driving force of farmers. Fifth, strengthen the innovation of system and mechanism, and continuously improve the rural organization guarantee system. It is reflected in: strengthening the guidance of Party construction and accelerating the modernization of rural governance ability; strengthening organization and mobilization and widely pool the strength of Rural Revitalization; strengthening discipline supervision and strictly rectify formalism and bureaucracy; strengthening care and care, and continuously stimulate the entrepreneurial passion of cadres and officers. The basic situation of Hunan's agricultural and rural modernization is as follows: First, agriculture has gradually moved from extensive and inefficient to a new stage of high quality and efficiency. Second, rural areas have gradually moved from traditional closure to a new stage of openness and pluralism. Third, farmers have gradually moved from a well-off society in an all-round way to a new stage of prosperity.

Six practical problems need to be solved urgently to promote the revitalization of rural areas in Hunan. First, the structure of grain pig agricultural products is not excellent, the benefits are not high, and there is great pressure to stabilize production and supply. Second, the residential areas in Hilly and mountainous areas are decentralized and hollow, and it is difficult to improve the living environment. Third, the diversity of rural traditional culture and homesickness are lost, and there are many puzzles in the construction of rural style civilization. Fourth, the lack of farmers' independent participation in rural governance, the harmonious relationship between cadres and the masses and the difficulty of mutual trust. Fifth, the epidemic prevention and control has been normalized, farmers' out of town employment has decreased, and it is difficult for large agricultural provinces to increase income. Sixth, the insufficient development of resources and the insufficient flow of land factors make it difficult to deepen rural reform.

The basic countermeasures to comprehensively promote the revitalization of rural areas in Hunan: first, "make a good table of Hunan food", rural industry should focus on the division of labor with regional characteristics. Taking "one county, one product" as the orientation, optimize the variety structure of Hunan characteristic agricultural products; Adapt to the change of consumption structure and strive to improve the quality of medium and high-end agricultural products; Give play to geographical advantages and constantly expand the three-dimensional cultivated land space for the production of characteristic agricultural products; Increase support for Hunan cuisine to achieve good food and good sales; Increase scientific and technological research and development and scientific and technological empowerment, and realize intellectualization from field to dining table. Second, highlight the "nostalgia" and highlight the rural style of Hunan. Formulate the top-level design and positive and negative list of village appearance. Promote the mutual integration of village appearance improvement and cultural inheritance; strengthen the filing of village planning and construction control. Third, activate the endogenous driving force in rural areas, and rural governance should respect farmers' legal rights. Take the farmers' consent, happiness and satisfaction as the fundamental yardstick to measure the effectiveness of rural governance. Always maintain awe of farmers' legal rights. Give farmers full voice and autonomy. Fourth, focus on the integrated development of urban and rural areas. The rural reform should take the county as the main battlefield. Promote the connection between rural development and urban development. Promote the connection between rural resource elements and urban resource elements. Promote the connection between agricultural development and industrial and commercial development. Fifth, hold the bottom line that there will be no large-scale return to poverty. The main line of agriculture, rural areas and farmers should highlight the increase of farmers' income. Consolidate the achievements of poverty alleviation and build a solid foundation for the common prosperity of farmers. Expand the net income space of farmers' families. Promote higher quality and full employment of farmers and increase wage income. Improve the agricultural support and protection system and strive to increase farmers' transfer income. We will continue to deepen the reform of the rural collective property right system and improve the ability of the village collective economy to support farmers' income.

The book also conducts research based on Yongzhou City, Chenzhou City, Hengyang City, Loudi City and their typical counties in the south of Hunan Province, and writes an investigation report on Rural Revitalization of four cities. At the same time, it also selected some typical villages for research and wrote corresponding research reports, trying to comprehensively reflect all aspects of Hunan's comprehensive promotion of Rural Revitalization.

Keywords: Rural Revitalization; Urban-rural Integration; Agricultural and Rural Modernization; Hunan

目　录

Ⅰ　总报告

Ⅱ　市域篇

Ⅲ　县（市/区）域篇

Ⅳ　镇村篇

皮书数据库阅读**使用指南**

CONTENTS

I General Report

II Urban Reports

Ⅲ County (City / Center) Reports

Ⅳ County Reports

总 报 告

General Report

B.1 湖南省2022年全面推进乡村振兴研究报告

湖南师范大学中国乡村振兴研究院*

摘　要： 湖南深入学习贯彻落实习近平总书记关于“三农”工作的重要论述，将巩固拓展脱贫攻坚成果同乡村振兴有效衔接摆在突出位置，全面实施“六大强农”行动，加快培育农业优势特色千亿产业，着力打造种业和农机“两个高地”，在农业农村现代化征程上迈出新步伐，全面推进乡村振兴取得的五大成效：对标对表稳守脱贫底线，脱贫攻坚成果持续巩固拓展；深耕“三块田”，

* 湖南师范大学中国乡村振兴研究院课题组成员：陈文胜，湖南师范大学中国乡村振兴研究院院长、二级教授、博士生导师，研究方向为农村经济、城乡关系、乡村治理；陆福兴，湖南师范大学中国乡村振兴研究院教授，研究方向为农村政策法律、农业安全；瞿理铜，湖南师范大学中国乡村振兴研究院副教授，主要研究方向为土地经济与土地政策，区域发展与城乡规划；游斌，湖南师范大学中国乡村振兴研究院博士后，研究方向为城乡和区域经济发展；李珺，湖南师范大学中国乡村振兴研究院、马克思主义学院博士研究生，研究方向为乡村文化；李珊珊，湖南师范大学中国乡村振兴研究院、马克思主义学院博士研究生，研究方向为乡村振兴战略；汪义力，湖南师范大学中国乡村振兴研究院、马克思主义学院博士研究生，研究方向为乡村治理。

农产品供给保障能力稳步提升；以美丽宜居为着力点，乡村建设行动稳步推进；抓党建兴文化立新风，乡村治理取得新成效；强化体制机制创新，乡村组织保障体系不断健全。本报告研判湖南农业农村现代化的基本态势为：农业由粗放低效逐渐向高质高效新阶段迈进，乡村由传统封闭逐渐向开放多元新阶段迈进，农民由全面小康逐渐向富裕富足新阶段迈进。本报告认为，推进湖南乡村振兴亟待破解六大现实问题：粮猪型农产品结构不优、效益不高，稳产保供压力大；丘陵山区居住分散化和空心化，人居环境改善困难多；乡村传统文化多样性与乡愁迷失，乡风文明建设困惑多；乡村治理农民自主性参与不足，干群关系融洽互信难；疫情防控常态化农民外出就业减少，农业大省增收难；资源开发不够、土地要素流动不足，农村改革深化难。本报告提出全面推进湖南乡村振兴的基本对策："做优一桌湖南饭"，乡村产业应着力区域特色分工；突出留住"乡愁"，乡村风貌应彰显湖湘乡村风情；激活乡村内生动力，乡村治理应敬畏农民法定权利；聚焦城乡融合发展，农村改革应把县域作为主战场；守住不发生规模性返贫底线，"三农"主线应突出农民增收。

关键词： 乡村振兴　农业农村现代化　湖南省

没有中国农业农村的现代化，就没有中国的全面现代化。习近平总书记强调，全面推进乡村振兴，加快农业农村现代化，是需要全党高度重视的一个关系大局的重大问题。在"两个一百年"奋斗目标的历史交汇期，湖南深入学习贯彻落实习近平总书记关于"三农"工作的重要论述，将巩固拓展脱贫攻坚成果同乡村振兴有效衔接摆在突出位置，全面实施"六大强农"行动，加快培育农业优势特色千亿产业，着力打造种业和农机"两个高地"，在农业农村现代化征程上迈出新步伐。

一　湖南推进乡村振兴取得的明显进展

为全面落实“三高四新”战略定位和使命任务，奋力开创农业农村现代化新局面，湖南2021年注重对标对表稳守脱贫底线，持续巩固拓展脱贫攻坚成果，接续推进脱贫地区乡村振兴，以“守底线、抓发展、促振兴”为重点，加快推进产业、人才、文化、生态、组织等全面振兴，乡村振兴各项工作稳步推进、成效明显。

（一）对标对表稳守脱贫底线，脱贫攻坚成果持续巩固拓展

“脱贫摘帽不是终点，而是新生活、新奋斗的起点。”① 打赢脱贫攻坚战、全面建成小康社会后，我们巩固脱贫攻坚成果的任务依然艰巨。习近平总书记指出：“要切实做好巩固拓展脱贫攻坚成果同乡村振兴有效衔接各项工作，让脱贫基础更加稳固、成效更可持续。”② 湖南按照习近平总书记的指示要求，坚持把脱贫攻坚与乡村振兴的有效衔接工作摆在头等位置来抓，坚决守住脱贫攻坚的底线，深入探索湖南作为农业大省全面推进乡村振兴的有效路径，取得了较好的成效。

1. 保持战略定力，自觉扛牢巩固脱贫攻坚成果政治责任

脱贫攻坚全面胜利后，巩固拓展脱贫攻坚成果、全面推进乡村振兴任重道远。湖南保持战略定力，严格落实“省负总责、市县乡抓落实”的要求，压紧压实各级各部门政治责任，坚定不移地巩固好拓展好脱贫攻坚成果，着力推进脱贫攻坚与乡村振兴有效衔接。

（1）严格对标对表。召开了省委农村工作会、全省有效衔接专题会，召开了省委实施乡村振兴战略领导小组会、全省脱贫攻坚总结表彰大会，以

① 习近平：《在全国脱贫攻坚总结表彰大会上的讲话》，《人民日报》2021年2月26日第2版。

② 习近平：《在全国脱贫攻坚总结表彰大会上的讲话》，《人民日报》2021年2月26日第2版。

及防范脱贫后风险、乡村振兴系统建设、重点帮扶和示范创建、防止返贫监测与帮扶等专题推进会。在全国率先选派3.37万名干部组成1.28万支工作队进村到岗，做到脱贫村、易地扶贫搬迁集中安置村（社区）、乡村振兴任务重的村、党组织软弱涣散村等驻村第一书记和工作队全覆盖。全年分级分类培训乡村振兴干部近20万人次，实现对县市区和乡镇新任党政正职、新一届村“两委”班子、乡村振兴系统和驻村工作队全覆盖。

（2）坚持统筹推进。充分发挥省委农村工作领导小组牵头抓总、统筹协调、督促各方的作用，完善省委实施乡村振兴战略领导小组机构职能，由省委书记担任组长，省长担任第一副组长，相关分管省领导担任副组长，建立了党委农办牵头、农业农村部门统筹、乡村振兴部门抓具体工作的运转机制。将巩固拓展脱贫攻坚成果纳入乡村振兴战略实绩考核，3次开展重点工作明察暗访，涉及14个市州的78个县市区。

（3）加大投入力度。2021年，中央财政投入湖南财政用以衔接推进乡村振兴补助资金64.1亿元，省本级投入51.3亿元，市县投入24亿元，均继续保持增长态势。此外，湖南省及时安排1.12亿元资金应对新冠肺炎疫情影响，对疫情较重的张家界市和13个重点帮扶县，每市县单独支持3000万元，还筹措1亿元资金用于张家界市、湘西州等地文旅产业纾困解难。全省共储备巩固拓展脱贫攻坚成果和乡村振兴项目11.89万个，涉及投资648.1亿元；共摸排登记扶贫项目资产1332.25亿元，已确权1332.18亿元，占比99.99%，并出台有关文件，加强分类后续管护运营；财政衔补资金支出进度达到92.87%。落实土地出让收入使用范围调整政策，2021年，湖南省土地出让收益计提用于农业农村的资金占比达到30%以上。出台支持巩固拓展脱贫攻坚成果、全面推进乡村振兴金融政策举措，全省涉农贷款余额1.64万亿元，同比增长13.9%。①

（4）创新工作机制。不断完善工作落实机制，保障成果巩固稳步推进。

① 湖南省乡村振兴局：《湖南省2021年巩固拓展脱贫攻坚成果同乡村振兴有效衔接工作总结》（2022年），打印稿。

一是建立摸底排查、部门筛查、风险防范、精准帮扶“四位一体”防返贫监测帮扶机制，在全国防返贫监测系统基础上，建立全省防返贫监测与帮扶管理平台，扎实开展两轮无遗漏、全覆盖的集中排查整改，把排查、比对、核实、认定等工作环节进一步规范化、常态化。二是健全省级领导联县、省内对口支援、部门驻村帮扶、干部联系帮扶、社会参与帮扶“五位一体”帮扶体系。三是建立乡村振兴重点帮扶和示范创建相结合的梯次推进机制。四是在探索出“首厕过关制”的基础上，开展分类型改厕以及厕所粪污和生活污水同步治理试点，积累了“宜统则统、宜联则联、宜分则分”的经验。2021 年 7 月 23 日，全国农村厕所革命现场会在湖南衡阳召开。

2. 保持底线思维，坚决筑牢防止规模性返贫的屏障

在巩固拓展脱贫攻坚成果与乡村振兴有效衔接的关键节点，必须坚持底线思维，“兜”住最困难群众，“保”住最基本生活，确保脱贫人口真脱贫、不返贫。湖南坚持严格按照“四个不摘”总体要求，立足实际，因地制宜地延续、优化、调整帮扶政策，确保政策保障的连续性和稳定性，对在抽查、普查和考核过程中发现的问题分析研究、及时整改，查缺补漏、动态清零，坚决守住不发生规模性返贫的底线，坚决把来之不易的脱贫攻坚成果巩固好、拓展好，不断筑牢乡村振兴基础。

（1）坚持“应纳尽纳、应帮尽帮”。将各类可能导致返贫的突发情况纳入监测和帮扶范围。紧抓突发性汛情、阶段性疫情等关键节点，全年通过 8 批次行业部门数据比对分析，产生疑似风险预警信息 110.75 万条，通过入户核实，发现存在返贫致贫风险并按程序纳入防止返贫监测对象 6440 户 1.86 万人。全省共排查发现受疫情影响农户 1.48 万户 4.59 万人，其中张家界市 1.25 万户 3.4 万人。及时向张家界市单独调度衔接 3000 万元资金支持稳岗就业，筹措 1 亿元资金用于张家界市、湘西州等地文旅产业渡过困境。通过线上线下累计帮助销售扶贫产品 156.46 亿元，及时解决了 1480 户因灾住房安全问题。明确从出现返贫风险到纳入监测，时长控制在 1 个月以内，杜绝体外循环、应纳未纳；所有脱贫户都有干部结对联系，所有监测户都有干部结对帮扶，跟进强化“缺什么、补什么”的帮扶措施。截至 2021

年 12 月底，全省共有监测对象 13.8 万户 32.7 万人，均及时给予针对性帮扶，8.9 万户 22.3 万人已消除返贫致贫风险。①

（2）持续巩固“两不愁三保障”成果。坚持“三帮一”劝返复学机制，对全省 79.76 万名义务教育阶段经济困难家庭学生实现资助全覆盖，失学辍学问题动态清零。合理确定困难群众资助参保政策和农村居民医疗保障水平，夯实分类医疗救助托底保障，对脱贫人口参保情况实行半月一调度，确保脱贫人口和监测对象全员参保。继续实行脱贫人口县域内定点医疗机构“先诊疗后付费”和“一站式”结算服务，持续做好家庭医生签约服务和 33 种大病专项救治。将农村住房保障对象由 4 类扩大到 6 类，即易返贫致贫户、农村低保户、农村分散供养特困人员、因病因灾因意外事故等刚性支出较大或收入大幅缩减导致基本生活出现严重困难家庭、农村低保边缘户、未享受过农村住房保障政策且依靠自身力量无法解决住房安全问题的其他贫困户。加强规范建房和质量监管，及时解决 1480 户因灾住房安全问题，年内完成农村危房改造 2.8 万户。全面开展农村饮水安全监测排查，加强集中供水工程养护，解决了 1.66 万人供水不稳定问题。截至 2021 年 12 月底，全省“三保障”和饮水安全问题持续动态清零，综合保障了 180.55 万名农村低保和特困供养人员。全年新增发放小额信贷 36.35 亿元，逾期率控制在 1%以内。②

（3）突出产业就业稳增收。产业发展的强弱，直接影响农民就业和增收情况。稳住就业就稳住了农民收入，也就稳住了巩固脱贫成果的“大头”。湖南因地制宜，积极探索发展特色农业产业，以“六大强农”行动为引领，推动脱贫地区产业融入全省百千亿级特色主导产业发展，带动和保障脱贫人口稳定就业创业，以稳定的、不断增长的、可持续的产业确保脱贫人口就业稳中提质。出台《关于持续推进“六大强农”行动促进乡村产业兴

① 湖南省乡村振兴局：《湖南省乡村振兴工作 2021 年总结和 2022 年打算》（2022 年），打印稿。

② 湖南省乡村振兴局：《湖南省乡村振兴工作 2021 年总结和 2022 年打算》（2022 年），打印稿。

旺的实施意见》等政策文件，协同出台全省脱贫地区特色产业可持续发展实施意见，制定“一特两辅”特色产业发展规划，打造“崀山脐橙”等5个片区品牌。51个脱贫县累计创建国家现代农业产业园3个、省级现代农业产业园13个、优质农产品供应基地省级示范片18个，发展省级以上龙头企业330家、农民合作社47721家。在脱贫地区新建（续建）4个省级现代农业产业园，打造11个农业特色产业强镇和一批“一村一品”特色产业村。全省农产品产地冷藏保鲜设施项目60%安排在脱贫地区，在30个县实施“互联网+”农产品出村进城示范工程，通过线上线下累计帮助脱贫地区销售农产品126.46亿元。持续加大脱贫人口稳岗就业力度，继续实施整合资源对接、发展就业载体吸纳、创新创业模式带动、因地制宜就地安置“四个一批”。全省建立了一套比较完善的劳务协作对接机制，建成就业帮扶车间、帮扶基地等载体7210个，开发公益性岗位和临时性过渡岗位15.28万个；脱贫人口务工人数达到244.23万人，为上年底的105%。①

（4）加强易地搬迁后扶和管理。易地搬迁脱贫，后续帮扶最关键的是能实现稳定就业。湖南把就业帮扶作为帮助易地搬迁群众搬得出、稳得住、有就业、能致富的重要举措，不断完善后续扶持政策，分类落实帮扶措施。强化搬迁人口就业和产业帮扶，以大中型集中安置点为重点，开展就业协作帮扶专项活动，推广实施一批投资规模小、技术门槛低、前期工作简单、务工技能要求不高的“以工代赈”项目；对搬迁户参与度高的特色农林产业项目、搬迁群众自主创办的实体经济项目以及吸纳搬迁户就业的经营主体奖补1.95亿元。截至2021年11月底，全省易地搬迁人员中有就业意愿的劳动力已就业29.29万人，就业率达到99.47%。加快推进补短板项目投入使用，进一步完善集中安置区基础设施和公共服务配套设施，累计建成环境卫生设施2390个、市政公用设施1029个、公共服务设施1456个，搬迁群众就学、就医、购物、出行等条件稳步提升。进一步健全社区组织管理服务架

① 湖南省乡村振兴局：《湖南省2021年巩固拓展脱贫攻坚成果同乡村振兴有效衔接工作总结》（2022年），打印稿。

构，优化基层党组织和村民自治组织制度，指导拥有800人以上的集中安置社区设立“一站式”服务窗口，为搬迁群众提供户籍、民政、医保、养老、住房等服务事项。全面完成易地搬迁安置住房不动产登记工作任务，实现不动产权证“应发尽发”。①

（5）突出农村低收入人口帮扶。加强农村低收入人口常态化帮扶是巩固拓展脱贫成果的重要举措。2021年，湖南制定农村低收入家庭认定和救助帮扶办法，规范认定程序，健全救助体系，扎实分类帮扶，确保应保尽保。将提高城乡低保标准、残疾人“两项补贴”及新增“特困人员供养服务床位5000张”纳入省政府年度重点民生实事。全省共兜底保障180.55万农村低保和特困供养人口；农村平均低保标准达到5228元/年，困难残疾人生活补贴和重度残疾人护理补贴平均达到80.6元/月和74.8元/月。

（6）从严排查整改问题。从严从实排查问题、整改问题，补齐短板弱项，是巩固拓展脱贫攻坚任务的重中之重。2021年，湖南坚持问题导向，深入开展排查，在全省两次（5~6月和9~10月）集中开展防返贫监测帮扶排查整改行动，有效化解了一批潜在的风险矛盾。在11月19日全国乡村振兴局长视频会议后，迅速以中办督查调研、中纪委专题调研、国务院第八次大督查发现的6类问题为主线，结合省级督查发现的问题，细化梳理成7个方面25项任务交办市县及相关省直部门，推动举一反三、全面整改清零。目前，中央2020年脱贫攻坚成效考核反馈的湖南省两个方面15项具体问题全部整改到位；《中国乡村振兴》杂志社11月份暗访湖南省指出的4个方面5项具体问题，凡个案问题全部整改销号，对共性问题正研究建立机制、长期整改。

3. 保持政策稳定，协调部署推进“有效衔接”落到实处

按照有序调整、平稳过渡的原则，加强有效衔接制度设计，保持主要帮扶政策总体稳定，进一步优化细化工作举措，实现政策不留空白、工作不留

---

① 湖南省乡村振兴局：《湖南省2021年巩固拓展脱贫攻坚成果同乡村振兴有效衔接工作总结》（2022年），打印稿。

空档，政策、工作、机构队伍平稳过渡，推动“有效衔接”落到实处。

（1）加强政策衔接。按照“四个不摘”要求，湖南紧跟国家“1+32”政策优化体系，进一步结合本地实际，及时出台全省有效衔接实施意见，明确行业部门责任分工，科学编制全省“十四五”农业农村现代化规划、有效衔接规划以及湘西地区产业发展规划，做到规划实施和项目建设有效衔接。建立乡村振兴考核机制，配套制定80余个相关政策文件，并充分研判风险，采取应对举措。比如，出台了比较合理的医疗保障专项实施方案和分类救助办法，对脱贫人口参保工作半月一调度一通报。

（2）加强工作衔接。根据各地经济社会发展实际和“抓两头、促中间”的思路方法，全省认定13个重点帮扶县、2307个重点帮扶村和1个示范创建市、14个示范创建县、2371个示范创建村，在罗霄山片区打造湘赣边乡村振兴先行示范区，在武陵山片区打造环十八洞村大湘西巩固脱贫成果示范区，相继开通韶山至井冈山红色旅游专列、张吉怀高铁。在全国率先集中选派3.37万名干部组成1.28万支工作队进村到岗，做到脱贫村、易地搬迁安置村、乡村振兴任务重的村、党组织软弱涣散村全覆盖。同时，安排湖南省文资委、国资委、工商联及10个经济较发达市县区对口支援重点帮扶县。13个帮扶方累计向被帮扶地区投入直接援助、项目支持和社会帮扶资金3.9亿元，支持项目建设150多个，引进企业45个、实际投资额5.2亿元。①

（3）加强机构队伍衔接。根据中央精神和省委安排，在全国率先完成省、市、县三级扶贫机构重组和挂牌运行，2021年4月30日挂牌成立湖南省乡村振兴局，5月25日全省14个市州和122个县市区乡村振兴局全部挂牌到位。继续畅通乡村振兴部门重点工作、重要问题快速上报渠道，并将巩固脱贫成果后评估与乡村振兴考核有机结合，建立了党委农办牵头、乡村振兴部门具体实施的机制。在机构重组和职能调整过程中，干部职工思想稳定，各项工作有序推进，顺利实现平稳转型。

① 湖南省乡村振兴局：《湖南省乡村振兴工作2021年总结和2022年打算》（2022年），打印稿。

（二）深耕“三块田”，农产品供给保障能力稳步提升

以抓优势区早稻为重点稳面积，以落实关键技术为重点提单产，着力打造种业创新和智慧农机“两个高地”，打造以精细农业为特色的优质农副产品供应基地，坚决扛稳粮食安全重任。

1. 深耕稳产保供“责任田”

湖南是农业大省，肩负“粮猪安天下”的重任。2020 年，习近平总书记在湖南考察时强调，“要扛稳粮食安全的重任，稳步提升粮食产能”。[①] 湖南省认真贯彻落实总书记讲话精神，围绕提高种粮农民积极性，抓住耕地和种子两个要害，千方百计稳住农业生产“基本盘”。

（1）守好“米袋子”。严格落实党政同责要求，狠抓早稻集中育秧、耕地抛荒治理、机械化社会化服务、高标准农田建设等关键环节，着力提升粮食产能。省农业农村厅每年抽调技术人员，组成专家教授团队，对口各个粮食生产重点县市区，推广良种良法，组装先进技术，进村入户指导，确保科技入田，实现粮食生产连年丰收。另外，湖南还拿出“真金白银”，对专业化集中育秧、机械化种植进行奖补，提高农民种粮积极性，2021 年湖南共投入中央和省级财政资金 72.04 亿元。[②] 2021 年全省完成粮食播种面积 7137.6 万亩，超过国家下达的任务，总产 614.9 亿斤，同比增加 11.9 亿斤，其中早稻面积、产量均居全国第 1 位。完成高标准农田建设 463 万亩，全省累计建成高标准农田 3805 万亩，占耕地总面积的 61.3%。[③]如：汉寿县作为全国粮食生产大县、“中国好粮油”行动示范县，通过跟农民算好政策大账和成本收益小账，把解决方案定明白、把订单合同跟农民签明白。农民对政府的政策、自己的种植规划明明白白，对收益账、订单合同清

---

① 《习近平在湖南考察时强调　在推动高质量发展上闯出新路子　谱写新时代中国特色社会主义湖南新篇章》，《人民日报》2020 年 9 月 19 日第 1 版。

② 胡盼盼：《藏粮于地，一年建成 460 万亩高标准农田》，《湖南日报》2022 年 2 月 22 日第 1 版。

③ 袁延文：《在全省农业农村局长会议上的讲话》（2022 年），打印稿。

清楚楚，激发了种植双季稻的积极性，保障了自身在增加种植面积、单季产量的同时增加经济效益，农户每亩增收500元以上。2021年粮食种植面积比上年增加1.77万亩，预计单产每亩增加29.58公斤，总产预计增加4.89万吨，稳稳实现粮食种植面积和产量“双增”目标。①

（2）管好“菜篮子”。围绕“优质湘猪工程”，全省着力培育区域性全产业链龙头企业，打造优质湘猪品牌，促进现代屠宰和冷链物流体系建设，加快生猪产业转型升级。全省生猪出栏6121万多头，同比增长31.4%，居全国第2位；存栏4202万头，同比增长12.5%，居全国第3位；生猪规模养殖比重高出全国平均水平5个百分点，优质二元母猪存栏量占比由上年的50%提高到59%。② 蔬菜等农产品生产稳中有增，目前，湖南已有382家种植基地入选粤港澳大湾区“菜篮子”认定基地名录。近几年，湖南蔬菜出口呈阶梯式增长，远销29个国家和地区。湖南粮猪菜产业的稳产保供稳住了农业的基本盘，为经济社会发展筑牢了“压舱石”。如：衡阳市通过完善良种繁育体系、打造优质湘猪工程、加速推进畜禽粪污资源化利用等多种举措抓实生猪稳产保供工作，使生猪产业逐步恢复、产能逐步提升，2020年荣获湖南省政府真抓实干生猪稳产保供工作先进市州。从2019年6月到2021年10月底，全市已新建投产456家生猪规模养殖场，2021年生猪出栏675.06万头，同比增长28.2%；生猪存栏468.18万头，同比增长11.5%。③ 签约的8家生猪养殖龙头企业项目顺利落地，推动生猪产业全产业链发展。④ 郴州市加快粤港澳大湾区基地建设。全面对接粤港澳大湾区标准，加大标准化基地建设力度。2021年，郴州市粤港澳大湾区菜篮子认证基地有126家，新认定26家，新增申报62家。同时，粤港澳大湾区“菜篮子”产品郴州配送中心和“湘江源”蔬果郴州配送中心正式运营。截至2021年12

① 杨娟：《增收账算得明明白白》，《农民日报》2021年10月29日第1版。

② 袁延文：《在全省农业农村局长会议上的讲话》（2022年2月），打印稿。

③ 许珂：《衡阳：做好生猪稳产保供，端稳老百姓“肉盘子”》，人民网湖南频道，2021年11月22日，http：//m.people.cn/n4/2021/1122/c1468-15310459.html。

④ 衡阳市农业农村局：《2021年度衡阳市农业农村工作总结》（2022年），打印稿。

月底，大湾区“菜篮子”产品郴州配送中心完成7.6万吨农产品销售量，交易额1.8亿元；共向大湾区销售生猪130万头、果蔬295万吨、水产品255万斤。①

2.深耕综合改革“试验田”

习近平总书记考察湖南时强调，“要深化农业农村改革，激活乡村振兴内生动力”。② 湖南省委、省政府坚决贯彻落实习近平总书记重要指示，从实施“三高四新”战略高度出发，深化湖南现代农业综合改革，着力聚焦产业发展这个关键点、改革创新这个发力点、乡村振兴这个落脚点，以改革赋能发展，以示范带动全局，补齐湖南省经济社会发展中的农业短板，全面推进乡村振兴。目前，湖南省上市农业企业达22家，居中部省份首位。省级以上农业产业化龙头企业总数已接近1000家。2021年来，全省农产品加工业增长势头良好。

（1）优势特色产业集群发展。近五年，省委、省政府推动出台《关于持续推进“六大强农”行动促进乡村产业兴旺的实施意见》《关于培育发展农业全产业链加快建设优势特色千亿产业的指导意见》，构建了“四带八片五十六基地”特色产业发展布局，形成洞庭湖稻田综合种养区、长株潭都市农业区、大湘南粤港澳蔬菜供应区和大湘西山地特色农业区四大功能区，③ 规划布局优势特色产业核心产区产业集群12个，建成了柑橘、生猪、茶叶和中药材4个国家级农业产业集群，新增“湘九味”中药材、“五彩湘茶”2个国家级优势特色产业集群，在4个县市启动国家农业现代化示范区创建，创建数量排名中部省份第1位。新增国家级重点龙头企业20家，全省农产品加工业产值达到1.99万亿元，同比增长7%，产值居全国第7位、

① 郴州市乡村振兴局：《郴州市2021年1~12月乡村振兴工作情况报告》，2022年1月29日，http：//www.czs.gov.cn/html/zwgk/ztbd/13199/60351/60355/60367/content_3398156.html。

② 《习近平在湖南考察时强调　在推动高质量发展上闯出新路子　谱写新时代中国特色社会主义湖南新篇章》，《人民日报》2020年9月19日第1版。

③ 张尚武：《农业现代化加快推进——精细发展理念扎根三湘大地》，《湖南日报》2021年11月27日第11版。

中部省份第3位。[①] 如衡阳市强力打造“两黄两茶一花”等优势特色百亿产业，将生态绿色食品产业链作为全市14条重点产业链之一打造，建立“六个一”机制以重点推进。衡东县霞流镇李花村被农业农村部推荐为全国“一村一品”典型案例。衡阳市还探索开展了“五村联盟”试点示范，遴选衡阳县的梅花村、青里村、明翰村，衡山县的双全新村，衡东县的仙楠村与江苏省的四个村结成“乡村振兴示范创建联盟”，形成资源优势互补、共建共享共治的良好格局。新申报全市省级农业产业化联合体20家，实有规模以上加工企业预计突破600家，全产业链产值预计增长10%。[②]

（2）探索建立健全“三农”服务体系。加快构建小农户与现代农业有机衔接机制，全省家庭农场、农民合作社分别发展到19.58万家、11.64万个，农业社会化服务组织达到7.3万个，服务面积7600万亩，服务小农户近500万户，相比2017年增长近2倍。[③] 如耒阳市农业产业化、规模化经营快速发展，2021年全市参与农业社会化服务组织数量553个，共有农业社会化服务从业人员3200余人，服务领域涵盖良种、农资、农技、农机、仓储加工、物流等方面，全市社会化服务面积45.8万亩，服务小农户数量达91624户，为各社会化服务组织创造年营业收入达3.6亿元。其中，粮食种植农机服务是耒阳市最主要的社会化服务类型。全市农机总量7.7万台（套），农机总动力突破92.3万千瓦。南县供销合作社积极探索联合合作服务新模式，通过参股南县晴河财富农产品专业合作联社，以“合作社+基地+农户”模式联结、服务稻虾种养户，通过组织专业技术团队，为农户提供水稻种植和稻虾养殖“套餐式”全程托管服务。截至2021年6月，联合社共建稻虾种养综合服务及收购点230个、标准化生产基地160个，入社社员35600人，托管稻虾种养面积12.8万亩，流转土地2135亩，服务范围覆盖全县12个乡镇，年产小龙虾1.2万吨，为社员增收3000元/亩。

① 袁延文：《在全省农业农村局长会议上的讲话》（2022年），打印稿。

② 衡阳市乡村振兴局：《全市乡村振兴工作情况报告》（2022年），打印稿。

③ 袁延文：《在全省农业农村局长会议上的讲话》（2022年），打印稿。

3. 深耕精细农业"高产田"

突出农业优势特色千亿产业和地域文化特色，抓好国家现代农业示范区、现代农业产业园、农业科技园建设，实现农产品与市场精准对接。同时，在确保重要农产品安全供应的前提下坚持绿色兴农不动摇，不断夯实农业高质量发展的物质基础，加大农业科技支撑力度，提高农业资源精细管理与利用水平，加快提高农业全产业链现代化水平，为实施"三高四新"战略、建设现代化新湖南提供重要支撑。

（1）抓好品牌化支撑。不断满足消费升级需求，依靠精加工、树品牌，让农产品精准对接市民"餐桌"，不断延伸价值链。培育"湘赣红"等 5 个片区公用品牌，创建"一县一特"特色品牌 20 个。如长沙县现代农业创新示范区管委会打造长沙县区域公用品牌"星沙味道"，着力于"星沙味道"优质农产品公共服务体系建设，已汇聚授权企业 66 家、370 余种特色农产品，产品覆盖全县 17 个镇街和农业龙头企业，"星沙味道"已在线上慧享游平台、天猫旗舰店，关爱 e 心、悦生活家等多个网络销售平台和 10 个线下展示体验中心全面销售，成为长沙县精品农产品名片。岳阳市重点培育岳阳黄茶、平江酱干、湘阴樟树港辣椒等区域公用品牌以及"道道全""长康""十三村"等企业农产品品牌，建立"公用品牌+企业产品品牌"模式，"两品一标"产品有效总数达 334 个。①

（2）抓好科技化赋能。不断完善国家和省级科技创新平台，奖补科技攻关，构建起水稻、生猪、油菜、水果、蔬菜、茶叶、水产、草食动物、中药材和旱粮等 10 个产业技术体系，② 初步形成每一个优势产业有农业院士领衔的创新团队、每个产业全产业链的关键环节有一名岗位专家、每个产业的主产区域有一个试验站的科技创新格局。一是推进种源等农业关键核心技术攻关。出台《湖南省种业振兴行动实施方案》，杂交水稻育种技术领先全球，每年为全国提供杂交水稻种子 8000 多万公斤，超级稻双季亩产攻关突

① 徐亚平、马如兰、李丹阳：《岳阳　打造大美湖区优质农产品基地》，《湖南日报》2021 年 12 月 28 日第 13 版。

② 湖南省农业农村厅：《辉煌"十三五""三农"谱新篇》，《湖南农业》2021 年第 3 期。

破1600公斤，再次刷新纪录，镉低积累品种研发取得新进展，湘沙猪配套系通过国家级审定。[①] 如怀化市作为全国三个杂交水稻制种基地市之一，建成国家级杂交水稻制种基地县4个、省级2个，占全省总数的50%，建成杂交水稻种子生产基地产业集群和优势区域5个。2020年种业综合产值达20亿元，是2015年的1.6倍。[②] 二是推进农业机械化。2021年来，全省打造智慧智能农机产业，拥有各类农机总量达970万台（套），农机监测系统覆盖90个县（市、区），[③] 农机合作社总数达6000家。2020年，全省主要农作物综合机械化率达62.1%，比2016年提高7.2个百分点，[④] 其中水稻耕种收综合机械化水平达78.36%。[⑤] 湖南智能农机创新中心挂牌成立，规模以上农机企业主营收入同比增长9%。启动建设全省农业农村大数据中心，开展农业科技先行县建设，全省农业科技进步贡献率达到61.8%，比上年提高1个百分点。[⑥] 如长沙市望城区高塘岭镇新阳村的广源全能农机合作社创建全省首个无人农场，也是国内首个双季稻无人农场，300亩稻油轮作实现全程机械化生产。[⑦] 该农场依托罗锡文院士团队，合作社应用物联网、大数据、云平台，拥有高标准农田、智慧农机、智能灌溉、天空地一体化精准农情遥感监测系统等，减少用工70%以上，工作效率提升30%以上，水稻单季亩产350公斤，实现核心示范区增产10%以上，打造了现代农业的示范样板。[⑧] 湘潭市全面推广农业机械化，2020年全市农机合作社达405家，农

---

① 袁延文：《在全省农业农村局长会议上的讲话》（2022年），打印稿。

② 杨林华：《擦亮怀化种业名片　再铸怀化种业辉煌》，湖南省农业农村厅信息门户网站，2022年2月18日，http://agri.hunan.gov.cn/agri/snywx/202202/t20220218_22484679.html。

③ 张尚武：《农业现代化加快推进——精细发展理念扎根三湘大地》，《湖南日报》2021年11月27日第11版。

④ 《答卷新湖南：着力推进农业现代化　奋力打造新时代“鱼米之乡”》，湖南卫视新闻联播微信公众号，2021年11月14日，https://mp.weixin.qq.com/s/vX2XJ65sZ82ac0MFHunReA。

⑤ 刘文勇：《构建农业现代化发展新格局》，湖南省农业农村厅信息门户网站，2021年11月8日，http://agri.hunan.gov.cn/agri/snywx/202111/t20211129_21180636.html。

⑥ 袁延文：《在全省农业农村局长会议上的讲话》（2022年），打印稿。

⑦ 张尚武：《农业现代化加快推进——精细发展理念扎根三湘大地》，《湖南日报》2021年11月27日第11版。

⑧ 钱娟、朱玉红：《长沙乡村振兴示范市建设精彩开局》，《长沙晚报》2021年9月17日。

机总动力达294.5万千瓦，水稻机耕和机收化水平达81.9%，农业机械化水平在全省领先。湘潭县、湘乡市、韶山市获评全国农作物全程机械化示范县。[①]

（3）抓好绿色化发展。始终践行“绿水青山就是金山银山”[②] 理念，发展生态循环农业，开展农业面源治理，大力推进农业可持续发展。一是实施花果茶有机肥取代化肥行动，严格控制全省农药化肥施用量的增长，推广化肥深施技术，运用天敌治虫、物理治虫方式，全省化肥、农药使用量连续3年实现负增长，农药每年减量4%左右。全省绿色食品、有机食品和地理标志农产品有效总数发展到3000多个，居全国前列。二是实施畜禽养殖污染治理行动。优化畜禽养殖业布局，依法划定禁养区3215个、面积33362平方公里。建成28个无害化处理中心、85个收集储存转运中心，[③] 规模养殖场粪污处理设施装备配套率达到99.97%，均超出国务院规定的目标任务，[④] 基本实现养殖大县病死畜禽无害化处理全覆盖。三是发展生态种养、循环农业。全省扎实开展农作物秸秆综合利用和农膜回收，2020年秸秆综合利用率88%以上，农膜回收率达到80%。大力推广稻渔综合种养，创建示范县10个，带动稻渔综合种养扩大到497万亩。赫山区、桃江县和南县绿色种养循环农业试点项目顺利推进。四是推进水产健康养殖。稳步推进“湘江保护与治理一号工程”“洞庭湖水环境治理”等整治行动，洞庭湖区矮（围）网全部拆除，湘江干流沿岸、洞庭湖区、10余座大型水库养殖污染治理全面完成。五是启动长江流域重点水域禁捕行动。出台《关于促进和保障长江流域重点水域禁捕工作的决定》，与湖北、重庆等省（市）签订

① 龚世敏：《湘潭市农业基础设施建设现状与建议》，湖南省农业农村厅信息门户网站，2021年11月15日，http：//agri. hunan. gov. cn/agri/snywx/202111/t20211129_ 21180637. html。

② 习近平：《决胜全面建成小康社会　夺取新时代中国特色社会主义伟大胜利——在中国共产党第十九次全国代表大会上的报告》，《人民日报》2017年10月28日第1版。

③ 张尚武：《农业现代化加快推进——精细发展理念扎根三湘大地》，《湖南日报》2021年11月27日第11版。

④ 湖南省农业农村厅农业资源保护与利用处：《推进乡村生态振兴　促进锦绣潇湘建设》，湖南省农业农村厅信息门户网站，2021年10月25日，http：//agri. hunan. gov. cn/agri/snywx/202110/t20211025_ 20851074. html。

“十年禁渔”联合执法合作协议，在岳阳县、湘阴县、资阳区、汉寿县等4个渔民大县开展禁捕退捕综合施策试点。[①] 六是切实抓好受污染耕地安全利用。完成受污染耕地安全利用面积958万多亩，占国家下达任务的101.1%，60.76万亩重度污染耕地全部退出水稻生产。[②] 花垣县“锰三角”矿业污染涉农问题治理取得阶段性成效。

（三）以美丽宜居为着力点，乡村建设行动稳步推进

始终践行以人民为中心的发展思想，扎实推进美丽宜居乡村建设，抓好分类处置，做好村庄分类，明确工作规范，完善工作流程，审慎、规范、有序地推进乡村建设各项行动。

1. 强化先规划后建设

全省坚持统一底图底数、规划编制流程、标准制作和规范成图、规划成果入库、技术培训指导，基本完成县级国土空间总体规划编制。按照五种类型明确村庄规划“时间表”“路线图”，充分考虑当地的实际情况，合理确定村庄发展规模和功能定位，统筹县域城镇和村庄规划建设，严守耕地、生态红线，注重彰显湖湘文化底蕴、保留乡村特色风貌，确保到2023年全面完成村庄规划编制。2021年，村庄规划编制如期完成，主要包括重点帮扶村、示范创建村、骨干交通沿线村等，并在长株潭结合部规划建设绿心中央公园，打造生态文明展示区。如茶陵县湖口镇梅林村村支两委及驻村工作队通过入户走访，对梅林村的自然生态环境、基础设施建设、经济社会发展状况进行认真调研，与镇村干部、乡贤以及广大村民充分讨论，制定了村级3年规划，确定基层组织建设、基础设施建设、乡村产业发展、教育培训帮扶、人居环境整治、乡风文明建设、防返贫监测和帮扶等7个方面共计31个项目，该村被纳入茶陵县第一批村庄规划村。

---

① 张尚武：《农业现代化加快推进——精细发展理念扎根三湘大地》，《湖南日报》2021年11月27日第11版。

② 袁延文：《在全省农业农村局长会议上的讲话》（2022年），打印稿。

2. 强化人居环境改善

推进美丽乡村建设，累计创建美丽乡村示范村6757个、省级同心美丽乡村1608个，全省村庄（建制村）绿化覆盖率达64.2%。2021年7月23日，全国农村厕所革命现场会在衡阳召开，胡春华副总理出席会议并作重要讲话，衡阳市落实“首厕过关制”经验获全国推广。全面开展农村户厕摸排整改，对发现的问题基本整改到位。2021年，改（新）建农村公共厕所1024座，完成年度目标任务的102.4%；改（新）建农村户用厕所76.27万座。[①] 加强农村生活垃圾和污水治理，新建乡镇垃圾中转站103座，拆除农村小型垃圾焚烧设施231个；新建乡镇污水处理设施280个，全省建制镇污水处理设施覆盖率达76%，完成600个村的生活污水治理任务。[②] 如双牌县以创造性开展“百村大比武”为抓手，按照“一廊一带一片”［即永连公路乡村振兴精品走廊，207国道人居环境整治示范带，国际慢城（三分三合）农旅融合示范片］，强力推进全县农村人居环境整治工作。全县农村人居环境得到显著改善，建成国家森林乡村7个、省级美丽乡村6个、省级精品乡村1个。2021年成功承办湖南省（春季）乡村文化旅游节。通道县双江镇按照“侗寨景点化，景点侗寨化”的思路，大力实施绿化、美化、田园三大工程。开展植绿护绿，能绿化的地方全部绿化，对各村寨内枫树、香樟等名木古树挂牌保护。致力于入眼即成景，规范村寨建房，充分体现自然特色和侗族元素。根据各村实际情况、资源禀赋，实施河道景点化改造、村内溪流治理，鼓励各村建设葡萄、草莓采摘体验园，将池塘改造为休闲垂钓园，村边田地改造成花卉园和苗木园等。资阳市在全省率先建立了集物联网、自动化及GPS定位技术于一体的环卫物联网智能监控管理系统，并在全区开展农村生活垃圾就地分类和资源利用试点，狠抓农村生活垃圾治理。另外，还在沙头镇探索“三分三减”垃圾分类减

---

① 彭雅惠、唐文萱：《20件重点民生实事完成超预期》，《湖南日报》2022年1月25日第3版。

② 湖南省乡村振兴局：《湖南省2021年巩固拓展脱贫攻坚成果同乡村振兴有效衔接工作总结》（2022年），打印稿。

量模式，通过“沤一点、埋一点、回收一点”，该镇各村新挖堆沤池200多个。如富兴村投放分类垃圾桶1200个，逐户编号，由保洁员上门收集垃圾，倒逼大垃圾收集桶撤出。

3. 强化农村基础设施建设

着力建设、管护好农村公共基础设施，持续推动水、电、路、气、讯、广电、物流等基础设施在村级层面的横向覆盖，在农户层面的纵向延伸。新建或改扩建农村供水工程1269处，受益人口284万人；完成农村集中供水工程维修养护项目4089处，服务农村人口1614万人。开展农村客货邮融合发展试点，全省通快递村达到16388个、覆盖率68.4%。完成乡镇通三级路638公里，建设农村旅游路、资源路和产业路3941公里。① 全省建设农村公路安防设施10075公里，完成年度目标任务的100.8%；农村公路提质改造4510公里，完成年度目标任务的112.8%；为提升农村通信网络，建成4G基站1605个，522个行政村通组光纤工程全部建成，完成年度目标任务的100%；投入16.01亿元完成10千伏及以下行政村配电网改造工程，完成年度目标任务的100.1%。② 如隆回县坚持把推进“四好农村路”建设作为一项重大政治任务，为吸引游客到雪峰山大花瑶等景区旅游，促进当地乡村旅游发展，修建了崇文公路等旅游线路；为拉动当地金银花、龙牙百合等特色产业发展，改造了以扶五公路、山界民族路为主的产业大道。2020年，共计整合扶贫涉农资金9397万元，行政村通水泥路率、通等级路率均达到100%。③ 湘潭市大力发展农产品物流，全市共有规模以上物流企业26家、冷库总容量21.42万吨，农村集贸市场（乡村集市）108个，步步高超市和绿丰连锁年销售蔬菜分别达到6.4万吨、1.5万吨。积极开展乡镇田头农产品仓储保鲜冷链设施建设，2020年补贴实施主体46家、新建乡镇田头冷库

---

① 湖南省乡村振兴局：《湖南省2021年巩固拓展脱贫攻坚成果同乡村振兴有效衔接工作总结》（2022年），打印稿。

② 彭雅惠、唐文萱：《20件重点民生实事完成超预期》，《湖南日报》2022年1月25日第3版。

③ 杨韶辉：《新担当实现“四好农村路”新作为》，《湖南日报》2021年12月6日第11版。

8936 立方米，2021 年增加到 74 家实施主体，预计新建乡镇田头冷库 51814 立方米。全市共建设 4000 多个村级电商服务站，湘潭县、韶山市获评全国电子商务进农村综合示范县。

4. 强化公共服务县域统筹

加快推进以县域为重要载体的城镇化建设，提高乡村教育质量、农村医疗卫生水平，着力提高城乡低保标准，提升救助保障水平。推进城市优质教育、医疗卫生资源向县域配置，积极推动县域基本公共服务均等化。整合 43 个管理信息系统、19 个资源服务平台、11 个政务服务平台，实现 7000 余个农村教学点全部通网，建成湖南省“互联网+教育”大平台。以面向 51 个脱贫县为主建设的 101 所芙蓉学校全面建成并投入使用。建成 22 个农村网络联校实验县、100 所芙蓉学校网络联校、540 所区域网络联校、7000 余个教学点新型资源课堂，有效促进教育优质均衡发展。同时，深入推进县域医疗卫生共同体建设，全省推进中医药服务基层全覆盖，新建社区卫生服务中心和乡镇卫生院中医馆 386 个。[①] 418 个社区卫生服务中心、1533 个建制乡镇卫生院实现中医药服务有人员、有场地、有服务、有设施，完成年度目标任务的 100%；为 103.09 万名农村适龄妇女和城镇低保适龄妇女进行“两癌”免费筛查，完成年度目标任务的 103.1%。累计发放农村低保资金 47.38 亿元，农村低保人均标准达 5256 元/年，比年度目标任务增加 956 元/年；农村低保救助水平人均达到 264 元/月，比年度目标任务增加 35 元/月。所有县市区的城乡低保月人均救助水平达到或超过省定标准。[②] 如自 2015 年以来，武冈市一手抓建设，建成 274 个标准化村卫生室，实现行政村标准化村卫生室覆盖率达 100%；一手抓人才，从市、乡镇、社区三级大力抽调 274 名医疗专家、骨干，实现优质医疗资源真正下沉到基层，解决了村民“看病难、寻医难”的问题。浏阳市从 2016 年以来持续推进基层医

① 湖南省乡村振兴局：《湖南省 2021 年巩固拓展脱贫攻坚成果同乡村振兴有效衔接工作总结》(2022 年)，打印稿。

② 彭雅惠、唐文萱：《20 件重点民生实事完成超预期》，《湖南日报》2022 年 1 月 25 日第 3 版。

疗卫生机构标准化建设，实施乡村卫生服务一体化管理改革，积极构建上下协同联动的紧密型医联体，乡村医生实行“县管乡聘村用”，促进了医联体内部优质医疗资源上下贯通。同时，立足当地实际医疗需求，形成了以乡镇卫生院为依托的特色专科集群，破解了医疗资源“市区强乡镇弱”的难题。[①]

（四）抓党建兴文化立新风，乡村治理取得新成效

乡村振兴，治理有效是基础。湖南各地围绕解决乡村治理中的共性问题、难点堵点问题进行了卓有成效的探索，坚持塑形铸魂结合，统筹实施基层党建引领、村民自治完善、乡村法治提升、乡村德治善化、乡村文化传承、集体经济增效“六大工程”，深入推进移风易俗，强化群众在乡村振兴中的主体地位，形成了具有湖南特色的乡村治理新模式。

1. 加强党建引领，增强基层组织凝聚力

推动乡村振兴，实现有效治理，关键在党。湖南始终坚持把党的建设贯穿于乡村治理各环节、全过程，在乡村治理中充分发挥基层党组织的战斗堡垒作用，强化政治领导、夯实基层基础、团结凝聚群众，推动乡村人才培育、乡风塑造、生态维护等，基层党建的优势不断转化为乡村治理的效能。2021 年完成村（社区）“两委”换届，平均年龄 42. 6 岁、较上届下降 6 岁，具有大专及以上学历的近 50%、较上届提高 18. 1%，排查整顿软弱涣散村（社区）党组织 680 个[②]。

调研发现，被评为“全国乡村治理示范村”的衡阳常宁市塔山瑶族乡狮园村，充分发挥村党支部“一线指挥部”和“战斗部”作用，发动党员在乡村治理中开展干好本职事、完成组织事、做好身边事、管好家庭事、参与公益事“五事争先”活动，确保“挂一牌、亮一人、明一户、带一片”，落实党员户挂牌 20 户，完成 17 名无职党员设岗定责，36 名党员承诺事项

① 孙超：《让优质医疗资源下沉乡镇卫生院》，《人民日报》2021 年 12 月 10 日第 13 版。

② 湖南省乡村振兴局：《湖南乡村振兴工作 2021 年总结和 2022 年打算》，打印稿。

92件、践诺88件①，让党员走近群众身边，发挥先锋模范作用。娄底市双峰县全面推行“网格+党建”，通过县领导包乡走村，乡镇领导包村联户，干部联组联户，深化网格三微工作法，开展“党群心·服务芯”五个到户党员联系群众活动，3万名党员串联起90万群众，将安全生产、综治维稳、环境整建、反诈打跨等工作落到网格、落到农户，激发乡村振兴合力。锁石镇油菜花节、杏子铺镇美丽屋场建设等一批基地成为双峰县抓党建促乡村振兴的亮丽品牌②。永州市江永县探索建立乡村党建联盟，派出县直机关党员干部担任乡村振兴专员，建强乡村振兴驻村工作队，打造出一批“党建文化走廊”“党员服务驿站”，建成30余个村级党建示范点。近年来，以“党建长廊”为阵地，举办联欢会、茶话会、座谈会等2000余场次，发动2.4万人次为乡村振兴建言献策，带动10余万人次参与乡村治理，全县形成“乡村振兴、党群共建”新气象③。其中勾蓝瑶寨注重发挥村支两委的示范带头作用，村支两委带领党员组长带头解放思想，转变作风，破解难题，构筑了强有力的核心堡垒；通过党员带头、群众志愿参与模式，高标准推进“美生态”“育乡风”“强治理”行动，实现村容村貌绿化、美化、净化④。

2. 发挥德治教化作用，弘扬时代新风

坚持创新农村精神文明创建载体，办好农民丰收节，指导县乡制定完善村规民约，通过开展“湘‘约’我的村——寻找最美村规”活动，制定《红白理事会章程》，启动“三湘新风拂面来”主题宣传，发挥道德评议会、红白理事会等作用，逐步解决高价彩礼、人情攀比、厚葬薄养等问题，推进移风易俗，树立文明新风。

调研发现，郴州市嘉禾县组织各村修订完善各村村规民约，发放移风易

① 中共常宁市委、常宁市人民政府：《常宁市乡村振兴特色亮点资料汇编》（2021年12月），打印稿。

② 《强化党建“第一抓手”推进乡村全面振兴》，载《娄底市全面推进乡村振兴战略经验材料汇编》，打印稿。

③ 唐德荣：《弹好“五根琴弦”奏响乡村振兴强音》，《农民日报》2022年1月20日第3版。

④ 中共江永县委、江永县人民政府：《江永县乡村振兴工作情况汇报》（2022年1月），打印稿。

俗倡议书，发挥村民红白理事会等群众自治组织的教化约束作用，强化教育引导，倡导婚事新办、丧事简办、喜事俭办文明新风。在全县范围内大力报道婚事新办、丧事简办、孝亲敬老的事迹，利用乡镇政务场所、农村集市、村务公开栏、村大喇叭、手绘文化墙等宣传阵地，利用创意漫画、宣传册、倡议书等形式开展舆论引导，引导树立正确婚丧观和弘扬中华孝道，弘扬勤俭节约、艰苦奋斗的传统美德。同时广泛开展典型评选活动，培育、选树、宣传婚事新办、丧事简办、孝亲敬老典型，充分发挥榜样示范作用。衡阳县西渡镇梅花村率先探索导入银行管理模式，打造“厚德同心积分银行”品牌，规范运行道德积分制度。结合村情民意，以户为单位，设立“文明、奉公、忠孝、友善、诚信、勤奋、节俭”7 大类 160 余项积分标准，采取“正+负”积分制与实物兑换相结合形式，引导村民实行积分制管理，奖优罚劣，推进乡风文明建设。目前，全村“厚德同心”储户已达 698 户，与衡州农商银行、建设银行等银行达成合作，获得了整村授信，据年度积分情况，梅花村获得信用文明贷款 6000 万元。在梅花村的示范带动下，衡阳县所有村都已建立“厚德同心积分银行”，引导村民崇德向善、见贤思齐，用文明乡风、良好家风、淳朴民风助推乡村全面振兴。同时梅花村坚持把推动移风易俗与村规民约建设紧密结合起来，开展“新风庭院”创建，制定红白理事会章程、红白喜事简办制度，村民签订《移风易俗承诺书》，组织移风易俗志愿者、红白理事会成员走村入户，开展巡查和宣讲，引导村民大力弘扬文明新风尚。2021 年全村少办简办红白喜事 30 余起，节约费用约 50 万元。村内举办了“花开新时代 · 幸福梅花村”“农民丰收节”“乡村春晚”等系列新时代文明实践活动，村民的幸福感、获得感、安全感明显增强①。娄底市新化县上梅街道因地制宜建设了“文化微广场”“荣誉墙”“文化墙”“花草角”等设施，大汉龙城小区、陈家院、航运小区、好家风一条街、粮油幸福小院等小区的楼栋文化，成为街道一道道亮丽的风景线。以开展院落文化活动为纽带，将居民请下楼，参与社区文化活动，以此为基础逐

① 衡阳县西渡镇梅花村：《衡阳县西渡镇梅花村乡村振兴典型经验做法》，打印稿。

步推进楼道事务自我管理、自我服务；院落开展青少年主题教育活动，设置荣誉墙，培养典型，树立榜样；积极倡导良好家教家风、邻里互帮互助，引导群众摒弃陈规陋习，把楼栋、院落建设成文明幸福的大家庭。如“好家风”一条街，一条920米的街道，就有60户模范家庭，其中创办家风家教学习讲堂的肖家，全家有16人加入“上梅红”队伍，累计向4万人宣讲好家风①。

3. 创新特色治理模式，激发农民内生动力

推动乡村治理体系和治理能力现代化，不仅要创新组织形式与治理模式，还要倾听村民诉求，激发农民内生动力，紧紧依靠自治、德治、法治三大机制实现乡村善治。近年来湖南不断加强乡村治理试点示范，6个县市区的全国乡村治理体系试点、10个镇和99个村的全国乡村治理示范镇村创建工作扎实推进②；推动依法自治、依法协助政府工作、减负工作“三个清单”落实，加快推广运用积分制、清单制，促进繁杂事务具体化、抽象事务数量化、分散事务标准化，提高乡村治理水平。

调研发现，衡阳市大力推动城乡治理标准化建设，按照“易记住、可操作、能推广、可考核”的标准，探索建立自治、法治、德治相结合的乡村治理标准化体系。如常宁市塔山瑶族乡大力推广积分制，从群众最关心、发展最迫切的乡村、交通、市场、安全四个方面树立治理标准，一方面与常宁农商行合作深化信用村建设，通过“看得见”的信贷红利，激发广大群众参与标准化治理的内生动力；另一方面，与建设银行常宁支行合作，进一步以家庭为单位全面推广大评小奖，通过鼓励先进、倒逼后进，让治理标准成为村民的自觉遵循。永州市江永县积极发展新时代“枫桥经验”，探索矛盾纠纷多元化解工作机制，不断创新调解方法，充分发挥传统文化在矛盾纠纷化解中的积极作用，及时、就地解决群众合理诉求。在江永县上江圩镇浦尾村的“女书文化”、瑶族聚居地兰溪瑶族乡勾蓝瑶村的“洗泥节”、千年古村上甘棠村的“忠孝廉节”等蕴含丰富的“和美风尚”文化底蕴的村，

① 《“上梅红”进网入格　打造基层网络化治理大格局——新化县上梅街道探索“楼栋网格化”基层治理新模式》，《娄底市全面推进乡村振兴战略经验材料汇编》，打印稿。

② 袁延文：《在全省农业农村局长会议上的讲话》（2022年2月），打印稿。

形成了具有江永特色的“民俗创意”调解法，在村规民约中规定村民之间应和睦相处，以邻为友、以和为贵。村、居之内的纠纷矛盾，首先由村、居自行调处，做到矛盾不出村、问题不上交。目前江永 112 个村（社区）均配备人民调解员，运用教育、协商、疏导等方法解决群众诉求，对 1392 起矛盾纠纷案件当事人进行普法，涉及调解金额 2040.3 万元，辐射普法 6000 多人①。郴州市桂东县创新探索农村公共服务“微治理”体系，将乡村公共服务一网推进，出台《桂东县村级公益性岗位整合工作实施方案》，按照村（社区）总人口 8‰的比例，遵循“经费不减、人员精简”原则，将全县原有生态护林员、农村（河道）保洁员、公路养护员、交通劝导员、安全生产监管员等“多员”合一，统一整合为“村务员”，全面承担“卫生保洁、综治维稳、护林防火、安全生产”等公共服务体系为主的工作内容，切实将“村务员”打造成全县政务工作中采集信息、发现风险、反馈信息、化解问题、服务群众的“第一触角”。通过实施“村务员”整合，一个网格区域由原来几个人变为一个人，工资由 60~200 元/月统一提高到 1130 元/月以上，同时政府统一为他们购买意外伤害保险，使“村务员”成为一个“香喷喷”的职业，家门口的稳定就业确保了“上面一根针、下面万条线”村级微细服务工作的稳步推进②。娄底市涟源市探索具有“贴近群众接地气、组织群众聚人气，明辨是非树正气、化解矛盾消怨气”鲜明特点的“屋场会”工作模式，将“屋场会”与村民议事会议制度相结合，建立“屋场会”问题和建设台账；自主开发“屋场会”App，融合视频会议等功能，打造“智慧屋场会”，在人员难以集中的屋场，召开“指尖屋场会”，群众在 App 上就能进行政策咨询、问题释疑。截至本文交稿时，涟源共召开“屋场会”13000 余场，解决群众提出的问题 3137 个，化解矛盾纠纷 1252 起③。

---

① 冯柳、蒋键：《江永：“民俗创意”调解法　激发社会治理的“大智慧”》，https：//baijiahao.baidu.com/s？id=1716874962719457713&wfr=spider&for=pc。

② 中共桂东县委员会、桂东县人民政府：《湖南省桂东县：“村务员”巧织幸福网》，打印稿。

③ 《涟源市“屋场会”架起百姓“连心桥”》，《娄底市全面推进乡村振兴战略经验材料汇编》，打印稿。

（五）强化体制机制创新，乡村组织保障体系不断健全

实现乡村振兴，“必须提高党把方向、谋大局、定政策、促改革的能力和定力，确保党始终纵览全局、协调各方，提高新时代党全面领导农村工作的能力和水平”。[①] 湖南把握省情农情，把推动农业农村高质量发展、实现农民富裕富足美好生活作为一切工作的“出发点”和“落脚点”，强化体制机制创新，强化组织保障体系，坚持五级书记抓乡村振兴，落实“四个优先”要求，确保巩固脱贫攻坚成果同乡村振兴有效衔接举措落地见效。

1. 强化党建引领，加快推动乡村治理能力现代化

推进乡村治理体系和治理能力现代化是加强农村基层党组织建设的内在要求，加强基层党组织建设是推进乡村治理体系和治理能力现代化的坚强保障。2021 年，在全面推进乡村振兴背景下，湖南省以高质量党建引领乡村治理，夯实基层党组织在乡村治理中的领导核心作用，构建基层社会治理新格局。一是筑牢战斗堡垒。将抓党建促乡村振兴纳入绩效考核、政治建设考察、基层党建述职评议考核重要内容。圆满完成村“两委”换届，新一届村干部更加年轻化、高学历化；软弱涣散村（社区）党组织得到有效整顿。二是注入人才活水。组织部门认真落实省委关于全面加强基层建设“1+5”文件，部署实施铸魂赋能、队伍提质、兴业共富、强基善治、引智聚才、连心到户“六项行动”，集中选派 2.5 万名干部组成 1.2 万支工作队到乡村振兴重点村开展帮扶。开展党群连心“五个到户”工作，组织 36 万名党员干部与 260 万户群众结成对子。[②] 三是创新治理模式。全面铺开新时代文明实践中心建设，举办“精准扶贫　三湘巨变”脱贫攻坚大型成就展，开展“知党恩、感党恩、听党话、跟党走”和“湘‘约’我的村——寻找最美村规”等活动，推广积分制、网格化、屋场会、门前“三小”和“乡贤助乡”等有效治理模式，创建了 178 个国家级、1093 个省级民主法治示范村。出

---

① 习近平：《在中央农村工作会议上的讲话》（2017 年 12 月 28 日），《习近平关于“三农”工作论述摘编》，中央文献出版社，2019 年 4 月，第 190 页。

② 周帙恒：《以高质量组织工作助推高质量发展》，《湖南日报》2021 年 11 月 17 日第 7 版。

台发展壮大农村集体经济21条政策举措。

2. 强化组织动员，广泛凝聚乡村振兴力量

脱贫攻坚已经胜利，巩固成果任务艰巨，全面推进乡村振兴任重道远，需要各方共同参与，汇聚广大合力。2021年，湖南不断强化组织动员，整合各方资源，为乡村振兴凝聚力量。一是加大投入力度。深化东西协作机制，安排省文资委、国资委、工商联及省内10个经济较发达市县区对口支援重点帮扶县，累计向被帮扶地区投入财政援助、项目支持和社会帮扶资金3.5亿元，支持项目建设200多个，引进落地企业43个，实际投资额4.2亿元。二是推进“万企兴万村”。组织动员1800多家民营企业、商协会结对帮扶1500多个村。[①] 三是加强部门联动。2021年，共青团湖南省委联合省乡村振兴局出台《“实现中国梦·建设新湖南”开展助力乡村振兴青春建功三年行动（2021—2023）实施方案》，引领全省广大团员青年投身乡村振兴实践。省发改委、省委农办、省乡村振兴局等30个部门联合印发《湖南省继续大力实施消费帮扶巩固拓展脱贫攻坚成果的实施意见》，助力脱贫地区打通消费、流动、生产各环节痛点难点堵点，进一步突出市场主导，推动形成市场、政府、社会协同推进的消费帮扶新格局。四是发挥国企力量。省农业农村厅、省商务厅、省乡村振兴局与湖南邮政合作开展惠农项目，正式启动2021年湖南“邮政919乡村振兴电商节”，精心策划、打造50个万单优质农产品，开展“百店千场”直播，重点支持“数商兴农”示范县，建立青年人才研究院，建设农产品仓储保鲜、冷链物流等一系列引资金、聚人才、兴产业项目，建渠道、通物流、售产品，助力湖南乡村振兴。

3. 强化纪律监督，从严整治形式主义、官僚主义

在巩固脱贫攻坚成果同乡村振兴有效衔接承上启下的关键节点，决不能有任何喘口气、歇歇脚的想法，必须一如既往地加强纪律监督，保障各项部

① 湖南省乡村振兴局：《湖南省2021年巩固拓展脱贫攻坚成果同乡村振兴有效衔接工作总结》（2022年），打印稿。

署和要求落到实处。2021 年，湖南全面梳理贯彻“四个不摘”政策、返贫动态监测机制、易地搬迁后扶等工作中存在的突出问题，在全省部署开展有效衔接问题“一县一清单”专项监督和作风整治行动。在全省纪委监委系统组织开展“纪委为您来解难”——带件走基层活动，挂牌督办 100 件乡村振兴等领域问题线索。开展惠民惠农财政补贴资金“一卡通”问题专项监督检查，保障乡村振兴帮扶资金规范使用。深入清理扶贫项目“两拖欠”问题，保证群众的合法利益不受损害。持续为基层群众性自治组织明责减负，推动“三个清单”落实落地。

4. 强化关心关爱，持续激发干部干事创业激情

为切实保障帮扶力度不减、成效不断，就要抓好乡村振兴工作服务建设，不断激发干部干事创业新动能。2021 年，湖南认定 153 名脱贫攻坚殉职人员并进行一次性补偿，建立对其家属慰问长效机制。在 4 月，隆重表彰了脱贫攻坚 800 个先进集体、1296 名先进个人，各级主流媒体跟进报道、深度宣传，社会反响良好。2021 年，51 个脱贫县党政正职提拔 25 人，重用 29 人，全省共提拔、晋升、重用、交流市县扶贫办主任（乡村振兴局长）67 人。同时，落实乡村振兴一线干部津贴补贴、健康体检、休假等政策，健全容错纠错机制，为担当干事者撑腰鼓劲。

二　湖南农业农村现代化基本态势分析

党的十九大以来，湖南省农业农村发展取得历史性成就、发生历史性变革，农业农村正处于由数量增长向高质量发展全面转型的关键时期，脱贫攻坚成果不断巩固和拓展，现代农业产业体系、生产体系和经营体系基本形成，乡村建设行动全面推进，农民生活水平明显持续上升，为开启农业农村现代化新征程奠定了坚实基础。

（一）农业由粗放低效逐渐向高质高效新阶段迈进

全省深入实施品牌强农、特色强农、产业融合强农、科技强农、人才强农、开放强农的“六大强农”行动,[①] 加快培育农业优势特色千亿产业，着力打造种业和农机“两个高地”，全面推进乡村振兴。

1. 农业生产总体呈现明显稳中有升态势

根据湖南省统计局统计公报，2021 年湖南省农林牧渔业总产值 7662.4 亿元，增长 10.4%。其中，农业产值 3532.9 亿元，林业产值 455.8 亿元，牧业产值 2542.5 亿元。[②] 全省农业优势特色产业全产业链产值由 2017 年的 9708 亿元增加到 2021 年的 1.33 万亿元，增长 37.0%。按全产业链产值测算，目前湖南农业优势特色产业已有 2 个产业跨越 3000 亿元台阶、1 个产业跨越 2000 亿元台阶；油菜、油茶 2 个产业合计达到 1000 亿元；茶叶、水果、水产 3 个产业预计 2024 年均可达到 1000 亿元；中药材、南竹 2 个产业预计到 2025 年均可达到或接近 1000 亿元。[③]

（1）粮食“基本盘”持续稳固。“十三五”期间，湖南粮食面积稳定在 7000 万亩、产量稳定在 300 亿公斤，以最强执行力稳固粮食“基本盘”，坚决扛起粮食生产大省的责任担当。一是面积和产量基本稳定。2021 年，湖南省粮食种植面积 4758.4 千公顷，比上年增加 3.6 千公顷，增长 0.1%，比 2016 年下降 3.77%。总产量 3074.40 万吨，比 2016 年增长 2.38%。亩产 861.47 斤，比 2016 年增长 6.39%。从水稻来看，“十三五”期间全省水稻种植面积和产量分别居全国第 1 位和第 2 位。2021 年，水稻产量 2683.10 万吨，水稻播种面积 3971.10 千公顷，比 2016 年分别下降 1.53%、7.17%（见表 1）。二是种植结构不断优化。2020 年，湖南省专用型早稻 450 万亩，高档优质稻 1302 万亩，较 2016 年分别增加 230 万亩、602 万亩。充分利用旱土、高岸田、天水田、渗漏田等资源发展旱杂粮生产，积极引导各地发展

① 湖南省人民政府办公厅：《湖南省人民政府关于深入推进农业“百千万”工程促进产业兴旺的意见》，2018 年 4 月 16 日。

② 湖南省统计局等：《湖南省 2021 年国民经济和社会发展统计公报》，2022 年 3 月 22 日。

③ 湖南省农办：《做强优势特色千亿产业　打造乡村振兴“绿色银行”》，《湖南日报》2022 年 3 月 31 日。

高蛋白大豆、鲜食甜糯玉米等 8 种特色旱杂粮作物，2020 年旱杂粮面积达到 1141.4 万亩。①

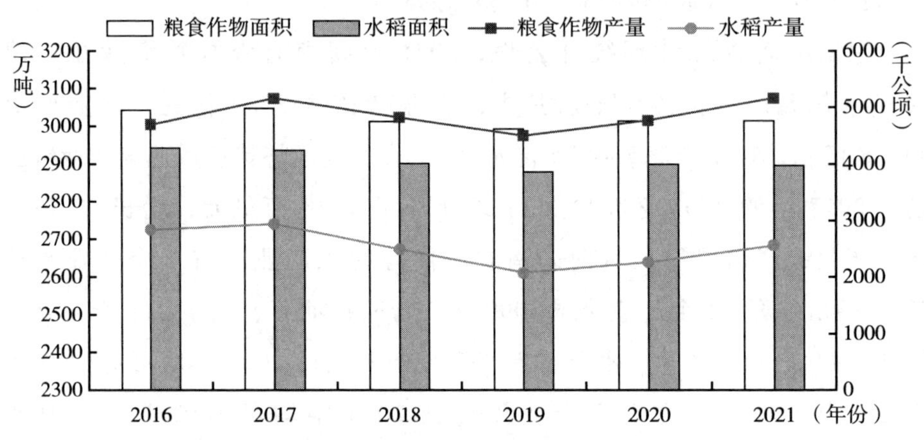

图 1　2016~2021 年湖南省稻谷种植面积和产量变化情况

资料来源：根据《湖南省统计年鉴 2021》（中国统计出版社，2021）和《湖南省 2021 年国民经济和社会发展统计公报》有关数据统计分析得出。

（2）特色产业持续提升。为优化产业发展环境、推动特色产业发展，湖南省委、省政府出台了《关于打造农业优势特色千亿产业、促进乡村产业振兴的意见》（湘农联〔2019〕1 号）等重要文件，支持打造油料、蔬菜、水果、茶叶、中药材等优势特色千亿产业，因地制宜，打造绿色精细高效发展模式，辐射带动产业提质增效。一是油料作物增长较快。湖南省按照“扩面积、提单产、促融合、强创新”的思路，推广优质品种，推进油料作物高质量发展，不断推进油料产业增产增效。2021 年，油料作物生产喜获丰收，产量为 263.0 万吨，比 2016 年增长 8.29%。二是蔬菜连年增产丰收。“十三五”期间，湖南省加快“菜篮子”工程基地建设，致力打造千亿级优势产业，目前已建成长株潭、洞庭湖、湘南和湘西四大绿色蔬菜产业聚集

① 湖南省统计局：《农业经济结硕果　农业发展谱新篇——“十三五”湖南经济社会发展成就系列报告之十》，湖南统计信息网，2021 年 3 月 8 日，http：//tjj. hunan. gov. cn/hntj/tjsj/hnsq/sswcj/202103/t20210308_ 14760555. html。

区，其中洞庭湖的瓜类和湘南的叶类畅销全国。2021 年，“湘江源”蔬菜销往粤港澳大湾区总额同比增长 30%。[①] 2021 年，蔬菜及食用菌播种面积 2087.25 万亩，产量 4268.90 万吨，比 2016 年分别增长 16.90%和 20.63%；亩产达 2045.23 公斤，比 2016 年增长 3.19%。三是其他经济作物提质增效。湖南省积极推进农业结构调整，充分挖掘丘岗、山地生产能力，因地制宜，大力发展地道药材、品牌茶叶、特色水果等高附加值的特色经济作物（见表 1）。

表 1 “十三五”期间湖南省特色经济作物面积和产量变化情况

		2020 年	较 2015 年增长(%)
中草药材	播种面积(万亩)	142.81	35.7
	产量(万吨)	64.39	29.9
茶园	采摘面积(万亩)	204.06	35.8
	产量(万吨)	25.01	43.9
水果	产量(万吨)	1150.75	30.4
园林水果	产量(万吨)	743.36	40.4
瓜果类	产量(万吨)	407.39	15.2

资料来源：根据湖南省统计局《农业经济结硕果 农业发展谱新篇——“十三五”湖南经济社会发展成就系列报告之十》（湖南统计信息网，2021 年 3 月 8 日，http://tjj.hunan.gov.cn/hntj/tjsj/hnsq/sswcj/202103/t20210308_14760555.html）有关数据统计分析得出。

（3）畜牧水产业持续发展。一是生猪生产恢复势头良好。2021 年，全省生猪出栏 6121.8 万头，比 2016 年增长 0.09%。年末生猪存栏 4202.0 万头，能繁母猪存栏 368.1 万头，分别比 2016 年增长 5.89%、下降 7.05%。二是牛羊家禽养殖加快发展。湖南省积极推动牛羊等节粮型草食牧业和生态畜禽养殖业发展，提高牛羊禽肉在肉类中的比重，牛羊家禽保持较快增长（见表 2）。三是水产经济健康发展。“十三五”期间，湖南省水产业结合长江流域重点水域禁捕退捕工作实际，实现了水产养殖业的转型升级、绿色发展。2020 年，全省水产品产量达 258.92 万吨，与 2015 年基本持平，其中，

① 袁延文：《在全省农业农村局长会议上的讲话》（2022 年），打印稿。

淡水捕捞产量为2.45万吨，比2015年下降86.9%，淡水养殖产量为256.46万吨，比2015年增长5.7%。①

表2 “十三五”期间湖南省牛羊家禽养殖变化情况

		2020年	较2015年增长(%)
牛	存栏(万头)	438.10	11.2
	出栏(万头)	174.60	22.5
羊	存栏(万头)	761.20	16.1
	出栏(万头)	983.30	17.1
家禽	存笼(万羽)	37688.50	17.2
	出笼(万羽)	54403.60	31.0
禽蛋	产量(万吨)	118.80	16.9

资料来源：根据湖南省统计局《农业经济结硕果 农业发展谱新篇——“十三五”湖南经济社会发展成就系列报告之十》（湖南统计信息网，2021年3月8日，http://tjj.hunan.gov.cn/hntj/tjsj/hnsq/sswcj/202103/t20210308_14760555.html）有关数据统计分析得出。

2. 农村改革推进发展变革呈现明显加快态势

湖南省以农业供给侧结构性改革为主线，从2014年开始实施“百企千社万户”现代农业发展工程，积极培育扶持新型农业经营主体，大力发展精细农业，推动农业品类综合发展，农业现代化水平稳步提升，质量效益和竞争力持续增强。

（1）农业生产设施装备及科技水平不断提高。一是农机方面，“十三五”期间，湖南省主要农作物机械化水平由43.8%提高到52.2%，水稻耕种收综合机械化水平由68.4%提高到78.4%，油菜耕种收综合机械化水平由52.2%提高到62%。② 截至2020年末，湖南农业机械总动力为6588.95

① 湖南省统计局：《农业经济结硕果 农业发展谱新篇——“十三五”湖南经济社会发展成就系列报告之十》，湖南统计信息网，2021年3月8日，http://tjj.hunan.gov.cn/hntj/tjsj/hnsq/sswcj/202103/t20210308_14760555.html。

② 湖南省统计局：《农业经济结硕果 农业发展谱新篇——“十三五”湖南经济社会发展成就系列报告之十》，湖南统计信息网，2021年3月8日，http://tjj.hunan.gov.cn/hntj/tjsj/hnsq/sswcj/202103/t20210308_14760555.html。

万千瓦，较2016年增长8.06%；有效灌溉面积3293.48千公顷，较2016年增长5.14%；农村用电量达到134.69亿千瓦时，较2016年增长6.31%（见表3）。湖南智能农机创新中心挂牌成立，常德市经开区、双峰县和苏仙区三个制造基地建设进展顺利，规模以上农机企业主营收入同比增长9%，无人农场、智慧农业、数字大米试点全面启动，主要农作物综合机械化率达到54%，其中水稻机插率比上年提高5.17个百分点。启动建设全省农业农村大数据中心，开展农业科技先行县建设，全省农业科技进步贡献率达到61.8%，比上年提高1个百分点。二是种业方面，湖南谋划打造全国种业创新高地，启动“现代种业自主创新工程”重大科技专项，出台了《湖南省种业振兴行动实施方案》，省政府建立岳麓山种业创新中心、高标准筹建岳麓山实验室，在全国率先建成南繁科研育种园（陵水）。超级稻双季亩产攻关突破1600公斤，再次刷新纪录，镉低积累品种研发取得新进展，湘沙猪配套系通过国家级审定。

表3　2016~2020年湖南农村生产条件变化情况

年份	农业机械总动力（万千瓦）	有效灌溉面积（千公顷）	农村用电量（亿千瓦时）
2016	6097.54	3132.37	126.70
2017	6254.83	3145.87	128.56
2018	6338.57	3164.00	130.82
2019	6471.82	3176.11	132.98
2020	6588.95	3293.48	134.69
较2016年增长(%)	8.06	5.14	6.31

资料来源：根据《湖南省统计年鉴2021》（中国统计出版社，2021）有关数据统计分析得出。

（2）农产品特色品牌建设不断加快。湖南在农业品牌建设上取得显著成效，基本形成了“6+5+30”区域公用品牌、片区品牌、特色品牌协同发力的良性发展格局。重点培育了6个省级区域公用品牌，① 涌现出了一批“湖南

① 6个省级区域公用品牌为：湖南红茶、湖南茶油、安化黑茶、湖南菜籽油、湘江源蔬菜、湖南辣椒。

第一、全国甚至世界有名”的“湘”字号农业特色品牌，初步建成了以“湘味农产品，香飘百姓家”为主题的湖南现代农业品牌体系，以品牌建设优化湖南农业结构，助推湖南省从农业大省向农业强省转变。[①] 一是“两品一标”建设成果丰硕。“十三五”期间，湖南以提升品质、打造品牌作为“两品一标”工作的主线，严格认证审查程序，在“两品一标”的认证数量、产品质量、品牌效应、经济效益上实现齐头并进。截至2020年底，湖南省绿色食品、有机农产品和农产品地理标志有效总数达到2912个，其中绿色食品2554个、有机农产品242个、农产品地理标志116个；成功创建绿色食品原料基地35个，绿色食品原料基地总面积500万亩，支持建设绿色食品示范标准化基地118个。二是品牌影响力不断扩大。“湖南红茶”市场不断扩大，2020年产量达到7万吨、产值达到200亿元；“湘江源”蔬菜公用品牌已授牌66家企业，种植面积25万亩；“安化黑茶”品牌估价32.99亿元，获评“中国十大茶叶区域公用品牌”“湖南十大农业品牌”；“湖南茶油”获“中国粮油十大影响力公共品牌”荣誉；岳阳黄茶、炎陵黄桃、华容芥菜、常德香米、石门柑橘、汝城朝天椒、临武鸭等特色公用品牌入选中国农业品牌目录“2019农产品区域公用品牌”。[②] 21个茶叶品牌被认定为“中国驰名商标”，湖南成为中西部省份茶叶品牌认定“中国驰名商标”最多的省份。

3. 农村一二三产业融合呈现明显加速态势

全省持续推进农村三次产业加速融合发展，以拓宽农民增收渠道、构建现代农业产业体系、加快转变农业发展方式。

（1）园区与优势产业布局持续优化。湖南优化产业发展环境，以园区为平台，以龙头企业为重点，选择粮食、畜禽、蔬菜、油茶、油菜、茶叶、

① 蒋青：《共商品牌建设　共谋农业发展》，湖南省农业农村厅网站，2020年11月25日，http：//agri. hunan. gov. cn/agri/xxgk/gzdt/snyw/dtyw/202011/t20201125_ 13966223. html。

② 叶素丰：《辉煌“十三五”“三农”谱新篇：做大做强创品牌》，湖南省农业农村厅网站，2021年1月27日，http：//agri. hunan. gov. cn/agri/xxgk/gzdt/snyw/dtyw/202101/t20210127_ 14290956. html。

水果、水产、中药材、竹木等着力打造十大优势特色千亿产业。规划布局优势特色产业核心产区产业集群12个，新增“湘九味”中药材、“五彩湘茶”2个国家级优势特色产业集群，在4个县市启动国家农业现代化示范区创建，创建数量排名中部第1位。全省发展形成了洞庭湖稻田综合种养区、长株潭都市农业区、湘南粤港澳蔬菜供应区和湘东、湘西山地特色农业区等五大功能区，特色化、优质化、多元化产业发展新格局正在形成。①

（2）农产品加工业发展持续向好。作为乡村振兴的重要突破口，农产品加工业联结着农业和工业，发挥着维系城市、农村，惠及农民增收、企业增效和财政增税的重要作用。湖南围绕全面实施乡村振兴战略、加快推进农业农村现代化的总体部署，重点打造十大农业优势特色千亿产业，推动农产品加工业高质量发展。② 通过抓产业集聚、镇域发展、三产融合，以农产品加工为全产业链核心，着力推动了产业融合发展。新增国家级重点龙头企业20家，全省农产品加工业产值达到1.99万亿元，同比增长7%，产值居全国第7位、中部第3位。③

（3）乡村旅游发展新趋势持续增速。近年来，湖南乡村旅游接待人数和收入节节攀升。围绕脱贫增收目标，湖南各地也开展了一系列接地气、聚人气、有朝气的乡村旅游工作实践，为乡村旅游高质量发展新局面的形成打下了坚实基础。2019年湖南实施旅游扶贫“送客入村”计划以来，覆盖全省59个区县629个村，旅行社累计发团12854次，送客入村人数共计55.66万，带动文旅消费金额达34.56亿元。④ 省文化和旅游厅统计数据显示，2021年国庆假期7天，湖南省纳入监测的65家乡村旅游区累计接待游客153.71万人次，同比增长61.29%，实现营业收入2.28亿元，同比增长20.27%，纳入监测的民宿客栈床位出租率达93.84%。从2016年开始，湖南每年分别举办春、夏、秋、冬乡村旅游节，依托主题节会，引领乡村旅游

---

① 常力强：《湖南：农业园区形成梯度建设格局》，《农民日报》2020年3月3日第8版。

② 张尚武：《产业迈向中高端》，《湖南日报》2021年7月25日第1版。

③ 袁延文：《在全省农业农村局长会议上的讲话》（2022年2月），打印稿。

④ 孟姣燕：《湖南“送客入村”成效初显》，《湖南日报》2020年3月30日第2版。

发展。从2020年开始，选拔湖南省乡村旅游重点村，进行旅游规划、创意下乡、人才培训、宣传推广、投融资等支持。目前，省内共有全国乡村旅游重点镇3个，重点村41个，星级乡村旅游区（点）1243个。全省通过文化旅游直接和间接减少贫困人口累计100余万人，1641个旅游扶贫重点村全部脱贫。①

4. 农业农村投入力度持续加大

“十三五”期间，湖南省坚持把解决好“三农”问题作为工作的重中之重，认真落实中央关于农业农村优先发展的总方针，加快实施乡村振兴战略，农业农村现代化建设取得新发展，为如期打赢全省脱贫攻坚战、全面建成小康社会提供了有力支撑。全省农、林、牧、渔业5年累计投资6173.46亿元，占全省全部投资的4.5%，年均增长16.2%，农业农村投资增速是全省投资增速最快的基础产业。其中，农业累计投资2936.61亿元，年均增长11.2%；畜牧业投资1313.17亿元，年均增长33.5%；渔业投资298.43亿元，年均增长21.2%。农业现代化水平不断提升。全省农、林、牧、渔服务业5年累计投资1158.09亿元，占农、林、牧、渔业投资的比重为18.8%；年均增长19.8%，增速比第一产业投资高4.3个百分点。农副食品加工业投资年均增长17.3%，呈较快增长态势。食品工业快速发展，一方面提高了农产品的深加工能力，带动了区域经济协调发展，另一方面有效调动了“三农”投资主体的积极性，增强了农村经济发展后劲。②

（二）乡村由传统封闭逐渐向开放多元新阶段迈进

湖南在全面推进乡村振兴过程中紧紧围绕新发展理念，由传统封闭逐渐向开放多元转变，从基础设施建设、教育医疗、就业和社会保障、文化建设和生态环境治理方面，加快城乡一体化发展进程，让乡村成为安居乐业的美

---

① 廖慧文、刘思辑：《乡村旅游，让田园拥抱市场》，《湖南日报》2021年10月19日第6版。

② 湖南省统计局：《固定资产投资规模扩大　经济社会发展动能增强——“十三五”湖南经济社会发展成就系列报告之五》，湖南统计信息网，2021年3月10日，http：//tjj.hunan.gov.cn/hntj/tjsj/hnsq/sswcj/202103/t20210310_ 14787729.html。

丽家园。

1. 公共基础设施投入逐步向乡村倾斜

提升县城公共设施和服务能力、适应农民到县城就业安家需求的新型城镇化建设加速，老旧小区改造全面推进，城镇基础设施建设显著加快。全省开工建设老旧小区改造项目 419 个，计划总投资 256.78 亿元，完成老旧小区改造投资 155.78 亿元；全省租赁和商务服务业投资增长 35.4%，占全部投资的比重为4.3%，同比提高0.9 个百分点；居民服务业投资增长 25.1%。与此同时，农村固定资产投资实现快速增长。2020 年，开工各类水利工程 7.7 万处，投入资金 269.5 亿元，完成水利工程土石方 10.6 亿立方米；提质改造农村公路 4598 公里。① 湖南全省城乡基础设施建设成效显著，为城乡融合发展奠定了坚实的物质基础。

2. 城乡教育逐步向一体化变革

农村教育投入增大，教育条件显著改善。“十三五”期间，湖南以国家实施“全面改薄”工程为契机，累计支出 322.54 亿元；以 51 个脱贫县为主体新建的 101 所芙蓉学校，将 14.6 万个优质学位建在欠发达地区，建在贫困学生的家门口，成为湖南省独有的教育扶贫项目品牌。截至 2020 年，全省共投资 372 亿元，新建、改扩建 1607 所中小学校，新增学位 122.5 万个。消除义务教育超大班额 1.9 万个，超大班额实现“清零”；消除大班额 4.4 万个，大班额比例从 2017 年的 27.7%下降至 2020 年 0.56%，脱贫县城区学位紧张问题基本解决。在教师队伍建设上，坚持以农村教师公费定向培养计划精准缓解乡村教师队伍结构性矛盾。2016~2020 年，全省共招录各类乡村教师公费定向培养师范生 5.49 万人，4000 余名原建档立卡贫困户家庭子女成为农村教师公费定向扶贫培养对象；累计为全省 75 个县市区招聘特岗教师 27725 人，共向“三区”派出支教教师 6366 人；争取教育部“国培”资金近 7 亿元，培训中小学幼儿园教师、校（园）长近 50 万人次，覆盖了全

① 湖南省统计局等：《湖南省 2020 年国民经济和社会发展统计公报》，2021 年 3 月 16 日。

部脱贫县以及乡村教师、校（园）长。[①] 湖南省全力推进农村教育发展，大大缩小了城乡教育差距。

3. 医疗卫生事业逐步向乡村拓展

根据统计资料，到 2020 年，湖南省共有卫生机构 56042 个，卫生机构拥有床位 51.98 万张、卫生技术人员 50.00 万人，分别比 2016 年增加 235.24%、21.42%和 27.32%；每万人口拥有床位和医生数分别为 78.20 张和 28.70 人，分别比 2016 年增长 24.52%和 21.61%（见表 4）。其中农村基层医疗卫生条件得到最为明显的改善，到 2020 年，湖南建有乡镇卫生院 2147 个，建有村卫生室 38109 个；乡镇卫生院床位为 10.75 万张，比 2016 年增长 11.67%；每千农业人口乡镇卫生院床位为 12.86 张，比 2016 年增长 112.03%。乡镇、村卫生工作人员增长较快，2020 年每千农业人口乡镇卫生院人员为 11.37 人，比 2016 年增长 112.47%；每千农业人口村卫生室人员为 5.77 人，比 2016 年增加 65.06%。可见，医疗卫生事业逐步向乡村拓展，农村基层医疗卫生事业逐渐形成良好发展态势。

表 4　2016~2020 年湖南卫生事业发展情况

年份	卫生机构（个）	卫生机构床位（万张）	卫生技术人员（万人）	每万人口床位（张）	每万人医生（人）
2016	16717	42.81	39.27	62.80	23.60
2017	16500	45.22	41.56	65.90	25.20
2018	16262	48.46	43.76	70.20	26.20
2019	57232	50.63	50.24	73.20	27.50
2020	56042	51.98	50.00	78.20	28.70
比 2016 年增长(%)	235.24	21.42	27.32	24.52	21.61

注：卫生机构数为登记注册数，医生系执业（助理）医生数。2019 年前卫生机构数不含村卫生室，2019 年及以后均包含在内。

资料来源：根据《湖南省统计年鉴 2021》（中国统计出版社，2021）有关数据统计分析得出。

① 黄京：《从脱贫攻坚迈向乡村振兴，湖南教育这么干》，《三湘都市报》2021 年 10 月 28 日。

4. 城乡就业和社会保障逐步向乡村覆盖

城乡就业方面，2021 年，城镇新增就业人员 75.3 万人，新增农村劳动力转移就业 44.4 万人。城镇调查失业率控制在 5.5%以内，居民收入增长与经济增长基本同步。2020 年全省从业人员总量达到 3280 万人，较 2016 年下降了 640.41 万人，乡村就业人员总量为 1409 万人，较 2016 年下降 35.57%（见图 2），三次产业从业人员比例由 2016 年的 40.50∶23.30∶36.20 调整为 2020 年的 25.50∶26.90∶47.60。

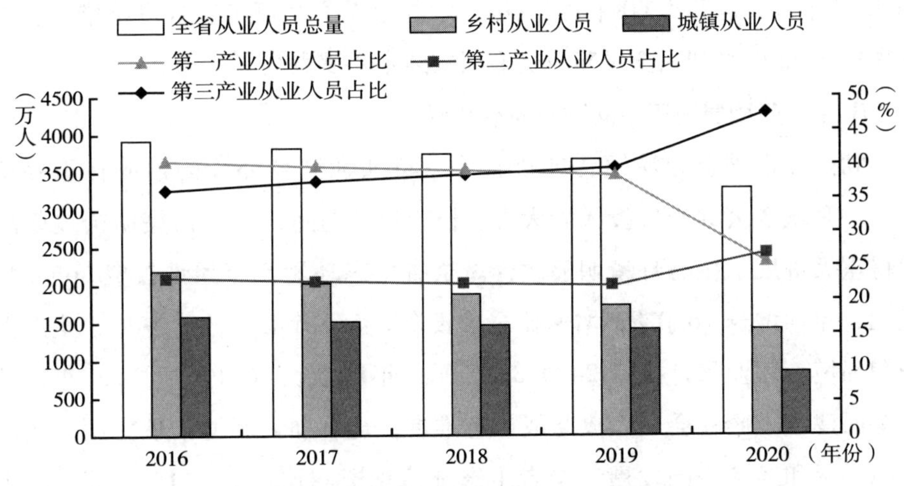

图 2　2016~2020 年湖南省就业情况

资料来源：根据《湖南省统计年鉴 2021》（中国统计出版社，2021）有关数据统计分析得出。

社会保障方面，城乡社保覆盖范围不断扩大。2021 年，湖南社保制度进一步完善，参加养老保险人数 5293.10 万人。其中，年末城乡居民基本养老保险参保人数 3443.6 万人，同比下降 0.8%。城镇职工基本养老保险参保人数 1849.5 万人，同比增长 6.9%。基本医疗保险参保人数 6748.7 万人。其中，城乡居民基本医疗保险参保人数 5723.5 万人，城镇职工基本医疗保险参保人数 1025.2 万人。失业保险、工伤保险和生育保险覆盖人数分别达到 687.4 万人、853.3 万人、652.8 万人，比 2016 年分别增长 27.77%、

10.39%、20.22%。获得政府最低生活保障的城镇居民 39.0 万人，发放最低生活保障经费 21.0 亿元；获得政府最低生活保障的农村居民 145.3 万人，发放最低生活保障经费 47.2 亿元。[①]

5. 城乡文化建设逐步向一体化推进

2020 年，湖南省有艺术表演团体 631 个，比 2016 年增加 43.74%；公共图书馆 143 个，博物馆 122 个，比 2016 年分别增加 4.38%、6.09%；全省广播人口覆盖率达 99.4%，电视人口覆盖率达 99.7%，分别比 2016 年提高 4.70 个百分点和 1.40 个百分点。[②] 农村公共文化服务有效供给增加，湖南先后有 22 个县列入全国新时代文明实践中心试点县。[③]

6. 生态环境建设逐步向城乡同治转型

湖南在推进新型城镇化的进程中，将加强城乡环境同治放在重要位置。一是城乡公共环境投入增大。“十三五”期间，全省污染防治攻坚战取得重大进展，生态环境明显改善。全省生态环境 5 年累计投资 6654.45 亿元，年均增长 16.0%，增速比全部投资高 5.1 个百分点。其中，生态保护和环境治理业累计投资 2494.36 亿元，年均增长 46.4%。[④] 2020 年，随着全面建成小康社会三大攻坚战加速推进，全省加大环境治理力度，实现生态环保和经济协同发展。全省生态环境投资同比增长 7.1%。其中，生态保护和环境治理业投资同比增长 16.2%，占全部投资的比重为 2.9%，同比提高 0.2 个百分点。[⑤] 二是农村生态环境保护同步推进，全省累计改（新）建农村户厕 300 多万户，新建农村公厕 2000 余座，在 1300 个村庄推进农村改厕与生活污水同步治理示范。推行“首厕过关制”，得到中央

① 湖南省统计局等：《湖南省 2021 年国民经济和社会发展统计公报》，2022 年 3 月 22 日。

② 根据《湖南统计年鉴 2021》和《湖南统计年鉴 2012》有关数据统计分析得出。

③ 余俊丽：《建设新时代文明实践中心　助推乡村振兴》，《湖南日报》2022 年 2 月 17 日第 7 版。

④ 湖南省统计局：《固定资产投资规模扩大　经济社会发展动能增强——“十三五”湖南经济社会发展成就系列报告之五》，湖南统计信息网，2021 年 3 月 10 日，http://tjj.hunan.gov.cn/hntj/tjsj/hnsq/sswcj/202103/t20210310_14787729.html。

⑤ 《2020 年湖南投资加快推动构建新格局》，湖南省人民政府门户网站，2021 年 2 月 26 日。

农办肯定。农村生活垃圾得到有效治理。全省 93.8%的行政村对生活垃圾进行了治理，122 个县（市、区）全部建立了农村生活垃圾收运处置体系，长沙县等 7 个县被评为全国农村生活垃圾分类和资源化利用示范县。三是农村生活污水治理力度加大。49.8%的行政村生活污水得到有效治理，洞庭湖区域所有乡镇和湘资沅澧干流沿线建制镇、全国重点镇污水处理设施基本实现全覆盖。四是村容村貌发生明显变化。农村道路硬化率大幅提高，建制村绿化覆盖率达到 64.2%，“空心房”整治取得良好成效。累计创建美丽乡村示范村 6757 个，认定省级及以上绿色村庄 1.98 万个。农村人居环境整治是实施乡村振兴战略的“第一仗”，湖南省首战告捷，为全面推进乡村振兴奠定了良好基础，为全面建成小康社会提供了有力支撑。①

（三）农民由全面小康逐渐向富裕富足新阶段迈进

湖南脱贫攻坚取得决定性成就，全省 51 个贫困县、6920 个贫困村全部脱贫，尤其是“十三五”期间，平均每年减贫超过 100 万人，区域性整体贫困得到解决，农民快步由全面小康迈入富裕富足之路。② 在全面推进乡村振兴的背景下，农民收入来源渠道日趋扩大，由单一的种养收益为主向多元化收入方式转变，推动消费结构不断优化升级，收入与支出呈现加快增长态势，向富裕富足的全面现代化新发展阶段目标迈进。

1. 农村居民收入增速呈现不断加快的趋势

2021 年，城镇居民人均可支配收入为 44866.00 元，较 2016 年的 31283.90 元，增长 43.42%；农村居民人均纯收入为 18295.00 元，较 2016 年的 11930.40 元，增长 53.35%，高出同期城镇居民人均可支配收入增长幅度 9.93 个百分点。城乡居民人均可支配收入比连续多年下降，由 2016 年的 2.62 下降到 2021 年的 2.45（见图 3），农村居民的福祉得到大幅改善。

① 贺威：《我省农村基本实现干净整洁有序》，《湖南日报》2021 年 6 月 23 日第 2 版。

② 奉永成、肖坤林：《湖南脱贫攻坚取得决定性成就》，《湖南日报》2021 年 1 月 1 日第 3 版。

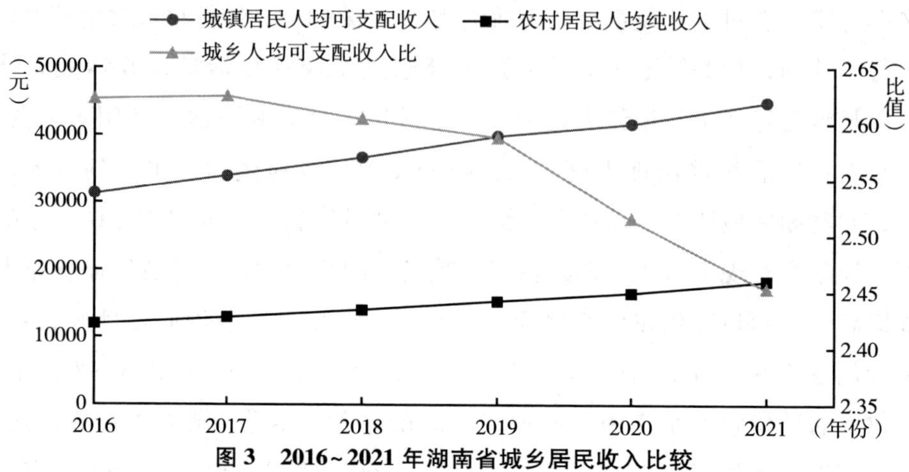

图 3　2016~2021 年湖南省城乡居民收入比较

资料来源：根据《湖南省统计年鉴 2021》（中国统计出版社，2021）和《湖南省 2021 年国民经济和社会发展统计公报》有关数据统计分析得出。

2. 农村居民消费水平呈现不断提高的趋势

随着城乡居民收入水平的提高，城乡居民消费能力得到增强。2021 年，城镇居民人均消费支出为 28294. 00 元，较 2016 年的 21420. 00 元增长 32. 09%；农村居民人均消费支出为 16951. 00 元，比 2016 年的 10629. 90 元增长 59. 47%，高出城镇居民消费增长幅度 27. 38 个百分点（见图 4）。

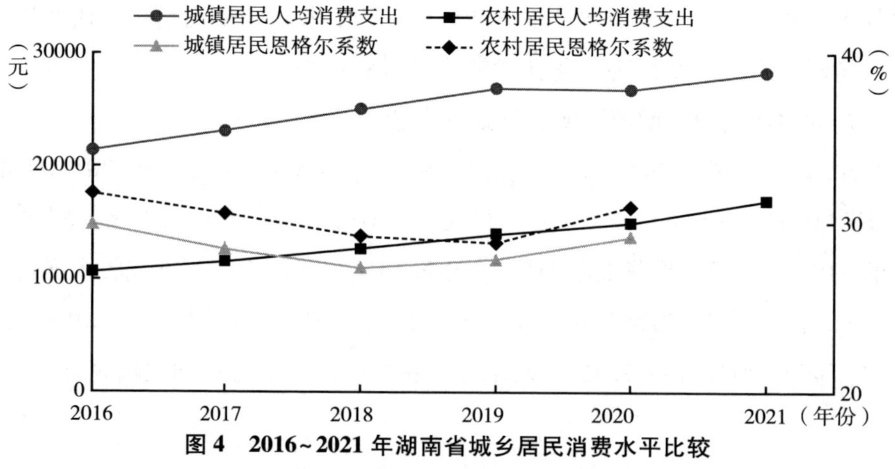

图 4　2016~2021 年湖南省城乡居民消费水平比较

资料来源：根据《湖南省统计年鉴 2021》（中国统计出版社，2021）和《湖南省 2021 年国民经济和社会发展统计公报》有关数据统计分析得出。

从2016~2021年的整体消费水平来看，湖南城乡消费差距明显缩小，城乡居民消费结构得到明显优化。尤其是农村居民恩格尔系数由2016年的31.71%降至2020年的30.96%，降低了0.75个百分点。湖南农村居民恩格尔系数下降幅度比同期全国农村居民恩格尔系数下降幅度高出0.25个百分点，城乡居民的消费结构得到改善，农村居民消费结构改善幅度相对更大。

三　全面推进湖南乡村振兴亟待破解的现实问题

湖南省委、省政府按照中央部署，在加快推进“三高四新”战略中，把全面推进乡村振兴作为重中之重，各项工作取得了重大的进展，特别是在巩固拓展脱贫攻坚成果与乡村振兴有效衔接上取得了新的突破。但是，乡村振兴是一项系统工程和国家战略，在推进中具有时间长、任务重、困难多的特点，必须在不断解决问题中推进。因此，进一步推动乡村振兴工作，湖南还需要不断理顺一些现实问题，破解乡村发展中面临的诸多难题。

（一）粮猪型农产品结构不优、效益不高，稳产保供压力大

湖南作为传统农业大省，历史上形成了产业结构与品质结构单一的粮猪型农产品结构，湖南的粮食产量和生猪的出栏量占全省农产品总值的比例大，曾经为国家粮食安全和主要农产品供给保障做出了重大的贡献，但也留下了农产品结构不优、农业效益不高的问题。

1. 粮猪型农产品结构不适应当前消费结构变化需求

湖南的粮猪型农产品结构不仅占比绝对，而且一直以数量扩张保障国家粮食安全为要，粮食讲究数量，生猪讲究出栏头数，导致质量不高、价格低、销路差、效益低等传统农业问题，这种粮猪型农产品结构与当前高质量发展的要求存在差距。粮猪型农产品适应温饱型消费市场，对当前消费者结构分层与变迁关注不够。当前市场消费已经发生了低、中、高的消费分层，中、高端消费者对品质的要求比较高，迫切需要有一大批中、高端的农产品满足他们的需要。湖南粮食和猪肉不适应消费者对高质量农产品的追求，需

要加快向中高端的优质粮和优质肉转型。当前，湖南粮猪多元结构调整进展缓慢，农产品品牌化、差异化的理念和意识不强，“有品无牌”，品牌发展还任重道远。

2. 粮猪型农产品结构效益低，农民没有种养积极性

湖南的粮食和生猪的生产数量上去了，但因为不适应当前消费结构的变化需求，缺乏中、高端结构的优质品牌产品，因而整体效益低。例如湖南种植双季稻，仍然是为了追求粮食的产量，但有些地方不适合种植双季稻，所以早稻的品质低，管理成本高，尽管产量有所增加，农民的收益反而减少。尽管各级政府鼓励和督促农民种植双季稻，但是农民的积极性并不高。农民养猪也是这样，湖南出栏的大部分是普通白肉猪，每头除去人工成本仅仅能赚一两百元，养猪的利润空间很小。一些农民办的小型养猪场，由于是普通品种，猪肉价格一旦下跌农民就要亏本。

3. 湖南粮猪型结构致使区域农业产业趋同化

农产品区域性、结构性、阶段性的过剩与特色化、个性化的市场需求之间的矛盾日益显露，导致大宗农产品过剩与特色优质农产品供不应求的矛盾。农产品市场竞争还是简单的价格竞争，没有体现出优质优价，农民增产不增收、丰产不丰收的现象时有发生。当前，湖南不仅粮猪型农产品结构全省区域趋同，其他茶叶、黄桃等林下经济产品也趋同化明显。因此，如何按照市场消费需求结构变迁的要求调优湖南大宗农产品结构、提高农产品效益、调动农民的种粮和养殖积极性，是湖南乡村振兴产业兴旺迫切需要解决的问题。否则，湖南担当国家粮食安全责任、保障国家粮食安全时农产品供给的压力就会越来越大。

（二）丘陵山区居住分散化和农村空心化，人居环境改善困难多

湖南大部分地理空间属于丘陵山区，水田少山林多，农民传统上对水田特别爱惜，许多丘陵山区的农民为了不占水田而把房子分散建在山脚和山腰上，这种传统对于农田保护起着重要的作用。但是，农民分散居住也存在一些问题。

1. 丘陵山区分散居住村庄环境改善成本高

分散居住尽管可以节约农田，但一户一宅的分散居住导致公共设施建设成本高，生活设施建设花费大。如分散居住的每户农民都要自己修路到家、建设晒谷坪和休闲场地，既要花费很多钱又要占用很多地。在人居环境整治中，由于村民分散居住，一些环境卫生设施建设不集中，比如垃圾池的建设使用效率不高，请保洁员统一收集分散的垃圾及清理和运送成本都高，因而分散居住不利于对人居环境的改善。

2. 丘陵山区人居环境改造缺乏劳动力

丘陵山区不少村落人员大量迁移，导致房屋空置、田地荒芜，“空心化”趋势明显，村落丧失活力。尤其是年轻劳动力外出，很多家庭都缺乏劳动力，很多公益事业出现了无人干的问题。农户家庭主要劳动力外出打工后，留守农民要做家务、管理孩子读书和干农活，无暇顾及不影响生存大局的人居环境，因而公共的人居环境改造，大多不感兴趣，加之缺乏强有力的组织管理，乡村人居环境的改善在某些不发达地区严重滞后。

3. 分散居住农民人居环境改善动力小

一些地方的农民不重视人居环境改造，随意乱丢垃圾已成习惯，特别是对于垃圾分类、垃圾集中处理缺乏足够的认识，分散居住的农民大多各做各的事，不居住在一起，对农户的家庭环境卫生也缺乏对比。一些农民认为人居环境即使搞好了，但年轻一代不在家住也是浪费。因此，除非村上抓环境卫生评比，否则，农民的环境改善自觉性比较差。

4. 人居环境基础设施整体滞后，改善难度大

目前，乡村污水日益增多，特别是一些比较发达的村庄，某些农产品加工厂和小型企业的污水排放没有被严格规范，存在乱排放的问题。另外，大部分乡村污水处理设施落后，如有的县域污水垃圾收集处理设施不完善，污水收集处理率不足 50%；采用焚烧法处理垃圾的县域还不多，特别是多数乡村对垃圾还主要采用填埋法，这种方法二次污染的风险很大；还有 80%的县域没有医疗废物焚烧处理设施；县城公共厕所普

遍脏乱差、卫生隐患多，这些小微的人居环境问题给人民生活和健康带来了较大的威胁。

（三）乡村传统文化多样性与乡愁迷失，乡风文明建设困难多

湖南是一个多民族省份，全省有一个民族自治区和十多个民族自治县，民族文化丰富多彩；同时，湖南农耕文化历史悠久，不同地域的农耕文化差异较大，再加上湖南区域文化特色很多，因而乡村各地的传统文化多样性明显，多种传统文化之间的差异性造成了各地的民俗习惯的特殊性，这些传统文化都是宝贵的文化资源。但是，当前乡村乡风文明建设中，对传统文化的把握不足，乡愁迷失严重，存在诸多的问题。

1. 传统文化与现代都市文明碰撞导致乡愁迷失

农业农村现代化进程中，维系传统乡村共同体的血缘和地缘关系因为乡村日益卷入城市化、市场化和非农化进程而受到极大的冲击，人们经济活动和生活足迹的“脱域化”明显。当前乡村人口流动大，城乡信息交流便捷，乡村文化与城市现代文明交流频繁，乡村传统文化受到城市现代文明的影响，有些村民出于对现代文明的崇拜，把一些好的乡村传统文化完全丢掉，在新时代的变迁和发展中，造成了乡村传统文化与乡愁的逐渐迷失。

2. 乡风文明建设急于求成导致形式化

乡风文明是乡村几千年文化的沉淀，乡风文明建设是一个漫长的渐进过程。调研中发现，在各地大力推进乡村振兴包括乡风文明建设过程中，有些地方干部工作不细致，急于求成，不顾传统文化的差异和乡愁的价值，强力推进格式化和标准化的乡风文明建设。如有些地方的乡风文明建设，主要体现为移风易俗即改掉地方的传统习俗。大多地方的乡风文明建设是规范红包礼金，规范农民办酒席，不准农民放鞭炮。对于农民办酒席细致到规定办酒席的桌数，规定酒席上菜的品种和个数，一些地方不顾风土人情、没有因地制宜逐渐引导乡村文明建设，而是搞简单化和标准化的“一刀切”。乡村酒席是农民交往的一种重要形式，农民办酒席只要不过度就行，如果人为地搞成千篇一律，会导致农民对乡风文明建设的不理解

甚至抵制。

3. 乡村民俗民风改造中过分市场化

传统的信仰类、生活类、娱乐类的乡村公共活动或者被市场化机制改造成营利工具，或者因为村民逐渐走出乡村世界而逐渐萎缩。当前在市场化的影响下，有些乡村没有把朴素的民风民俗发扬下去，而是跟风市场化把一些好的民风丢了，形成了一股金钱至上的市场化风俗，市场经济中的拜金主义歪风不断侵蚀乡村民俗民风。在拜金主义的影响下，乡村社会没有了人情味。如以前乡村建房或办大的红白喜事，村民会主动帮忙并不要报酬。如今没有了免费帮工，都要相互付酬劳，表面上两清了，实际上是一种人情的变异和农民传统美德的丢失。当前春节给长辈拜年的风俗习惯也少了，打个电话发个微信、发个红包就了事了。春节互相拜年减少，亲戚走动不吃饭，乡村的年味越来越淡，仪式感越来越少，以前浓郁的乡愁也就不再。由此可知，有些地方的“乡风文明”建设效果不佳，或流于形式，或迅速反弹，可见移风易俗无法依靠行政命令推行，只能依靠群众自发的实践。

（四）乡村治理中农民自主性参与不足，干群关系融洽互信难

乡村治理的核心是村民自治，村民自治的重点是农民自主参与乡村治理，调动村民乡村振兴的积极性，激发乡村振兴的内生动力。当前乡村治理尽管形成了一些有效的模式，在有些地方也确实取得了很好的成效，但从整体来看，治理效果并不十分理想，甚至还存在较为严重的问题，特别是干群关系日益淡化和疏远。

1. 村干部忙于应付上级任务，无暇细致做群众工作

乡村振兴意味着村民主体、村级组织、乡风文明建设等乡村振兴内生动力的协同培育，核心是农民当家做主。但有些地方的村干部以完成乡镇交给的任务为重，无暇顾及村民主体和村级组织的自治地位，一味对上负责，对群众生产生活不关心，跟农民的沟通少，许多事情没有经过与村民商量就直接上报，有些数据未经调查而源自直接估算；加上撤乡并村后行政村人口剧

增，很难组织相关的村民会议，很多地方的村干部不认识村民，村干部与村民的关系也变得越来越远。

2. 农民外出打工，并不关心乡村治理

外出打工的村民参与乡村治理的成本高，村里也很少将自治事务通知外出务工的村民，村民对乡村的具体政策不了解，加上有些地方农业资源少，收益不大，因而外出的村民对乡村事务并不关心，他们对村里的利益也并不在乎，因而参与村里事务的积极性不高，这种打工农民“不在村”的状态，进一步淡化了村民与村干部之间的关系。

3. 乡镇干部下村进户少，逐渐脱离农民群众

当前乡镇干部下乡很少，深入农户更少，乡镇干部做群众思想教育工作越来越流于形式，一些地方的乡镇干部官僚主义和形式主义作风比较严重，对上级的政策法规宣传不到位，工作难以得到农民群众的理解，导致在一些问题的处理上与村民产生矛盾。如村民建房超面积处罚一事，一些地方乡镇干部没有公开处罚标准，没有做好村民的思想工作，认定罚款数额时简单粗暴，特别是有的村民靠走关系逃避了处罚，导致村民对政府的意见较大，影响了农民群众对乡村干部的信任。

4. 乡村干部考核缺少村民参与和监督

当前的干部考核是上级考核下级，村民不参与考核，没有监督乡村干部的权利，这也导致村民对参与乡村治理事务的积极性不高。比如，在考核内容方面，除了脱贫攻坚有村民签字参与的考核外，其他考核指标与常规工作脱节。在考核形式上，没有深入现场考核，存在以图片、简报、信息等文稿资料数量来评价“干”的成果的情况，导致干部干工作搞形式主义留痕迹。在考核结果上没有公示，村民不知道谁好谁差，考核结果由上级内部掌握。干群关系是我们党的群众路线的关键，处理好干群关系才能做好群众工作，才能激发村民乡村振兴的内生动力，乡村治理的目的不是管住村民，而是动员村民参与乡村振兴，调动村民的乡村振兴积极性。

（五）疫情防控常态化背景下农民外出就业减少，农业大省增收难

一段时间以来，各地疫情接连不断复发，疫情防控已经常态化。在疫情

防控的同时，受世界经济大环境的影响，我国经济增速下行趋势明显，为乡村振兴、农民增收带来的影响日渐显现。

1. 疫情下服务建筑等行业不景气，农民外出就业岗位减少

疫情防控常态化下服务行业不景气，农民外出务工主要是灵活就业和非正式就业，而服务行业与建筑行业的不景气，导致农民务工的就业岗位减少；与此同时，岗位竞争加大导致工资下降。据统计，工资性收入是湖南农民增收的大头，这方面受到影响，农民工资性收入相对于疫情前有所下降，这成为引发农民增收难的重要因素。

2. 疫情防控常态化下农民外出流动提高了就业成本

疫情防控导致农民外出遭遇更多的限制性因素，农民外出务工受到了诸多的阻碍，繁杂的检查报备程序和一些对外来人口的管理措施，阻碍了农民的自由流动，拉高了农民外出务工的成本，致使农民外出务工的意愿下降，影响了农民打工增收渠道的拓展。

3. 疫情下经济增速下行，城市居民对农产品的有效需求不足

一方面，居民外出就餐受到抑制，导致一些餐饮行业不景气、农产品消费量减少。另一方面，居民农产品消费意愿降低，农产品产业链价值实现受阻，导致整个农产品需求萎缩。湖南作为农业人口大省，农产品销售是农民生产收入的主要来源，对一些刚刚脱贫的农民而言，收入来源本来很少，疫情不仅影响他们外出就业，而且影响他们的农产品销售收入，给湖南巩固拓展脱贫攻坚成果与乡村振兴带来了较大的压力。

（六）资源开发不够与土地要素流动不足，农村深化改革难

农村改革是乡村振兴的关键动力。但是，当前农村土地资源开发不够、土地要素的流动性不足，导致农村改革难以深化下去。

1. 土地资源短缺，社会资本难以进入乡村

在乡村振兴中，土地资源是乡村发展的重要资源，也是吸引外来资本的重要依托，关系到人才和资金等核心要素的下乡与集聚。一些地方土地改革推进艰难，土地资源难以用活，造成土地资源短缺严重，导致许多项目不能

落地，乡村产业无法进一步发展。乡村土地要素流动不顺畅，也造成了社会资本没有依附而不能进到乡村来，导致乡村发展要素短缺。

2. 宅基地“三权分置”改革推进缓慢

农民宅基地“三权分置”是一项重大的改革，如果宅基地的使用权改革成功了，宅基地就会从沉睡的资源变成农民和集体的有效资产，但当前宅基地改革中，整体推进的力度不足，改革创新不够。许多地方存在思想比较保守的问题，在大胆尝试、大胆创新方面还有待加强。面对上级政策时，一些地方常常是研究哪些不能做，而不是从现有政策中研究哪些能做。比如：在土地使用权交易、土地入市分红、土地出租、合作入股、土地增减挂钩以及如何盘活利用撂荒地、闲置地、进城落户的村民自愿有偿退出宅基地、“乡贤乡居”，村集体内部基于“村规民约”依法利用宅基地等方面还需要进一步解放思想、大胆创新，并付诸实践。

3. 一些干部改革观念落后，缺乏担当精神

某些乡村干部自身素质和能力跟不上改革，破解难题本领不强，不敢担当和作为，在改革中不愿突破陈规和放弃既得利益，怕承担责任和风险，满足于维持现状不出问题。导致了乡村改革进展不大，不敢勇于面对、迎难而上，需要用改革的精神尽心竭力地解决现实中的问题。[①]

四　全面推进湖南乡村振兴的对策建议

2022 年是党的二十大召开之年，是落实省第十二次党代会精神开局之年，湖南进一步全面推进乡村振兴需坚持农业农村优先发展，牢牢守住保障国家粮食安全和不发生规模性返贫两条底线，继续在区域特色分工、村庄风貌提升、县域城乡融合改革等方面发力。

（一）“做优一桌湖南饭”，乡村产业应着力区域特色分工

2022 年湖南省委农村工作会议提出：“要胸有大局，稳稳端牢中国粮；

---

① 毛伟明：《政府工作报告》，2022 年 1 月 17 日。

心有所系，做优一桌湖南饭。”这就需要基于湖南特有的人地关系、地理禀赋、资源环境，通过技术效应与分工效应实现人工智能赋能，通过结构效应与空间效应实现地域资源赋能，通过生态效应与低碳效应实现绿色生态赋能，以舌尖上的美味“湖南饭”为导向，以精细农业为引领，推进区域特色赋能，使农产品品种结构从满足基本生活需求，向适应优质化、多样化、分层化的消费需求转变，适应个性化消费时代的市场差异性需求。要进一步明确全省各农业区域板块的分工，全面优化湖南农产品品种的区域结构，形成区域特色化、差异化的农业生产分工布局，避免区域农业同质化恶性竞争，助推农业高质高效发展。①

1. 以“一县一品”为取向，优化湖南特色农产品品种结构

优化湖南特色农产品品种结构对引导湖南各县（市、区）充分发挥其资源禀赋优势，科学布局各县（市、区）特色农业，促进特色农业向最适宜的地方布局，促进农业地域特色分工具有重要意义。一是制定湖南省特色农产品区域布局规划。调整特色农产品品种范围和优势区布局。以县为单位，采取政府规划引导和市场配置资源相结合的方式，充分挖掘每个县（市、区）独特的资源，在每个县（市、区）加快培育一批发展特色产业的知名企业和专业化村镇，加快培育地域特色农产品公共品牌，吸引社会资本延长产业链条，形成一二三产业融合发展态势，构建科学合理的区域分工和专业化生产格局。二是根据特色农产品区域布局规划优化农业发展财政支持政策。根据湖南省特色农产品区域布局规划，完善省级特色农业财政支持政策，明确要求省级特色农业发展扶持资金只能支持湖南省特色农产品区域布局规划确定的特色农产品品种。三是开展省级特色农业发展扶持资金使用绩效考核。邀请第三方定期对各县省级特色农业发展扶持资金使用情况进行绩效评估，对于资金使用规范、扶持效果明显的县进行奖励；对违规使用、平均主义分配到全县各大产业的县进行通报批评，并取消其未来申请省级特色

① 奉清清：《全面推进乡村振兴的底线、主线与重点任务——访湖南师范大学中国乡村振兴研究院院长、省委农村工作领导小组三农工作专家组组长陈文胜》，《湖南日报》2022 年 2 月 24 日第 6 版。

农业扶持资金的资格。

2. 适应消费结构变迁，着力提升中高端农产品品质

农业强不强，最终还得看发展质量。农产品质量关系到农业发展和人民群众的身体健康。随着人民群众收入、生活水平不断提高，消费者对农产品的需求正在由吃得饱向吃得好、吃得放心、吃得健康转变。根据消费结构的这种变迁，湖南农业要注意及早转型、及早布局、及早发力。一是加快农业生产方式向绿色化转型。在农业生产过程中，加大有机肥、农家肥使用力度，减少化肥和农药使用强度。积极探索农业循环经济发展新模式，形成农业生产废弃物回收和再利用新模式。加大土壤重金属污染治理力度，不断改良土壤质量。二是持续强化农产品质量监管。强化农产品质量安全，健全农产品质量安全监管体系，建立完善全程可追溯的监管综合服务平台，定期发布农产品质量安全“红黑榜”，健全农产品从“田间地头到百姓餐桌”全过程质量安全追溯体系。鼓励农产品生产者、经营者加大特色产品产权多元化保护力度，建立特色农产品独特的辨识体系，提高优质农产品市场准入条件，为优质农产品实现优价不断创造条件。

3. 发挥地理优势，不断拓展特色农产品生产立体耕地空间

湖南既有丘陵与山区，也有大江大湖和平原，地理结构复杂，呈现农业发展区域差异性与发展路径多元性。而全省人均只有七八分地，尤其是山区人均只有三四分地，这不仅是湖南农业发展的最大短板与最大约束，也是农业高质量发展的难点所在。[①] 因此，湖南应该充分发挥地理条件多元的优势，积极拓展特色农业生产空间，同时补齐人均耕地面积不足这一短板。一是向“四荒”地拓展特色农业生产空间。在县域成立农村产权交易中心，引导市场主体通过农地流转以及公开招拍挂等方式，依法流转农村集体所有的“四荒”地经营权，引导市场主体利用“四荒”地发展特色农业。二是向水域拓展特色农业生产空间。因地制宜、科学谋划、主动作为，借鉴与推

---

① 奉清清：《全面推进乡村振兴的底线、主线与重点任务——访湖南师范大学中国乡村振兴研究院院长、省委农村工作领导小组三农工作专家组组长陈文胜》，《湖南日报》2022 年 2 月 24 日第 6 版。

广成功经验。提高对大水面生态渔业的科学认识，特别是渔业在保水、净水与水域生态修复中的作用；加强部门间、产学研间的专业协作，科学规划，综合施策；发挥本地龙头企业的引领作用，借鉴千岛湖、查干湖等经验，引进先进成熟的养殖模式与技术；提升科技支撑能力，加强大水面鱼品品牌建设，促进一二三产业融合发展。三是向林地拓展特色农业生产空间。出台支持林下经济发展的政策体系，鼓励新型农业经营主体利用适宜利用的林地发展林下种植、林下养殖、森林旅游，延长林下经济产业链条。加大油茶发展支持力度，推进具有一定油茶产业发展基础的县域联合打造全国油茶产业发展示范区。

4. 加大对湘菜的扶持力度，实现吃得好又卖得好

湘菜是中国八大菜系之一，发展壮大湘菜产业，对弘扬湖湘文化、扩大消费和就业、促进城乡繁荣和推动相关产业发展有重要的作用。一是加大对品牌湘菜的支持力度。设立湘菜品牌建设基金，用于新产品研发、品牌推广、人才培训等，有计划地将有实力、有历史的湘菜服务主体打造成为百年老店。发挥这些百年老店在开拓湘菜市场、培养湘菜人才、开展湘菜技术攻关等方面的带头作用。二是以百年老店为主体打造湘菜全产业链。以百年老店为中心，形成从生产、加工、配送到销售的相互配套、相互支撑的完整湘菜产业体系。百年老店根据客户需求研发湘菜产品，根据湘菜产品建设一批服务百年老店的湘菜原料、辅料、调料生产加工基地，推进百年老店与湘菜原料、辅料和调料生产加工实行品牌共用，同时在百年老店开设湘菜原料、辅料和调料销售窗口乃至连锁商店，形成品牌共用的湘菜全产业链。三是加大对湘菜走出湖南的支持力度。大力支持湘菜企业、品牌连锁快餐企业走出湖南，向人口净流入、消费潜力大的省会城市、特大城市拓展，对这些企业走出湖南给予政策和资金上的扶持。鼓励湘菜向海外发展，有计划、有重点地选择一些人口多、消费潜力大的海外城市开展湘菜烹饪表演和宣传，提高湘菜的国际知名度。

5. 加大科技研发和科技赋能力度，实现从田间到餐桌的智能化

继续发挥湖南农业科技优势，进一步提升农业科技的贡献率，推进科技赋能绿色发展。一是加强土壤生态修复技术研发。土壤环境事关农产品质量和人体健康，事关经济社会发展和国家生态安全。建议省级层面出台相应的激励政策，引导民间资本联合成立科研基金，在土壤污染防治、农业面源污染防治和重金属污染农田综合防治与修复等方面加大科研投入和攻关力度，发展高效安全生态的现代农业技术。二是研发适合湖南地理条件的农业机械。湖南省丘陵山区农业机械化包括农村运输机械化一直是湖南省农业机械化的短板。因此，要不断加大丘陵山区的农业机械的推广应用力度，示范推广各类山地林果业机械。将未纳入湖南省补贴范围的部分丘陵山区机械，如灌溉设备、植保设备、果蔬烘干设备、贮藏保鲜设备等纳入补贴范围，进一步加大政策支持力度，实施地方累加补贴或纳入相关农业项目进行补贴。三是推进农业智慧化发展。将以遥感、大数据、人工智能为代表的现代化技术应用到农业生产的全过程，实现农业生产精细化和智能化、农产品加工自动化、农产品销售数字化，推动农业智慧化发展再上新台阶。

（二）突出留住“乡愁”，乡村风貌应彰显湖湘乡村风情

乡村发展的差异性与多元性，不仅体现在自然环境方面，更体现在地域人文元素方面。建立在不同地缘、血缘、亲缘基础上的民居、族谱、祠堂、祖坟、古树、牌坊、石碑、石桥、村道等不同文化元素，形成了各自独有而无法逆转的历史记忆，具有不同的过去、不同的现在以及不同的未来。① 因此，在乡村风貌改善过程中，要充分尊重每个村庄不同的风土人情，突出地域特色元素，把保护村庄的自然风貌和挖掘地域特色文化元素，作为村庄人居环境整治和村容村貌提升的重要内容，构建村庄风貌管理和人居环境整治的目标管控约束机制，留住村庄绿水青山，留住乡愁。②

① 奉清清：《全面推进乡村振兴的底线、主线与重点任务——访湖南师范大学中国乡村振兴研究院院长、省委农村工作领导小组三农工作专家组组长陈文胜》，《湖南日报》2022 年 2 月 24 日第 6 版。

② 奉清清：《全面推进乡村振兴的底线、主线与重点任务——访湖南师范大学中国乡村振兴研究院院长、省委农村工作领导小组三农工作专家组组长陈文胜》，《湖南日报》2022 年 2 月 24 日第 6 版。

1. 制定村容村貌的顶层设计和正负面清单

改善村容村貌离不开科学的引导，由于自然条件和历史文化不同，每个村庄改善村容村貌的实现路径也存在一定的差异，应因地制宜制定改善村容村貌的顶层设计和正负面清单。一是依据区域发展功能定位对村容村貌进行顶层设计。任何村庄都离不开区域发展的功能定位。从区域发展来看，每个村庄的区位、规模、资源都不一样，村庄分为集聚提升类、城郊融合类、特色保护类、搬迁撤并类等类型，每个村庄要根据自身的自然条件，结合村庄历史文化特色，对村庄的整体风貌进行顶层设计，科学编制符合发展需要、契合“三生”空间实际的村庄规划。[①] 二是列出村容村貌建设的正面清单和负面清单。由县级资规部门根据地理条件、历史文化传统，列出所在地倡导性村容村貌建设清单，使村容村貌提升工作符合村庄与村民的实际需求。同时，明确乡村建设的负面清单，列出禁止实施的乡村建设项目，将村庄村容村貌建设的正面清单和负面清单依法依规列入各村的村规民约。

2. 推进村容村貌提升与文化传承互相融合

文化是村容村貌提升的根基，人民群众生活是文化的载体，村庄风貌提升要充分运用好载体，推动村庄风貌提升，处处彰显文化、处处展现历史，让人民群众在日常生活中能时刻感悟到湖湘文化的魅力，增强对湖湘文化的自信。一是引导村民对其所生活村庄的历史和文化产生认同感、自豪感。村民才是乡村风貌保护和建设的重要主体，只有村民认同所在村庄文化并践行，才能实现村容村貌提升与文化传承相融合。加强村庄历史文化梳理，提炼村庄独有的精神文化。加强村庄文化宣传，在村庄树立文化传承的典型人物，用身边人先进的故事来感染村民，引导人民群众对其身边文化产生认同感和自豪感，进而形成文化保护和传承的自觉。二是加强村庄历史文化保护。划定村庄历史文化保护红线，明确乡村建设要离红线一定距离。乡村建设过程中禁止大拆大建、大面积硬化。加强对村庄古树、古桥、古井、老屋等的保护与修缮，把村庄古迹打造成彰显村庄个性的标志，彰显村容村貌的

① 陈文胜：《补齐农村人居环境短板》，《人民日报》2019 年 9 月 10 日。

个性特色。①

3. 加强村庄规划提档和建设管控

改善村庄村容村貌首先要科学编制村庄规划，然后依据村庄规划具体实施。一是吸引农民参与推进村庄规划提档。注重村庄规划编制团队选择与监督，明确要求村庄规划要贴近实际，要符合懂农业、爱农村、爱农民、懂内情、顾长远的要求；开展村庄规划实地调查，不能脱离实际情况制订无法落地的“空中楼阁”规划；在合法合规的前提下，尊重农民意愿，吸引农民和乡贤们参与村庄规划编制，编制出来的规划要让农民看得懂。二是加强农村建房风貌管控。由县住建部门委托规划设计单位，由规划设计单位根据各地的地理条件、历史文化等因素，提炼地域特色元素，根据农民经济条件为农民建房设计一些建筑图集，引导农民新建住房时采用住建部门提供的建筑方案，积极探索解决“农村有新房没新村，有新村没新貌”的难题，逐步建成一批地域特色鲜明、乡土气息浓厚、有湖湘韵味的高品质农房。

（三）激活乡村内生动力，乡村治理应敬畏农民法定权利

乡村治理水平直接影响乡村振兴特色。坚持农民乡村治理的主体地位，保障和支持农民在乡村治理过程中当家做主，确保基础设施与公共服务的供给适合农民需要、交给农民决定，使“江山就是人民，人民就是江山”全面贯彻落实到湖南农村基层治理和社会生活之中，全面解放乡村振兴中“农民”这个最具有决定性的力量和最活跃的因素，激活乡村振兴的内在动力，是推进乡村振兴的前提性条件。② 因此，必须以农民群众答应不答应、高兴不高兴、满意不满意作为衡量乡村治理成效的根本尺度，对农民的法定权利始终保持敬畏之心，给广大农民群众以充分的话语权和自主权，才能回

---

① 奉清清：《全面推进乡村振兴的底线、主线与重点任务——访湖南师范大学中国乡村振兴研究院院长、省委农村工作领导小组三农工作专家组组长陈文胜》，《湖南日报》2022 年 2 月 24 日第 6 版。

② 奉清清：《全面推进乡村振兴的底线、主线与重点任务——访湖南师范大学中国乡村振兴研究院院长、省委农村工作领导小组三农工作专家组组长陈文胜》，《湖南日报》2022 年 2 月 24 日第 6 版。

答好“是否符合农民意愿，是否有着坚实的群众基础，是否维护了农民利益”等原则性问题，真正站稳“以人民为中心”的政治立场，保证湖南乡村振兴不偏离正确方向。①

1. 以农民群众答应不答应、高兴不高兴、满意不满意作为衡量乡村治理成效的根本尺度

乡村治理是国家治理体系的重要组成部分，乡村治理的好坏不仅决定着乡村社会的发展、繁荣和稳定，也体现国家治理的整体水平。2018 年全国“两会”期间，习近平总书记在参加广东代表团审议时指出：“共产党就是为人民谋幸福的，人民群众什么方面感觉不幸福、不快乐、不满意，我们就在哪方面下功夫，千方百计为群众排忧解难。”② 同样，在推进乡村治理中，也必须以农民群众满意不满意、答应不答应、高兴不高兴作为衡量乡村治理成效的根本尺度。一是构建以人民群众为主体的乡村治理考评机制。将“执政为民”这一党和国家的大政方针在广大乡村地区很好地进行贯彻落实。让广大人民群众成为乡村治理考评的参与者和评判者，以突破个别领导说了算的误区。定期开展乡村治理农民群众满意度调查，引入人民群众评判机制，持续开展村干部和乡镇干部工作情况群众满意度调查，进一步考准、考实村干部和乡镇干部工作成效，激发群众参与乡村治理的积极性。将农民群众是否满意作为村干部和乡镇干部推选“两代表一委员”、评优评先和是否连任的关键指标。具体形式上，可以采取“民意调查+大会评议”、全民评议和大会评价等形式。二是探索引进第三方专业机构和社会中介组织进行乡村治理成效评估。建立以“民意”为导向的多元化绩效考核目标体系，并就该体系在村民代表中征求意见。引进高等院校、社会中介组织定期对乡村治理绩效考核目标完成情况进行评估，并将考核结果在人民群众中进行

① 奉清清：《全面推进乡村振兴的底线、主线与重点任务——访湖南师范大学中国乡村振兴研究院院长、省委农村工作领导小组三农工作专家组组长陈文胜》，《湖南日报》2022 年 2 月 24 日第 6 版。

② 中共中央党校（国家行政学院）：《习近平新时代中国特色社会主义思想基本问题》，人民出版社、中共中央党校出版社，2019，第 158 页。

公示。

2.对农民的法定权利始终保持敬畏之心

在中国革命和建设的各个历史阶段，我们党始终高度重视保障农民的权利，特别是改革开放以来，坚持尊重和保障农民的物质利益和民主权利，极大地调动了农民参与发展的积极性，让农民分享到了改革成果。进入新发展阶段，全面推进乡村振兴同样需要始终重视和保障农民的权利，始终做到对农民的法定权利保持敬畏之心。一是对农民的政治权利始终保持敬畏之心。尊重农民意愿进行民主决策，推进上上下下反复协商，保障程序正义进而保障决策结果的正义，提高决策执行效率。在实行民主决策、民主管理、民主监督的过程中，可以以村民小组为单位开会征求、收集农民的意愿，也可以通过微信、短信以及互联网平台全方位征求、收集农民的意愿，经过党员组长会议形成初步方案，再提交村民代表大会、村民大会，进行公开透明决策。二是对农民的经济权利始终保持敬畏之心。保障农民的经济权利重点是保障农民土地权利，在征地拆迁、土地流转、土地整治、土地登记等过程中充分保障农民的权利，建立健全农民在土地利用过程中增值收益的分配机制，保障农民土地的财产权。三是对农民的社会权利始终保持敬畏之心。保障农民的社会权利重点是保障农民的受教育权、社会保障权、环境权等。不断缩小城乡义务教育发展差距，提高乡村义务教育发展质量，保障进城务工子女就地受教育权；加大对农村社会保障的投入力度，不断提高农民社会保障水平，尤其是要稳步提高农民的养老金水平；加大美丽乡村建设支持力度，不断改善农村人居环境，尤其是农村污水治理、垃圾治理、农业面源污染治理等方面，需要公共财政继续加大力度，让农民也能享受到美好生活环境。

3.赋予农民充分的话语权和自主权

农民是乡村振兴的主体，在乡村治理过程中，农民必须拥有话语权和自主权。一是畅通农民利益诉求表达渠道，维护好农民群众的合法权益。着力探索推行领导干部特别是市县领导干部定期下基层接访制度，积极化解信访积案；组织开展“一村一法律顾问”等形式多样的法律服务；坚持和发展新时代“枫桥经验”，做到小事不出村、大事不出乡、矛盾不上交。二是赋予农民更多的自主权。对于农民是否愿意流转土地、是否愿意集中居住、产业发展方向怎么定等，要广泛征求农民的意愿和建议，让农民成为乡村振兴的参与者、获益者，乡村振兴不是把农民赶上楼、赶进城，不是政府牵着农民的鼻子发展什么产业。三是赋予农民乡村文化选择和建设的权利。强化农民在乡村文化建设和传承中的主体地位，政府不能用行政手段强迫农民接受所谓的先进文化，要尊重农民的传统文化观，不断挖掘具有地域特色的传统农耕文化资源，让地域特色文化成为乡村振兴的特色资源。构建保障农民乡村文化建设主体地位的长效机制，赋予农民更多的乡村文化建设参与权和话语权，有效调动农民参与乡村文化建设的积极性、主动性和创造性。

（四）聚焦城乡融合发展，农村改革应把县域作为主战场

中国城乡二元结构主要表现在县域范围内，县域不仅城乡二元结构较为明显，且与大城市之间也存在发展差距，缩小城乡差距最大的难点在县域，重点和着力点也在县域。要实现社会主义现代化，最繁重、最艰巨的任务也在县域。从实现增长转型来看，最大的潜在内需市场是县域，县域是国家未来最具有活力的战略发展空间。推进城乡融合发展，实现农村发展动力变革，是实现经济转型的有效突破口。①

1. 推进农村发展与城镇发展对接

实现城乡融合发展，缩小城乡之间发展差距，关键是缩小城乡之间基础设施和公共服务水平差距，实现城乡基础设施一体化和城乡公共服务均等化。一是加快推动乡村基础设施提质升级。因地制宜推动城市水、电、气、热等基础设施管网向城郊融合类村庄和规模较大中心镇延伸。建设联结城乡的冷链物流、电商平台、农贸市场网络。把公共基础设施建设重点放在乡村，加快推进乡村基础设施提档升级，大力培育多元化市场化投资运营主体，坚持先建机制、后建工程，实现城乡基础设施统一规划、统一建设、统

① 奉清清：《全面推进乡村振兴的底线、主线与重点任务——访湖南师范大学中国乡村振兴研究院院长、省委农村工作领导小组三农工作专家组组长陈文胜》，《湖南日报》2022 年 2 月 24 日第 6 版。

一管护。二是加快公共服务和公共设施向农村延伸。对标国家基本公共服务标准，补齐基本公共服务的短板。加大中央和省级政府财政在公共服务方面的投入，同时把转移支付向财政困难地区和欠发达地区倾斜，对标国家基本公共服务标准，加快补齐基本公共服务的软硬件短板和弱项。三是加快推进乡村社会事业信息化。充分利用互联网大发展的机遇，不断创新公共服务供给方式，形成公共服务多元化供给格局，提高公共服务便利共享水平。例如通过网络课堂、在线教育，城乡师生同上“一堂课”。贫困地区通过视频请专家看病，让远程医疗服务覆盖脱贫县和边远地区，建设互联网医院，夯实基层公共卫生服务基础，建成县域医疗共同体，深化区域间三级甲等医院与县级公立医院等医疗卫生机构的结对帮扶。四是完善乡村社会保障网络。建立农村特殊人群关爱服务中心，重点服务农村留守儿童、妇女、老年人，实现老人难事有人帮，留守儿童有人看，引导家庭妇女成为护理员、志愿者，找到稳定的就业岗位。构建多层次的农村养老服务网络。加快发展农村餐饮、零售等生活性服务业，支持相关企业在农村设置服务网点。采取政府购买服务的方式，探索由这些企业开办老年食堂、老年便民餐车，免费或优惠向农村高龄及孤寡、残疾、空巢老人供应一日三餐。重视增加农村老人的现金收入，提高农村老人养老金数额。

2. 推进农村资源要素与城市资源要素对接

实施乡村振兴战略需要城乡要素由过去的农村往城市单向流动转变为城乡双向流动，通过城乡要素双向流动实现农村资源要素与城市资源要素有效对接，促进城乡共同发展。一是加快农村产权流转交易市场建设。明确一家省属国有企业作为全省农村产权流转交易市场的建设主体。采取“1+N”模式，建立省市县乡（镇）统一联网、四级联动的农村产权流转交易市场体系和信息服务平台，逐步实现全省农村产权流转交易信息“一张网”发布。制定出台省级层面农村产权流转交易管理办法，在县级层面设立农村产权交易中心。引导全省各类农村产权要素进入流转交易市场进行公开交易，实现“应进必进”，使之成为农村资源要素市场化集中配置场所。二是建立进城落户农民依法自愿有偿转让或退出农村权益制度。明确不以退出农村“三权”作为农民进城的前提条件。积极引导进城落户农民通过全过程托管将承包地经营权进行流转，积极探索宅基地“三权分置”改革，引导进城落户农户将宅基地或农房通过入股农宅合作社等方式，盘活闲置农宅。建立农民“三权”退出资金筹措机制，筹集资金引导进城落户农民向农村集体经济组织退出承包地承包权、宅基地资格权、集体资产股权。三是构建政策配套、渠道顺畅、保障有力的城市工商资本下乡机制。按照政府引导、市场运作的思路，推动工业反哺农业、城市支持农村，鼓励城市工商资本进入现代规模化种养业、农产品加工业、乡村旅游业、现代农业服务业、农村社会事业，建立健全财政、金融、用地用电等政策体系。

3. 推进农业发展与工商业发展对接

产业融合是城乡融合的重要组成部分，推进农业发展与工商业发展对接，健全三次产业跨界发展机制，构建三次产业融合发展的利益链接机制，对于促进城乡融合发展具有重要的促进作用。一是健全三次产业跨界发展机制。坚持以农业为基础，构建“农业+商贸物流”“农业+文化创意”“农业+休闲旅游”“农业+生态康养”等多种产业融合新业态，因地制宜地植入乡村特色民宿、特色餐饮、休闲旅游、运动康养等新经济新业态，推动形成“核心IP+特色小镇+旅游民宿+文化创意”深度融合的产业链。二是通过股权纽带形成产业融合向心力。鼓励农业生产种养户通过入股的方式加入农产品加工企业和商贸板块的餐饮或零售企业。通过层层的利益关系强化，把第一产业和第二、三产业进行利益捆绑，不仅让广大种养户获得一份额外的受益，还促使种养户树立主人翁精神，自动自发地对农产品品质负责，在产业融合中形成向心力。

（五）守住不发生规模性返贫底线，“三农”主线应突出农民增收

当前，尽管农民收入增速在不断提升，很多地方农民收入增速超过城镇居民，但整体来看农民的收入水平仍然偏低。尤其是脱贫不久的地区经济发展基础较差，受宏观经济下行压力、疫情防控等多重因素的影响，农民增收

的不确定性加大。① 共同富裕是社会主义社会的本质要求，是实现国家全面现代化的重要特征。习近平总书记强调：“农业农村工作，说一千、道一万，增加农民收入是关键。”② 在建设现代化强国的过程中，如果农民不能实现增收，生活水平得不到提高，那么共同富裕根本无法实现，实施乡村振兴战略也将难以推进。因此，必须把增加农民收入作为全面推进乡村振兴的关键来抓，使之成为国家“三农”工作的主线。

1. 巩固脱贫攻坚成果，筑牢实现农民共同富裕的基础

全面推进乡村振兴首先要巩固脱贫地区脱贫攻坚成果，确保脱贫地区不发生规模性返贫。一是着力增加脱贫群众收入。加大脱贫群众就业帮扶力度，加大公益性岗位开发力度，多渠道为脱贫群众创造务工机会，增加脱贫群众务工收入。二是健全脱贫人口社会保障兜底帮扶机制。随着经济社会不断发展，需建立脱贫人口兜底社会保障水平稳步提高机制，确保符合社会保障兜底条件的脱贫群众的保障水平能随着经济社会发展水平的提高而实现稳步提高，增加脱贫群众的转移性收入。三是把加快脱贫县发展作为巩固脱贫成果的关键举措。只有脱贫县自身发展起来，造血能力不断增强，才能实现脱贫成果的长效巩固。加大脱贫县特色产业发展支持力度，建立长株潭等经济较好地区与脱贫县长效帮扶机制，引导大城市居民加大对脱贫县特色农产品的采购力度，鼓励发达地区居民选择赴脱贫县开展休闲度假、旅游观光、主题研学，激活脱贫县内生发展动力。

2. 拓展农民家庭经营净收入空间

经营性收入是农民收入的基本盘，理应成为农民收入的主要来源，但近年来的统计数据显示，农民经营性收入大约仅占农民收入的1/3，且增速较为缓慢。增加农民经营性收入关键是要持续深化农业供给侧结构性改革，提

① 奉清清：《全面推进乡村振兴的底线、主线与重点任务——访湖南师范大学中国乡村振兴研究院院长、省委农村工作领导小组三农工作专家组组长陈文胜》，《湖南日报》2022年2月24日第6版。

② 顾仲阳、常钦、田豆豆、王明峰、王伟健、郝迎灿、翟钦奇：《农业农村现代化阔步前行——习近平总书记领航农业农村高质量发展（之三）》，《人民日报》2021年9月26日第1版。

高农业发展质量，实现农业高质高效，优质特色农产品能够实现优质优价。一是加强特色农产品良种选育。加大湖南省特色农产品种业研发投入力度，力争研发出更多口感好、产量高、抗灾能力强的优良品种。二是加大县域特色农产品冷链物流体系建设支持力度。湖南省特色农产品难以实现优质优价，一个很重要的原因是冷链物流体系建设滞后，鲜活农产品集中上市导致特色农产品在短时间内供过于求而出现价格下降，使得农民利益受损。因此，省级层面可以基于每个县确定的县域特色农产品，根据每个县特色农业发展情况，加快补齐县域特色农产品冷链物流设施建设短板。三是围绕县域特色农业推进乡村产业融合发展。以县域特色农业为根本，积极延伸县域特色农业产业链，实施“特色农业+”的产业融合发展战略；引导农民与县域特色产业链的市场主体建立利益链接机制，通过双向入股等方式建立紧密的利益链接关系，使农民也能分享县域特色产业链发展壮大中的增值收益。

3. 促进农民更高质量更充分就业，实现工资性增收

统计显示，湖南是农民工输出大省，务工收入是农民主要收入来源，当前如何稳住并促进农民工工资性收入稳步增长是实现农民增收的关键。一是助力返乡农民工返城就业。帮助返乡农民工返城就业，防止因疫失业返贫，关系到脱贫攻坚成果的巩固。以服务农民工就业为重点，通过主题宣传、开通农民工外出务工专列、组织专场招聘、强化政策指导服务，来帮助更多的农民工顺利外出就业。二是实施以农民工为重点的职业技能提升计划。以县为单位，组织新生代农民工参加各类职业技能培训，提高农民培训覆盖率。加大职业技能培训补贴力度，提高培训各方参与培训的积极性。积极开展创新创业培训，培养农村创业带头人。三是发展高质量县域经济，支持农村创新创业。把园区作为县域经济带动乡村振兴的主体，做大做强县域各类园区，加速推动人才、技术等要素集聚，把县域打造成为人才创新创业的“新高地”和“大舞台”。通过资金支持、税收优惠、减免场地租金等政策，吸引本土外流人才返乡就业和创业。

4. 完善农业支持保护制度，着力增加农民转移收入

完善农业保护支持制度有利于保护和调动农民积极性，保障农民合理利润，让湖南广大农民依靠农业生产经营也能实现收入稳步提升。一是完善农业补贴政策。稳定和增加农民种粮补贴，完善农业技术推广补贴政策，加大耕地地力补贴力度，保障农民种植粮食的合理利润，引导农民爱种粮和愿种粮；加大设施农业补贴力度，对符合国家设施农业要求的项目进一步拓宽补贴范围，对国家重要农产品生产的设施农业项目加大补贴力度。二是加大农业农村金融支持力度。坚持农业农村优先投入的原则，要求地方政府在每年的一般债券支出中安排一定规模用于提升农业农村基础设施和公共服务设施；在省级层面完善乡村振兴领域专项债实施政策，简化乡村振兴专项债申报和使用手续，缩短乡村振兴专项债申报时间，提高乡村振兴专项债使用效率；加大国家政策性银行对乡村振兴基础设施和公共服务领域的贷款支持力度，为农业农村基础设施和公共服务设施建设提供低利率中长期贷款；制定出台扶持小农户发展的普惠金融政策，降低小农户农业生产过程信用贷款成本。三是加大农业保险覆盖面。将小农户粮食和重要农产品生产纳入农业保险补贴范围，降低小农户粮食和重要农产品生产风险。

5. 持续深化农村集体产权制度改革，提升村集体经济支撑农民增收的能力

不断深化农村集体产权制度改革，拓宽农民财产性收入增收渠道是实现农民增收的重要方向。一是推进农村集体经营性资产股份制改革。借鉴城市工商企业股份制改革经验，将农村集体经济组织经营性资产以股份的形式量化给农村集体经济组织成员。具体来说，可以以农村集体经济组织为单位，通过确权登记、资产核算、资产评估与量化、农村集体经济组织成员界定、股份设置、股权配置等，组建多种形式的农村集体经济合作社，大力发展劳务经济、物业经济、资源经济，增加农村集体经济组织收入，农村集体经济组织成员可以依据其所持有的股份分配农村集体经营性资产所产生的收益。二是推进农村集体资源性资产确权和活权改革。推进农村承包地、林地、园地、“四荒地”、大水面等农村集体自然资源确权，鼓励通过转包、出租、互换、转让等方式推进农村集体自然资源流转和规模化经营，减少农村自然资源闲置，扩大农民收入增长空间。三是探索农村集体经济组织与城市工商企业联合发展混合所有制经济。农村集体经济组织可以将本集体经济组织闲置的土地和房产、社会捐赠、上级补助等要素集聚起来，对外通过发展产业项目的方式，引进城市工商资本或本集体新型农业经营主体、技术研发单位等，发展多种形式的混合所有制经济，不断发展壮大农村集体经济，助力农民增收致富。

参考文献

习近平：《习近平谈治国理政》第三卷，外文出版社，2020。

习近平：《在全国脱贫攻坚总结表彰大会上的讲话》，《人民日报》2021 年 2 月 26 日第 2 版。

《乡村振兴战略规划（2018-2022 年）》，2018。

《中共中央国务院关于做好 2022 年全面推进乡村振兴重点工作的意见》，2022 年 1 月 4 日。

张庆伟：《在中国共产党湖南省第十二次代表大会上的报告》，2021 年 11 月 25 日。

张庆伟：《以实干实绩推动“三农”工作取得新进展》，《新湘评论》2022 年第 5 期。

毛伟明：《政府工作报告》，2022 年 1 月 17 日。

毛伟明：《以产业项目的大建设支撑“三高四新”战略大落实》，《新湘评论》2021 年第 10 期。

陈文胜：《论中国乡村变迁》，社会科学文献出版社，2021。

陈文胜：《论道大国“三农”》，中国农业出版社，2021。

陈文胜：《大国村庄的进路》，湖南师范大学出版社，2020。

陆福兴：《大国种业安全之维》，中国农业出版社，2022。

陈文胜：《农业供给侧结构性改革：中国农业发展的战略转型》，《求是》2017 年第 3 期。

陈文胜：《实施乡村振兴战略走城乡融合发展之路》，《求是》2018 年第 6 期。

陈文胜：《补齐农村人居环境短板》，《人民日报》2019 年 9 月 10 日。

陈文胜：《为乡村振兴提供内在动力》，《人民日报》2019 年 5 月 13 日。

陈文胜：《以“三治”完善乡村治理》，《人民日报》2018 年 3 月 2 日。

陈文胜：《推动乡村产业振兴》，《人民日报》2018 年 3 月 12 日。

陈文胜：《农业供给侧结构性改革一个重要的突破口：推进农产品区域品牌建设》，《人民日报》2017 年 6 月 12 日。

陈文胜：《乡村振兴的资本、土地与制度逻辑》，《华中师范大学学报》（人文社会科学版）2019 年第 1 期。

陈文胜、李珊珊：《论新发展阶段全面推进乡村振兴》，《贵州社会科学》2022 年第 1 期。

陈文胜：《构建农业农村现代化新格局》，《新湘评论》2021 年第 5 期。

市 域 篇

Urban Reports

B.2

衡阳市2022年乡村振兴研究报告

游 斌 陈文胜*

摘 要： 衡阳市围绕“产业兴旺、生态宜居、乡风文明、治理有效、生活富裕”总要求，坚持农业农村优先发展，加快推进农业农村现代化。立足丘陵山区资源优势，打造特色农业引领区；突破惯性思维，不拘一格使用发展乡村人才；敬畏乡愁，以文化赋能乡村振兴；激发农民自主行动，建设美好家园；以标准化治理推进城乡治理一体化创新。但也面临区域分工不清晰、产业特色不明显，区域优势发挥不充分，农产品加工水平较低、产业融合不理想，思想观念与乡村振兴要求不相适应等问题。衡阳市要进一步高质量全面推进乡村振兴，应当全面优化农产品区域结构，培育壮大区域公用品牌；建立湘南特色农产品集散中心，充分发挥衡阳区位优势；加快特色农业产业园建设，推动农村产业集群发

* 游斌，湖南师范大学中国乡村振兴研究院博士后，研究方向为城乡和区域经济发展；陈文胜，湖南师范大学中国乡村振兴研究院院长、二级教授、博士生导师，研究方向为农村经济、城乡关系、乡村治理。

展；突出实用性人才选拔使用，构建乡村振兴人才梯队；以规划引领美丽乡村建设，加快农村人居环境整治；以农业农村改革盘活资源，拓宽集体经济发展路径。

关键词： 乡村振兴 特色产业 城乡治理标准化 衡阳市

党的十九大报告提出，农业农村农民问题是关系国计民生的根本性问题，必须始终把解决好“三农”问题作为全党工作的重中之重，实施乡村振兴战略。近年来，衡阳市紧密结合市情农情，坚持把实施乡村振兴战略作为新时代“三农”工作的总抓手，始终保持政治定力，不断增强使命担当意识，延续抓脱贫攻坚工作的高度、精度和力度来抓好乡村振兴工作。2021年是全面推进乡村振兴战略的第一年，衡阳市推动农业农村工作重心由全面脱贫攻坚向全面推进乡村振兴转变，坚持农业农村优先发展，加快推进农业农村现代化，促进农业转型升级、农村全面进步、农民持续增收，奋力谱写了新时代乡村振兴的“衡阳篇章”。

一 衡阳市全面推进乡村振兴的实践与探索

2018年中央一号文件《中共中央国务院关于实施乡村振兴战略的意见》指出，实施乡村振兴战略，是决胜全面建成小康社会、全面建设社会主义现代化国家的重大历史任务，明确了实施乡村振兴战略，引领我国乡村地区的产业振兴、人才振兴、文化振兴、生态振兴和组织振兴的目标和路径。衡阳市按照“产业兴旺、生态宜居、乡风文明、治理有效、生活富裕”的总要求，科学有序推动脱贫攻坚与乡村振兴有效衔接，全面推进五大振兴。

（一）立足丘陵山区资源优势，打造特色农业引领区

根据本地产业优势和资源特点，衡阳市围绕培育壮大具有区域特色的

农业主导产品、支柱产业和特色品牌，出台特色产业扶持政策，大力推进农业“百十亿”产业和“百千户”产业、“8135”战略、“六大强农行动”。突出农业发展质量提升，创建高效精细优质农产品示范基地，因地制宜发展特色主导产业，推进“一县一特一品牌”行动，重点打造“三黄两茶”（黄花菜、湘黄鸡、黄贡椒、油茶、茶叶）及粮食、畜禽、蔬菜、林竹、中药材、水产等八大百亿产业，推进农村一二三产业深度融合发展，打造粤港澳大湾区优质精细农副产品主供基地。推进农业品牌提升行动，强化产业品牌发展示范引领，全面实行农产品“身份证”和“合格证”管理制度，规模以上农业企业全部被纳入农产品质量安全追溯平台管理，“两品一标”农产品达251个。① 形成以公用品牌、企业品牌、大宗农产品品牌、特色农产品品牌为核心的衡阳农业品牌格局，加快实现农业大市向农业强市转变。

1. 大宗农产品品牌提质增效

衡阳市按照“一县一特”“一乡一业”“一村一品”的总体思路，发展壮大“粮、猪、油、菜”四大基础产业，培育土品牌，为产业发展“造血”。对接粤港澳大湾区大市场，提品质、树品牌、强营销，推动衡阳优质农产品“走出去”。

一是优化粮食品种结构，持续加强高档优质稻推广。衡阳市切实扛起粮食生产大市政治责任，狠抓粮食生产。建立粮食产业协同创新联盟，在全市主推26个优质高产抗性强的水稻品种，推动水稻“一村一品”订单生产，发展代耕、代种等“十代”社会化服务，凝聚全社会力量协同发展粮食生产。全市粮食播种面积729.74万亩，其中：早稻233.97万亩（超任务面积2.97万亩），中稻及一季晚稻158.69万亩，晚稻258.47万亩，旱粮78.61万亩。由袁隆平团队研发的杂交水稻在衡南县双季测产达到1603.9公斤/亩，再次刷新世界纪录。② 狠抓受污染耕地安全利用、耕地抛荒整治，大力

① 衡阳市农业农村局：《2021年衡阳市乡村振兴工作情况汇报》（2021年），打印稿。

② 衡阳市农业农村局：《2021年度衡阳市农业农村工作总结》（2021年），打印稿。

推进高标准农田建设，进一步夯实粮食基础。2021 年 57.74 万亩高标准农田建设任务按照时序进度顺利推进，同比增长 62.4%。[①] 常宁市在罗桥镇、三角塘镇、西岭镇等 3 个乡镇实施 1.6 万亩的优质稻米产业化试点项目，重点打造三角塘镇千家洞至庙前镇中田村公路沿线的 1.2 万亩双季稻省级综合示范片。[②] 衡阳县完成粮食种植面积 135.57 万亩（其中水稻 120.47 万亩、旱粮 15.1 万亩），粮食总产达 60.16 万吨，初步建成 100 万亩优质稻、优质农副产品供应基地，优质稻产业园成功创建省级现代农业产业园。[③] 衡阳县西渡镇梅花村成立优质稻种植专业合作社，围绕 3000 余亩高档优质稻规模化生产，建设“人不下田、谷不落地”的现代化、机械化稻作公园。衡南县已建成高档优质稻生产基地 30 万亩，2021 年 14 万亩水稻基地被认定为全国绿色食品原料标准化（水稻）基地。[④]

二是实施优质湘猪工程，推进生猪产业转型升级。通过完善良种繁育体系、打造优质湘猪工程、加速推进畜禽粪污资源化利用等多种举措抓实生猪稳产保供工作，使生猪产业逐步恢复、产能逐步提升，2020 年荣获湖南省政府真抓实干生猪稳产保供工作先进市（州）称号。2021 年生猪出栏 675.06 万头，同比增长 28.2%；生猪存栏 468.18 万头，同比增长 11.5%。[⑤] 实施优质湘猪工程，签约的 8 家生猪养殖龙头企业项目顺利落地，推动生猪产业全产业链发展。蒸湘区建立完善生猪生产扶持政策体系，落实生猪保险政策，支持亿湘农生态农业发展有限公司、云芳养猪场创建“猪—沼—蔬菜的种养结合”新模式。[⑥]

三是促进油茶产业高质量发展，打造“中国油茶第一强市”。近年来，衡阳市委、市政府将油茶产业建设作为农业发展头等大事来抓，出台了

① 衡阳市农业农村局：《2021 年度衡阳市农业农村工作总结》（2021 年），打印稿。

② 常宁市农业农村局：《常宁市 2021 年度农业农村工作总结》（2021 年），打印稿。

③ 衡阳县乡村振兴局：《衡阳县 2021 年实施乡村振兴战略工作总结》（2021 年），打印稿。

④ 衡南县农业农村局：《衡南县 2021 年工作总结暨 2022 年工作思路》（2021 年），打印稿。

⑤ 刘涛：《2021 年衡阳经济运行稳中加固，稳中向好》，衡阳市统计局网站，2022 年 1 月 29 日，http://www.hyzy.gov.cn/tjfx/20220217/i2615899.html。

⑥ 蒸湘区农业农村局：《蒸湘区 2021 年度农业农村工作情况总结》（2021 年 12 月），打印稿。

《关于加快油茶产业发展的决定》和《关于做大做强油茶产业的九条意见》等一系列文件，成立专班抓油茶产业发展。2020 年，市本级财政预算安排 2.3 亿元油茶专项资金，对 7 个油茶重点县市均予以配套，重点扶持了基地建设、科技创新、品牌宣传等工作。金融机构也给予了大力支持，近年来全市落实金融资金 16.59 亿元，农业银行、农商银行等金融机构发放贷款 8.45 亿元。2021 年，全市油茶林总面积 447.21 万亩，年产油茶籽 49.48 万吨，比上年增加 20.52 万吨，增长 70.9%。从行业地位看，全市油茶林面积、茶油产量和油茶年产值连续多年居全国地州市之首。2021 年全省评审 20 个茶油大县，衡阳市有 5 个县（市）入围，占 1/4。衡阳油茶品牌影响力、产品市场占有率不断提高，"大三湘茶油""神农国油"被评为"中国茶油十大知名品牌"。致力于"衡阳市百里油茶产业示范带"建设，形成了"耒阳—常宁—祁东""衡东—衡山""衡阳—衡南"三大油茶产业集群。全市培育国家级农林业重点龙头企业 3 家、省级林业龙头企业 23 家，联结辐射基地达 100 余万亩，提供就业岗位 10 万多个。大三湘、神农国油、中联天地三家企业入选"中国油茶百强企业"。建成衡东、衡阳、耒阳、常宁 4 个油茶良种采穗圃和 12 处定点育苗基地。科学布局 11 家茶油年加工能力 500 吨以上的企业产能，有序推进油茶小作坊改造。建设油茶仓储中心、交易中心等项目，创建全省唯一油茶产品质量检测中心；常宁市西岭镇作为油茶小镇成功入选湖南首批十大特色农业小镇；成功授牌中国（耒阳）油茶博览园；油茶林下种养、生态旅游、研学体验等产业新业态不断涌现。①

四是大力发展特色绿色蔬菜，打造衡阳蔬菜品牌。精选蔬菜品种，重点种植生产黄花菜、白菜、辣椒、豇豆、萝卜、黄瓜、茄子等品种，推动蔬菜质量同步提升。蔬菜产量方面，2020 年全市蔬菜播种面积 95.84 万亩，收获面积 97.2 万亩，总产量 215.98 万吨，总产值 120.25 亿元。其中设施蔬

---

① 蒋濂：《2021 年衡阳市油茶产业发展调研报告》，衡阳市统计局网站，2022 年 1 月 24 日，https：//www.hengyang.gov.cn/hystjj/fxbg/tjfx/20220124/i2597858.html。

菜播种面积 6.03 万亩，比上年增加 15.54%；产量 17.51 万吨，比上年增加 23.85%。蔬菜销售与加工方面，全市拥有城镇农贸市场 255 个、摊位 10595 个，蔬菜批发市场 18 个、年交易 48.9 万吨；加工企业 58 个，年加工鲜菜 13 万吨，年产值达 8.5 亿元。合作组织和种苗繁育方面，现有规模蔬菜生产合作组织和企业 234 个、面积 15.62 万亩。发证的蔬菜制种基地 2 个，蔬菜集约化育苗企业和合作组织 14 家，育苗及其相关设施占地面积 623 亩，年育苗总量 29516.9 万株。品牌创建方面，国家级龙头企业 1 家，省级 8 家，市级 35 家，县级 49 家。依托农产品保供基地建设项目的实施，成功打造了一批设施蔬菜基地，全市创建湖南省著名商标 4 个，"湘江源"蔬菜公用品牌授牌企业共 22 家，全市供粤港澳蔬菜生产基地现有 28 家，其中入选供粤港澳"菜篮子"生产认定基地名单 18 家，带动衡阳市大宗农产品全面对接粤港澳大湾区，走向国际市场。① 2021 年绿色食品新增 23 个，续展 3 个，有机食品续展 11 个，地理标志农产品新增 1 个，全市"两品一标"有效认证数达 251 个。②

2. 特色农产品向高端迈进

衡阳市将产业振兴作为推动乡村全面振兴、实现富民强村的"牛鼻子"工程，立足本地农业资源禀赋和特色农产品，以"品种培优、品质提升、品牌打造"为突破口，积极推进优势特色产业发展，推动特色农产品高端化。一是突出高品质基地建设。衡山县培育壮大小水果特色产业发展。重点培育了衡山红脆桃生产基地、沃柑产业扶贫基地、箐香桃示范基地、红柚示范基地、猕猴桃示范基地。2021 年，全县小水果种植面积逾 6.2 万亩，产量达 7.53 万吨，产值达 4.3 亿元。③ 常宁市新发展高标准有机茶园 7.5 万亩，改造老茶园 1.5 万亩，成品茶年产量达到 1200 余吨，涉茶产业综合产

① 衡阳市统计局：《衡阳市"粤港澳"大湾区蔬菜主供基地建设调研报告》，2021 年 10 月 11 日，https：//www. hengyang. gov. cn/hystjj/fxbg/jcfxbg/20211011/i2505311. html，最后检索时间：2022 年 4 月 6 日。

② 衡阳市农业农村局：《2021 年衡阳市乡村振兴工作情况汇报》（2021 年），打印稿。

③ 衡山县农业农村局：《2021 年工作总结和 2022 年工作思路》（2021 年），打印稿。

值过亿元；面积、产量稳居衡阳第一，成功跻身湖南茶叶十强生态产茶县、全国重点产茶县。二是突出标准化生产经营。常宁市与湖南省林业科学院、中南林业科技大学、湖南农业大学深化产学研合作，制订油茶生产和茶油产品质量两大标准。按照森林经营认证（CFCC）要求，制订《常宁市油茶林经营方案》，当年按森林认证标准生产的油茶鲜果比市场价高出 1.4 元/公斤。2018 年 5 月，常宁市发布全省首个油茶地方标准，从原料、生产加工到产品包装、销售对常宁茶油进行了全过程规范。始终坚持生态有机标准，严控化肥农药使用，推广有机肥料、人工除草及物理灭虫，把“高山、生态、有机”确定为常宁市茶叶品牌建设的主题。目前，常宁市通过有机认证的企业达到 9 家，通过有机认证的基地面积 3.5 万亩，8 家生产企业通过 SC 认证和有机产品认证。[①] 三是突出公用品牌打造。以传统优势产业为突破口，整合提升当前自有品牌，积极打造区域公用品牌。着力延伸产业链条，成功开发了高档产品，提高了产品附加值。常宁市为提升茶油的影响力和竞争力，对各企业原有茶油品牌进行统筹整合，打造“常宁茶油”公用品牌，筹建“常宁茶油”产品质量溯源平台，让消费者放心消费。坚持探索一二三产业融合发展新思路，举办了四届油茶旅游文化节，建设高标准平安油茶小镇、5000 亩油茶风情园等。整合常宁茶业品牌，打造常宁茶叶公共品牌——常宁塔山茶，并申请地理保护商标，统一形象宣传。举办“品茗怀祖”“登天堂山、赏杜鹃花、品塔山茶”“春茶采茶节”等活动，宣传推介常宁市茶叶。目前，常宁市茶叶品牌已荣获湖南省优质茶、湖南省农博会金奖、湖南省茶博会金奖、“潇湘杯”名优茶评比特等奖、中茶杯名优茶大赛一等奖、亚太茶茗大赛金奖、澳大利亚国际茶博会金奖等 51 个省级、国家级和国际权威赛事奖项，吸引中央电视台“乡土”专栏专门报道。

3. 产业融合发展，推动产业全面振兴

衡阳市依托乡村特色优势资源，围绕“产业兴旺”目标，大力发展特色种养业、农产品加工业，拓展乡村旅游、休闲康养、电子商务等现代服务

① 常宁市乡村振兴局：《做强产业引擎　促进乡村振兴》（2021 年），打印稿。

业，全域促进农村产业融合发展，全面提升“衡”字号农业品牌影响力、农产品市场竞争力。通过聚焦主导产业、优化产业布局，提升农业产业链现代化水平，促进农业高质高效发展，推动农业发展方式转变。

一是优化产业链建设，着力打造分工明确的乡村产业体系。以“一村一品”乡村产业为基础，突出果蔬、油料、茶叶、畜禽、竹木等优势农产品加工产业，合理分工，构建产业体系，有效提升新型经营主体综合实力和乡村产业的市场竞争力。推进行业横向资源整合，强化产业纵向协同。由龙头企业负责产业前端的秧苗繁育、标准建立、技术服务和产业后端的品牌打造、收购加工、物流运输、市场销售等，当地新型经营主体负责标准化规模种植，同时协助公司引导和指导贫困户和非贫困户开展适度规模种植，做好产业分工，发挥各自的优势，实现产业协作。蒸湘区通过设施农业项目建设，从温室大棚、水肥一体化、全程机械化智能化等方面有效提高农业生产设施率，夯实农业质量和效益。同时，建成两个集标准智能化生产、初加工、分拣包装、仓储和冷链物流于一体的专业化冷鲜蔬菜配送中心。2021年新申报了3个储保鲜冷链设施建设项目，以配套蔬菜基地现代化产业，通过多种措施切实解决鲜活农产品保鲜、储存、运输难题，打通从采收、加工、物流到销售的全产业链条。

二是依托互联网平台快速建立乡村农产品销售渠道。强化农产品产销无缝对接，通过龙头企业订销、市场超市直销、电子商务营销、举办节会展销等举措，促进农产品销售和群众致富。如常宁市平安村积极利用“互联网+”销售模式，搭建京东、淘宝等互联网销售平台，线上销售黄金茶油、茶山飞鸡、红薯干、大豆、豆腐乳、干笋等农副产品，日均销售额约2万元，产品销往全国，全年电商销售总额达1800万元。① 耒阳打造农产品线上展销、物流跟踪、在线支付、数据统计、监测评价等“一站式”综合服务平台，大力开展云直播带货，根据农特产品分布地域，引导各乡镇党委书记、乡（镇）长化身农特产品的“代言人”“促销员”。目前，电商直播带

① 常宁市乡村振兴局：《平安村乡村振兴的改革实践》（2021年），打印稿。

货已成为当地消费帮扶常态化营销方式，全年累计直播带货 1000 余次。同时，耒阳 2021 年共组织 10 余家主要农特产品加工企业参加首届中国国际消费博览会、中部地区农产品博览会和数商兴农专场展销会等，通过线下展示和线上引流等方式推动农产品网上交易额快速增加。

三是以园区和特色小镇为载体促进农业“跨界融合”发展。常宁市农产品加工新型经营主体发展到 756 家，获评衡阳市级以上农业产业化龙头企业 54 家，其中省级龙头企业 9 家；休闲农业经营主体达 100 余家，获评省级以上星级农庄 28 家，其中国家五星级农庄 1 家。常宁市被评为全国农村一二三产业融合发展先导区，塔山瑶族乡成为全国农村一二三产业融合发展产业强乡。[①] 蒸湘区 2021 年围绕推进“六大强农”行动促进乡村产业兴旺的目标，申报了“现代农业特色产业园”“农业产业强镇”“标杆龙头企业打造”三个 2021 年省级农业产业融合发展项目。石鼓区注重把农村人居环境整治与生产、生活和生态相结合，充分利用乡村旅游环线，把水系、农田、山林、民宿等乡村资源串联起来，促进一二三产业相融合，打造了香樟苑、潇湘和创、山水莲花、云飞科技、兆祥农业等一批现代都市农业企业。

4. 以共同富裕为取向，完善利益联结机制

衡阳市构建“政府得生态、企业得效益、乡村得振兴”的利益联结机制，创新“自主经营、村社合一、返承包”等多种产业模式，推动农业全产业链建设。引导新型主体向产业链集聚，形成种加销一条龙、农工贸一体化的产业化经营格局。支持新型经营主体通过订单收购、保底分红、二次返利、股份合作、吸纳就业等多种形式将小农户纳入现代农业产业体系，促进小农户与现代农业有机衔接。

一是“党组织领办合作社+村民”。围绕提高村集体经济的自我发展能力，推行“支部+产业”“支部+合作社”的组织模式，支持新型农业经营主体发展壮大，增进新型经营主体与村集体利益联结。通过党建+集体经济

① 常宁市统计局：《常宁市 2020 年国民经济和社会发展统计公报》，2021 年 4 月 21 日。

创办，突破村级经济发展瓶颈。如衡阳县清花湾片区实现村社合一，共开办12个村级合作社，村集体经济收入由零收入到年均达4万元。村民以土林草水资源经营权、自有设施设备、扶贫小额信贷资金等入股，“保底收益+按股分红”，年收益3000元以上。[①] 珠晖区茶山坳镇堰头村采取党支部协办助办农村产业发展合作社等方式，通过建立“合作社+基地+村集体+农户”合作机制，破除农村发展“空壳化”瓶颈，从而推动村集体和群众“双致富”。新建的月季园，村集体占股10%，村集体享受每年利润10%的分红。2020年村集体分红20万元，2021年分红50万元。梨园收入一年10万元左右，研学收入10万~16万元，萱草园加办公室出租约6万元，2021年村级集体经济年收入突破78万元。[②]

二是“龙头企业+合作社+农民”。加快推进农业产业化，建立“龙头企业+合作社+农户”的联农带农利益联结机制，培育壮大新型农业经营主体，完善农业社会化服务体系，将小农户引入现代农业发展轨道，以多种方式增加农民收入。如常宁市引导村民积极参与油茶产业建设，推进基地建设与产业振兴深度融合。中联公司的“共享农场”、大三湘的“油茶庄园”等乡村振兴模式效果显著。引导油茶经营户从油茶基地建设到油茶基地提质转变，让广大村民从被动参与转变为主动参与油茶产业建设，让油茶产业带动乡村经济。衡东县湖南聚味堂食品有限公司为发展壮大衡东黄贡椒产业，实现一二三产业融合发展，发挥“龙头企业+合作社+农户”的优势，在三樟镇和平村流转土地1300亩，其中100亩用于黄贡椒种苗的提纯复壮，200亩用于育苗基地，1000亩建设示范大棚基地，计划在全县推广种植10万亩，以保底价收购10万吨，实现年产值10亿元，解决了3万人的就业问题。[③]

（二）突破惯性思维，不拘一格壮大乡村人才队伍

习近平总书记指出：“要推动乡村人才振兴，把人力资本开发放在首

---

① 衡阳县乡村振兴局：《片区联动，跑好脱贫攻坚与乡村振兴“接力赛”》（2021年），打印稿。

② 珠晖区乡村振兴局：《珠晖区茶山坳镇堰头村乡村振兴典型经验做法》（2021年），打印稿。

③ 衡东县乡村振兴局：《突出产业发展　赋能乡村振兴》（2021年），打印稿。

要位置，强化乡村振兴人才支撑。”衡阳市加大“三农”领域实用专业人才培育引进力度，健全人才下乡返乡留乡激励保障机制，大力培养一批能带富、善治理的村级组织带头人，积极培育高素质农民，吸引专业技术人员、高校毕业生和各类能人到农村干事创业，推进乡村人才振兴实现新的发展。

1. 任贤用能，多层面造就乡村本土人才队伍

建立干部人才成长“长回路”机制，开展万名干部人才下乡村活动，督促选调生到村任职，助力乡村振兴建设。积极组织开展招才引智活动，主动结对联系在外优秀人才，招纳能人返乡创业带富。大力推进人才振兴工程，精心组织开展“迎老乡、回故乡、建家乡”活动，吸引衡阳籍企业家返乡创业、服务乡梓，扎实推行村（涉农社区）党组织书记兼任村（居）委会主任和村级集体经济组织负责人制度，推进村“两委”班子成员交叉任职，努力造就扎根乡村的本土人才队伍。

一是选能人带村。乡村发展好不好，村支书这只“领头雁”是关键。衡阳县清花湾片区组建乡村振兴工作队，开展驻点帮扶，吸引5名青年人才回流，进入村支“两委”，促进村内外人才大循环。片区内22名村干部，平均年龄35岁，其中，开办实体企业9人，占比41%；本科学历3人，占比14%；3名带头创业的贫困户被吸收为村民小组长。[①] 为选准配强领路人，2014年衡南县骄阳村换届选举前，茶市镇书记、镇长等乡镇干部积极做工作，鼓励一批在外的能人志士返乡竞选。原先在外承包铁路工程的48岁罗成祝，凭着良好的口碑和为村集体垫资修路等突出贡献高票当选村支书。在他的带领下，脱贫攻坚党员带头上，开荒垦地党员争先干，社会服务党员义务做，骄阳村一年一小变、五年一大变，建成了规范漂亮的村部、宽敞平坦的通组公路、鲜活灵动的文化墙、热火朝天的产业。2021年4月，罗成祝被评为全省脱贫攻坚先进个人。

二是请乡贤支村。积极引导乡贤能人，为家乡建设出谋划策、出资出

① 衡阳县乡村振兴局：《片区联动，跑好脱贫攻坚与乡村振兴“接力赛”》（2021年），打印稿。

力。雁峰区发挥“乡贤五老”的作用，以乡情、乡音和乡愁为纽带，壮大乡贤队伍，引导乡贤们支持家乡经济文化建设。如衡南县茶市镇骄阳村大力推行“三会五一”模式，用村支“两委”的真心，换取乡贤支持家乡建设的热心。即：成立“乡贤会”，坚持每年春节举办乡贤“恳亲会”，清明节举办乡贤“座谈会”；逢年过节，对骄阳村乡贤会的4名企业家、1名军队离休干部、1名退休大学教授，在家的统一由村支“两委”到家里“走一走”，茶余饭后领到田间地头“转一转”，村里大小事务集体坐下来“议一议”；不在家的也坚持安排专人逐个打电话“聊一聊”，有困难需求的尽力而为“帮一帮”。支持乡贤实施旧房改造，鼓励退休人员到骄阳村定居。始终保持与乡贤的密切联系，认真听取他们对乡村发展的建议。近年来，骄阳村从村部建设到乡间道路修缮，每一个实体项目和每一处细微变化，均得到了乡贤的大力支持与投入。衡东县通过开展“迎老乡、回故乡、建家乡”活动，吸引了一批能力强、见识广的衡东籍人士返乡创业，引领经济发展。

三是留青年兴村。想方设法留住青年，不断激发青年的乡村振兴主力军作用。常宁市挖掘培育各类人才，发展养殖大户30余户，培育新型农民200余人，村级合作社吸收聘用2名高学历、懂技术的回乡创业青年，为村集体经济发展注入新鲜血液。村支“两委”尽可能由青年担任，近两届换届选举，镇村两级达成“让青壮年参选、由青年人担当”的共识。衡南县茶市镇骄阳村新当选的5名班子成员，其中80后2人，90后1人，平均年龄42.8岁，全部有在外工作经历，4人具备大专以上学历。尽可能为青年人留足成长空间。明确入党积极分子向青年倾斜，外出考察、人员培训等集体活动，90%以上名额留给青壮年，评先评优、表彰奖励等80%以上指标留给留乡就业的青年，让青年留乡有盼头。置业创业方面尽可能给予青年优惠。在土地、水利、交通、电力等方面，尽可能提供优惠措施和服务保障。2016年曹永中等4个青年计划在村里合伙开办一个种鸡养殖场，村支“两委”知悉后带头支持，不仅帮其选好厂址，还在最短时间内协调办好用水用电等问题，年土地租金仅收取3000元，远低于市场价格。如今养鸡场养殖种鸡1万羽，年纯盈利达到20余万元，影响和带动村民就业30余人。①

2. 培引结合，多渠道建设实用型专业人才队伍

强化职业技能培训，结合新型职业农民培育工程、致富带头人培训、农技推广补助项目等，以“请进来、走出去”方式培育适应现代农业发展需要的本地“工匠式”人才，大力发展农村能人经济，为农业产业发展提供强有力的人才支撑。同时，建立有效的激励机制，增强农村对人才的吸引力、向心力、凝聚力，促进各类人才到农村创新创业。衡阳市政府与湖南农业大学共同发起，联合福建博思软件股份有限公司挂牌成立了湖南农业大学数字乡村研究院。衡阳市蔬菜研究所在全市共建立蔬菜新品种、新技术、新模式核心示范基地8个。引进农业急需紧缺人才12人，其中市畜牧水产事务中心引进博士1人。耒阳市不断引进电商物流专业人才，定期举办农村电商物流培训班，把从事电商工作的乡村干部、农产品经营主体、农村电商从业人员等作为主要培训对象，着力培养一支有文化、懂技术、会经营的新型电商人才队伍。2020年来，耒阳举办各类电商人才培训活动80余场，累计培训电商人才6000余人，为农村电商发展提供了有力的人才支持。常宁市扎实开展新一届乡镇领导班子和村（社区）“两委”班子集中轮训，累计培训乡镇班子成员230人，村（社区）“两委”干部2132人。严格执行乡镇编制专编专用，2020~2021年累计为乡镇补充各类人员209人（其中招录乡镇公务员133人）；加强乡村人才队伍建设，2021年培训乡村致富带头人75人，任务完成率102.7%，为乡村振兴提供了组织和人才保障。② 雁峰区在冬春组织各类农业技术培训5次，加快新型职业农民培育，新建益农信息社服务中心1个、专业站14个，全区已培训农村实用人才130人次。③

3. 搭建平台，积极培养乡村振兴后备人才

衡阳市督促抓好村级后备力量和乡土人才培育，推行“三推比选，共育共管共联”培养发展农村党员。衡阳市大力发展农村能人经济，将“农

① 衡南县乡村振兴局：《茶市镇骄阳村乡村振兴的探索实践》（2021年），打印稿。

② 常宁市乡村振兴局：《常宁市2021年实施乡村振兴战略工作总结》（2021年），打印稿。

③ 雁峰区乡村振兴局：《雁峰区2021年实施乡村振兴战略情况总结》（2021年），打印稿。

村能人经济培训班”纳入为民办实事项目，全年累计培训农村能人近万名。扎实开展高素质农民教育培训，全年累计培训高素质农民2200余人。实施农村实用人才带头人和高素质农民培育计划，突出优势特色产业导向，分层分类开展培训，加强农业职业教育，抓好非学历继续教育培训基地建设。石鼓区大力实施“强基培育千人计划”和“农民大学生培养计划”，建立30人的村级后备干部库。深入推进科技专家服务团建设，加强与周边高校的合作，积极开展农村党员冬春训、农业病害防控、林业技术指导等技能培训和扶贫工作培训，每年培训农村党员、农民群众及贫困户3000人次，发放技术资料10000余份，不断增强农业农村内生动力。①

一是推进人才交流互动。建立互培、互聘、互动的人才共育制度，企业为村劳动力培训搭建平台，镇、村党组织邀请企业人才当顾问，帮助提升集体资产运营效益。石鼓区角山镇回引35名在外成功人士返乡创业，推动人才链与创新链、产业链深度融合，联合区人社局、市餐饮协会就地培养50余名本土厨师，打造“厨师之乡”，力求培训1人、改变1家、带富1村。香樟苑抽调党员干部和技术骨干进村入户开展创业辅导，蹲苗培育本土种养殖人才200余人。② 衡阳县加强乡村人才队伍建设，累计培训乡村致富带头人89人，任务完成率100%。全力打造科技专家服务团，选强配齐科技专家团成员82人，累计帮助企业申报市级技术研发中心6个，引导培育高新技术企业19家。落实高校、科研院所等事业单位专业技术人员到乡村挂职、兼职和离岗创新创业制度，积极搭建人才创新平台，鼓励各类人才服务乡村振兴事业。累计成功创建省级院士专家工作站2个（安邦、耀泓），争取省级科技特派员项目1个；创建部级星创天地1个，省级星创天地3个，市级星创天地1家，省级众创空间2家。③

二是加强后备人才储备。珠晖区茶山坳镇将近年退役士兵、大中专毕业

① 石鼓区乡村振兴局：《巩固拓展脱贫攻坚成果和全面推进乡村振兴工作总结》（2021年），打印稿。

② 石鼓区乡村振兴局：《角山镇乡村振兴创新实践调查》（2021年），打印稿。

③ 衡阳县乡村振兴局：《衡阳县2021年实施乡村振兴战略工作总结》（2021年），打印稿。

生以及致富能人纳入入党积极分子人选或预备人选，并每年组织他们参与全村各类志愿活动，提升他们对村里工作的认知和认同水平，切实为村里发展选好人才，储备基层人才。衡南县以农民素质教育培训为平台，推进人才强农。2021 年培育新型农业经营和服务主体带头人 200 人，农机作业操作手 100 人，新农商带头人 100 人；还开展玫瑰葡萄栽培、油菜病虫害绿色防控、柑橘栽培、油茶栽培、水产养殖、重金属污染及治理等各类农村实用人才培训，共计培训 2213 人，通过培育技能农村人才队伍，发挥典型示范带头作用，助力乡村振兴。① 衡山县培育扶持新型职业农民。围绕促进乡村人才振兴，大力开展新型职业农民培育工程，培训各类专业技术人员和种养加能手 6260 人。开展了水稻优质稻生产，集中育秧，油菜、小水果、蔬菜标准化栽培，农机操作，畜禽养殖实用技术培训，培训各类专业技术人员和高素质农民 1260 人。组织从事特色小水果、畜牧水产、农药经销员 150 人在农民田间学校示范基地开展观摩学习和实训。承办、协办省农广校“农广助农”产业领军人才培训班共 2 期，培训学员 160 人。开展良种猪和水稻生产高素质农民教育培训 2 次，培训学员 100 人，聘请了湖南农大、阿里巴巴高级讲师、省市畜牧养殖专家、省市农民素质教育专家授课。培训农机合作社和粮食生产大户农机驾驶员70 人。② 南岳区大力推进人才振兴工程，成立南岳农业科技服务团队，聘请茶叶、果树、水稻领域的专家做顾问，与湖南农大、衡阳农科院等科研机构合作，创建科研项目基地，组建科研团队，服务生产流程，构建“合作社+基地+农户+科技服务团队”的组织运行模式。

（三）传承乡风留住乡愁，以文化赋能乡村振兴

衡阳市在推进乡风文明、乡村文化振兴工作中，以“富脑袋”和提升精气神为目标，发展农村优秀传统文化，强化各级组织的引领力和执行

① 衡南县农业农村局：《衡南县 2021 年工作总结暨 2022 年工作思路》（2021 年），打印稿。

② 衡山县农业农村局：《2021 年工作总结和 2022 年工作思路》（2021 年），打印稿。

力，突出群众的主体作用。汇聚各方力量，以加大投入为保障，以文明创建为重点，以乡风文明为核心，以留住乡愁为关键，以文化供给为支撑，以文化活动为载体，以深化新时代文明实践志愿服务为依托，让群众自发尊重文化、热爱文化，主动共建文化，推动乡村文化振兴，焕发乡村文明新气象。①

1. 以文化筑梦共同家园

衡阳市加快补齐乡村文化建设的短板，不断丰富农村精神文化生活，为农民群众的幸福生活加码。强化对传统村落和古村落的保护开发，让其不仅能够传承历史文化、凝聚乡愁眷恋，而且能够跟上时代节拍、融入现代生活，实现在原有文化根脉上的新生。

一是加大文化基础设施投入力度，全面补齐基层文化基础设施短板。对标群众对文化需求的新期盼，加强乡村公共文化服务示范工程建设，为村民提供更多的文化、宣传、体育、健身等设施设备。优化整合村级公共文化资源，明确专人负责管理，建立健全岗位责任制和工作目标管理责任制，完善基层文化综合服务功能，增加公共文化设施开放频率和时间，及时做好设施设备维护，着力提高公共文化基础设施的管理水平和利用率。衡阳县以深化拓展新时代文明实践中心为依托，强化乡镇综合文化站、村级综合性文化服务中心运行管理，打通“两中心一平台”，整合文化站、文化广场、文化舞台、农家书屋、村村响等文化场所，形成“县为主体、覆盖城乡、上下贯通”的公共文化服务阵地体系。2021 年，衡阳县财政投入公共文化服务专项资金 530 万元，采购一批音响和文体器材配送到新建成的村级文体广场，25 个乡镇综合文化站中 10 个达到一级站标准、13 个达到二级站标准。491 个村和社区全部完成村级综合性公共文化服务中心建设，让老百姓远牌桌近书桌，远赌场进球场，享受文化带来的快乐。② 衡山县扎实推进“文化惠民”工程，全县 12 个乡镇综合文化站、153 个村级综合文化服务中心均对

① 衡阳县乡村振兴局：《铸乡村振兴之魂　谱乡风文明新韵》（2021 年），打印稿。

② 衡阳县乡村振兴局：《铸乡村振兴之魂　谱乡风文明新韵》（2021 年），打印稿。

外公布基本服务项目目录并免费提供公共文化服务。积极推进村（社区）应急能力建设，每个村（社区）均配备应急场地设施、装备物资和相关工作制度，2021 年应急管理工作获得国家先进表彰。衡南县通过建设村级阅览室、文化活动站，打造精神文明建设坚强阵地。茶市镇怡海村建成高标准村级活动中心 1 个、面积达 2400 平方米的文化广场 4 个（含足球场 1 处），安装体育健身器材 4 套共计 40 余件；成立衡南县图书馆怡海分馆和衡南县文化馆怡海分馆，藏书 2000 余册，引导在村内形成浓厚的健身热潮和读书热潮。正在积极推进古民居修缮工作，建立怡海农耕文化园，留住最美乡愁。① 南岳区扎实推进乡村公共文化建设，建成以区图书馆为总馆，寿岳乡分馆、南岳镇分馆、红星 24 小时图书馆和 18 个农家书屋流通点为分馆的综合图书服务体系。乡镇（街道）综合文化站设置率 100%，建成村（社区）公共文化服务中心 25 个，总建设面积为 3910 平方米，设置率 100%。组织开展公共文旅服务工作培训班，指导乡村文化骨干和文化志愿者开展日常文化活动和特色文化活动，结合全国第四个文化和自然遗产日宣传月活动制作“非遗”宣传展板 14 块，发放宣传资料 1000 余份。② 雁峰区 14 个村级文明实践站（所）实现全覆盖，图书馆、文化馆分馆、村级综合文化服务中心覆盖率均达到 100%，为农民提供数字化服务。

二是把农村优秀传统文化和现代文明要素结合起来，不断推出反映农民生产生活尤其是乡村振兴实践的优秀文艺作品。深入挖掘农耕文化、乡土文化中蕴含的优秀思想观念、人文精神、道德规范，组织、引导文艺工作者、文艺志愿者深入生活、扎根人民，围绕乡村振兴主题，用文艺的形式展示乡村振兴成果和新时代农村农民风貌，推动农村优秀传统文化创造性转化、创新性发展，更好凝聚人心、教化群众、淳化民风。如衡南县茶市镇怡海村通过绘制 700 平方米农村文化墙、设立 18 块“忠孝”文化路牌、制定村规民约，倡导“家家都争文明户，共建美好新家园”的良好风尚。每年开展

① 衡南县乡村振兴局：《衡南县茶市镇怡海村乡村振兴典型经验》（2021 年），打印稿。

② 南岳区乡村振兴局：《南岳区 2021 年度乡村振兴工作总结》（2021 年），打印稿。

“十佳光荣媳妇”“十星级文明户”等评比活动；组建篮球队、广场舞队等群众性队伍，营造健康生活的良好氛围；在新建的文化广场上，搭建群众大舞台，开展“送戏下乡”“文化下乡”等各种文艺演出，农民生活方式不断向绿色、科学、健康、文明方向转变。石鼓区深入推进社会公德、职业道德、家庭美德和个人品德建设，不断弘扬尊老爱幼、助人为乐、文明礼貌等美德，传承农村勤俭持家、邻里互助、和睦相处的优良传统。角山镇联建村以精神文明建设为抓手，通过文化设施共享、文体队伍联建、文化活动联欢等形式，联合举办农民丰收节、春社民俗文化节、美食年货节等活动近40场次，共同打造乡风文明大舞台。举办“道德讲堂”，开展“美家美妇”“最美农家”等创评活动，形成乡村文明新风尚。

三是着眼破解乡村文化振兴人才缺乏短板，注重把“送文化”与“种文化”结合起来，破解人才、资源瓶颈。衡阳县注重发挥挂点示范优势，借力“百千万艺术童伴”各驻点帮扶学校资源优势，通过对口帮扶、志愿服务、设立联系点等形式，将人才、资金导入乡村。重视乡村学校支点作用的发挥，深入开展文明校园创建活动，加快乡村“复兴少年宫”建设，引导优质项目、工作经费和文化活动、文艺人才向乡村学校倾斜，让学校既成为“送文化”的重要目的地，又成为“种文化”的重要支撑点。坚持把基层党组织、广大农民和新乡贤分别作为乡村文化振兴的“主心骨”、“主力军”和“主先锋”。深入开展身边好人、道德模范等先进典型评选，鼓励引导高校毕业生、乡村能人等有较高文化素养的人“回故乡建家乡”。培育壮大新乡贤队伍，发挥“新乡贤”在传承乡村文明中的重要作用，用乡贤联乡情，用乡情聚能量，打造懂文化、爱农村、爱农民的基层文化队伍。[①]

四是普及推广高雅文艺活动，开展以繁荣特色民间文化艺术为主题的交流展示活动，着力提高人民群众的文化品位，切实增强老百姓的文化“获得感”。衡阳县发挥新时代文明实践中心作用，成立10余支文艺团体。深入开展乡村音乐节、农民丰收节、油菜花节等群众性精神文明活动，常态化

① 衡阳县乡村振兴局：《铸乡村振兴之魂　谱乡风文明新韵》（2021年），打印稿。

开展长跑、骑行、徒步等体育赛事，让村民既“过上好日子”，又“活得有面子”。2021年开展新时代文明实践活动达9000余场。开创新时代文明实践“五单”志愿服务模式，精准对接群众需求开展文化活动，继续大力推进“送戏下乡”工程，进一步加大政府采购力度，力争送戏下乡场数逐年递增，不断扩大文艺演出覆盖面。石鼓区建设本土文化，开展村史编撰和“莲（廉）文化”等文化墙建设，图文并茂展示村史乡情和名人乡贤优秀事迹。积极推进线上阅读、经典诵读、灯谜竞猜、书画摄影展，通过公益电影放映，“送戏曲进万村、送书法进万家”等活动，极大丰富村民群众的精神文化生活。实施文化惠民工程。坚持“送”文化和“种”文化相结合，培育挖掘“厨师帮”等基层文化人才，扶持农村青年民间艺人、非遗传承人开发民间民俗工艺品，支持群众自办文化团体，因地制宜开展“春社民俗文化周”“油菜花节”等本土化群众性文化活动，活跃繁荣基层文化生活。推进农村综合文化服务平台建设，充分发挥“道德讲堂”“农家书屋”“送戏下乡”“百姓舞台”作用，开展公民道德、文明礼仪、法律、健康等义务教育培训，养成乡村文明习惯。

2. 以文明创建引领淳厚乡风

衡阳市结合创文创卫及“衡阳群众”品牌建设，把精神文明建设作为乡村振兴的动力之源，大力推进乡风文明建设，激励群众投身新时代文明实践。因地制宜修订乡规民约，营造舆论环境，促进乡风文明建设制度化，引导村民崇德向善、见贤思齐。

一是率先探索道德银行管理模式，建设“厚德同心积分银行”。以打造“厚德同心积分银行”为抓手，量化文明道德行为，设立善行义举榜、道德星级榜、道德红黑榜，实行月评分、季评星、年评模。助力乡村振兴基层治理，通过“乡贤引领、群众参与、积分奖励、文明信贷”的形式，引导和鼓励群众攒积分、储美德、扬正气、树新风。如衡阳县西渡镇梅花村率先设立了“厚德同心积分银行”，结合村情民意，以户为单位，按照“奉公、忠孝、诚信、友善、勤奋、文明、节俭”7大类160余项积分标准，采取“正+负”积分制与实物兑换相结合形式，引导村民实行积分制管理，奖优

罚劣，推进乡风文明建设。实行张榜公布制，每一季度开展一次评议会，评议结果在村微信群、组屋场公示栏进行公布。参与村积分管理的村民将获得三个方面的好处：评优评先、外出学习、入党、评道德模范、评好媳妇、评好婆婆看积分；村民可以用行为换积分，凭借积分兑换等值的生活用品，1积分就是1元钱；与衡州农商银行、建设银行等银行达成了合作，据年度积分情况，两家银行对村民进行信用等级认定，全体村民可获得5万~50万的免担保贷款，而且积分越高，贷款额度就越高，利息就越低。目前，全村“厚德同心”储户已达698户，“道德积分”达2万余分。据年度积分情况，目前梅花村获得信用文明贷款6000万元。①

二是坚持示范带动，不断提升村民素质和文明程度。大力推行乡村文化墙、善行义举榜、名人乡贤榜等设施建设，广泛开展文明家庭、好婆媳等评选活动，引导村民传承好农村优秀传统文化。如衡山县开云镇双全新村在家风建设方面，开展“好家风、好家训、好乡贤”评选活动，在村道、公开栏，设立文化墙，以各个姓氏的好家训、好家风为主要内容，引导村民成为美德的示范者、践行者和传播者。在乡风文明方面，持续推进乡村移风易俗，推广积分制、道德评价、红白理事会等做法，加强高价彩礼、人情攀比、铺张浪费、封建迷信等不良风气治理，推动形成文明乡风、良好家风、淳朴民风。同时，还充分利用道德讲堂平台，邀请“中国好人”、全国道德模范进行宣讲，用身边真实的先进模范事迹感染人，提高全体村民的文明素养。蒸湘区乡风文明和乡村治理有新成效，乡镇综合文化站、村级综合性文化服务中心服务水平稳步提升，行政村“一约四会”制度进一步完善，积极开展好公婆、好儿媳评选，最美家庭表彰，星级文明户、清洁户评比，树立积极向上的精神风貌。

三是着力深化成果，推动文明村镇创建提质扩面。衡阳县是新时代文明实践中心国家试点县，积极开展文明村镇创建活动，把开展扶志扶智宣传教育活动、文明信用户评选活动、开展文明创建等内容纳入各项创评之中。县

① 衡阳县乡村振兴局：《衡阳县西渡镇梅花村乡村振兴典型经验做法》（2021年），打印稿。

级以上文明村占比30%以上、县级以上文明乡镇占比35%以上。[①] 衡山县深入开展文明村镇创建，白果镇、长江镇成功创建“全国文明村镇”，全县共有市级“文明乡镇”5个、文明村9个，县级文明村75个、文明社区17个，县级以上文明村占比66%、文明社区占比68%。[②]

四是推进移风易俗，大力整治乡村陈规陋习。充分发挥党员干部的示范带动作用，切实以良好的干部作风带党风、促政风、正民风。开展“传家训、立家规、扬家风”活动，推进家规家训代代相传。深化农村殡葬改革，推进低碳文明祭祀。倡导破旧俗、树新风、倡勤俭、厚养薄葬，各村大操大办、讲排场、比阔气、信邪教的不良风气得到根本性好转。将疫情防控、禁毒、安全生产等底线工作纳入村规民约，指导农村红白理事会、村民议事会等常态化开展监督、劝导，用文明乡风、良好家风、淳朴民风推动乡村全面振兴。把移风易俗作为重点列入村规民约，由红白理事会制定制度、负责监管，村民签订《移风易俗承诺书》，实现大事简办、尽量不办。在衡南县茶市镇怡海村红白理事会大力倡导婚事新办、丧事简办，移风易俗；新乡贤会设立了“爱心助学基金”，每年资助3名以上贫困学生继续学业；禁毒禁赌会积极开展宣传活动，取缔村内4家小牌馆。

3. 以文化赋能乡村产业发展

文化资源既是一种精神资源，也是一种经济资源，乡村振兴应该充分挖掘文化的经济价值，大力发展文化旅游、文化创意等产业。衡阳市依托深厚的历史文化底蕴和乡村旅游资源，积极探索“文化+农业+旅游”等发展模式，探索发展农家乐、观光旅游、农业采摘、休闲垂钓等旅游项目，通过文化的力量助推乡村产业振兴发展，更好地带动农民增收致富。

一是做好文旅融合大文章。衡阳县作为首批湖南省全域旅游示范区，为深入推进文化和旅游深度融合发展，充分深入挖掘“红色”“绿色”资源，打造了王船山故里、夏明翰红色文化旅游景区，成功创建了国家4A级旅游

---

① 衡阳县乡村振兴局：《衡阳县2021年实施乡村振兴战略工作总结》（2021年），打印稿。

② 衡山县乡村振兴局：《衡山县乡村振兴2021年工作总结及2022年工作计划》（2021年），打印稿。

景区。通过特色项目开发，培育塑造了一批乡村旅游“明星村”，如西渡镇梅花村（梅花乐园）、清花湾等，既带动了农民发家致富，又满足了市民群众对美好生活的需要。策划举办“油菜花节”生态文化旅游节，助推产业发展，惠及民生事业，全面提升衡阳县文化旅游的知名度和美誉度。2021年全县接待人数突破800万人次，旅游综合收入突破70亿元。[①] 在西渡镇梅花村，衡阳县以成熟的基础设施或配套服务入股，联合田园牧歌公司共同成立以乡村文旅为主的梅花股份经济合作社和以高档瓜果为主的梅花特色水果种植合作社，村集体经济分别持股40%，形成“以短养长”“以长补短”的产业组合。[②] 常宁市为了更好地传承和保护文化古韵，将明清时期的古桥、古樟、古井、古榨、古宅、古道完好保存下来，打造成为本地最具特色和价值的文物旅游资源。赓续文脉基因，修缮和改造西岭书院、爱莲堂、濂溪文化馆、孝文化广场等文化景点，使之成为传承和弘扬宗族孝廉文化的主阵地和游客的网红打卡地。塔山瑶族乡狮园村依托天堂山国家森林公园核心景区优势，大力发休闲旅游业，让“登天堂山、赏杜鹃花、品塔山茶”成为狮园新名片，围绕“瑶景、瑶味、瑶风”，连续10年举办天堂山杜鹃花节，建成游客接待中心2个，扶持脱贫户创办旅游商店、土菜馆30家，年接待游客达11万人次，年创造旅游收入600万元以上。制作“人间天堂·共赏杜鹃”文化旅游品牌，2019年协助湘南三市六县八瑶族乡“盘王节”暨“坐歌堂”活动，传播了瑶乡好声音，展示了狮园好形象。每年村里组织民族风情篝火晚会10次以上，瑶汉群众抖糍粑、品瑶菜、敬瑶酒、唱瑶歌、跳瑶舞，歌颂党的富民政策，诉说瑶胞幸福生活，歌唱青年美好爱情，展示瑶族特色风俗。[③]

二是培育农业文化增长点。以文化创意为重点，突出抓好农业文化提炼，在农业生产的各个环节注入文化元素，赋予农产品文化内涵，着力提高

---

① 衡阳县乡村振兴局：《铸乡村振兴之魂　谱乡风文明新韵》（2021年），打印稿。

② 衡阳市委改革办：《衡阳县梅花村乡村治理的调查与思考》，衡阳政研网，2020年6月8日。

③ 常宁市乡村振兴局：《常宁市塔山瑶族乡狮园村“乡村治理”创建工作情况》（2021年），打印稿。

农产品的附加值，推动农业品牌化发展。衡阳县进一步做好台源乌莲、洪市芝麻糖、渣江米粉、岘山甲鱼、长乐薯粉等农业品牌的文化包装营销，大力培育一批地方特产、美食，深挖“品牌”背后的故事，让文化农业成为村民增收致富的摇钱树、乡村振兴的强大推动力量。西渡镇梅花村深度挖掘传统饮食、农耕和民俗文化，发展“民宿型”家庭农庄、农家乐以及原生态家庭手工作坊，唤起舌尖上的乡愁。目前，已建成星级以上休闲农庄3个、特色农家乐6个。注册“梅花村”“梅花缘”“梅花俏”3个村级公用品牌，用于销售具有品质保证的香米、扁粑、糍粑等农家特产。①

三是推动“非遗”产品活起来。衡阳县深入挖掘非物质文化遗产资源，大力推进“非遗”工坊、“非遗”文化传播公司建设，引进社会资本，建成“钟表文化博物馆”并成功创建了国家3A级景区，“农耕文化博物馆”即将开馆，“梅花博物馆”正在规划设计中。梳篦、陶瓷、竹木雕等4家文化展示馆建成开馆。引进社会资本50亿元，打造全国一流集生产制作、研学旅游于一体的钟表文化小镇。努力传承“非遗”文化，鼓励和引导乡村建成“非遗工坊”37个，激活“非遗”文化活力，促进文化与经济的共赢发展，带动农村人口就业5万余人。积极组织石市竹木雕、台源稻草龙等非物质文化遗产参加重要节会和展览展演，让“玩非遗”“赏非遗”“学非遗”“购非遗”成为时尚，有效实现了“非遗”保护传承和乡村振兴发展的双赢。②

（四）激发农民内生动力，共建共享美好家园

衡阳市以建设美丽宜居乡村为目标，以村庄清洁行动为抓手，依托田园自然禀赋，统筹推进“四治四抓”（治厕、治水、治垃圾、治空心房，抓村庄规划、村容村貌、村规民约、乡风文明），全面实施绿化、亮化、美化工程，推动农村人居环境持续改善。

---

① 衡阳县乡村振兴局：《农业强农村美农民富——梅花村的改革振兴之路》（2021年），打印稿。

② 衡阳县乡村振兴局：《铸乡村振兴之魂　谱乡风文明新韵》（2021年），打印稿。

1. 以改水改厕为主线，推进乡村环境美化

衡阳市将“农村改厕”列入乡村振兴战略重要项目，作为基础工程、文明工程、民生工程来抓。2021 年，衡阳市坚持两手抓，一手抓农村户厕问题的排查整改，一手抓改厕工作的高效推进。农业农村系统共完成入户调查 26.55 万户，发现问题 1512 户，已完成整改 1462 户，正在整改 50 户；新（改）建户厕 73566 户，占全年总任务 98810 户的 74.5%；新建公厕 96 座，占全年总任务 100 座的 96%。坚持“好字当头，质量优先”原则，抓好“首厕过关制”示范点的打造，以首厕过关带动每厕过关。[①] 2021 年 7 月 23 日，全国农村厕所革命现场会在衡阳召开，胡春华副总理出席会议并作重要讲话，衡阳市落实“首厕过关制”经验获全国推广。

农村生活污水处理率比上年提高 6.3 个百分点，针对人口比较集中的村庄，通过氧化塘、人工湿地、大型三格化粪池等技术，建集中式生活污水处理系统；针对人口居住分散的村庄，则通过建三格化粪池、沼气池、改造简易化粪池等办法解决生活污水乱排乱放现象。2021 年争取到省级资金 90 万元用于衡东县蓬源镇兴民村农村生活污水治理试点示范项目建设，对 2 处黑臭水体和周边部分农户的农村生活污水进行治理，力争尽快通过验收。“河长制”覆盖全市所有河流，累计清理河道 6000 多公里，河道面貌焕然一新。全市共任命市县乡村四级河长 3368 名，河长制覆盖全市所有河流。2021 年打造乡镇示范河 173 条，县级示范河 19 条，建设整体进度达 80%以上，共投入经费 2200 多万元，出动 45000 多人次、挖机 30 多台、船舶 150 多艘，垃圾运输车 800 多辆，清理河道 6000 多公里、垃圾 25570 多吨，河道面貌焕然一新。[②] 衡南县在乡镇污水处理设施建设中探索出“三一体三到位”（城乡一体化，厂网一体化，建管一体化；群众沟通到位，合力调度到位，政策支撑到位）经验做法，成为全省标杆，获全市推广。

衡阳市改水改厕取得显著成效的基本经验可以总结为以下几点。

---

① 衡阳市农业农村局：《2021 年度衡阳市农业农村工作总结》（2021 年），打印稿。

② 衡阳市农业农村局：《2021 年度衡阳市农业农村工作总结》（2021 年），打印稿。

第一，群众做主，变“要我改”为“我要改”。始终坚持充分发挥农民主体作用，让农民成为改水改厕的参与者、建设者和受益者。一是推行“党建+屋场恳谈会”，让改水改厕成为群众自愿的事。发挥基层党组织优势和引领作用，以村组为单位，通过召开“厕所革命”屋场恳谈会，党员干部与群众一起把改水改厕的政策讲透彻，模式说清楚，大小账算明白，不仅充分尊重农户改不改的意愿，而且积极引导符合条件的农户改水改厕。为深入推进农村厕所革命，有的村前后组织召开近 10 次屋场恳谈会，聚焦“传统习惯不想改、刨墙破土不愿改、担心效果不敢改”等问题，逐步打消了群众种种顾虑。二是宣传发动群众参与，让改厕成为群众自己的事。通过抖音视频播放、发放宣传册、巡回演出等群众喜闻乐见的方式，提高群众知晓率、支持率和参与度。衡东县利用非物质文化遗产皮影戏，录制通俗易懂的改厕宣传皮影戏视频，在全县巡回播出 970 余场，观看群众达 5 万余人次，让群众积极自觉自愿参与改水改厕，推动“厕所革命”跑出“加速度”。三是坚持人居环境同治理，让改厕成为群众受益的事。将农村改厕与人居环境整治、乡风文明提升协同部署和推进，通过人居环境治理和提升，让群众成为改厕亲身体验者、直接受益者。

第二，实事办实，以“首厕过关”带动“每厕过关”。始终坚持因地制宜、科学引导，真正把这件好事办好、实事办实。一是一域示范，全域推广。创新推行“首厕过关制”，即建好第一个厕所并通过辖区群众验收满意后，再全域推广，以“首厕过关”带动“每厕过关”，确保改一个、成一个、带一片。运用“试点试验法”，建立“县有示范镇、镇有示范村、村有示范户”的工作模式，按照“整村推进、分类示范、先建后验、以奖代补”的原则推进“首厕过关制”。二是因地制宜，分类施策。根据全市地理环境、聚居密集度等差异性，坚持具体问题具体分析。在生态敏感地区采用“三格式化粪池+小型人工湿地”模式，在居住密度较大地区采用“小型污水处理设施+纳入污水管网”模式，在分散居住地区采用“小菜地就近消纳”模式。[①] 如石鼓区利

① 何勇、申智林：《东湖寺村改厕记》，《人民日报》2022 年 4 月 15 日第 13 版。

民村利用地形地貌的自然落差，建设出运行零动力、后续管理零费用的整套污水处理系统，将处理后的粪污水用作花卉景观和农田灌溉，有效解决了粪污排放和利用问题。三是规范程序，注重实效。按照项目准备、工程实施、项目验收、项目运维和监督检查等五个程序，建立农村改厕标准化操作规范，并将标准规范应用贯穿于改厕全过程，确保改一户、成一户，用一户、好一户。

第三，严格标准，从“土坯墙”改出“城里范”。始终坚持把农村改厕质量和农民满意度作为首要标准，严把各道关口。一是严把材料关。坚持质量优先原则，按照“一户一策”的要求，开展“私人定制”，做到保质量、控成本、优材料。以县为单位统一招标采购厕具，把厕具质量参数及购买价格及时向群众公示，推广建造质量过硬、使用方便、经济性好的厕所，同时市场监管部门定期对厕具产品进行抽样检测，确保质量过关、群众满意。二是严把施工关。加强对乡镇、村管理人员的理论指导和技术培训，由经过系统培训并具备施工资质的施工队伍承担各乡镇改厕工作。三年来，全市各级共开展改厕业务培训3000余人次。建立群众监督机制，按照资料验收、材料验收、工程验收、功能验收四个方面，坚持以“改造一批、核实一批、验收一批”的方式有序推进验收工作。彻底改变了过去“一个土坑两块砖，三尺土墙围四边”的厕所旧模样。三是严把运维关。建立健全突出群众主体性的厕所长效管护机制，充分发动群众自主参与、自我监督、自我维护，实现共建共用共享。如石鼓区分季度对乡村环境卫生进行评比打分，对“优秀”和“良好”的乡村给予1万~2万元的奖励；有的乡镇还创新制定了村（社区）和农户卫生考核评比办法，每月开展“大评小奖”，并上墙公示，不断激发农户参与环境卫生保护的积极性和主动性。[①]

第四，多元投入，变“单纯补”为“多头哺”。始终坚持不大包大揽，鼓励农民群众投工投劳，让农民群众从中受益。一是财政资金用足用活。建

① 贾莹莹、周丽婷、邵伟：《厕所革命：让“隐秘的角落”不再尴尬》，《中国妇女报》2021年7月29日第4版。

立“以市县为主、中央和省级奖补、多元投入”的农村改厕资金筹措机制。中央和省2019年、2020年分别按每户500元、630元的标准进行奖补，市级财政按每年每户100元标准进行奖补，各县市区根据财力情况按每户不低于300元的标准进行奖补，三年共筹措改厕资金近5.8亿元。二是群众参与投工投劳。发挥群众的积极性，鼓励农户积极投工投劳参与室内外改厕建设。珠晖区茶山坳镇金甲村推行“县区统筹、乡镇实施、农户参与”改厕模式，“户内自改、屋外投工投劳”的主体作用发挥得到了中央肯定。衡南县泉溪镇喇叭堰村投入义务工460余个，改（新）造标准厕屋200余间。三是反哺产业有力有效。优质的环境是乡村振兴的基础，而“厕所革命”正是先手棋。衡阳市以农村“厕所革命”为契机，加快完善农村基础设施和公共服务，从而为乡村产业发展奠定基础。[①] 珠晖区茶山坳镇金甲村坚持将农村改厕与乡土文化休闲旅游结合起来进行环境综合治理，2021年来，乡村文化休闲旅游收益200余万元，并以村集体经济出资22万余元的形式反哺农村“厕所革命”，全村卫生厕所整改率达100%。

2. 以菜园、果园为载体，推进乡村环境绿化

有序推进全市“多规合一”实用性村庄规划编制工作，2021年全市计划编制583个村庄规划。根据湖南省自然资源厅《关于认真制定全面完成村庄规划分类编制方案通知》的要求，对全市2268个行政村进行摸底，统计已经编制规划、需要重新编制规划及待编制规划的村庄，为制定村庄规划编制方案提供基础数据，将全市村庄重新按照提升完善类、详规统筹类、合并编制类、单独编制类、镇村一体类进行分类管理。推广小菜园、小果园、小竹园、小花园、小茶园等，提升村庄生态环境。通过“拆修建管”四种形态，对“四类房”实施依法依规整治。衡阳县按照“小规模、组团式、生态化”的要求，建设了一批观赏性与宜居性兼备的新时代农村集中居住区。2021年已完成乡镇通三级公路、旅游路、资源产业路建设，累计完成

① 徐德荣、聂沛、王卫全、潘其斌：《衡阳厕所革命：变“将就”为“讲究”》，《湖南日报》2021年7月25日第1版。

347.9 公里，为目标任务的 105.1%；农村公路安防累计完成 831.6 公里，为目标任务的 92.4%。村庄绿化覆盖率达到 47.73%，79.24%以上的村庄达到绿色村庄标准。出台了《衡阳市农村村民住房建设管理条例》，加强农村宅基地管理。自 2020 年 1 月 1 日以来新增农村宅基地（符合一户一宅）2234 宗，宅基地面积 355793 平方米；拆旧建新 5435 宗，宅基地面积 841653 平方米。通过“拆修建管”四种形态，对“四类房”实施依法依规整治，拆除“空心房”、零散房共计 543 万多平方米。[①] 衡阳县西渡镇梅花村亮化方面，严格实施“一户一宅”“统规联建”，共建成村民住宅小区 11 个，新建文化休闲广场 3 个，因地制宜配建小果园、小游园、小菜园等，以及体育器材和文化宣传栏，引导村民集中居住。

开展村庄道路、水体沿岸和庭院绿化，以楠木、桂花、乡土树种为主，灌木为辅，倡导自然种植。衡阳县西渡镇梅花村大力实施村宅路水“四旁”绿化、宣传地绿化、庭院绿化及公园绿地建设。衡东县洣水镇仙楠村对主要道路和公共活动区域进行亮化、绿化；投资 20 万元，在村入口处新建 1 处景观文化石碑；投入 8 万元对 3 公里长的村主干道进行绿化；安装太阳能路灯 500 盏，极大地方便群众出行；200 户村民房前屋后绿化花费 2 万元，共栽种楠木果树 2000 株；对全村各个片区进行绿化，充分利用村民墙面进行彩绘，把党的方针政策、中国传统文化展现给大家，达到“一区一景”、动静结合、寓教于乐。[②] 衡山县村庄绿化覆盖率达到 32%，全县 153 个村（社区）中 117 个村（社区）达到绿色村庄的标准，完成率 76.5%，绿化覆盖率达到了 51%。[③] 衡山县开云镇双全新村因地制宜，充分利用空心房拆除后的空坪，栽上了果树、油茶，对村组主干道及部分河堤进行了绿化亮化，村容村貌焕然一新，朝着宜居、宜业、宜游的美丽乡村稳步迈进，该村先后获评“国家森林乡村”“全国生态文化村”“全省美丽乡村建设示范村”“市级两型创建示范村”等荣誉。石鼓区常态化抓好公益林动态管理和森林火

① 衡阳市农业农村局：《2021 年度衡阳市农业农村工作总结》（2021 年），打印稿。

② 衡东县乡村振兴局：《洣水镇仙楠村乡村振兴典型经验》（2021 年），打印稿。

③ 衡山县农业农村局：《2021 年工作总结和 2022 年工作思路》（2021 年），打印稿。

灾隐患排查，继续推进国土绿化行动和生态保护修复工程，坚持不懈地抓好全民义务植树，完成造林 550 亩、通道绿化增量提质 100 公里，目前共创建国家森林乡村 1 个、省级绿色村庄 11 个；完成荒山造林 5000 余亩、通道绿化增量提质 100 公里，创建国家森林乡村 1 个、省级绿色村庄 11 个，退耕还林还湿 1500 余亩，全区森林覆盖率提升 2 个百分点，村庄绿化面积达到 1.8 万余亩，生态环境持续优化。[①] 蒸湘区开展庭院见缝插绿行动，增加乡村生态绿量，打造土桥村高书房、新民村老街等新的美丽屋场。

3. 以垃圾清运为重点，推进乡村环境亮化

垃圾的处理是一个世界性难题。传统的垃圾处理方式大多数是集中填埋，占用较多土地，并且蚊蝇乱飞、污水四溢、臭气熏天，而且有些化纤塑料制品要上百年才能降解，严重污染土壤环境。衡阳市全域开展村庄清洁行动，集中整治村庄“脏乱差”问题，村容村貌明显改善，基本实现了干净整洁有序。全市拆除“空心房”、零散房等计 543 万余平方米，清理废弃杂物 7376 余吨、清理河塘沟渠 650 余千米、清理农业废弃物 6 万余吨、整治乱贴乱画 2230 处、整治私搭乱建 413 处，收集清运垃圾 31 万多吨。加强与团委和妇联等市直部门的联动，把村庄清洁行动走深走实。市妇联开展了“乡村振兴巾帼在行动”“清洁家园，巾帼先行”“大手拉小手，打造美丽家园”等各类活动。团市委在全市开展“青趣分类”青少年助力垃圾分类志愿服务活动等。建立健全“户分类、村收集、乡转运、县处理”垃圾收运体系，基本实现农村垃圾无害化处理。制定了《巩固非正规垃圾堆放点整治效果执行方案》，确保非正规垃圾堆放点不反弹。城乡垃圾一体化治理机制进一步提升，已完成省里下达 8 座乡镇垃圾中转站的建设任务，配备移动式转运垃圾钩臂箱 8300 多个，发放户用分类垃圾桶 73 万多个，加快垃圾焚烧发电厂建设步伐，衡阳市生活垃圾焚烧发电厂二期项目已建成投产，衡南县、耒阳市生活垃圾焚烧发电厂建成并开始运行。[②] 衡阳县西渡镇梅花村清

① 石鼓区乡村振兴局：《巩固拓展脱贫攻坚成果和全面推进乡村振兴工作总结》（2021 年），打印稿。

② 衡阳市农业农村局：《2021 年度衡阳市农业农村工作总结》（2021 年），打印稿。

洁卫生实行“门前三包”制度，开展美丽屋场、美丽庭院、美丽村庄等评比，真正做到整治到位不留尾巴、卫生到位不留空白、维护到位不留缝隙，实现群众生活现代化、村庄建设公园化。衡山县全年共清理农村生活垃圾1.53万吨，清理村内沟渠9249余公里，清理村沟村塘淤泥2447吨，清理村内水塘8097余口，农村污水处理率为84.22%；全县新增生活垃圾分类的行政村70个，建立乡村再生资源回收网点96家，垃圾分类处理覆盖率达到了85%，新增35个垃圾提升村，新建769个农村生活垃圾处理设施。[①]

垃圾不分类，全部集中到路边的垃圾池，造成垃圾量居高不下，清运难度很大。因此，垃圾分类减量势在必行。耒阳市大义镇2020年在东方红村、古塘村实行试点示范，2021年在全镇全面推广。在具体操作中，把垃圾分为可回收垃圾、其他垃圾（可烧的）、厨余垃圾和有害垃圾。可回收垃圾由村民自行收集送到垃圾回收站兑换礼品，其他垃圾（可烧的）与厨余垃圾由农户烧制或沤制农家灰肥，不再集中到垃圾池（桶）中，原有公路边的垃圾池（桶）一律逐步拆除，做到垃圾不出湾、少出湾，剩下少量处理不了的垃圾由村委会统一收集进行销毁填埋。为了让村民熟练掌握垃圾分类知识，制作“一图看懂垃圾分类图”，发放垃圾分类宣传单，学校对学生进行简单垃圾分类授课，免费向每个农户发放连体分类桶（一个装干垃圾，一个装厨余垃圾），逐组召开村民会议宣传分类方法，组织村民签字承诺等。

（五）探索治理标准化模式，推进城乡治理一体化创新

衡阳市以乡村治理能力建设为主攻方向，推动城乡治理标准化建设，坚持党建引领，按照“易记住、可操作、能推广、可考核”的标准，探索建立乡村治理标准化体系。强化村庄治理，夯实基层治理，为乡村振兴打下坚实基础，以治理有效促村庄全面振兴，取得丰硕的成果。2021年新创建全国、全省、全市乡村治理示范村镇分别达5个、5个、32个。在全省首倡并

① 衡山县农业农村局：《2021年工作总结和2022年工作思路》（2021年），打印稿。

在全市深入推广“屋场恳谈会”模式，取得良好成效，得到《人民日报》等媒体广泛报道。在全市开展“梅花村乡村振兴”改革经验差异化复制推广工作。

1. 建立健全乡村治理标准化体系

坚持以习近平新时代中国特色社会主义思想为指导，坚持以人民为中心的发展思想，立足衡阳新发展阶段，按照“先易后难、先简后繁”原则，探索通过治理标准化提高城乡品质、容量、效益，逐步解决推进“宜居、宜游、宜业、宜学”过程中存在的瓶颈问题，用标准化推进城乡治理走出新路子。按照衡阳市《关于开展城乡治理标准化的实施意见（试行）》（衡发〔2021〕14 号）的要求，全面推进巩固农村“厕所革命”成果，加快“三改三清”（“三改”即改水、改厕、改路，“三清”即清垃圾、清淤泥、清路障）进程。制定集镇管理标准、乡村环境卫生标准、乡村公共基础设施建设维护标准、农房及农业生产用房管理标准，推进民生实事暖心工程、安心工程、舒心工程、顺心工程、开心工程，加快乡村振兴步伐，推进更高质量、更高水平城乡一体化。

改善乡村治理，深入推进乡村治理标准化，在试点的基础上逐步建立健全乡村治理标准化体系。改革和创新农村传统管理模式，建立和完善乡村治理标准化体系，促进乡村治理由突击整治向制度化、常态化转变，实现全市乡村治理新常态、全覆盖、标准化。把力量向基层治理一线倾斜，配强治理队伍、汇聚治理力量、发挥联动合力，逐步构建起互联、互动、互补的城乡治理新格局。发挥全市群团组织、社会组织阵地优势，积极主动融入全市标准化建设。把“网格化管理”+“衡阳群众”作为城乡末端治理的主力军，充分运用“红黑”榜、志愿服务、村规民约等形式，广泛组织、发动群众力量参与城乡治理。常宁市塔山瑶族乡坚持“党委政府主导、部门主抓、村组落实、全民参与”原则，将治理标准化延伸到乡村社会治理各个领域，打造开放、包容、创新的社会治理体系。庙前镇按照“先易后难、先简后繁、示范引领、全镇推进”的工作思路，围绕“一线两片三重点”扎实推进乡村治理标准化，用“新标准”刷新旅游小镇“新颜值”，着力打造具有庙前特色的试点乡镇。

2. 因地制宜推进三治融合实践模式

深化法治、德治、自治社会治理实践，充分发挥“三个作用”，有效推动“三治融合”。发挥党组织的“火车头”作用，配强训强管强村支“两委”班子。发挥村民的主体作用，大力推广“积分制”“清单制”，积极引导村民参与乡村治理。推行乡贤治村，出台激励政策，引乡贤回故乡建家乡。

一是强化法治意识。南岳区健全完善农村“法律明白人”“法治带头人”机制，挑选“法律明白人”39 人，参训率、合格率达到 100%。按规定部署开展了“送法下乡”，成功开展宪法宣传日暨宪法宣传周活动。全区共有 10 个村（社区）荣获全国、省市级“民主法治示范村（社区）”称号。在乡镇（街道）设立公共法律服务站 3 个、在村（社区）设立公共法律服务点 25 个，完善村（社区）法律顾问制度，依托区律师事务所、基层法律服务所及各司法所，落实了各村（社区）专门法律顾问人员。加强人民调解组织建设，建立 35 个调解组织，其中 1 个区级调解中心、3 个乡镇（街道）调委会、25 个村（社区）调委会、6 个专业性行业性调委会，全年无因调解不及时或不当引发的纠纷激化。[①] 石鼓区健全完善“一村（社区）一法律顾问”工作机制，不断完善公共法律服务网络。大力开展平安乡村建设，全覆盖建设“雪亮工程”监控系统，“一村一辅警”全部配齐，近两年全区农村盗抢发案率均为零。积极推进信访多元化解，规范提升综治中心“五中心合一”模式、“1+2+3”的领导轮班接访制度，有效改进了人民信访工作。雁峰区制定《村务公开实施方案》，确保村级事务的公开透明。建立“一村一法律顾问”制度，设立公共法律服务工作点、法治书屋、法治宣传栏等阵地，17 个村实现了普法阵地全覆盖，提高了农民法治素养。常宁市塔山瑶族乡狮园村村支两委充分发挥带头学法、坚决守法的表率作用，采取请专家教授讲课、村民集体学习等方式，开展“八五”普法宣传，开

① 南岳区乡村振兴局：《南岳区 2021 年度乡村振兴工作总结》（2021 年），打印稿。

展《农业法》《农村土地承包法》《土地管理法》等涉农法律法规的宣传及以案释法等工作，村民遵法守法意识得到提高。加强平安乡村建设，推进“扫黑除恶”专项斗争。建立村治安室，配备辅警 1 名，协助维护社会治安。几年来，全村未发生一起违法刑事案件、无一名吸毒人员。加强乡村公共法律服务体系建设，建立由律师、法律服务工作者、司法所工作人员、村委会工作人员组成的公共法律服务微信群，随时随地为群众服务。加大“访调对接”工作力度，积极融入多元化纠纷解决机制建设，组建村调解委员会，由 5 名村两委成员担任委员，近年来成功化解矛盾纠纷 9 起，基本做到“小事不出村，大事不出乡镇，矛盾不上交”。

二是强化村民自治。石鼓区广泛开展村规民约建设，充分发挥其传承传统美德、倡导文明新风、移风易俗的潜移默化作用，并宣传推介优秀村规民约，灵官庙村村规民约被评为全省“优秀村规民约”。健全村（居）务监督委员会，城乡居民依法自治率达 100%。推进“四议两公开”“四会四议”工作法，不断提升基层民主自治能力。衡阳县着力落实基层群众性自治组织“三个清单”（依法自治事项清单、依法协助政府工作事项清单、减负工作事项清单），提升村（社区）自治能力，切实减轻基层负担。西渡镇梅花村引导群众增强自治主动性。组织成立议事委员会、积分评审委员会、监督委员会等自治群体，支持村民为乡村治理发声，增强其当家做主的责任感。充分发挥“一户三员”作用，引导村民自主化解矛盾、自愿让利于村、义务投工投劳。常宁市塔山瑶族乡建成村级综合服务中心，开设 4 个服务窗口，打通服务惠民“最后一公里”，村民就业、社保、教育、卫生、文体、法律等服务在家门口就能办理。实行“四议两公开”民主决策，建立民主议事决策、农村重大事项报告公示、党员村民评议村干部等制度，村里的大事小情都由村民代表直接参与、集体决策，及时公开结果。建立村民议事会、村务监督委员会，以村民小组为单元，成立村民自治小组和监督小组，充分征求乡贤、村妇联、共青团、少数民族等群体的意见建议，实现从“一人干”到“一帮人干”，从“无人看”到“全面管”。狮园村成立村民自治小组 17 个，组务监督小组 17 个，村务监督委员会的作用得到充分发挥，规范了村务管理，农村“小微权力”运行日渐规范，不仅村干部干事热情高涨，村民参与村级事务管理的积极性也大幅提升。全面加强和改进村务公开工作，在村综合服务中心设置固定的“阳光公开栏”，通过“村民微信群”和“村村响”广播等平台，及时公开党务、村务、财务和其他涉及村民切身利益的事务。健全村规民约，充分发挥村规民约在执行上级决定、维护社会秩序、公共道德、村风民俗等方面的规范约束作用，增添乡村治理正能量。①

在推进基层自治机制改革创新中，常市宁探索出“三个清单”的自治新模式。2019 年把基层组织“三个清单”改革作为社区治理实验创新项目的主题，依法厘清乡镇（街道）和村（居）委员会、农村集体经济组织的权责边界（简称“三个清单”）。最终形成了“三个清单”定稿，为全省制定出台《基层群众性自治组织依法自治事项清单、依法协助政府工作事项清单和减负工作事项清单（试行）》（湘民发〔2020〕41 号）文件提供样本资料。常宁市于 2021 年 4 月，在衡阳市各县（市）区层面，率先制定出台了《常宁市关于贯彻落实〈基层群众性自治组织依法自治事项清单、依法协助政府工作事项清单和减负工作事项清单（试行）〉的若干措施》（常民发〔2021〕31 号）文件。贯彻实施“三个清单”的措施明确、行动迅速，得到了省民政厅的高度肯定。在制定的贯彻实施“三个清单”的若干措施中，明确了依法自治事项 20 条、协助事项 30 条、减负事项 8 条和“8 个不得”的禁止性规定，将“三个清单”落实情况纳入各乡镇（街道）领导班子和领导干部年度考核、基层党建述职评议考核、平安建设考评、乡村振兴考核的内容。各乡镇（街道）、村、社区都积极参与，迅速行动，特别是针对“负面清单”规定进行全面大清查。在贯彻落实“三个清单”的同时，结合基层社区治理（一门式）全覆盖工作，全市 22 个乡镇（街道）、410 个村（社区）通过新建和改建的方式，顺利完成了公共服务设施的标准化建设，实现了统一规格、统一模式，高品质打造了便民服务大厅，同时制

① 常宁市乡村振兴局：《塔山瑶族乡狮园村“乡村治理”创建工作情况》（2021 年），打印稿。

定了详细的《办事指南》和《工作流程》以及《事项准入清单》，并进行公示，让群众明明白白，办事简单快捷，打通了服务群众“最后一公里”路径，方便老百姓在家门口就能完成各相关职能工作的办理。

三是强化以德治村。推进农村综合文化服务平台建设，充分发挥“道德讲堂”“农家书屋”“送戏下乡”“百姓舞台”的作用，大力开展公民道德、文明礼仪、法律、健康等义务教育培训，引导村民逐步养成乡村文明习惯。衡阳县强化道德教化作用，深入挖掘和宣传本县乡村人物的道德模范，发挥其激励和模范作用，引导农民群众向上向善、孝老爱亲、重义守信、勤俭持家。石鼓区广泛开展身边好人、道德模范、新乡贤、文明家庭、文明村镇、最美家庭、最美农家等评比表彰活动，用身边榜样引领群众向上向善。采取“村‘两委’带头、乡贤反哺、公众参与”等手段，不断激发和增强村民公共意识。塔山瑶族乡组织瑶汉群众学习习近平新时代中国特色社会主义思想，践行社会主义核心价值观。建设村实践站 1 个、小组实践点 17 个、建成志愿服务队 3 支。以志愿者助力村庄治理创新，促进村庄文化和精神文明建设。倡导村民遵纪守法、诚实守信、崇德向善、见贤思齐。通过每月评选“文明户”“清洁户”活动，把文明理念植入群众心中。由党员干部带头参与家风家训的提炼，树立良好的家庭美德观念，形成节俭、健康、文明的生活方式。

3. 探索“屋场恳谈会+”基层群众工作方法

实施“屋场恳谈会+”，把人民作为“本”和“源”，聚焦群众反映集中的问题、发展中亟待解决的难点，锚定民生幸福，不断提升乡村治理水平。按照“宣传宣讲、释疑解惑、排忧解难、凝心聚力”原则，探索推广“屋场恳谈会”模式，通过干部群众面对面恳谈，进行心贴心的交流，实打实地解决问题，促进了乡村治理水平的提升。坚持尊重农民群众在乡村振兴中的主体作用，通过屋场恳谈会、微宣讲等方式，充分调动他们建设美好家园的主动性、积极性，不断激励他们靠自己的双手创造更加美好的生活。“屋场恳谈会”制度经验被中央及省委党史学习简报，《人民日报》、新华社、《湖南日报》、湖南卫视等主流媒体重点报道，国家信访局《人民信访》、省信访工作联席会议工作简报长篇刊载，衡阳市委将其作为“一把手工程”在全市推进，省委在庆祝建党 100 周年首场新闻发布会上重点推介，“屋场恳谈会”乡村治理模式被纳入 2021 年省委实施乡村振兴战略实绩考核指导性指标。

衡南县推行屋场恳谈会制度以来，召开屋场恳谈会 3536 场，收集意见建议 3921 条，解决各类问题 4207 个。创建屋场党小组 1998 个，累计整顿转化软弱涣散村（社区）党组织 163 个，1666 个党支部“五化”建设全面达标，新改扩建农村综合服务平台 244 个，“一门式”服务全面覆盖，村级集体经济“空壳村”全面清零。[①] 衡阳县选取“屋场”这个最小基层治理单元，打通基层党组织联系服务群众“最后一公里”。2021 年屋场恳谈会达 1500 余场，收集意见建议 1200 余条，解决各类问题 1800 余个，实现政策在群众家门口宣讲、民意在群众家门口听取、矛盾在群众家门口化解、问题在群众家门口解决。[②] 耒阳市创新推出“湾村明白人”治理模式，广泛调动基层群众力量，在矛盾调解、疫情防控、安全生产、民生实事、乡风文明、乡村振兴等方面发挥着重要作用，切实提升了基层治理现代化水平。当前，耒阳市登记在册“湾村明白人”已有 5451 人，共参与法治宣传 3275 人次，参与社会事务治理 126 件次，收集社情民意 180 余条，化解乡村矛盾纠纷 2450 件，由“湾村明白人”牵线回乡的创业人员达 270 余人。“湾村明白人”这一共治共建共享的基层治理新模式被湖南省政府办公厅通报表扬。南岳区创新党组织设置形式，印发《关于把党小组建在屋场（网格）上的暂行办法（试行）》《关于全面深入推进屋场（网格）党建工作的提示》，推动“党小组建在屋场（网格）上”，常态化召开屋场（网格）恳谈会，县级领导带头面对面听民意释民惑解民难，把群众的烦心事揪心事解决在家门口。

4. 以党建引领城乡标准化治理全过程

扎实推进农村基层党组织规范化建设，推动把基层党建工作重心聚焦到

① 衡南县乡村振兴局：《衡南县乡村振兴工作情况汇报》（2021 年），打印稿。

② 衡阳县乡村振兴局：《衡阳县 2021 年实施乡村振兴战略工作总结》（2021 年），打印稿。

促进乡村振兴上来，充分发挥村党支部“一线指挥部”和“战斗部”的作用，带领村民齐心干事创业，积极参加乡村治理，为推动乡村振兴提供坚强的组织保证。衡阳县西渡镇梅花村新一届支部班子以“五级书记”抓乡村振兴为契机，坚持党建引领，坚持深化改革，以组织振兴带动全面振兴，用五年时间彻底甩掉“软弱涣散”和贫困落后的帽子，夺得全国乡村治理示范村、湖南省美丽乡村建设示范村、湖南省基层党建示范村等荣誉称号。2016 年梅花村支部换届，38 岁的省人大代表、全国种粮大户刘准当选为村支书。在他的带领下，空心房从党员家开始拆，公共事务由党员义务做，政策文件党员带头学，红白喜事党员不办酒。62 名党员和全体预备党员、入党积极分子、村民小组长统一编为网格员，纳入积分制管理，每季度根据工作业绩进行评分并公示，年底以积分高低评定先进、确定后备干部人选、组织外出学习考察。一大批技术骨干、致富带头人受到影响，纷纷递交入党申请书。① 南岳区聚焦品牌创建，着眼于推进党建工作与中心工作深度融合，进一步擦亮党建品牌，凝聚发展合力让基层党建实起来。一是根据群众需求创新模式。针对基层群众诉求，建立常态化矛盾化解、诉求办理机制，用活网格化管理和精细化服务，全面推行“屋场（网格）党建”“互助五兴”“五个到户”，探索试点“小区 135+”模式，打造了“五治”融合党员群众互联互助基层治理新模式。二是加强风险防控强基固本。坚持正本清源，常态化开展基层党建工作风险防控摸排，围绕党组织换届、党员教育管理、驻村帮扶、党建责任落实等重点领域和关键环节，每季度召开风险分析会，自下而上建立防控台账，形成分析报告，从源头上有效防范基层党建工作风险苗头隐患。三是遵循规律打造品牌。坚持以新思想新理念为引领，以基层党组织建设破解发展难题，以党建创新提升服务群众能力，扎实开展基层党建创新品牌项目“十佳”创建评选活动，通过发挥“心徽相映”“七彩田园”等典型标杆的带动作用，在全区上下营造了先进更先进、后进赶先进、比学

① 衡阳县乡村振兴局：《农业强农村美农民富——梅花村的改革振兴之路》（2021 年），打印稿。

赶超的浓厚氛围。常宁市塔山瑶族乡以“党建+城乡治理标准化”工作为抓手，充分发动党员干部的积极性，结合“衡阳群众”、新时代文明实践，开展志愿者活动，组织乡机关党员干部、村干部，在全乡范围内开展卫生保洁、规范停车、文明劝导等志愿行动。坚持以党建为引领，充分发挥“党建+”的作用，凝聚起全乡广大干群干事创业的磅礴力量。坚定不移用组织振兴引领乡村振兴，把组织振兴作为乡村振兴的动力引擎。

二 衡阳市全面推进乡村振兴面临的困难和挑战

尽管衡阳市在实施乡村振兴战略过程中取得了较为显著的成效，但是对标中央和省委的高标准、对比发达地区、对照人民群众对美好生活的期盼，全面乡村振兴依然面临着发展动力不强劲、乡村经济不发达、乡村振兴人才不足、乡村“空心化”趋势还没有得到有效遏制等问题，推进全面乡村振兴依然任重道远，需要付出更加艰辛的努力。

（一）区域农产品地标影响力不强

从长期来看衡阳市农产品区域公用品牌的建设发展整体态势良好，政府和农业组织也很重视其建设和发展，培育了很多优秀的农产品区域公用品牌。绿色食品新增 23 个，续展 3 个，有机食品续展 11 个，地理标志农产品新增 1 个，“两品一标”有效认证数达 251 个。[①] 衡阳市农产品区域公用品牌建设正处于不断向上的探索发展阶段，农产品区域公用品牌建设水平在不断提高。但是在农产品区域公用品牌的建设过程中，还存在着一些亟待解决的问题。

1. 品牌定位和形象塑造相对滞后

衡阳市农产品区域性公用品牌建设分散、呈单点式，难以形成强劲品牌效应，未能给目标消费者留下独特和深刻的印象。一方面，由于品牌意

① 衡阳市农业农村局：《2021 年衡阳市乡村振兴工作情况汇报》（2021 年），打印稿。

识和品牌观念不强，未能充分认识到自然地理条件和人文历史因素对农产品区域公用品牌形象的重要意义，对品牌的定位和形象塑造的重要性普遍认识不足，企业对品牌化的发展趋势把握不准，品牌的建设比较滞后，在形成品牌以后的发展过程中对品牌的投入和维护力度不足。另一方面，受发展水平和发展观念的制约，衡阳市农产品公共品牌建设主体对具有地标性的区域农产品公用品牌的建设、维护和发展重视程度不够，对区域内的农产品公共品牌定位、内涵和形象塑造等投入不足、引导不够，一些品牌缺乏区域性特色，无法体现衡阳农产品独特资源文化优势，市场影响力、竞争力还不强。

2. 农业产业化和标准化水平不高

衡阳市自古以来都是农业大市，市内平原丘陵山地纵横，适宜各种农作物的耕种和生长。从事农业的人口占比超过总人口的50%，长期以来，大多数的农民都没能接受高等教育，其科学文化素养和发达地区相比仍然存在较大差距。加上农业生产经营不集中，具有较强的分散性，导致个体农户对生产交易的理解，依然停留于传统的自由买卖阶段，普遍缺乏集中生产经营和销售意识。新型农业经营主体数量虽然在不断增加，但总体规模偏小、产业链条短，农产品附加值不高。衡阳市的农产品生产水平停留在一般水平线上，以传统的农业生产为主，受技术水平的限制，农业的产业化进程比较缓慢。与江浙一带以及福建等沿海发达地区相比，衡阳市农业的产业化、规模化、标准化水平还有较大差距。农业生产多以分散的小户型模式进行经营，专业合作化生产模式比例较小，组织程度低，不利于在市场经济中取得优势，这是限制衡阳市特色农业发展的重要因素之一。

（二）区域优势特色发挥不充分

特色农业是高效的优势农业，需要充分发挥其区位优势，从而构建核心竞争力。衡阳市区位优势明显，但是在充分发挥区位优势提升农业产业效率、农产品价值、农业综合竞争力上还有较大空间。

1. 区位交通优势未能有效发挥

衡阳是全国重要综合交通枢纽，湖南省第二大城市，南接粤港澳大湾区，东南达福建海西城市带，西通东盟自由贸易区，北连长株潭城市群，是沿海经济向内陆辐射的第一接纳区域。因区位交通优势成为粤港澳大湾区最紧密的联系地区之一，成为承接东部产业转移的“领头雁”。从交通运输方面来看，衡阳市是全国45个重要交通枢纽城市之一，京广铁路、湘桂高铁穿境而过，且水路运输、航空运输业也十分发达，区位交通优势明显。衡阳市与粤港澳地区地缘相近、人文相亲、产业相融，经贸合作和人员往来密切，快捷的高铁网络使衡阳到广州只需2小时左右，到香港也仅3小时左右，农产品可朝发夕至。

虽然衡阳市定位为“粤港澳大湾区优质精细农副产品主供基地”，但是区位交通优势在农业发展上没有得到充分发挥。从横向对比看，衡阳市与同为湘江源的永州、郴州相比较农业存在规模产量落后、品牌创建滞后、相关配套措施及政策扶持不够等短板。一是规模与产量落后。2020年，衡阳蔬菜播种面积为95.84万亩，产量215.98万吨，销往粤港澳大湾区的品牌农产品总值4.22亿元；永州蔬菜播种面积290.22万亩，产量615.74万吨，销往粤港澳大湾区的品牌农产品总值260亿元；郴州播种面积179万亩，产量325万吨。二是品牌创建滞后。2020年，衡阳认证“二品一标”（绿色食品、有机农产品和农产品地理标志）产品75个，粤港澳大湾区认定基地18个，授权使用“湘江源”品牌企业22家；永州认证“二品一标”产品191个，粤港澳大湾区认定基地133个，授权使用“湘江源”品牌企业21家；郴州认证“二品一标”蔬菜产品36个，粤港澳大湾区认定基地100个，授权使用“湘江源”品牌企业23家。三是相关配套措施及政策扶持不够。对接粤港澳大湾区“菜篮子”，衡阳市在顶层设计上力度不够，产销对接平台缺失。永州、郴州先后搭建了粤港澳大湾区产销对接平台。依托国家级物流园，建立了粤港澳大湾区“菜篮子”产品配送分中心，拓展了粤港澳大湾区“菜篮子”工程农产品配送渠道。财政扶持力度不够。永州、郴州在财政上给予了大力的支持。例如永州市成立了对接粤港澳大湾区

“菜篮子”工程建设领导小组；为推动农业品牌建设，2019 年起市财政每年安排 5000 万元现代农业发展资金。又如郴州审议通过的《关于启动运营省“湘江源”和粤港澳大湾区“菜篮子”产品配送郴州分中心的情况汇报》中对粤港澳大湾区“菜篮子”建设明确了奖励，从市本级 2020 年乡村产业扶持专项资金（第二批）中列出 600 万元用于粤港澳大湾区“菜篮子”建设的奖励。①

2. 资源禀赋优势未能有效转化

特色农业以其地理位置、自然资源、生产技术等优势为立足点，以市场和社会需求为导向，实现产业化与集约化的生产与经营，属于安全、优质、竞争力强的农业。发展特色农业要以衡阳特有资源为出发点，并将这些资源投入现代农业发展之中，以其独有的资料资源生产优质和特色产品。衡阳市的物产资源禀赋优异，开发前景非常诱人，拥有着“鱼米之乡”的美称，每年的发电量和粮食总产量都名列前茅，这些优秀的历史文化资源禀赋都为衡阳市农业发展夯实了基础。近年来，依托优势资源条件大力发展特色农业取得了明显成效，但还是存在对地区优势把握不到位，对特色农业理解不充分等问题，区域特色农产品的优势不能充分发挥，出现一些盲目扩大生产规模的现象。没有突出特色农产品的优势区域布局，未能合理利用地区资源优势，导致特色农产品的选择不符合自身优势，不能在市场经济中占据优势地位，甚至造成资源的不合理分配和使用，抑制特色农业的发展。

（三）产业融合发展水平不高

尽管衡阳农产品产量大，但大多以初级产品为主，农业加工产品加工、开发与营销的水平较低，精加工、深加工的产品正处于起步阶段，整体的产品档次还有待提升，产品附加值低。多数企业生产经营规模小，生产经营方式落后，带动和辐射能力有限，产业融合发展进程仍需进一步加快。

---

① 衡阳市统计局：《衡阳市“粤港澳”大湾区蔬菜主供基地建设调研报告》，2021 年 10 月 11 日，https：//www. hengyang. gov. cn/hystjj/fxbg/jcfxbg/20211011/i2505311. html，最后检索时间：2022 年 4 月6 日。

1. 农产品价值开发不足

无论是从事特色种植业、特色养殖业还是特色旅游业，最终落脚点都是面向市场。从目前来看，大部分的乡村产业普遍存在是“产品”非“商品”现象，主要还停留在粗加工层面，对于深加工、品牌培育、网络营销等重视不够。产业链条普遍比较短、农产品加工增值率不高、产业集群比较少，市场竞争力和抗风险能力很弱。现阶段，由于尚未形成产品深加工的完整产业链，农产品加工水平较为低下，精加工产品比重较小，衡阳市进行生产销售的主导产品仍然为初级农产品。全市大多数农业企业加工经营的是初级产品，深加工不足，加工转化率低，产业链延伸不足，科技含量低，产业链附加值不高，市场竞争力弱。衡阳市第一产业以种植业为主，且基本形成以“两黄两茶一花”为特色的产业。但是第一产业的结构中存在着粮食作物比重过大、经济作物比重过小的失衡问题。而且农村人口长期以来仅限于从事初级产品的生产，农产品加工业和运输业发展相对落后，农业产业链短小、经济收益低、就业岗位少，带动农民增收的能力有限。因此，大力发展农产品深加工业，创建一批有一定规模的企业，形成品牌，加速标准化进程，仍是衡阳市农业农村经济发展的一项紧迫任务。

2. 乡村产业发展规划滞后

衡阳乡村旅游起步较早，但是依然存在整体规划单一、旅游产品缺失、娱乐项目无特色、基础设施不完善等问题，这也在很大程度上制约了衡阳乡村旅游的发展。一是企业对产业发展规划意识不强。一些旅游开发企业在没有科学规划的情况下就开始开发乡村旅游景点，缺乏总体规划，造成乡村旅游地点繁多、特色不显著，再加上分布不合理、缺乏与旅游集散地的相互呼应，从而导致旅游业整体质量不高、效果不明显。二是各景点零散分布，缺乏串珠成线的精品旅游路线。大多数乡村旅游只能做到“半日游”或“一日游”，在将旅游资源转化为经济效益方面缺乏有力支撑。三是没有立足本地资源优势科学制定发展规划。部分村为发展壮大村集体经济，对产业发展过分追求立竿见影，盲目跟风、照葫芦画瓢现象较为严重，对产业发展停留在“想当然”、沉浸在“梦想里”，导致有的产业项目过早“流产”，有的产业项目年年投、年年亏，资金投入后根本就没有任何收益。

3. 对衡阳历史文化资源开发不够

目前，衡阳的乡村旅游以农家乐和小景点休闲为主，规模化和特色化还有一定提升空间，尤其是文化性凸显不够。乡村旅游产品单一，停留在简单的观光层面，大部分的乡村旅游活动的主要内容仍然只是“吃农家饭、干农家活、住农家房”“春天赏花、秋天采果”等传统单一模式，未能深度挖掘文化内涵，可供游客深度体验的旅游产品比较匮乏。旅游产品开发深度不够，停留于最初级的农业产品上，缺乏深加工，农产品附加值不高。颇能吸引游客参观和参与的民俗风情尚未得到有效的挖掘，游客无法真正体会到旅游地的独特乡村旅游形象，造成游客的重游率低。此外，乡村旅游的主要开发者大多为当地的居民，文化素质普遍不高，并在长期的生产活动中形成了散漫、自由心态，服务意识薄弱，难以满足旅游接待服务的要求。

（四）推进乡村振兴内驱机制尚未形成

经过脱贫攻坚战的洗礼，村级基础设施、公共服务、扶贫资产、乡风文明建设等各方面大幅提升。从当前农村发展现状来看，部分村民的依赖性和“等靠要”思想仍然存在，主人翁意识不强，缺少“村兴带民富”思想，参与乡村振兴的主动性还不够，全面乡村振兴的内驱机制还没有建立起来。

1. 乡村振兴内生动力不足

与脱贫攻坚相比，乡村振兴对相关人员的观念和能力等提出了更高要求，基层党组织是全面推进乡村振兴的战斗堡垒。脱贫攻坚阶段，有扶贫任务的村都派驻了扶贫工作队，可以说“外驱力量”非常强大；脱贫攻坚结束后，部分乡村随着工作队撤队，明显出现“内生动力”不强的问题，部分乡村“两委”干部在主观意识上和能动性上明显不足，“等着干”思想严重，“主动干”意识不强，在推进乡村振兴工作上存在“空档”“断档”现象。目前，中国的乡村教育是以农业技术的推广和普及为重点的农民技术教育，对农民的思想意识教育重视程度不够。部分农户仍存在“等、靠、要”的惰性思维，安于现状、缺乏进取，空守着丰富的资源，依赖政府救助度日，这种过分依靠外力的惰性思维严重制约实施乡村振兴战略。

基层致富带富能力不强，农村发展的内生动力有待激发。部分基层干部和群众勤劳致富的内生动力不足。脱贫攻坚时期政策帮扶力度很大，而扶智扶志是一个循序渐进的过程，全面脱贫后部分群众还存在过度依赖政府与帮扶干部、缺乏内生动力的现象。部分领导干部对乡村振兴战略内涵缺乏全面准确的认识，部分基层干部对如何结合本地实际落实乡村振兴战略思路不清、主动性不强，“上面拨款、下面办事”的“等靠要”依赖思想严重，落实乡村振兴战略局限于落实部分项目，群众主动参与、自觉参与乡村振兴意识还不够强。一些居民群众受传统生活习惯影响，对农村生活污水、生活垃圾造成的环境影响缺乏认识，对改厕工作积极性不高、主动性不强，环境整治工作存在“上边热、下边凉”的现象，工作推进难度大，甚至个别群众认为环境整治是政府的事，因此成了环境整治工作的旁观者、局外人。

2. 市场要素活力明显不足

粮食生产、特色产业发展、农村人居环境整治等基础设施建设资金需求较大，在争取中央、省级专项资金投入的同时，地方财政困难，支出紧张，在一定程度上影响了项目进展。多数新型农业经营主体自有资金不足，县级财政支持现代农业的资金有限，农业金融机构贷款门槛高、担保难、时间短、额度小，产业发展资金短缺，在一定程度上制约了经营规模的扩大。农村基础设施建设短板明显，一些村（社区）资金筹措能力有限，自身财力无法满足乡村振兴的资金需求，只能依靠财政投入。其中，农村人居环境整治是一项系统工程，涉及范围广，需要长期维护管理，农民自筹和募集社会资金目前存在较大难度，缺乏足够的资金保障设施正常运转及后期维护。县财政资金对美丽乡村建设和现代农业发展的支持保障力度停滞不前甚至大幅萎缩，这与很多要求县本级投入的工作考核，与要求县级配套资金的项目实施之间有较深的矛盾。政府投入相对全市旅游产业而言犹如杯水车薪，特别是在当前政府防范化解地方性债务的背景下，地方融资渠道受限，旅游招商引资无重大突破，发展乡村旅游资金缺口较大，引导涉旅企业、农家乐发展乡村旅游作用有限。

3. 乡村人才支撑不力

新型职业农民队伍培育和培训力度不够，发展的大局观念不强，发展的长远眼光不足，现代生产经营管理水平不高，不适应新时代生产力发展水平，参与市场竞争力不强。乡村产业要走向集约化、规模化、现代化发展之路，就必须要有专业人才来管理和指导，但在发展乡村产业过程中，由于发展资金不足，请不起也请不动专业团队。职业农民培养缺力度和深度，农民职业化进展迟缓，农业农村人才队伍结构不够合理，严重阻碍乡村产业化发展。基层组织长期缺少年轻人才、农技服务队伍力量薄弱，农村劳动人口连年下降。在培育和发展新型经营主体、推动产业发展、壮大集体经济等方面，能人带动效应不足，思路不宽、办法不多。“三农”工作专业技术人员严重缺乏。如衡南县 24 年来没有招聘农业农村专业技术人员，无论是农业、农技、畜牧水产、农经都已出现严重的“青黄不接、技术断层”现象。农村专业人才、管理人才严重短缺，没有出台吸引各类人才投身乡村振兴的本地化鼓励政策。

乡村振兴机构也存在人才不足的情况，机构改革后农业农村局工作职能在原有的基础上大幅增加，乡村振兴、农村人居环境整治、耕地利用与保护、产业扶贫、农村集体产权制度改革、农村宅基地管理、互联网加监督、林业建设管理、农村能源、农业机械化等工作，任务十分繁重，从水利局划分来的农田水利建设、财政局划分来的农业综合开发工作，机构未相应增加，人员未相应划转。“三农”工作专业技术人员严重缺乏，空编多；专业人员出现断层，人员配置不足、不到位；各镇站所人手严重不足，人员严重老化，工作推动吃力，造成工作量和现有人员严重不匹配。

三　全面推进衡阳市乡村振兴的基本对策

深入贯彻落实“三高四新”战略定位，继续推进“三强一化”建设，找差距促落实，抓重点攻难点，推动由农业大市向农业强市转型升级。

（一）全面优化农产品区域布局，培育壮大区域公用品牌

衡阳市应围绕打造“粤港澳大湾区优质精细农副产品主供基地”，构建高产、优质、高效、生态、安全的现代农业产业体系。按照“一县一特、一村一品”的基本思路，以深入实施“六大强农”行动为抓手，着力打造农业优势特色产业。因地制宜，强化布局，延伸拉长产业链，明确产业发展路径。支持优质农产品“两品一标”认证，重点培育一批“一县一特”公用品牌和“雁字号”农产品出口品牌。

1. 全力提升农产品市场价值

要想从根本上推动农业特色产业的全面发展，首先要深入开发农产品的经济价值，优化产业结构。丰富“菜篮子”产品供给，持续抓好粮食、生猪等主要农产品稳产，发挥大宗农产品经济稳盘功能。实施“六大强农行动”，做大做强“三黄两茶”等特色农产品优势区，培育壮大粮食、畜禽、油茶、蔬菜、林竹、茶叶、中药材、水产等八大百亿产业，提高农产品精深加工水平。大力实施油料产能提升工程，扩大油茶、油菜种植面积。实施种业振兴行动，用政策“补丁”引导激励育种公司育好种、卖好种。推进种源关键核心技术攻关，加快培育一批具有衡阳特色的优良品种，在杂交水稻测产中再创新高。推进生态绿色食品产业链建设，聚焦短板弱项，不断建强冷链物流、加工、销售等链节，提升产业价值，让农民更多分享产业增值收益。不断打造“湘江源”蔬菜公用品牌，大力发展特色、绿色蔬菜，擦亮衡阳蔬菜品牌，扩大精细农产品出口，增加农民收入。在做大做强产业的同时，支持新型经营主体通过订单收购、保底分红、二次返利、股份合作、吸纳就业等多种形式将小农户纳入现代农业产业体系，促进小农户与现代农业有机衔接。利用“旅游+”“生态+”等模式，实施乡村休闲旅游提升计划，大力发展休闲农业、乡村旅游、创意农业、农耕体验，支持农民直接经营或参与经营的乡村民宿、农家乐特色村（点）发展，努力提升农业及农产品附加值。

2. 推行“一县一特”的清单管理

充分发挥乡镇村资源禀赋，把产业发展当作乡村振兴的“牛鼻子”工程，按照“一县一特”“一乡一业”“一村一品”的总体思路，健全完善十大产业体系，依靠市场力量，发挥政府的引导作用，形成适度集中格局。

一是做强基础产业。坚持“一乡一业、一村一品”，发展壮大“粮、猪、油、菜”四大基础产业。改进订单生产模式，提升优质稻产业园建设水平，争创国家现代农业产业园。坚持“生态环保、抓大放小、全产业链发展”，以重大项目引进和最严环保措施落实推进生猪产业转型升级。依托农产品保供基地建设项目实施，打造一批设施蔬菜基地，推动衡阳市大宗农产品全面对接粤港澳大湾区，走向国际市场。二是做优特色产业。以“一特两辅”特色产业为重点，优化产业布局，推广综合种养、“三产”融合等绿色高效模式，高起点建设优势特色产业基地。继续开展养蜂技术服务工作，打造油菜花等蜂产品品牌，做好各类蜂产品宣传工作，推进特色蜂产业园项目，促进养蜂生产稳步增长。三是做精加工转化。依托西渡高新区和农业科技园，利用融资的支持，建成衡阳县农产品加工冷链物流园。支持新型农业经营主体拓展农产品田间地头初加工、实现减损增效。引导龙头企业和规模以上加工企业技术改造升级，扩大加工转化增值空间。

3. 支持优质农产品“两品一标”认证

扎实推进有机食品、绿色食品认证，全面实行农产品“身份证”和“合格证”管理制度，规模以上企业全部纳入农产品质量安全追溯平台管理。重点维护运营和宣传推介好“衡阳台源乌莲”“寺门前猪”“衡阳湘黄鸡”“西渡湖之酒”等国家地理标志品牌，打响“正大”品牌，培育本土企业品牌。整合全市农文旅资源，聘请高水准农业品牌运营机构，策划打造市域公用品牌，为全市农特产品赋能增值，争创农业品牌强市。做深产业融合，探索“共享共建”、“村企合作、村民众筹”、一园农业“会员认领”等前沿业态，促进种养加综合、农牧渔结合、一二三产业融合。推进农业特色小镇和产业化联合体建设，集群成链，壮链优链，推动全链融合。以“清泉农夫”公用品牌提质升档为契机，推进品牌强农。在省市各类媒体上开展“清泉农夫”农产品公用品牌宣传，全力建设东洲岛“一县一特衡南馆”和“清泉农夫优质农产品体验馆”，积极组织农业企业参加中国中部（湖南）农业博览会等各类展会。叫响“清泉农夫”区域品牌，大力推进“六大强农”行动，培育优势主导产业，实施“龙头企业培育工程”，大力发展乡村旅游、休闲康养、电子商务等现代服务业。设计统一包装“握指成拳”，让“清泉农夫”真正落地，打造响亮“衡阳名片”。

（二）建立湘南特色农产品集散中心，充分发挥衡阳区位优势

加快构建辐射湘南、湘西南和粤北地区的农产品销售流通网络，建设大型综合农产品集散基地。建设一批农副产品交易中心、农副产品物流交易中心和农产品冷链物流集散中心等，实现湘南区域性农产品交易、流通和集散枢纽功能。积极完善农村物流配送体系，推动枢纽物流、加工制造、商贸产业形成良性循环，提高城乡消费便利性。

1. 建设湘南特色农产品集散中心

按照承接粤港澳、衔接粤湘桂、对接长三角、协作长株潭、辐射大湘南的总体思路，主动融入区域发展战略，构建农产品“衡阳加工集散、大湾区消费”的格局。在培育龙头企业的同时，积极引导龙头企业建立农产品集散中心，政府予以支持并完善基础配套工程建设，充分发挥农产品集散中心调控市场、树品牌的作用，促进特色农产品的增值，增加农户的经济收入。通过建立农产品集散中心，将零散的中小农产品生产者与销售者聚集起来，形成以集散批发于一体化的农产品供应链中心，更好地发挥农产品供应链物流管理中心的集散批发功能，有效协调与整合农产品供应链上不同环节信息与资源，解决农产品上下游企业之间对接不畅的问题，实现利润的有效分配。通过集散中心为农产品交易提供冷链物流、商品化处理、信息服务、检验检测、金融支持等服务，通过以冷链物流为基础建立高标准现代化的产地销地双向物流市场，打造区域性、全品类、一站式农产品采购交易平台。通过集散中心形成良性的内部循环，既有效解决衡阳市农业产业化发展遇到的问题，又能满足老百姓日益旺盛的消费需求，提供安全、高品质的农产

品，实现消费升级。

2. 加强农村冷链仓储物流设施建设

针对农产品冷链物流建设短板，着力建设完善农产品冷链物流体系，通过冷链仓储延长交易时间实现湘南地区农产品的错峰交易，有效避免短时间市场供大于需造成的销售价格大幅下降，稳定农产品销售价格，避免“谷贱伤农”，有效解决“丰产不丰收”问题。部署启动农产品仓储保鲜冷链物流设施建设工程，支持大型流通企业以县城和中心镇为重点下沉供应链，整县推进农产品产地仓储保鲜冷链物流设施建设。支持建设一批骨干冷链物流基地，支持各类主体建设产地分拣包装、冷藏保鲜、仓储运输、初加工等设施，明确对农村保鲜仓储设施用电实施农业生产用电价格。分级完善冷链物流网络，聚焦鲜活农产品产地“最初一公里”，进一步分级健全县、乡、村三级农产品仓储保鲜冷链物流设施网络，加快实施“互联网+”农产品出村进城工程，共建粤港澳 3 小时鲜活农产品物流圈，切实降低农产品储运成本，提升附加值。通过加大对农村冷链物流等基础设施的投入，加强农产品产后分级、包装、营销，建设现代化农产品冷链仓储物流体系，重点解决农产品销售中的突出问题，打造农产品销售公共服务平台。大力发展“互联网+”农产品销售模式，将电商进农村示范项目与乡村振兴有机融合，健全城乡配送网络，扩大网络覆盖范围，激活商贸大流通。支持供销合作社开展县域流通服务网络建设提升行动，完善农村物流快递网络，实施“快递进村”工程，加快推进工业品下乡和农产品进城，打通乡村物流“最后一公里”。

（三）加快特色农业产业园建设，推动农业集群发展

特色农业产业园作为集“大农业观、全产业链、深融合度、全绿色化、高附加值、强竞争力”于一体的多功能、复合型、创新性的现代农业发展平台，以规模化种养基地为基础，以产业化龙头企业为带动，聚集现代生产要素，融合产业链纵向延伸和横向拓展。① 要积极探索城乡产业联结互动，

① 肖琴、罗其友：《国家现代农业产业园建设现状、问题与对策》，《中国农业资源与区划》2019 年第 11 期。

以“万企兴万村”行动为抓手，大力发展特色小镇强镇、现代农业产业园区、创业就业“标准车间”“帮扶车间”，促进城乡产业互动优化。把加快特色农业产业园建设作为提升区域农业产业发展的重要举措，以创建现代农业产业园为基础，建设一批农业产业强镇、特色小镇，打造一批“一村一品”示范村镇，推进农业全产业链建设，完善农业产业布局，形成种加销一条龙、农工贸一体化的产业化经营格局，引导优势农业产业集中、集群发展。

1. 强化优化主导产业支撑

立足衡阳资源禀赋、区位环境、产业集聚等比较优势，体现区域差异性，提倡形态多元性，围绕田园资源和农业特色，做大做强传统特色优势主导产业。按照“区域资源和生产条件较好、比较优势明显，产业可延伸性强、市场开发价值较高，产品品质具有特色、有一定认知度，产品市场需求量大、竞争优势明显”等条件，选择区域主导产业，确保产业发展的持续性。引导建成规模化、设施化生产基地和农产品加工园。首先在区域布局上，应该优先在粮食生产功能区、重要农产品生产保护区、特色农产品优势区、国家现代农业示范区等布局建设。然后在产业布局上，应该做强粮食、生猪和蔬菜等大宗农产品，做优“两黄两茶一花”等优势特色农产品。最后在产业数量上，应该聚焦单一主导产业，选择产业关联度高的若干产业，从而确保主导产业做大做强。

2. 围绕产业链促进产业功能聚合

围绕农业育种、生产、加工、仓储、流通等环节，找准产业链条中的关键环节、薄弱环节集中发力。加快发展农村电子商务新模式，充分发挥好祝融学院和东洲岛农产品展销基地的引领作用，支持引导开设线上店铺，做实“互联网+”农业，实施数字农业工程，全面完善产业链条。充分利用农业景观、农业生态，拓展农业多种功能，合理开发农业文化遗产，推进农业与旅游、教育、文化、康养等产业深度融合，推进休闲农业与乡村旅游发展由单一休闲向深度体验转变、由简单粗放向精细品质转变。转变传统农业管生产、工业管加工、商业管销售的产业形态，实现农村产业的系统协调、融合发展。提升农业社会化服务水平。紧扣“办点示范、为机育秧、大户购机、技术指导”等关键环节，建立健全县、乡（镇）、村三级农事综合服务中心，全面提升农机化率，争创水稻全程机械化示范县，争取“数字大米”等重大支持项目。整合农资农机、农艺农技、市场信息、人才资金等各类生产要素和服务主体，试点打造1~2个农业全产业链综合服务中心，建立全产业链全程社会化服务体系。

3. 完善巩固多元利益联结机制

强化利益联结，将与农民建立紧密利益联结机制作为项目支持的前提条件。可以安排部分财政资金，由与产业化龙头企业建立紧密利益联结机制的农民股份合作、专业合作经营组织或农民持股，其资金使用由龙头企业在规定用途范围内合理安排。探索“托管保底”（企业、合作社、农户相互委托种养殖）、“合资兜底”（财政补助，企业、合作社、农户共同出资建设，企业保底收购）、“保底收益+按股分红”、“租金+分红+劳务收入”、“折股联营、反租倒包、双线代销”等多种利益联结模式，将企业与农民的关系由传统简单的产品购销、劳务聘用、土地流转，转变为更为紧密的合作共赢关系，从而让农民更多地分享产业链增值收益。扩大财政资金折股量化试点，积极探索集体土地、房屋等资源资产参与产业园建设的可行路径，增加农民财产性收入，让农民长期享有持续稳定的收益。

（四）突出实用性人才选拔使用，构建乡村振兴人才梯队

政府、社会、文化、乡村等要形成合力，完善乡村振兴人才政策扶持机制、人才孵化机制和人才使用机制，全力打通“人才下乡”的立体化通道，保障乡村振兴人才“回得来”“留得住”“干得好”。

1. 构建系统的乡村振兴人才政策扶持机制

强化基层政府在乡村振兴人才引进中的主导作用，从吸引到服务，不断优化人才下乡系列政策，为促进人才回流托底。第一，完善人才引进政策。结合衡阳本地特色，对乡村振兴人才选拔标准进行细化和本地化，建立公开透明的选拔程序和多元化的评选主体，提高评选过程的自发性、自觉性和民

主性。同时，制定一套科学合理有效的乡村振兴人才引进政策，通过“定点邀请”、招商引资、鼓励大学生回乡就业等多种渠道，吸引在外发展的各领域的家乡英才回家乡服务。此外，还应出台人才激励政策，以物质、岗位、精神等多种形式，强化人才下乡的获得感。第二，创新人才安居政策。创新农村土地使用政策，为乡村振兴人才提供有保障的居所。一是完善闲置农村宅基地退出机制，在保障农民合法权益的前提下，由地方政府对农民退出的闲置宅基地统一规划利用，为全省回乡服务的乡村振兴人才提供住房保障；二是由相关部门作为协调者牵线搭桥，建立乡村振兴人才与农户之间的“友好家庭”，政府提供部分财政资金支持，鼓励当地农民将闲置住房腾出来，以友好价格租赁给回流人才居住；三是针对在家乡的亲人还有房屋保留的人才，地方政府可以提供专门资金，帮助修缮改造旧有房屋。第三，优化创新创业政策。回流人才中有很多创业致富能人，不仅在外地积累了财富，还提升了自身致富经验、拓展了社会关系网络，这对于家乡建设来说，都是有形无形的财富。在当前国家鼓励大众创新、万众创业的背景下，地方政府可以围绕当地经济社会发展需要，优化创新创业环境，以产业扶持、金融保险、税费减免、融资贷款优惠等具体政策，吸引成功的创业人才回乡创业。

2. 构建“以老带新”的乡村振兴人才孵化机制

从人力资源开发的角度来说，单纯靠从外面引进乡村振兴人才是无法满足需求的，因此，需要坚持人才“输血”与“造血”双管齐下的原则，做好乡村振兴的人才培育工程。第一，通过将在机关单位工作的富有社会治理经验的退休人员作为乡村振兴人才引进乡村社会，使其在为家乡建设服务的同时，将自身的工作经验和学识传授给在乡的年轻人，帮助他们成长为乡村振兴的新人才。第二，聘请依然活跃于各自工作领域的在外乡村振兴人才担任乡村振兴培育导师，选择乡村治理、农业发展、生态文明建设等主题定期回乡开展培训班，为乡村干部、广大村民传授先进的理念和技术，从而为乡村振兴培养一批有作为、有能力的后备人才。第三，根据农业农村发展需要，邀请在高校、科研机构、企业等从事农业科技相关领域研究的人才返回家乡建立各类研究基地，带领他们的研究团队、生产团队定期回家乡从事科学与生产研究相关工作，并以此为平台，培育乡村社会本土的农业生产能人，为本土乡村振兴人才培育贡献力量。

实施农村实用人才带头人和高素质农民培育计划，突出优势特色产业导向，分层分类开展培训，加强农业职业教育，抓好非学历继续教育培训基地建设。强化职业技能培训，结合新型职业农民培育工程、致富带头人培训、农技推广补助项目等，以“请进来、走出去”方式培育适应现代农业发展需要的本地“工匠式”人才，大力发展农村能人经济，为农业产业发展提供强有力的人才支撑。同时，增强农村对人才的吸引力、向心力、凝聚力，促进各类人才到农村创新创业。积极对接乡村人才振兴政策项目，重点打造农村创新创业服务平台，探索创新农民教育培训机制，梯队式培育一批农村致富带头人、经营管理“多面手”、农业科技“土专家”和能工巧匠，让更多人才回流乡村，成为乡村振兴主力军。

3. 创新乡村振兴人才使用机制

要使乡村振兴人才工程切实有效，还得给这些下乡的乡村振兴人才提供广阔的用武之地。因此，需要进一步拓宽乡村振兴人才参与乡村治理的渠道，借力汇智，使他们真正为家乡建设贡献自己的力量。第一，实施“万雁入乡”行动，持续推进干部培养“长回路”机制，推进万名干部人才下乡村，推动乡村产业振兴、人才振兴、文化振兴、生态振兴、组织振兴，唱响推动乡村振兴最强音。第二，依托农村“两委”的组织渠道，为乡村振兴人才参与乡村振兴提供平台。作为乡村基层社会自治的领导力量，农村“两委”应注重有效利用乡村振兴人才的这一功能优势，通过建立民主协商会、情况通报会、意见征求座谈会等常态化的工作机制，使乡村振兴人才能够真正有效参与到乡村治理中来。第三，发挥基层人大和政协优势，拓宽乡村振兴人才基层参政议政的渠道。乡村振兴人才中不乏各行各业的专家学者，他们对乡村社会的经济发展和社会治理具有“新型智库”功能。基层人大和政协机关是实行基层社会民主治理的正式制度化渠道，地方政府可以以此为平台，考虑在基层政协设置乡村振兴人才界别，或在基层人大为乡村

振兴人才提供专门名额，从而为乡村振兴人才参政议政提供可靠的组织渠道，使他们积极为乡村振兴建言献策。

（五）以规划引领乡村建设，建立农村人居环境整治长效机制

大力实施乡村建设行动，加快补齐农村基础设施短板，建好城市的“后花园”，为建设国家区域中心城市和省域副中心城市做出农业农村应有贡献。持续改善农村人居环境，大力开展农村人居环境整治提升五年行动，继续因地制宜推进厕所革命，完善垃圾收运处置体系，继续推进农村生活污水治理，合理布局村庄绿化照明等设施。以美丽示范乡村建设推进乡村基础设施提档升级，不断完善乡村道路、停车场、公厕等基础设施建设，促进农村人居环境换挡提质。

1. 加快推进“多规合一”的实用性村庄规划编制

树立城乡融合、一体设计、多规合一的理念，通盘考虑城市与乡村、工业与农业、市民与农民、经济发展与生态保护等情况，统筹城镇和村庄布局，科学确定村庄分类，做好“留白、留绿、留旧、留文、留魂”文章，保留住雁城独特的乡土味道和乡村风貌。镇村联动编制规划，实现产业统筹和空间协同。衡阳市的村庄较为密集，居民点呈现高密度连片发展的态势，各个村庄的可建设空间是严重不足的。如果每个村庄都各自为政地按照完整设施要求进行配套，对土地的需求很难得到满足，再加上整个地区的人口外出情况较为普遍，也容易造成设施的闲置和浪费。因此要考虑公共服务设施的共建共享，评估本村与邻村公共服务设施现状，以及区域公共服务设施的服务半径空间化表达与容量分析。而这一工作只能从乡镇级层面统筹考虑。因此，建议衡阳市乡镇的国土空间规划与各村庄规划联动编制，在保障空间协同建设的同时也可以保障产业的统筹发展。

以近期建设项目为抓手，逐步实施规划，带动村庄发展。村庄规划是城市开发边界外的详细规划，是需要指导项目建设的。因此在村庄规划中必须对近期建设项目进行全面安排，把当前最紧急的工作和与政策资金挂钩的项目统筹安排在近期建设中。在规划编制中，通盘考虑农村土地利用、产业发

展、人居环境整治、生态保护等内容，积极统筹好产业发展、耕地和永久基本农田保护、生态保护修复、农村住房布局等空间需求，保障农村一二三产业融合发展。有条件有需求的村庄，要按照“多规合一”的理念和务实管用的原则，2023 年全面完成村庄规划编制工作。

2. 以标准化治理推动农村人居环境持续改善

按照衡阳市《关于开展城乡治理标准化的实施意见（试行）》精神，把标准化作为改变城乡面貌的重要突破，坚持走标准化治理的新路，不断提升治理体系和治理能力现代化水平。以全国农村厕所革命现场会在衡阳成功举办为契机，进一步增强责任感、使命感、荣誉感，统筹推进“四治四抓”（治厕、治水、治垃圾、治房，抓村庄规划、村容村貌、村规民约、乡风文明），抓好农村“厕所革命”，加强农村房屋建管，加大集镇“五乱”整治力度，推动美丽乡村建设逐步推广、全面铺开。推进农业绿色发展，保护农村的“绿水青山”，推动农村人居环境由整洁有序到生态宜居转变。突出抓好农村人居环境提升工程。深入实施农村人居环境整治提升五年行动计划，加强城乡生活垃圾治理，高效利用垃圾焚烧厂，做好农业投入品减量化、废弃物利用资源化工作，支持秸秆综合利用。加快餐厨垃圾处理中心建设，每个村（涉农社区）逐步建成 2~3 个沤肥点、每个涉农镇街建立一个农业固体废弃物回收以及处置体系，实现垃圾就地分类、源头减量。继续推行“一个精品农业企业连一片美丽乡村”整治模式，不断夯实“村企共建、构筑美丽乡村”基层基础。在抓好整体生态绿化基础上，抓好道路两侧植树造林，打造望得见绿山、看得见净水、闻得到花香、记得住乡愁的美丽乡村建设“衡阳样本”。

持续提质农村人居环境。最大份额争取国省投资项目，聚焦农村“四园”（家园、田园、菜园、果园）建设，实施农村人居环境整治提升五年行动，深入开展村庄清洁行动，年内重点实施好“农村改厕提升、污水整治提升、垃圾治理提升和美丽乡村示范提升”四个提升行动。坚持数量服从质量、时间服从实效，全面落实完成好农村改厕、乡镇垃圾中转站建设年度目标。实行垃圾、污水治理受益农户适当付费的管护制度，以村规民约和理事会形式，对农户每户每年合理收取垃圾处理费用，引导形成农村人居环境整治可持续投入机制。

（六）以农业农村改革盘活资源，拓宽集体经济发展路径

盘活集体资源要素和闲置资产，点燃乡村振兴“新引擎”。在全面实施乡村振兴工作中，衡阳市应该积极探索，致力于盘活可连片开发利用的闲置土地资源，通过集体或个人流转，建立土地利用机制和利益分配机制，因地制宜发展特色种养产业，发挥土地资源的最大价值。要深入推进农村土地承包制度改革和集体产权制度改革，稳妥推进农村宅基地管理与改革工作。要规范村级集体经济“三资”管理，充分发挥农业龙头企业和农旅项目的辐射带动作用。实施壮大村级集体经济三年行动计划，多渠道发展村级集体经济，延伸现有村级集体经济项目的产业链和开发新的多元发展的产业链，深度挖掘村级集体经济项目附加值。

1. 深化农用地制度改革

针对村民反映的土地确权到户30年不变影响规模流转和收益公平的问题，严格按照中央要求，创新“三权分置”办法，既确保流转效率，又保障村民增收公平。一是深入推进农村承包地改革与管理工作。督促各县市区持续深入开展确权颁证“回头看”，确保证书应发尽发，档案及时入馆，完成承包地数据汇交审核上报。学习贯彻新的《农村土地经营权流转管理办法》，进一步规范和加强农村土地经营权流转管理与服务。进一步巩固和完善农村基本经营制度，有效稳定农村土地承包关系。强化土地确权成果运用，盘活资产资源，建立农村土地经营权流转交易服务平台，规范农村土地经营权流转管理工作。二是进一步抓实土地承包制度改革。完善承包地“三权分置”制度，促进农村土地资源优化配置。探索对2年以上抛荒耕地由村民小组收回，流转给村级集体经济组织复耕复种。巩固农村承包地确权登记颁证成果，实现数据互联互通，严格农村宅基地管理，扎实推进宅基地使用权确权登记颁证。三是做好农村土地经营权流转工作，建立健全服务体系和工作机制。巩固并运用农村承包地确权登记颁证成果，抓好部分权证信

息变更纠错的整改落实；完善土地流转交易平台，健全土地流转机制，加强对乡镇土地流转行为的监管规范，有力推进农村土地“三权分置”改革。

2. 深化农村集体产权制度改革

建立健全农村集体经济组织，积极推进经营性资产股份合作制改革，加强集体资产监督管理。加强农村产权流转交易和管理信息网络平台建设，落实盘活农村存量建设用地政策，优先保障乡村产业发展、乡村建设用地。规范开展城乡建设用地增减挂钩。稳慎开展农村宅基地制度改革，探索宅基地所有权、资格权、使用权分置有效实现形式。巩固农村集体产权制度改革成果，实施村级集体经济发展三年行动计划，发展壮大农村集体经济，提升乡村发展的内生动力。

夯实农村集体产权制度改革成果，积极探索村集体经济发展路径。一是搞好农村集体产权制度改革档案整理归档，按要求全部移交县档案馆。二是加强对乡镇村级财务的审计监督，搞好村级资产和债务年度清查，以及农村集体“三资”管理工作。三是按照《衡阳市发展壮大村级集体经济三年行动计划（2021-2023 年）》的目标要求，大力扶持村级集体经济发展，因村制宜探索新路径，不断提升村集体经济发展的内生动力和造血功能，创建一批示范村，打造一批经济强村，加强指导农村集体经济组织规范化建设与管理，指导其参与市场运营，确保村集体经济发展壮大。

3. 稳慎推进农村宅基地制度改革

全面落实永久基本农田、生态保护红线、城镇开发边界“三条控制线”，深化农村宅基地改革，加强农村宅基地管理，坚决遏制农村乱占耕地建房行为。积极探索宅基地所有权、资格权、使用权“三权分置”实现形式，盘活闲置宅基地。进一步抓实农村宅基地管理改革。开展农村宅基地动态巡查，大力推进村民住房建设综合执法，认真开展农村乱占耕地建房问题线索核查和整改，坚决遏制农村乱占耕地建房乱象。稳慎推进农村宅基地制度改革，完善农村村民建房监管机制，严禁乱占耕地建房，开展农村宅基地和农房利用现状调查，探索村企合作、以房入股等模式，盘活利用闲置宅基地和闲置农房，发展休闲旅游民宿产业，增加村集体、农民的财产性收入。

加强农村宅基管理工作。根据新修订的《土地管理法》和农业农村部、自然资源部《关于规范农村宅基地审批管理的通知》的要求，要建立区级主导、镇街负主责、村级为主体的宅基地管理机制。宅基地管理工作的重心在基层，镇、涉农街道承担属地责任，区农业农村局、区自然资源和规划分局、区住建局负责行业管理。各镇、涉农街道要探索建立一个窗口对外受理、多部门内部联动运行的协同工作机制，为农民群众提供便捷高效的服务。要指导村级组织完善宅基地民主管理程序，每个行政村的村支“两委”中要明确一名宅基地协管员。农户建房必须经过审批，必须符合村庄规划，符合住建部门的设计，符合一户一宅的规定。进一步加大农村住房建设管理力度，按照“先设计、后审批、再施工”的要求，建立健全农房设计制度，形成设计、审批、施工流程闭合，相互衔接，有效避免超面积建设和风格混乱等问题发生。

参考文献

习近平：《习近平谈治国理政》第三卷，外文出版社，2020。

《习近平关于“三农”工作论述摘编》，中央文献出版社，2019。

张庆伟：《在中国共产党湖南省第十二次代表大会上的报告》，2021 年 11 月 25 日。

张庆伟：《以实干实绩推动“三农”工作取得新进展》，《新湘评论》2022 年第 5 期。

毛伟明：《以产业项目的大建设支撑“三高四新”战略大落实》，《新湘评论》2021 年第 10 期。

秦国文：《促进脱贫攻坚和乡村振兴有机衔接》，《新湘评论》2020 年第 13 期。

秦国文：《坚持农业农村优先发展，以农业农村现代化聚力建设中心化》，《衡阳日报》2022 年 2 月 26 日第 1 版。

陈文胜：《论中国乡村变迁》，社会科学文献出版社，2021。

陈文胜：《农业供给侧结构性改革：中国农业发展的战略转型》，《求是》2017 年第 3 期。

陈文胜：《构建农业农村现代化新格局》，《新湘评论》2021 年第 5 期。

陈文胜、李珺：《论新时代乡村文化兴盛之路》，《江淮论坛》2021 年第 4 期。

B.3
永州市2022年乡村振兴研究报告

瞿理铜*

摘　要： 作为湘南地区农业大市，永州市始终把巩固拓展脱贫攻坚成果、全面推进乡村振兴作为首要政治任务，以对接粤港澳大湾区的“菜篮子”引领全省，美丽宜居乡村建设不断探索新模式，以多措施有力巩固脱贫攻坚成果，以深化农村改革激活乡村振兴新动能，农业农村现代化取得明显成效。但对标乡村振兴高质量发展的要求，仍然存在短板和不足，面临着乡村产业高质高效发展任重道远、农业农村基础设施短板依然明显、公共文化建设和传统文化保护滞后、农民持续增收难度加大等现实难题，需要按照“守底线、抓衔接、促振兴”总要求，坚决守住不发生规模性返贫底线，抓好乡村产业提质增效、补齐农业农村基础设施短板、加大乡村传统文化保护和公共文化供给力度、促进农民持续增收等工作，以确保乡村振兴高位推进。

关键词： 乡村振兴　特色产业　永州市

近年来，永州市以“在全省乡村振兴中走在前列”为目标，全面推动实施乡村振兴战略，统筹抓好巩固脱贫攻坚成果同乡村振兴有效衔接，深入实施“六大强农”行动，做大做强“两茶一柑一菜一药”优势主导产业，

---

* 瞿理铜，湖南师范大学中国乡村振兴研究院副教授，主要研究方向为土地经济与土地政策、区域发展与城乡规划。

统筹抓好乡村建设行动、农村人居环境整治等工作，乡村振兴取得显著成效，获评为全国“四好农村路”示范市，粤港澳大湾区“菜篮子”生产基地数量居全国第一，供港蔬菜占全省 95%以上，粮食和生猪产量位居全省第一。

一 统筹协调全面推进乡村振兴开新局

在实现全面建成小康社会的基础上，永州市围绕推动乡村振兴走在全省前列的总目标，一方面积极推动巩固拓展脱贫攻坚成果，另一方面全面推进乡村振兴，实现巩固拓展脱贫攻坚成果与乡村振兴有效衔接，乡村振兴实现开好局、起好步。

（一）对接粤港澳大湾区“菜篮子”引领全省

近年来，永州市围绕一二三产业融合发展目标，不断优化农业产业结构和区域布局，提高标准化、规模化、品牌化水平，做大做强特色优势产业，促进农业增效、农民增收。

1. 养殖创汇引领全省

养殖业是永州市农业的重要组成部分。2021 年，永州市千方百计克服生猪价格低迷困境，突出抓好基础产能稳定、新增产能项目建设、能繁母猪替代升级和非洲猪瘟防控四项重点工作，全市生猪出栏、存栏、新增产能、能繁母猪存栏、外销生猪等各项指标均居全省第一，2021 年销往粤港澳大湾区生猪 130 余万头，其中出口港澳 2 万余头，占全省总量的 2/3，永州天顺畜牧有限公司为香港提供了 95%的烤猪。除了数量上占据优势以外，永州市在生猪价格上也占据着绝对的优势地位，永州所产生猪在香港市场上的售价稳居前列。成功创建农业农村部畜禽标准化示范场 1 个、省级生猪屠宰标准化示范场 4 个、省级畜禽标准化示范场 6 个，永州新湘农格瑞农业有限公司被农业农村部认定为农业农村信息化示范基地，为全省唯一一家。同时，永州市肉牛出栏、存栏量长期排全省第一，拥有全省最大规模奶牛场、全省最大种兔场、全省出口订单最大肉羊场和湘南规模最大肉牛场。[①]

2. 蔬菜产业创汇引领全省

近年来，永州市充分发挥区位优势，积极发展供港澳蔬菜产业，蔬菜产业创汇引领全省。2021 年，永州市新增粤港澳大湾区认定蔬菜基地 68 个，累计达到 185 个，数量为全国地级市第一。全年出口蔬菜 56 万吨，同比增长 21. 4%，占同期湖南省出口蔬菜总量的 94. 5%；货值 67. 2 亿元，同比增长 48. 7%，占湖南省蔬菜出口值的 96. 1%。其中，永州市供港蔬菜 44. 7 万吨，占据全省供港蔬菜的 97. 7%，货值 57 亿元，占全省供港蔬菜总值的 97. 9%。仅江华县一家企业（江华源源兴公司）在香港蔬菜市场占据了 10%的市场份额，东安县霞栖双孢菇单品占香港双孢菇市场的 62%，新田县东升农场与粤港澳地区大型超市合作，每年蔬菜销售额达到 5 亿元。[②] 永州农产品在粤港澳地区的品牌影响力不断扩大，江华瑶珍粮油、湖南果秀、湖南恒惠、宁远康德佳的产品在广州、深圳逐步打开市场。[③]

3. 农业创汇平台建设引领全省

为帮助永州市农产品“走出去”，永州市大力推进开放平台建设。全市 11 个县（市、区）全部获批省级出口食品农产品质量安全示范区，10 个县（区）获批国家级出口食品农产品质量安全示范区。2017 年，叠加有公路口岸功能的湖南省农副产品集中验放场正式封关试运行，2018 年 7 月实现首次供港蔬菜直通香港。2017 年，长沙海关在永州市江华县设立办事处，并于 2018 年在江华县建成进口保税仓和出口监管仓。[④]

（二）美丽宜居乡村建设不断探索新模式

建设生态宜居的美丽乡村，是实施乡村振兴战略的一项重要任务。近年

---

① 永州市农业农村局：《2021 年全市农业农村工作总结》（2022 年），打印稿。

② 孙存准：《深情拥抱广阔市场——永州对接粤港澳大湾区“菜篮子”建设系列报道之二》，《永州日报》2019 年 6 月 3 日第 1 版。

③ 永州市农业农村局：《2021 年全市农业农村工作总结》（2022 年），打印稿。

④ 孙存准：《深情拥抱广阔市场——永州对接粤港澳大湾区“菜篮子”建设系列报道之二》，《永州日报》2019 年 6 月 3 日第 1 版。

来，永州开展村庄清洁行动，推行“三清理三整治四提升”，农村人居环境进一步改观，先后创建美丽乡村建设全域推进县1个、全域推进镇6个，省级美丽乡村示范村55个、市级美丽乡村示范村70个。

1. 地方立法助力美丽宜居村庄建设

规范农村建房、改善农村人居环境是建设美丽乡村、推进乡村振兴战略的重要任务，也是激发乡村发展活力、统筹城乡协调发展、助推基层治理现代化的有效抓手。永州市率先在全省出台《永州市乡村房屋建设管理条例》，该条例2019年8月29日经永州市第五届人民代表大会常务委员会第二十四次会议通过，并于2020年3月1日起正式施行。该条例是全省首个乡村房屋建设管理条例，是永州市通过立法方式规范乡村房屋建设管理、节约集约高效利用土地的先行先试。出台《永州市生活垃圾分类管理条例》，对源头减量、投放标准、垃圾运输等方面进行了具体规定，促进垃圾有效治理。

2. 涌现出一批美丽宜居村庄建设典型模式

近年来，永州市积极探索美丽宜居村庄建设新经验，率先提出并实行领导联点共建、农村改厕问题投诉处置、以“一约四制”为主要内容的长效保洁三项机制，汇聚了农村人居环境整治的强大合力，涌现出零陵“基层治理+人居环境整治”、新田“党建+人居环境整治”、冷水滩“随手拍、发定位”、双牌“百村大比武”等一批典型经验模式。零陵“基层治理+人居环境整治”，主要探索实施党员干部带头，群众自觉参与和支持人居环境整治，从清脏拆违、治乱建新等多方面入手，持续发力、常抓不懈，农村人居环境明显改善。新田“党建+人居环境整治”，主要探索机关干部到村庄开展“党建+人居环境整治”主题党日活动，积极创建“党建+人居环境整治”工作模式，对村庄长期无人清理的门前屋后、公共场合的白色垃圾、街前巷后的堆积杂物、公路两旁的生活垃圾等进行集中整治、分类排放、集中清理。冷水滩区开展“随手拍、发定位”活动，发动辖区干群共同守护绿色家园，持续改善人居环境。“随手拍、发定位”以农村人居环境整治为主题，最先是由乡镇纪委书记牵头，组织驻村干部对镇主干道、普利桥社区的人居环境整治情况开展巡查，采用“随手拍”的方式对散乱垃圾进行拍照，通过“发定位”的方式通报位置信息，并通知该村保洁员立即清扫整改。随着活动持续开展，越来越多群众加入“随手拍、发定位”、共同守护家园的活动中来。双牌“百村大比武”，双牌县因地制宜地出台了《双牌县农村人居环境整治“百村大比武”活动方案》《考评办法》以及《考核细则》等系列文件，实现工作目标项目化、清单化，确保工作推进有力有序。狠抓激励促动，将农村人居环境整治工作纳入工作目标综合考核，每月对工作进行常态化督查，开展“百村大比武”，考核、督查和比武结果与项目、工作经费挂钩。

3. 高起点高标准高品质建设“四好农村路”

“四好农村路”是习近平总书记亲自批示提出并强力推动的重要民生工程和德政工程，是全国交通运输系统重要工作之一。近年来，永州市坚持把“四好农村路”建设作为重要的民生实事来抓，取得了良好成效。2016 年以来，永州市重点民生实事农村公路建设目标管理考核连续 5 年获全省优秀，2021 年 7 月，省政府授予永州市为湖南省第一批“四好农村路”省级示范市，2021 年 11 月，永州市被交通运输部、财政部、农业农村部和国家乡村振兴局评定为“四好农村路”全国示范市。

一是高起点推进。市委书记对“四好农村路”工作进行总挂帅、总调度、总推进；市长组织召开政府常务会议，对“四好农村路”建设进行专门的安排和部署；分管副市长采取会议调度、现场办公、集体约谈等方式力推“四好农村路”建设加速度前进。责任县（市、区）当好“主力军”。全市 11 个县（市、区）力当主力军和主攻手，顶住经济相对落后、资金难以筹集等重重压力，尽最大可能地投入建设资金。2016 年以来，全市共完成各类农村公路建设和农村公路提质改造 1. 32 万公里，投资近 52 亿元。交通部门当好“先行官”。交通运输部门坚持把建设“四好农村路”作为交通的主战场和主抓手，加强“四好农村路”建设的组织领导、综合协调、督查督导，多方整合交通建设资源，积极争取省市政策扶持，在事关“四好农村路”建设上真正实现不限指标、不讲价钱、不打折扣。

二是高标准落实。其一，强化政策支撑。2020 年，在全省率先出台《永州市深化农村公路管理养护体制改革推动“四好农村路”高质量发展实施办法》，制定印发了《永州市全面推行路长制实施方案》，为“四好农村路”建设提供了有力的政策支撑。其二，强化资金保障。永州市每年拿出 2000 万元，按照不低于 20%的比例进行市级配套，并刚性要求县（市、区）按 60%的比例在每年年底前将配套资金全部落实到位，有效破解了农村公路养护资金短缺的难题。其三，强化考核督导。把“四好农村路”建设纳入市对县（市、区）绩效考核和真抓实干激励考核范畴，市综合交通运输工作领导小组对各县（市、区）“四好农村路”推进情况开展常态化督查督导，确保全市“四好农村路”建设有力、有序、有效进行。其四，强化信息化建设。统筹推进农村公路信息化管理平台建设，全市共 8 个县（市、区）已成功搭建农村公路信息化管理平台。至 2021 年底，全市所有县（市、区）全部搭建好信息化管理平台。

三是高品质提升。其一，突出示范县创建。深入开展“四好农村路”示范县（市、区）创建活动，冷水滩区、蓝山县成功创建“四好农村路”国家级示范县，2021 年 10 月，零陵区成功创建“四好农村路”省级示范县。其二，突出城乡客运一体化创建。宁远县成功创建第一批城乡客运一体化示范县，成功推荐冷水滩、零陵、祁阳、蓝山、新田、江华等六个县（市、区）创建第二批城乡客运一体化示范县。截至 2021 年底，所有县（市、区）农村客运班线交通“一卡通”应用率达到 60%以上。其三，突出“最美农村路”创建。积极推荐零陵区人何线、江永县微马赛道、江华县刘白线旅游公路等多条线路参评各级“最美农村路”，2021 年零陵区人何线先后获评“全国最美农村路”和湖南十大“最美农村路”。其四是突出保障试点县创建。积极申报蓝山县、祁阳市、东安县、道县、江华县、冷水滩区、零陵区、江永县等 8 个县（市、区）为全国试点县（市、区）。2020 年，蓝山县获评“全国深化农村公路管理养护体制改革试点县”。其五，突出特色亮点打造。冷水滩区“五道五治”工作经验做法在全省推广，蓝山县农村公路信息化建设位居全省前列，零陵区以美丽农村路支撑全域旅游，把周家大院、何仙姑故里、香零山等知名旅游景点进行点线串联，擦亮旅游交通新名片。

（三）多措施有力巩固脱贫攻坚成果

在脱贫攻坚任务全面完成后，在脱贫地区设置过渡期，巩固拓展脱贫攻坚成果，有利于脱贫地区进一步夯实乡村振兴基础，为全面推进乡村振兴提供良好条件。永州市作为贫困人口大市，在完成脱贫攻坚任务后，保持帮扶力度不减、帮扶政策不退，强化薄弱环节，推进脱贫成效更稳固、可持续。

1.“三保障”成果持续巩固提升

保障脱贫人口适龄儿童接受义务教育是巩固脱贫成果的重要内容，永州市积极完善控辍保学机制，确保脱贫人口适龄儿童入学率保持在100%，无一人因为贫困而辍学，新田县乡村小学优化提质工作得到省委省政府高度肯定，“永州教育扶贫管理系统”案例入选为全国学生资助信息化典型案例。继续加大对脱贫人口基本医疗保障的投入力度，实现所有脱贫人口参保全覆盖，脱贫人口在县内住院报销比例在85%以上，加大家庭医生签约服务力度，推进慢性病患者脱贫人口家庭医生签约全覆盖。加大脱贫人口住房保障力度，2021年完成农村危房改造1156户。完善农村饮水安全监管机制，实现脱贫人口饮水完全安全。①

2. 产业帮扶造血能力持续提升

实现产业扶贫向产业兴旺转变，关键在于要不断提高帮扶产业的造血功能。2021年，永州市147个重点产业扶贫项目联结脱贫人口75872人，均按要求兑现了帮扶协议。扶持与脱贫人口具有紧密利益关系的新型经营主体，建立完善“一特两辅”项目储备库，助力农民合作社不断发展壮大，2021年新增加省级“百佳”农民合作社10家，省级产业扶贫合作社45家。继续加强脱贫人口金融帮扶，2021年共发放脱贫人口小额信贷3.87亿元，

① 永州市乡村振兴局：《永州市2021年乡村振兴战略实施工作总结和2022年工作计划》（2022年），打印稿。

超额完成省定任务目标。[①]

3. 农村低收入人群帮扶实现常态化

常态化帮扶低收入人群是巩固脱贫成果的重要内容，永州市积极探索低收入人群常态化帮扶新模式。江华县积极探索开展全县党员干部“五联系五到户”（联系项目、联系企业、联系社区、联系创文责任区、联系村；党员联系到户、民情走访到户、产业联结到户、政策落实到户、精准服务到户）主题实践活动，为巩固拓展脱贫攻坚成果、防止返贫致贫奠定坚实基础。[②] 坚持精准救助低收入人群，对进入救助范围的人群必须进行核实，定期开展低收入人群收入核查，根据收入变化情况进行动态调整。加大农村低保和残疾人补贴投入力度，农村低保标准提高到4500元/年，残疾人“两项补贴”提高至70元/人/月。将低保边缘家庭纳入“单人保”政策范畴，将三级精神和智力残疾纳入重残范围，重病兜底范围增加到29种。[③] 全市非法定监护人监护的农村留守儿童委托照护协议率100%，[④] 被民政部评为“全国农村留守儿童关爱保护和困境儿童保障工作先进集体”，养老和关爱儿童的工作经验被省委办公厅向全省进行推介，双牌县养老服务联合体建设专项试点被确定为国家基本公共服务标准化试点项目，永州市被列为全省“社会救助制度改革综合试点市”。

4. 易地搬迁实现搬得出、稳得住

巩固易地搬迁成果，关键是要实现脱贫人口“搬得出、稳得住”。要实现稳得住，必须完善安置区相应的配套，改善搬迁脱贫人口生活质量。永州市加大易地搬迁安置区基础设施和公共服务设施建设和管理，在全市168个

---

① 永州市乡村振兴局：《永州市2021年乡村振兴战略实施工作总结和2022年工作计划》（2022年），打印稿。

② 湖南省乡村振兴局：《江华县：“五联系五到户”切实防止返贫致贫》，《湖南乡村振兴》2021年第4期。

③ 万珂铭：《我市持续发力巩固提升脱贫攻坚成果》，《永州日报》2022年2月10日第4版。

④ 永州市乡村振兴局：《永州市2021年乡村振兴战略实施工作总结和2022年工作计划》（2022年），打印稿。

集中安置小区设立了相应的管理机构，管理相应的配套设施。[①] 同时符合条件的安置点均成立了党支部。定期开展安置住房质量排查和消防安全巡查，各安置点均配备了消防设施。开展就业技能培训，扶持搬迁户自主发展产业，实现搬迁群众产业、就业和特困搬迁对象兜底保障全覆盖。[②]

5. 就业帮扶超额完成任务

在务工收入成为农民主要收入来源的现实背景下，就业帮扶是巩固脱贫成果的重中之重。2021 年，村级公共就业服务平台覆盖率 100%，农村劳动力转移就业培训 4.33 万人次，完成省年度任务的 361.04%，脱贫人口务工达到 28.9 万人，比 2020 年增长 8.85%，建成就业帮扶车间 954 个。[③]

（四）深化农村改革，激活乡村振兴新动能

改革是推动农业农村发展的不竭动力。要实现“农业强、农村美和农民富”这一战略目标，根本之策还是在于不断深化“三农”领域改革，为农业农村和农民现代化注入新动能。近年来，永州市立足全市实际，积极探索农村改革的新路子，形成了一些特色、亮点。

1. 深化农村集体产权制度改革，农村集体经济不断壮大

农村集体产权制度改革是一项管全局、着眼长远、治根本的重大改革，是实施乡村振兴战略的重要制度支撑。近年来，永州市高度重视农村集体产权制度改革，持续推进农村土地确权颁证、农村集体经济组织成员资格认证、农村集体资产清产核资等工作，截至 2020 年底，农村集体产权制度改革全面完成。2021 年，开展农村集体产权制度改革“回头看”，不断查漏补缺，做到全市农村集体资产清产核资、成员身份确认完成率 100%，农村集体经济组织挂牌、登记赋码及颁证率 100%，农村集体经济年收入 5 万元以

① 万珂铭：《我市持续发力巩固提升脱贫攻坚成果》，《永州日报》2022 年 2 月 10 日第 4 版。

② 永州市乡村振兴局：《永州市 2021 年乡村振兴战略实施工作总结和 2022 年工作计划》（2022 年），打印稿。

③ 永州市乡村振兴局：《永州市 2021 年乡村振兴战略实施工作总结和 2022 年工作计划》（2022 年），打印稿。

上的村占比81.1%。

2. 深化农村土地制度改革，激活乡村“沉睡资源”

实施乡村振兴战略离不开土地这一重要因素的支撑，永州市主动承接农村土地制度改革试点任务，激活乡村振兴中的要素活力。一方面，推进农村土地有序集中流转，发展适度规模经营。全市共建立13个县级流转服务中心，农村耕地流转面积288.3万亩，流转率达到58.63%。其中，仅东安县新增土地流转面积1.34万亩，引进投资3.2亿元，发展投资额500万元以上的现代农业示范园（基地）建设项目12个。宁远县稳步实施农村承包土地第二轮到期后再延长30年国家级试点、农村宅基地制度改革国家级试点。开展农村宅基地制度改革试点，盘活农村闲置宅基地和闲置住宅资源，让“沉睡资源”变成“活资产”。突破对农村宅基地用益物权的禁锢，探索农村宅基地使用权抵押贷款的新路子，率先在宁远县仁和镇陈安村举行全市农村宅基地使用权首证暨首笔抵押贷款发放仪式。注重盘活闲置农村土地和房产，宁远县湾井镇大凤自然村拆除残破房18座，流转闲置农房24座，复垦开发“放心有机菜园”3000平方米，开设特色民宿、农家乐餐馆10家，年接待游客1.8万人次。

3. 深化乡村社会治理改革，农民获得感、幸福感、安全感、满意度明显提升

乡村治理是社会治理的基础和关键，是国家治理体系和治理能力现代化的重要组成部分。[①] 2019年，永州市零陵区入选全国乡村治理体系建设试点县（区），是湖南省6个试点县（区）之一。零陵区积极探索乡村治理改革试点，强化党建引领基层社会治理，打造了“党务村务民主协商监督月例会”平台；在基层划分网格，推行网格化管理，提高管理精准度；充分依靠人民群众群防群治，探索新时代永州版“枫桥经验”，实现乡村治理人人参与、人人尽责，人民群众的幸福感、安全感、获得感和满意度不断提升，信访总量、安全事故、矛盾纠纷明显下降，刑事犯罪案件大幅度减少，综治

① 郑会霞：《构建新时代乡村治理体系》，《农村·农业·农民（B版）》2019年第6期。

工作连续多年获得湖南省高度评价，为永州市乡村治理体系现代化探索了新经验，为永州市全面实施乡村振兴战略夯实了基础。①

二 实现全面乡村振兴面临的现实难题

永州市虽然在粮食生产和重要农产品供给、农业创汇等方面取得了显著成效，但对标乡村振兴高质量发展的要求，对标“在全省乡村振兴中走在前列”的总体目标，永州市仍然存在一定的短板和不足，依然面临一系列现实难题。

（一）实现乡村产业高质高效发展任重道远

从永州市实际来看，乡村产业高质高效发展还面临着要素支撑不足、农产品品牌不响、乡村一二三产业融合发展不充分等现实难题。

乡村振兴离不开要素支撑，对于永州市而言，乡村振兴要素支撑不足主要表现在资金和人才不足上。一是公共财政投入有限。作为经济欠发达地区，市、县两级财力薄弱，用于支持乡村振兴的财政投入有限，财政资金引导社会资本的能力不足，农村资源要素欠活跃，农民内生动力不足，农村自我发展能力较弱。市财政已经连续 3 年没有安排蔬菜、水果、茶叶等产业发展专项资金；县（市、区）也没有明确的产业扶持政策，蔬菜保险除冷水滩、零陵等个别区财政补贴购买外，大部分县（市）没有推广，柑橘保险也没有做到应保尽保。大部分农业经营主体存在资金短缺的问题，加上新冠肺炎疫情造成资金链阶段性断裂的困境暂未完全脱离，导致企业资金运转紧张。② 二是乡村振兴人才支撑不足。调研结果显示，永州市农村人才流失严重。一方面，乡村地区人才考入大学后，大多数选择在大中城市就业，很少

---

① 彭沛、李红兵：《零陵通过全国乡村治理体系建设试点示范工作中期评估》，《永州日报》2021 年 5 月 13 日第 1 版。

② 湖南省统计局：《2021 年上半年永州市农村经济总体平稳、稳中向好》，湖南省统计局网站，2021 年 7 月 21 日。

回到家乡。另一方面，大规模的劳务输出也导致乡村人才流失，在劳务输出过程中将乡村一部分相对高素质人才输送到了城镇。

发展特色农产品是破解低端农产品供给过剩、优质农产品供给不足问题的重要抓手，也是产业扶贫、消费扶贫的重要载体。近年来，永州市重视发展优质特色农产品，不断推进以绿色食品、有机农产品、地理标志农产品为代表的优质农产品认证和管理，有效引领了乡村产业发展，但企业对品牌创建积极性不高，品牌建设投入不足，农业品牌较多、较杂，没有一个叫得响、规模大、实力强的全国性大品牌，存在“有产品无精品，有品牌无名牌”的现象。

从调研走访的情况看，永州市乡村产业发展更多地停留在传统农业种植养殖环节，以高效益、新品种、新技术、新模式为主要内容的“一高三新”产业较少。农产品加工制作，特别是精深加工较少。乡村旅游发展不足，只有江永县兰溪瑶族乡勾蓝瑶寨、夏层铺镇上甘棠等少数几个村发展了乡村旅游。与电商对接不足，全市村级电商服务站尚未全覆盖，优质农产品市场有待进一步扩大。

（二）农业农村基础设施短板依然明显

农业农村基础设施是乡村振兴总体任务的强力支撑，是实现农业强、农村美、农民富的重大抓手，将贯穿农业农村现代化的全过程。① 调查结果显示，永州市个别地方农村基础设施建设仍然滞后，如 25 户以下的村寨道路还没全部实现硬化，有的非贫困村基本公共服务平台还没建好，大多数村因网络系统不健全，“一站式”服务打通服务群众“最后一米”还存在困难，个别地方易地扶贫搬迁后续帮扶产业发展、就近就业等条件还不够成熟等。②

此外，现代化农业基础设施的建设还比较薄弱，尤其是农田水利、道路交通、供水供电等必要农业基础设施的区域发展还不够均衡，地区化差异明

① 《农民日报》编辑部：《基础设施建设和公共服务供给是乡村振兴强力支撑——〈乡村振兴战略规划（2018-2022 年）〉解读》，《国土资源》2018 年第 11 期。

② 永州市乡村振兴局：《乡村振兴工作调研报告》（2022 年），打印稿。

显，一些地区采用传统农业种养殖方式，存在靠天吃饭的情况，严重制约了农村经济的持续健康发展；现代农业相关和必要科技、信息防疫检疫、农副产品检测、大型冷藏保鲜设备等农业基本服务体系建设满足不了现代农业发展需要。①

（三）公共文化建设和传统文化保护滞后

乡村振兴，文化不可缺位，文化是乡村振兴的铸魂工程。然而调查结果显示，永州市部分村由于集体资金薄弱，缺乏专业文化人才，普遍存在公共文化设施欠缺，设备运转维护不到位，使用率不高甚至闲置，不能很好地满足农民日益增长的精神文化需求。同时，因为农村青壮年人群的流失，许多优秀传统文化和手工艺出现传承困难、面临消失的困境。

公共文化设施建设和使用管理滞后，基层公共文化设施布局发展不均衡，“重设施建设、轻管理使用”的现象仍具有普遍性，长效服务运行机制未能有效建立。同时，部分基层干部关注耕地抛荒、安全生产、信访维稳等涉及“一票否决”的“硬指标”多，关注精神文明建设“软指标”的少。另外，部分基层群众受制于文化程度和传统思想观念的约束，婚丧喜庆事宜大操大办等人情观念根深蒂固，建房修房盲目攀比、请客吃饭劝酒斗酒酗酒、“黄赌毒”等现象改善较为缓慢。村规民约、居民公约制度缺乏强制性，约束力有限，群众内生动力不足，文明风尚形成尚需时日。②

（四）农民持续增收难度加大

农业农村工作，农民增收是关键。在农资价格不断上涨、经济下行压力加大、常态化疫情防控等形势下，永州市农民产业经营、就业创业难度加大，农民增收困难多。

① 湖南省统计局：《2021 年上半年永州市农村经济总体平稳、稳中向好》，湖南省统计局网站，2021 年 7 月 21 日。

② 永州市乡村振兴局：《乡村振兴工作调研报告》（2022 年），打印稿。

近几年，农产品价格不太稳定，尤其是生猪和禽类，同时由于农资价格上涨，很多农户不但没有增收，反而出现大面积亏损，严重影响了农民生产的积极性。据调查，2021 年上半年，永州市主要配合饲料品种价格同比上涨 7.3%~8.8%，主要浓缩饲料品种价格同比上涨 3.9%~9.4%；杂交早稻种子价格 18~25 元/斤，同比上涨 2~4 元/斤；尿素价格 2300 元/吨，同比上涨 300 元/吨；45%复合肥价格 2750/吨，同比上涨 350 元/吨；钾肥价格 3350 元/吨，同比上涨 150 元/吨；磷肥价格 650 元/吨，同比上涨 50 元/吨；有机肥价格 880 元/吨，同比上涨 30 元/吨；农膜价格 12400 元/吨，同比上涨 400 元/吨；以种子、化肥为代表的农资价格不断上涨，且涨幅明显，而粮食收购价格并未明显提升，一定程度上增加了农户的生产成本，农业生产利润空间不断缩小，整体上影响了农民经营性收入增长。①

农民在城乡间双向流动，务工已是其最大收入来源。近年来，经济下行压力加大，加之受疫情影响，外出农民务工数量和工资水平都在承压。根据在永州的调查来看，农民工就业的主要载体是中小微企业和劳动密集型产业，这些经营主体受到从 2020 年开始的经济下行压力和新冠肺炎疫情影响较大，整体的复工复产效率不高，相应的就业保障难度有所提升。

宏观经济持续下行背景下，地方财政收入增长压力大，继续扩大支出以直接补贴的方式给农民增加转移性收入面临较大压力。《关于永州市 2021 年预算执行情况与 2022 年市本级预算草案的报告》显示，永州市经济下行压力仍然持续，税源结构未得到根本性改变，加之国家将实施新的更大力度组合式减税降费政策，预计永州市财政收入延续中低速增长态势；考虑中央财政赤字率降低，PPP 项目付费、乡村振兴、民生保障、一般债务付息等刚性支出不断增加，永州市财政收支矛盾短期无法减小，“三保”压力明显加大；永州市人均财力水平偏低，财政收支的“剪刀差”不断扩大，债务风险化解和缓释的困难增多，财政可持续性挑战上升。

---

① 永州市统计局：《2021 年上半年永州市农村经济形势分析》，2021 年 7 月 20 日。

三　推动永州乡村全面振兴的基本对策

针对上述问题，永州市奋力推动乡村振兴走在全省前列，需要按照“守底线、抓衔接、促振兴”总要求，坚决守住不发生规模性返贫底线，抓好乡村产业提质增效、补齐农业农村基础设施短板、加大乡村传统文化保护和公共文化供给力度、促进农民持续增收等工作。

（一）以“四化”引领乡村产业提质增效

要推进乡村产业提质增效，需扩大经营规模、完善农业社会化服务体系、不断降低农业生产成本，加强农业品牌建设，提高农产品附加值，进而提高农业的质量和效益，加快由农业大市向农业强市转变。

1. 推进集聚化发展，优化产业区域布局

集聚发展才能实现规模化经营。一是继续建设现代化农业园区。继续在各县（市、区）布局一批国家级和省级现代农业产业园，支持永州国家农业科技园区创建国家农业高新技术产业示范区，支持祁阳市申报创建国家农业现代化示范区。二是建设一批现代产业强镇。依托乡镇独特的资源禀赋，加大要素集聚力度，培育一批市级和省级现代化产业强镇，支持水市镇、大庙口镇、珠山镇申报国家级现代产业强镇，培育乡村产业“增长极”。三是支持建设一批产业集群。支持冷水滩区、道县、东安县、江永县着力建设国家早中熟柑橘特色产业集群，零陵区、冷水滩区着力建设湘九味中药材特色产业集群，发挥乡村产业集聚“新高地”。四是建设一批现代化的特色小镇和田园综合体。从每个县（市、区）的实际出发，力争每个县（市、区）规划建设 1 个农业特色小镇和 1 个田园综合体，发挥乡村产业发展的示范带动作用。①

2. 推进标准化生产，夯实产业发展基础

推进农业生产标准化管理是保障农产品质量和安全的关键之举，尤其是

① 陈爱林：《政府工作报告》，《永州日报》2021 年 12 月 30 日。

对于出口的品牌农产品生产，更是要做到产前、产中和产后均实行标准化管理。一是抓标准。全面抓好农产品生产技术操作规程制订和推广应用，制定粮食、瓜菜、果品、畜禽等15项行业生产技术操作规程，纳入《农业标准化生产技术规程》手册，确保全市主要农产品"有标可依"。围绕水肥一体化、病虫害绿色防控、测土配方施肥、农产品质量安全等重点，开展新型职业农民培训，让农民掌握生产标准。二是建基地。以省、市级标准化基地创建为抓手，通过标准化技术的指导、培训，典型示范，辐射带动广大农户进行标准化生产和标准化示范基地建设。三是严监管。依托农产品质量安全追溯监管平台，产前抓农业投入品监管，产中抓农业标准化生产，产后抓农产品抽检和追溯，实现了农产品从"产"到"销"全过程质量控制。

3. 推进品牌化经营，增强产业发展潜力

围绕永州市"两茶一柑一菜一药"的乡村特色产业发展总体布局，引进农业产业化龙头企业，培育壮大家庭农场等新型农业经营主体，发展农产品加工业，拉长产业链条，加强供粤港澳大湾区农产品基地培育和"永州之野"品牌建设，健全利益联结机制，促进农民持续稳定增收。持续推进"永州之野"农业品牌宣传推广，定期举办好柑橘和蔬菜专题节会，打造"永州之野"直播平台，不断提升永州农业品牌的美誉度，增强永州市农业产业发展潜力，真正实现农业强、农民富。①

4. 推进融合化发展，提升产业综合效益

培育和扶持市场主体，激发产业融合发展的市场活力。一是支持农民合作社拓展产业链条，从农业生产环节积极向农产品加工、销售和服务等环节拓展。创新农民合作社发展模式，探索农民合作社联合发展。二是引导家庭农场大力发展林下经济、生态康养等以生态为本底的新业态新产业。依托永州市丰富的林业资源，加大林下经济发展政策支持力度，促进林下经济不断发展壮大。三是培育现代化农业龙头企业。以金浩茶油等大型企业为核心，

① 王晶：《深度融入粤港澳大湾区　进一步凸显永州农产品品牌优势》，《永州日报》2021年10月25日第1版。

依托油茶等区域特色产业，引导融合发展市场主体向现代化园区集中，推进市场主体抱团发展，打造区域公共品牌，提升产品竞争力，示范带动区域农村产业融合发展。四是引导供销合作社为农业全产业链服务。深化供销合作社体制机制改革，引导其从流通服务向农业全产业链服务转变，在农资供应、农产品流通、农业品牌打造等方面为农村一二三产业融合发展提供质优价廉的服务。

（二）在巩固拓展脱贫成果中加快补齐农业农村基础设施短板

农业农村基础设施建设对农村经济社会发展产生了巨大的直接效应和间接效应，是推动农业农村发展的重要基础。永州市在脱贫攻坚过程中，农业农村基础设施建设取得了显著成效，但与巩固脱贫攻坚成果和高质量发展要求相比依然存在一定差距，建议有针对性地加强对原脱贫村、集体经济薄弱村和基础设施薄弱村农业农村基础设施建设的支持。

1. 打通脱贫村“肠梗阻”

道路通，百业兴。道路建设对于提高脱贫村的可进入性有重要的促进作用，有助于外界要素进入和脱贫村产品对外输出。建议继续加大脱贫村公路建设力度，全面消除断头路，适当拓宽农村公路。对农村公路硬化项目给予重点支持和倾斜，助力巩固脱贫攻坚成果，消除安全隐患。将农村公路建设、养护管理纳入法制化轨道，构建分级管理、主体明确的建管养责任体系。

2. 推进“一门式”公共服务平台全覆盖

继续推进公共服务向村一级延伸，将与人民群众日常生活密切相关的公共服务事项，在村公共服务中心实现一站式办理。开展全市行政村公共服务平台普查，针对部分行政村“一门式”公共服务平台尚未建成的实际情况，实行“一村一策”的思路，具体分析每个村推进“一门式”公共服务平台建设面临的困难，并提出解决困难的具体办法，制定落实的时间表和任务书，压实责任，确保行政村“一门式”公共服务平台实现所有行政村全覆盖。同时，积极拓展村公共服务中心的功能，探索将部分商业活动纳入村公共服务中心服务范围，如收发快递、生活便利店、特色农产品展销等。

3. 建设现代化农业生产基础设施体系和社会化服务体系

加大资金投入，大力整合中小型水利改造、中低产田改造、土地整理和机耕道路建设等农业项目，努力改善全市农业生产基本条件，提高农业生产装备配置水平，增强农业减灾防灾能力，避免因设施不全而致耕地抛荒、生产受损等。通过完善农业社会化服务体系，实现小农户与现代农业发展有机衔接。培育社会化服务组织，开展水稻“十代”（代育秧、代翻耕、代插秧、代管理、代防治、代收割、代烘干、代存储、代加工、代销售）社会化服务，加强“两茶一柑一菜一药”、粤港澳大湾区“菜篮子”生产基地育苗、技术、品牌、冷链、销售等方面的服务，降低农业生产成本，提高农业生产效益，提升农产品附加值。推进机械化生产，抓住湖南省打造“智慧智能农机产业链发展高地”的机遇，大力推广适合永州山区丘陵地区的先进农业机械，结合高标准农田建设，推进机耕道建设，加快提升全市的农业机械化水平。

（三）加强乡村优秀传统文化保护和公共文化服务体系建设

根据马斯洛需求层次理论，农民在物质需求方面得到满足之后，对精神文化方面的需求越来越多，保护和传承乡村优秀传统文化、完善乡村公共文化服务体系、促进乡村文化不断繁荣，是实施乡村振兴战略的重要组成部分。

1. 创新乡村优秀传统文化传承人才培育模式

创新人才培养机制，培育挖掘乡土文化本土人才，通过设立“乡贤会”、开展文化技术服务培训和文化结对帮扶，引导成立各类“特长班”“兴趣团”。充分发挥“五老人员”、基层文艺骨干人员和文艺爱好者的带动示范作用，引导社会各界人士投身乡村文化建设，补齐乡村文化专业人才匮乏、乡风文明建设群众参与度不足等短板。积极壮大文艺志愿者队伍，广泛招募文艺特长生、专业文艺团队充实到志愿者服务队伍中，不断壮大乡风文明建设工作力量。

2. 加大多样化公共文化服务供给

组织开展好端午、中秋、春节等“我们的节日”主题活动，持续举办农耕文化节、农民丰收节、理学文化节等节庆文化活动，广泛开展村级春节联欢晚会、广场舞比赛、篮球赛、龙舟赛等群众性文体活动，精心组织送电影下乡、送戏下乡、“送文艺进千村、新思想入万户”等主题文化活动，不断丰富基层群众文化生活，让群众在多姿多彩、喜闻乐见的文化活动中增强精神力量。

3. 强化公共文化供给考核

构建由农民群众、基层政府和第三方共同参与的公共文化服务综合评价机制。加强公共文化服务内容和服务质量的评价，建立公共文化供给主体库，建立信用档案，实行长效跟踪。突出农民群众等用户的评价，以人民群众的满意度作为公共文化服务的最高标准，并以此作为公共文化供给者获取付费的重要依据。考核不合格的公共服务供给者，不得被纳入政府购买文化服务供给主体范围。

（四）多渠道增强农民持续增收的后劲

实施乡村振兴战略，促进农民增收是关键。要不断完善促进农民增收的体制机制和政策体系，不断增强永州市农民持续增收的后劲。

1. 做强特色农业，助力农民经营性收入稳步提升

特色农业是农民增收的关键来源。永州市需进一步因地制宜，强化地方主要领导发展农业特色产业的意识。根据各县（市、区）的资源优势发展相关产业，积极发展地域特色强的种养业，避免农业低端化同质化发展，切实夯实特色农业产业发展基础，建立更加稳定的新型经营主体与小农户之间的利益联结机制，提高小农户抵御风险的能力。加强特色农业产业链的纵向拓展，补齐特色农产品加工短板，加强特色农产品深加工，实现食品和特色农副产品精深加工业快速增长，让农民获得更多特色产业增值收益。加强对农民从事特色农业种养的技能培训，提高农户生产技术和管理水平，实现现代农业“高产出”。

2. 拓宽农民外出务工渠道，保障农民工资性收入

从目前农民收入构成看，工资性收入已成为农民收入中的“大头”。要保障农民增收，关键是要让具有劳动能力和劳动意愿的农民有务工的机会。永州市各县（市、区）人社部门需要积极主动与长株潭地区、福建、江浙地区、粤港澳大湾区等地用工大户开展联系，为本地农民创造外出务工机会，借鉴省内相关地区成功经验，适时开通务工专列、务工专车，定向开展劳动力输送，让农民外出务工之路不再难。对于无法出市务工的农民，继续加强对“扶贫车间”的政策扶持，促进这部分群体实现就地务工。此外，加大对外出务工农民的培训力度，探索与用工大户开展定向培训工作。①

3. 坚持农业农村优先投入，保障农民转移性收入

转移性收入是农民增收的“压舱石”。要坚持农业农村优先投入的原则，稳定农民尤其是脱贫人口转移性收入的存量，巩固脱贫攻坚成果。一是稳步提升不具备劳动能力的脱贫人口的社会保障兜底水平。建立社会保障兜底投入稳步增长机制，确保对不具备劳动能力的脱贫人口的社会保障兜底水平能随着经济社会发展水平的提高而提高。二是保障惠农财政投入稳中有升。做到原有政策不变、力度不减，积极拓展出台新的惠农政策，更好地稳定农民的转移性收入。②

参考文献

中共中央、国务院：《乡村振兴战略规划（2018-2022年）》，2018。

《中共中央国务院关于全面推进乡村振兴加快农业农村现代化的意见》，《人民日报》2021年2月22日第1版。

张庆伟：《在中国共产党湖南省第十二次代表大会上的报告》，2021年11月25日。

陈文胜：《论道大国“三农”》，中国农业出版社，2021。

陈文胜：《实施乡村振兴战略走城乡融合发展之路》，《求是》2018年第6期。

---

① 陈文胜：《围绕痛点难点发力促农民增收》，《经济日报》2020年7月13日第11版。

② 陈文胜：《围绕痛点难点发力促农民增收》，《经济日报》2020年7月13日第11版。

陈文胜：《推动乡村产业振兴》，《人民日报》2018 年 3 月 12 日第 7 版。

陈文胜：《农业供给侧结构性改革：中国农业发展的战略转型》，《求是》2017 年第 3 期。

陈文胜：《乡村振兴战略目标下农业供给侧结构性改革研究》，《江西社会科学》2019 年第 12 期。

李尹辉：《永州市构建区域特色乡村振兴模式的实践探索》，《南方农业》2022 年第 2 期。

曹平苹、蒋亚丽、李洛阳：《信用变金的“永州实践”》，《金融时报》2021 年 10 月 12 日第 12 版。

严万达、杨祝学：《永州：乡村振兴再升级》，《湖南日报》2021 年 8 月 10 日第 9 版。

方芳、汪袁枫、龙莉媛：《乡村振兴背景下“永州之野”农业区域品牌运营推广策略》，《市场论坛》2020 年第 12 期。

刘娟：《乡村振兴战略背景下的乡村旅游发展——以永州市冷水滩区为例》，《湖南行政学院学报》2020 年第 3 期。

B.4

郴州市2022年乡村振兴研究报告

李珊珊　陈文胜*

摘　要： 迈入新发展阶段，郴州市对标“三高四新”战略定位，全力打造“一级六区”，立足本土资源优势和特色农业产业，全面推进乡村振兴战略落实落地：聚焦“四大百亿产业”，特色产业区域布局不断优化；全面巩固脱贫攻坚成果，农村基础设施和公共服务全面提质；常态化推进农村环境整治，变“盆景”为“风景”；“小村民”助力“大治理”，乡村治理机制进行新探索；打响“湘南红”红色文旅品牌，传统文化传承提升有力；“土专家”携手“田秀才”，人才队伍建设扎实有效。但也面临城乡融合要素供给与支撑不足、地区农业特色优势产业转型发展亟待升级、传统文化资源与旅游资源的融合亟待加强、林地资源利用率相对较低的问题亟待解决、农业社会化服务专业供给短板亟待补齐等挑战。因此，要稳住农业基本盘，夯实应变局、开新局的“压舱石”，郴州市需要以区域战略规划为引领推动县域城乡融合发展、以打造公共品牌助力特色农产品品牌化高端化、以地域特色文化赋能美丽乡村建设、加强林地资源综合开发利用、着力补齐农村社会化服务短板。

关键词： 乡村振兴　特色产业　郴州市

---

* 李珊珊，湖南师范大学中国乡村振兴研究院、马克思主义学院博士研究生，研究方向为乡村振兴战略；陈文胜，湖南师范大学中国乡村振兴研究院院长、二级教授、博士生导师，研究方向为农村经济、城乡关系、乡村治理。

党的十九届五中全会提出，全面建成小康社会之后，要乘势而上开启全面建设社会主义现代化国家新征程，标志着中国社会进入了一个新发展阶段。进入新发展阶段，郴州市对标省委“三高四新”战略，主动适应新形势新要求，全力打造“一级六区”，坚持把巩固拓展脱贫攻坚成果作为全面推进乡村振兴战略的首要任务，着力开创乡村振兴新局面。

一　立足粤港澳大湾区后花园开创“三农”工作新局面

“务农重本，国之大纲”。郴州市始终贯彻落实习近平总书记关于“三农”工作的重要论述，举全域之力一棒接一棒接续奋斗、推动乡村振兴，着力构建农业农村现代化新发展格局，努力闯出一条全面推进乡村振兴的新路子。

（一）聚焦“四大百亿产业”，特色产业区域布局不断优化

郴州市以“农”为本、以“产”为要、以“特”为魂，着力打造“四大百亿产业”，持续优化以蔬菜、柑橘、茶叶、生猪为主的特色产业区域布局。

1. 高效率推进项目达产达效

出台“四大百亿产业”实施方案，成立“四大百亿产业”全产业链推进工作专班，推行链长制管理，建立“四个一”工作模式，“挂图作战”，压茬推进项目建设。筛选汝城繁华辣椒生产线项目、郴州展翔脐橙加工产业园项目、狗脑贡茶5G智慧现代产业园项目等71个企业项目进行重点培育，总投资79.2亿元。目前，全市蔬菜播种面积、柑橘种植面积、茶园面积分别达179.7万亩、91.8万亩和41.5万亩，[①]“四大百亿产业”全产业链产值

① 唐丽、李建湘：《绘就蓝图谱新篇——郴州市全面推进乡村振兴工作纪实》，《郴州日报》2021年9月24日第5版。

达500亿元，成为郴州现代精细农业快速发展的强大引擎。[①]

2. 高质量打造产业主体

新增1个省级现代农业产业园（汝城辣椒产业），8个省级现代农业特色产业园。园区承载功能逐步显现。依托园区，全市已初步建成临武鸭全产业链、宜章脐橙全产业链、永兴冰糖橙全产业链、汝城辣椒全产业链“四个全链条”。新认定省级龙头企业17家，市级龙头企业84家，省级农业产业化联合体21家，6家企业获省“百企”培育项目。新增1个全国“一村一品”示范村镇，26个省级“一村一品”示范村镇，1个国家级农业产业强镇（宜章长村脐橙产业），2个省级农业产业强镇（桂东清泉茶叶产业、桂阳莲塘中药材产业）。

3. 高标准培育特色品牌

以“湘江源”蔬菜、“湘南脐橙”“湖南红茶”“郴州福茶”等区域公用品牌为支撑，以“二品一标”（绿色食品、有机食品、地理标志保护产品）为基础，加快构建农业品牌体系，积极打造知名农业品牌。目前，全市共有绿色、有机及地理标志农产品214个，“湘江源”授权蔬菜基地23个，“郴州福茶”企业26家。[②] 积极对接粤港澳大湾区“菜篮子”工程，以供粤港澳大湾区一个标准要求，加大标准化示范基地建设力度。资兴东江蜜橘入选人民优选（乡村振兴）产业示范基地并授牌。

4. 高水平推动农产品产销对接

粤港澳大湾区“菜篮子”产品郴州配送中心和“湘江源”蔬果郴州配送中心正式运营。截至2021年12月底，大湾区“菜篮子”产品郴州配送中心完成8.05万吨农产品销售量，交易额5.2亿元。共向大湾区销售生猪130万头、果蔬295万吨、水产品255万斤。与兴盛优选、叮咚买菜等电商头部企业开展合作，拓展线上销售渠道。近200家龙头企业与兴盛优选进行

---

① 唐思思：《山乡巨变展新颜　振兴之路勇向前——我市促进全面脱贫与乡村振兴有效衔接综述》，《郴州日报》2021年9月21日第2版。

② 唐丽、李建湘：《绘就蓝图谱新篇——郴州市全面推进乡村振兴工作纪实》，《郴州日报》2021年9月24日第5版。

了接洽，线上累计销售特色农产品近500万斤，总金额约1400万元。优质农产品“走出去”取得突破，农产品出口额突破1000万美元，同比增长224.7%，出口额达100万美元以上的龙头企业有4家。[①]

5. 高成效强化资金支持

引进现代农业项目38个，总投资136.6亿元，已到位资金35.5亿元，项目开工率近90%。呈报省农业农村项目28个，资金到位共计10.05亿元。精心包装“三农”领域重点项目220个，总投资11.265亿元。2021年安排1350万元专项资金对“四大百亿产业”实施奖补。加强与金融、担保机构对接，分别与建行、农行、农发行等银行签订金融服务协议，授信贷款额度超100亿元；湖南农担郴州分公司累计放款802笔，金额6.55亿元。[②] 帮扶新型农业经营主体减轻融资成本，548家新型农业经营主体享受财政贷款贴息资金2002万元，贴息资金在全省排名第五，撬动和引导了社会资金17.2324亿元参与乡村产业发展。[③]

（二）全面巩固脱贫攻坚成果，基础设施和公共服务全面提质

郴州市按照“五年过渡期”各项要求，弘扬伟大脱贫攻坚精神，落实“四个不摘”的总体要求，以乡村振兴“二十字”为基本遵循，扎实推进省“脱贫攻坚与乡村振兴有效衔接试点”工作，取得阶段性成效。

1. 机制创新走在前列

郴州市突出早发现、早干预、早帮扶，率先建立市级防贫监测帮扶平台，得到了国务院原扶贫办高度认可，并在全省推广。截至2021年12月底，全国防返贫检测信息系统中郴州市纳入重点监测对象9633户21539人，其中无一人返贫致贫，坚决守住了不发生规模性返贫的底线。2021年10月4日，央视《焦点访谈》以《从“半条被子”到“幸福日子”》为题报道

① 郴州市农业农村局：《2021年郴州市农业农村工作总结》（2022年），打印稿。

② 唐丽、李建湘：《绘就蓝图谱新篇——郴州市全面推进乡村振兴工作纪实》，《郴州日报》2021年9月24日第5版。

③ 郴州市农业农村局：《2021年郴州市农业农村工作总结》（2022年），打印稿。

汝城县巩固脱贫成果和乡村振兴做法；10 月 23 日，在人民日报社人民网主办的 2021 年乡村振兴大会上，郴州作为全省唯一受邀参会的市（州），集中展示了“弘扬‘半条被子’精神、‘捂热’一方经济”的乡村振兴典型案例。①

2. 抓产业就业保增收

认真做好脱贫攻坚后续发展帮扶工作，截至 2021 年 12 月 27 日，已实现 16.9173 万个脱贫劳动力稳就业，超过 2020 年底的 15.7325 万人，完成进度为 107.53%。② 全市有劳动能力且有就业意愿的易地扶贫搬迁户就业 21470 人，实现每户至少 1 人就业。③ 以强化“两业一扶”为重点，投入中央财政衔接资金 4935.4 万元，安排项目 132 个，新增公益性岗位 222 个，全区脱贫人口稳定就业 3355 人。④

3. 综合保障，优化提质

以脱贫户和监测对象为重点对全区全部农村房屋进行了监测普查，通过动态监测、台账管理、隐患排查做到底数清、情况明、全覆盖、无遗漏，保障农村居民基本住房安全全覆盖。持续开展农村饮水安全排查，及时发现问题、加快补齐短板，坚决守住农村饮水安全底线。抓好社会兜底保障。为应对 2022 年脱贫人口医保帮扶政策调整，郴州市创新方式，通过“五个一批”（宣传发动一批、干部帮扶一批、村民过桥一批、社会资助一批、政策保障一批）推动脱贫人口和监测帮扶对象参保。建立了乡村振兴、民政、人社、医保等部门的定期比对机制，截至 2021 年 12 月 15 日，郴州市 2022 年脱贫人口、监测帮扶对象参保完成率达到 100%，走在了全省各市州前列。

---

① 罗志勇、刘三文、谭坤：《接续奋斗　再创辉煌——我市巩固拓展脱贫攻坚成果同乡村振兴有效衔接综述》，《郴州日报》2022 年 1 月 1 日第 6 版。

② 中共郴州市委、郴州市人民政府：《郴州市 2021 年度乡村振兴工作情况汇报》（2022 年），打印稿。

③ 罗志勇、刘三文、谭坤：《接续奋斗　再创辉煌——我市巩固拓展脱贫攻坚成果同乡村振兴有效衔接综述》，《郴州日报》2022 年 1 月 1 日第 6 版。

④ 北湖区乡村振兴局：《北湖区 2021 年实施乡村振兴战略工作情况及 2022 年工作思路》（2022 年），打印稿。

（三）常态化推进农村环境整治，变“盆景”为“风景”

郴州市持续推进农村绿化美化，大力推进农村环境整治常态化。转变村庄建设大投入、大建设的思路，不搞“高大上”的“盆景”，而是就地就近节约、因村制宜、量力而行，在原有村庄形态上改善居民生活条件，实现乡村“两型”发展。

1. 农村改厕“过三关”，“改”出新格局

充分发挥农民主体作用，采用“村民点头、愿改先改，村民点单、自主选择，村民点评、全程参与”模式，坚持数量服从质量、进度服从实效，严格落实“首厕过关制”，建管并重，确保改厕质量。全市已建设农村户厕14743户、农村公厕107个。累计改厕户数92.60万户，建成卫生厕所83.68万户、农村公厕4599座，卫生厕所普及率达到90.37%。郴州市农村厕所革命成功模式得到了胡春华副总理的高度肯定，资兴市大王寨村在全国农村厕所革命现场推进会上被两次重点推介。[①] 苏仙区探索的改厕“过三关”模式也颇有成效。第一关：“首厕过关”。苏仙区8镇1街道全面建成“首厕过关”展示现场，116个村严格按照标准实施改厕。第二关：施工监管关。各镇改厕专干必须做到每户选址到场、开工建设到场、关键部位施工指导到场、竣工验收到场等“四到场”。第三关：农户满意关。竣工后，首先由村级验收过关，其次镇改厕专干验收签字、区改厕办按20%的比例抽查复检过关，最后要过农户签字确认结果满意关。通过实施“过三关”制度，累计实施户改厕11143户，卫生厕所普及率达到91.84%。[②]

2. 垃圾分类兑积分，“兑”出新风尚

为了进一步推进垃圾分类减量工作，苏仙区在飞天山镇和平村开展垃圾

① 罗志勇、刘三文、谭坤：《接续奋斗　再创辉煌——我市巩固拓展脱贫攻坚成果同乡村振兴有效衔接综述》，《郴州日报》2022年1月1日第6版。

② 苏仙区乡村振兴局：《苏仙区乡村振兴特色亮点工作：“五措并举”扮靓美丽乡村》（2022年），打印稿。

分类减量“绿色存折”积分兑奖制度，提高了老百姓参与垃圾分类的积极性。利用村里的闲置地建立“生活垃圾收集分类处理站”，招聘一名垃圾分类指导员，负责垃圾分类宣传、垃圾分拣收集、垃圾分类“绿色”存折积分登记工作，村委会设立了积分兑奖处，老百姓凭积分到村里兑取毛巾、洗衣粉、香皂等日常用品。通过“绿色存折”积分兑奖这一妙招，老百姓初步掌握了垃圾分类知识，并养成了正确投放垃圾的习惯，加快了农村生活垃圾分类减量资源化利用的进程。依靠成功经验，栖凤渡镇河头、岗脚、庄门、瓦灶等村垃圾分拣中心已建成，农村垃圾分类减量正在扩大试点范围。目前已建成中心镇垃圾收集中转站14座，聘请农村专职保洁人员1740人，农村环境卫生保洁实行网格化管理，实现了“户分类、村收集、镇转运、区处理”常态化运行机制。

3. 收取“三费”用于民，“收”出新观念

2021年，苏仙区在32个乡村振兴示范创建村中试行“三费收取制度”，即通过村民理事会组织向村民收取一定的环卫保洁费、自来水水费和建房保证金，以此发挥村民在乡村振兴示范创建中的主体作用。如，在飞天山镇清江村，向村民收取每人每年10元的环卫保洁费，主要用于村里的日常保洁、保洁员奖励和环卫设施维护等，费用不多，老百姓也能承受。老百姓缴纳保洁费后，纷纷对村里的环卫工作提出意见建议，对保洁员进行监督，落实自家房前屋后的“门前三包”制度，农民参与环境卫生整治的积极性被极大地调动起来。环境变好了，也带动了本地的乡村旅游业发展。

4. 村庄整治得实惠，“换”出新面貌

在开展农村人居环境整治工作中，最大的难题是农村空心房的整治问题。苏仙区将农村空心房整治与土地占补平衡项目相结合一起推进，成功破解了这一难题。2021年8月，苏仙区在栖凤渡镇村头村试行空心村整治与土地增减挂钩项目相结合，共拆除老宅房（空心房）75栋，复垦水田约1.5公顷。项目实施后，不但顺利拆除空心房14000平方米，还为村里筹集到村庄整治资金50余万元。通过示范带动，全区共拆除危旧房、杂房、空心房 11 万平方米，为苏仙区全面整治村容村貌奠定了坚实基础。[①] 龙潭桥村抢抓土地增减挂钩良好机遇，通过土地增减挂钩项目（43 亩），筹集建设资金 200 余万元，完成拆除危旧房 471 间 21000 多平方米，硬化巷道 12000 多平方米，改造巷道 1300 多平方米。[②]

5. 乡村创建争先进，“创”出新特色

组织开展“五清四改一拆”农村人居环境整治“百日行动”，深入开展乡村“搞卫生、除垃圾、清杂物、防疫情”活动，在全省率先推行“5%的特色精品村、25%的生态宜居村、70%的清洁整齐村”分类推进模式，推动农村人居环境整治常态化、制度化、持续化。共开展暗查暗访 4 次，通报“洁净乡镇”52 个、“脏乱乡镇”14 个，约谈县市区 4 个。共清理农村生活垃圾 38.17 万吨、清理村内水塘 10687 口、清理村内沟渠 6604 公里、清理畜禽养殖粪污等农业生产废弃物 41568 吨，累计拆违、拆旧、拆危等共 75973 间（处），实现村容村貌持续提质。北湖区保和瑶族乡小埠村被农业农村部评为中国美丽休闲乡村。[③]

（四）“小村民”助力“大治理”，乡村治理机制进行新探索

郴州市积极探索农村高效能治理长效机制，让村民真正成为乡村治理的主角，探索出了多种乡村自治的高效模式。永兴县高仓村、桂阳县西水村被推荐为“全国民主法治示范村（社区）”。汾市镇、沙洲村、陂副村、东源村、桥石村入选第二批全国乡村治理示范村镇。[④]

1. “一员多用、多员合一”的“村务员”治理模式

桂东县因地广人稀，群众居住分散，村级事务管理成本大、效率低。针

---

① 苏仙区乡村振兴局：《苏仙区乡村振兴特色亮点工作：“五措并举”扮靓美丽乡村》（2022 年），打印稿。

② 汝城县乡村振兴局：《党建引领乡村治理　六靠模式建设美丽乡村——汝城乡村振兴典型案例》（2022 年），打印稿。

③ 郴州市农业农村局：《2021 年郴州市农业农村工作总结》（2022 年），打印稿。

④ 罗志勇、刘三文、谭坤：《接续奋斗　再创辉煌——我市巩固拓展脱贫攻坚成果同乡村振兴有效衔接综述》，《郴州日报》2022 年 1 月 1 日第 6 版。

对村级事务公益性岗位“政出多门”，运行中存在条块分割、多头管理、职责不清、待遇偏低、素质参差不齐等问题，桂东县创新探索农村公共服务“微治理”体系，将乡村公共服务一网推进，出台了《桂东县村级公益性岗位整合工作实施方案》，按照村（社区）总人口8%的比例，遵循“经费不减、人员精简”原则，将全县原有生态护林员、农村（河道）保洁员、公路养护员、交通劝导员、安全生产监管员等“多员”合一，统一整合为“村务员”，[①] 全面承担“卫生保洁、综治维稳、护林防火、安全生产”等公共服务体系为主的工作内容，切实将“村务员”打造成全县政务工作中采集信息、发现风险、反馈信息、化解问题、服务群众的“第一触角”。通过实施“村务员”整合，一个网格区域由原来几个人变为一个人，工资由60~200元/月不等统一提高到1130元/月以上，同时政府统一为他们购买意外伤害保险，使“村务员”成为一个香喷喷的职业，家门口的稳定就业，确保了“上面一根针、下面万条线”村级微细服务工作的稳步推进。当前，桂东县连续3年入选中国最美县域榜单，2019年被授予“全国绿化模范县”称号，2021年入选中国最美乡村百佳县市榜单；连续20年被评定为湖南省“平安县”，信访工作“三无”创建和根治拖欠农民工工资获得全省真抓实干激励表彰，近年来在民意调查中均位居全省县市区前列。“村务员”治理模式被农业农村部、国家乡村振兴局列为全国农村公共服务典型案例。[②]

2. 村级事务民主管理的“五事工作法”

永兴县马田镇的水源村村支两委针对村里基础设施落后、党员力量薄弱和人心难聚等情况，于2014年在全县首创并实施了“五事工作法”：群众提事、党员管事、干部理事、集体定事、代表评事。通过“五事工作法”的实施，村级事务由村民民主决定，全面提高了村民们的知情权和参与度，

---

① 颜石敦、郭建东：《桂东村务员成为服务基层“全能大管家”》，《湖南日报》2021年12月25日第3版。

② 中共桂东县委员会、桂东县人民政府：《湖南省桂东县：“村务员”巧织幸福网》（2022年），打印稿。

水源村的水、电、路等基础设施建设不断完善，为水源村推进乡村振兴注入了新的动力。目前，村内共发展龙头企业3家、专业合作社6家、家庭农场3个，先后建成400多亩油茶种植基地、900多亩烤烟种植基地、200多亩冰糖橙种植基地和30多亩的蔬菜种植基地。通过土地流转、入股分红、承包经营等方式，大大提升了乡亲们的获得感、幸福感和安全感。水源村也先后荣获了“省级生态文明村”和“省级卫生村”等荣誉称号。永兴县“五事工作法”（群众提事、党员管事、干部理事、集体定事、代表评事）2021年9月18日获得《央视新闻》推介，被评为“乡村振兴之星”。

3. 村党支部队伍建设的“六任支书一台戏”

龙归坪村于2000年成立党支部以来先后产生的6位党支部书记被吸收到村班子中来，一起为村里发展出力。“六位支书”共同秉持“团结奋进、自强自立，建设好龙归坪村”的初心和愿景，围绕“六个一”（树立一种奉献精神，坚持一个为民服务原则，完善一套规章制度，健全一个工作机制，培育一种传统正气，建设一批经济产业）的工作目标，勠力同心，团结奋斗，示范带动全村，支部的团结春风化雨般滋养着广大党员干部，取得了良好效果，全村上下空前团结。同时，村支部加强议事决策制度建设，凡是涉及重大村务、重大支出、重点项目，坚决执行“四议两公开”，获得了广大村民的支持和拥护。2007年这“六位支书”入选“郴州市十大新闻人物”和最美村官组合。

（五）打响“湘南红”红色文旅品牌，传统文化传承力提升

加强对红色资源的挖掘保护，将发展红色旅游与郴州独特的自然风光、农业绿色产业、历史人文底蕴相结合，打响郴州“湘南红”红色文旅品牌。

1. 以文塑旅，旅游资源“强”起来

沙洲红色旅游景区自习近平总书记考察以来，共接待各类游客134.67万人次，实现旅游综合收入10.25亿元，同比分别增长62.18%、78.27%。汝城文明瑶族乡入选第一批全国乡村旅游重点镇（乡），沙洲文旅小镇获批

省十大文旅特色产业小镇。截至2020年底，郴州市拥有国家等级旅游景区46家、星级酒店18家、旅行社60家、湖南省乡村旅游区（点）172家。[①] 2021年，全市接待游客6000余万人次，旅游收入超过580亿元，稳居全省第一方阵。[②] 纳入全省旅游万亿产业重点项目库的10个重点项目共完成投资39.82亿元，年度计划占比152%。[③]

2. 以旅彰文，传统文化“活”起来

嘉禾伴嫁歌等3个项目被国务院公布为第五批国家级非物质文化遗产代表性项目名录。银饰锻制技艺、传统宗祠营造技艺、湘南木雕、嘉禾倒缸酒酿造技艺、桂阳太平窑陶瓷烧制技艺、嘉禾菜刀锻造技艺、黄氏丹灸罐熨疗法、临武夜故事被省政府公布为第五批省级非物质文化遗产代表性项目。[④] 现有国家级非遗项目10个、省级非遗项目28个，国家级文化艺术之乡1个、省级文化艺术之乡6个，全国重点文物保护单位15处、省级文物保护单位105处，中国传统村落90个，国家级历史文化名村4个，省级历史文化名城3个，省级历史文化名村15个，数量位居全省前列。[⑤] 近年来，沙洲瑶族村以传统村落保护工作为抓手，结合沙洲“半条被子故事发生地”实际，完成了30栋古民居、40栋传统民居修缮保护，改造加固古巷12000余米，村内各类文物古迹和非物质文化遗产得以保护传承。沙洲瑶族村被住建部等部门评为“中国传统村落”“中国历史文化名村”“中国少数民族特色村寨”。龙归坪村按照合理的规划布局，以“龙文化”为主题的传统古村落为目标，采用湘南民居风格对民房建筑风貌进行修缮，改造“修旧如旧、丰富遗存、传承历史”的民房193间。2019年，龙归坪村入选住房和城乡建设部第五批“中国传统村落名录”。

---

① 刘小飞：《让红色更红　让绿色更绿——郴州市传承红色基因推动绿色发展综述》，郴州新闻网，2021年9月18日。

② 黄婧雯：《魅力郴州》，《郴州日报》2022年2月21日第2版。

③ 王路莎：《给力郴州》，《郴州日报》2022年2月22日第2版。

④ 黄婧雯：《魅力郴州》，《郴州日报》2022年2月21日第2版。

⑤ 王路莎：《给力郴州》，《郴州日报》2022年2月22日第2版。

（六）“土专家”携手“田秀才”，人才队伍建设扎实有效

制定出台了《郴州市推进乡村人才振兴的十条措施》。组织全市2064个行政村开展乡村人才摸底统计工作，全市共摸底26726人，开展全市乡村振兴干部队伍培训106期17938人。[①] 实施“乡村工匠”培育工程，委托湘南学院等高校订单式培养，依托郴州职业技术学院等本地院校，每年培育100名以上的“土专家”“田秀才”。

1. 新乡贤助力乡村振兴

北湖区在郴州市率先制定出台《新乡贤助力乡村振兴工作的指导意见》，推选新乡贤人才共计834名，其中本土新乡贤630名、“离土”新乡贤142人、“外来”新乡贤62名，并建立人才信息库进行常态化管理。按照“14+N”组织架构，指导全区14个乡镇（街道）设立新乡贤组织，引导各村依托村级综合服务平台建立“乡贤馆”（人才工作站），对作用发挥明显、群众高度认可的“乡贤馆”（人才工作站），区财政给予每个村奖励2万元，对新乡贤中在乡村振兴中做出突出贡献者给予重奖。

2. 健全“三支队伍”机制

苏仙区在推进省乡村振兴示范区创建工作过程中，突出农业人才在产业振兴中的重要支撑作用，加强农业专家、本土人才、科技推广三支队伍建设，为全面推进乡村振兴、加快农业农村现代化提供了有力的产业人才支撑。一是强化指导，组建专家人才队伍。在全区32个乡村振兴示范村、已脱贫村和巩固拓展脱贫攻坚成果重点帮扶村选派1～2名科技指导员，或聘请湖南省农科院、湖南农大等专家教授和乡土专家，指导该村产业发展，帮助农户通过产业发展稳定增收。如葡萄产业特聘农技员周建锋，长期为葡萄种植户提供技术服务指导，引进、推广葡萄新品种（阳光玫瑰）1200余亩，亩产值达9000余元，深受广大种植户欢迎。二是强化培训，培育乡土人才

① 罗志勇、刘三文、谭坤：《接续奋斗　再创辉煌——我市巩固拓展脱贫攻坚成果同乡村振兴有效衔接综述》，《郴州日报》2022年1月1日第6版。

队伍。充分利用苏仙区农业电视广播学校“A”类校资质，积极争取农业电视广播学校支持，承办湖南“农广助农”工程蔬菜产业领军人才、柑橘产业领军人才等培训班，开展培训120余人次。分别与郴州市夏生职业学校、郴州宏佳技能培训学校联合举办新型农业经营主体带头人、新农商带头人、种养加技术能手培训班，培训种粮大户、蔬菜种植大户及养殖户200余名，为全区116个行政村培养电商人才。另外，依托科技特派员、科技示范户指导员、区镇农技专业技术人员举办蔬菜、生猪、红薯、再生稻、“稻+鱼”、葡萄、红心柚、猕猴桃等各类实用技术培训班38期，培训基层农技人员130人次、农民3500余人次。三是强化创新，打造科技推广队伍。一方面，对接省市专家，加快农业新技术推广应用。另一方面，立足区情实际，开展送科技下乡服务。区、镇各部门技术人员结合苏仙区农时季节、生产布局及种植习惯，组织农业专家深入田间地头、生产一线开展技术指导，推广高效栽培、配方施肥、水肥一体化、绿色防控等新技术10余项。①

二 稳中应变需应对推进乡村振兴面临的现实挑战

郴州市虽然在全面推进乡村振兴战略上取得了显著成效，但面对国内外复杂的形势，在全面推进乡村振兴的进程中还面临城乡要素供给与支撑不足、农业特色优势产业结构不优、文旅融合不够紧密、林地资源利用率较低、农业社会化服务供给不强等老难题、新挑战，需要客观分析，理性应对。

（一）城乡融合要素供给与支撑不足

迈入新发展阶段，区域城乡融合互动进一步加深，其前提是要素自由流动基础上的合理配置，但目前郴州市在这方面还存在比较明显的制约，要素流通渠道尚未完全畅通，主要表现为乡村向城市的单向流动，双向流通受阻。

① 苏仙区乡村振兴局：《苏仙区乡村振兴特色亮点工作——亮点四：建设“三支队伍”推进产业振兴》（2021年），打印稿。

1. 专业人才外流与农村人才匮乏之间的矛盾

受部分农资价格大幅上涨叠加不利的气候因素，近几年粮食生产利润空间狭窄，导致农民种粮积极性低迷，年轻力壮的农村劳动力大多选择外出务工。专业人才的外流致使郴州全面推进乡村振兴遭遇“人才瓶颈”。例如在蔬菜采摘、果树修剪等方面，郴州本地缺少熟练工队伍，一般都要去云南、广西请熟练的农业产业工人，每天要支付工资 300~500 元，还要包吃包住。如此操作，不仅麻烦，成本也高。

2. 乡村经济发展用地结构性需求与国家农地限制之间的矛盾

郴州市在发展农产品加工业、休闲旅游业，以及推进农村一二三产业融合发展等方面，面临着国家制止耕地非农化和非粮化等方面的政策制约。如北湖区仰天湖一些地方，发展反季节食用菌，一亩大棚的产值达到 1 万~5 万元，当地老百姓十分看好。但是因为仰天湖是山区，没有平整的空闲地，若要修建大棚就只能建在耕地上，这与国家保护耕地的政策严重违背，使得该产业发展受限。再如这几年全市重点打造的西河乡村振兴示范带，由于西河沿线基本是基本农田，不能随意更改土地用途，尽管当地政府通过烟稻、菜稻等轮作方式来发展产业，但收效并不大。

3. 乡村振兴资金需求大与资金供给不足之间的矛盾

乡村建设、乡村治理主要是公益事业，需要政府投入。但是受国民经济增速下行与新冠肺炎疫情的叠加影响，现在的地方财政基本是吃饭财政，没有多少资金去建设乡村。农民收入情况也不容乐观。郴州市柑橘年初遭遇冰冻天气，开花期、坐果期又受到低温阴雨、冰雹天气影响，柑橘品质较常年同期指标（果径大小等）下降，冰糖橙坐果率较往年下降 50%，安仁、桂阳脐橙预计减产 40%。农村居民人均可支配收入总量和增速全省排名较为靠后。2021 年前三季度全市农村居民人均可支配收入实现 14031 元，总量和增速均位于全省第 8 位。① 农民收入的减少直接导致其对农业资金投入的

① 郴州市统计局：《1~10 月全市农业农村经济运行情况简析》，郴州市统计局信息门户网站，2021 年 11 月 15 日，http：//tjj. czs. gov. cn/xwsd/12235/content_ 3387794. html，最后检索时间：2022 年 4 月 16 日。

力度减弱。

4. 农业科技服务滞后与乡村产业的新发展之间的矛盾

郴州市县级层面没有农科所，乡镇农技站名存实亡，缺乏专业人才；相关科研机构组织相对松散，跟乡村一线联系不够紧密，导致乡村产业发展缺乏后劲、缺乏竞争力。自然条件在农业生产中是重要因素，农业生产必须要遵循当地的自然条件，否则将颗粒无收。最靠近农业生产一线的乡村和县域缺乏农业科研院所，导致农业科技服务跟不上，一些投资者不顾当地的资源禀赋而盲目投资，最后血本无归，间接影响了地方招商引资，农民收益也受到影响。

（二）地区农业特色优势产业转型发展亟待升级

农业产业结构不优依然是郴州农业产业发展的突出问题。郴州地区自然资源禀赋特色明显，气候资源丰富，具有发展区域特色农产品的优势，但在具体的产业发展中，存在以下几个方面的问题，不仅影响了农业的效益，最终也影响了农民的收入。

1. 区域产业同质化

在规划布局时，现有的乡村振兴相关职能部门对产业发展缺乏统一的前瞻性工作规划，容易受到市场经济影响使得区域内一窝蜂地同时发展类似的产业，同质化竞争严重，造成重复投资或资源浪费的现象。按照农业区域布局规划，郴州是以丘陵山区特色农业为主的湘南特色农业圈，但在具体实施过程中，各地还没有充分挖潜自身地区比较优势而形成具有鲜明地方特色的农产品区域布局结构，农产品相似程度较高，特色农作物布局分散，规模偏小，发挥不出各个地区的资源比较优势，农产品规模效应和品牌优势尚未得到凸显，存在农产品季节性集中上市与消费者全年均衡消费的矛盾。这种区域板块产业趋同、结构雷同的问题，不利于农业生产中形成有较强竞争力的规模化优势产业带和特色产品，不利于农业区域化布局和专业化分工。不仅如此，郴州的旅游产业也面临同质化竞争的困境。例如，郴州市区、汝城县、宜章县一六镇等地的温泉旅游项目颇有雷同，温泉特色产业与休闲观光、乡村旅游、避暑康养等产业结合不足。

2. 特色产业竞争力不强

郴州农业是以种植业、畜牧业为主导，林业、渔业、农业服务业为辅助的产业格局。目前农业资源优势还没有得到充分利用，各业资源优势、发展潜力挖掘不充分，种植业比重较大、畜牧业曲折波动、林业快速增长、农林牧渔服务业发展缓慢。调研发现，永兴县冰糖橙虽然在郴州地区小有名气，但是销售仍不稳定。究其原因，除了受天气的影响之外，还可归因于果园管理过于分散，在种养方式、品质管理、营销销售等各个流程也就难以形成统一标准和合力。在销售环节当地政府虽然注册了“永兴冰糖橙”专用标志，但市面上出现的品牌多又杂，没有一个品牌能在消费者心目中形成一个共识。不论是冰糖橙的品种、品质管控、溯源、产品标准化，还是品牌打造与升级、文化内涵延伸、销售渠道建立、打击伪劣等领域，都需要政府相关部门给予引导和支持。

3. 农业龙头企业发展滞后

由于郴州工业发展基础较为薄弱，其产业发展整体思路也相对落后，区域内的涉农产业不论是数量还是质量均处于低位运行。全市的农业经营主体具有规模小、产业链短、农产品加工转换率低、竞争力弱等特点。多数农业经营大户局限于将单家独户的土地流转后集中经营，其规章制度、组织结构、生产经营方式都较为陈旧，一旦遇到市场风险就会一蹶不振。全市国家级龙头企业仅有 4 家，区域内有重大影响力的农业龙头企业质量不高，年产值规模不大，叫得出名号的也只有玲珑茶、狗脑贡、莽山红、临武鸭。

（三）传统文化资源与旅游资源的融合亟待加强

郴州市有丰富的矿产与旅游资源、良好的生态环境以及悠久的历史文化底蕴，体现了湖湘文化与岭南文化的交融，但是其文化资源优势没有很好地转化为旅游资源优势，更没有很好地转化为经济发展优势。

1. 文化基础设施相对薄弱

目前，各个乡村旅游点更多关注吃、住、景观打造，对公共厕所、停车位、旅游标识、接待中心等旅游专用设施投入明显不足，乡村旅游整体环境质量较差、档次较低，留不住客人。特别是串联或承载全市文旅资源的场馆场地、交通公路、标识标牌建设，以及周边的酒店住宿、餐饮补给等基础配套设施建设明显滞后。已开发的旅游区正步入老化期，对游客的吸引力日益退减，东江湖5A景区提质改造和东江湾省级旅游度假区提质升级亟待推进。另外，乡村公共服务设施不配套。乡村旅游的主战场在农村，随着外来游客的涌入，原有的水、电、路、气等公共设施难以满足日益增长的游客需要。部分正在开发的景区大多地处偏僻山区，交通较为闭塞，如汝城沙洲与资兴黄草旅游公路就亟待打通。

2. 文化资源优化整合不够

郴州市红色旅游资源布局零散，缺乏空间整合，县市区之间互动合作机制没有形成。虽然目前已在全省率先出台《全域旅游促进暂行办法》，率先制定《郴州市红色旅游发展规划（2020-2030年）》《湘南红世界级红色旅游景区走廊概念性策划》等红色文旅规划，但就现状而言，产业发展仍旧缺乏区域融合，闻名全国的旅游品牌“半条被子”跟周边旅游资源联动不够紧密，影响全域旅游发展。

3. 优势文化资源转化较慢

郴州毗邻粤港澳大湾区，是国内最大的旅游客源市场，全市目前80%的外省游客来自粤港澳大湾区。未来，郴州也将以粤港澳大湾区旅游市场为主攻方向。但其经济发展的基础与沿海发达地区相比，仍存在着一定的差距，其旅游管理体制、管理水平、旅游产品的包装都需更有针对性，以便更好地承接粤港澳大湾区的旅游需求。例如，当前郴州市的文创产品特别是红色文创产品就存在种类少、缺乏文化和创意、缺少地方特色、购买渠道少、市场的知名度和美誉度不高等突出问题。

4. 多头管理，统筹推进机制不全

乡村旅游发展涉及发改委、旅游、农业、国土、规划、交通、财政、金融、林业、水利、环保等多个职能部门，但目前郴州市乡村旅游发展主要是旅游、农业及各乡镇在负责推动，在乡村旅游发展中存在多头管理或都不管理的问题，没有真正形成工作合力，造成乡村旅游发展中的一些困难和问题得不到及时研究解决，乡村旅游资源难以得到整合利用。

5. 特色文旅发展步伐不快

缺乏统一的对外宣传推广品牌，市民和游客对郴州文旅特别是红色文旅资源的整体认知了解程度有待进一步提升。乡村旅游发展总体上还处于摸索阶段，乡村旅游到底怎么干、怎么抓，缺乏可借鉴、可推广的成熟经验。同时各乡镇在发展乡村旅游过程中对自身优势认识不清，对地方特色、民俗风情、人文内涵等要素重视不够，且缺乏提炼和挖掘，导致乡村旅游发展内容单调、品位较低，同质化竞争严重，无法满足游客多元化、个性化的需求，造成资源的浪费，影响乡村旅游的效益。如国家级风景名胜景区苏仙岭，其“苏仙传说”已是国家级“非遗”保护项目，“橘井泉香”讲述的苏母用井里泉水和橘叶熬药抗瘟疫的故事，对当前中医药防疫抗疫也有很强的现实指导意义，但并未发扬光大。

（四）林地资源利用率相对较低的问题亟待解决

郴州古称“林邑”，历来就有“四面青山列翠屏，山川之秀甲湖南”之喻，是湖南省四大重点林区之一。2020 年，郴州市活立木总蓄积量 6727.41 万立方米，全省排名第四；林地面积 2077.95 万亩，全省排名第三；有林地面积 1807.95 万亩，全省排名第三；森林覆盖率 68.1%，全省排名第四。[①] 虽然郴州市森林资源非常丰富，但从林下经济的发展现状来看，规模化的发展时间相对较短，缺乏完善的产业结构，存在总体效益不明显和林下资源利用率相对较低的问题，处于“大资源、小产业、低效益”的现状。

调研发现，郴州市林产品加工规模小、层次低，大部分以粗加工、初加

① 湖南省林业调查规划设计院：《湖南省 2020 年度森林资源统计年报》，2020 年 12 月，http：//www.hengyang.gov.cn/hyslyj/ztzl/yhyshjzl/brphcx/ltbsjtslfgzs/20210906/i2474691.html，最后检索时间：2022 年 4 月 16 日。

工为主，产品附加值低，处于产业链低端。具体表现为林产品产出以小家庭作坊为主，单位产品成本高，缺乏规模效益和价格优势；林业产业结构尚未突破以木材生产为主的传统模式，林产加工业发展滞后，水平不高；技术开发能力不足，科技含量与技术设备水平低，产品可替代程度较高，产品质量缺乏优势；存在低水平重复和无序竞争，难以形成产业发展合力；缺少高素质的市场营销人才，没有充分借助当前的电商平台效应和互联网经济的优势，企业抢占市场的能力不够，市场开拓能力不强；涉林企业安全生产主体责任意识不强，安全管理制度有待完善，安全生产经费投入不多。

（五）农业社会化服务专业供给短板亟待补齐

郴州地处丘陵，山区面积大，自然条件限制了农业大规模化生产，农业连片生产困难，难以形成规模效益，农户数量多、土地户均规模小仍然是郴州市农业生产无法回避的现实。虽然安仁县为 2019 年、2020 年湖南省农业社会化服务试点县，树立了以生平米业“三统一”农机管理模式、鑫亮农业“十代”服务、犇犇联合社“十大联合”模式和天鹰合作社线上线下服务为代表的农业服务典型，但是郴州市整体农业生产农村生活社会化服务仍明显滞后，具体表现在以下几个方面。

1. 社会化服务覆盖面不广

目前，郴州以家庭为单位的传统生产经营模式、靠天吃饭的农业现状还没有得到根本性的改变，特别在种植业上表现尤为突出。正是由于郴州生产社会化服务的滞后，一旦遭遇灾害性的气象天气，农业经营者损失惨重，对郴州市农业农村发展带来了不利影响。2021 年 1 月，郴州市出现连续低温霜冻天气，受低温霜冻影响，柑橘等果树在 1 月间受损，抗逆性弱，加之发生病虫害，以致 2021 年的柑橘等水果品质和产量降低。

2. 社会化服务体系没有发育形成

调研发现，郴州市农业社会化服务体系整体滞后，除了一些规模经营主体提供粮食生产全环节服务外，其他经营主体仍以耕、种、防、收等为主，特别是机插、仓储、冷链、加工等服务仍是薄弱环节；不仅缺乏生产各个环节、市场各个环节的区域性农业社会化服务体系，也缺乏将政府、企业与农户联结起来，实现一二三产业融合的跨区域性农业社会化服务组织。如安仁县有规模以上服务组织 130 多家，其中具有机插机抛设施的只有 10 多家，全县机插机抛面积只占粮食种植面积的 9%。①

3. 社会化服务设施配套用地保障难

在现行政策下，服务组织的育秧大棚等设施农业用地基本得到保障，但配套库棚设施、仓储加工厂房用地仍难以解决。② 因为仓储加工厂房属于工业性质用地，而农用地转为工业用地和建设用地必须采用招标、拍卖和挂牌形式，通过完全公开的流程确定土地拍卖价格和土地建设项目使用权人，这就导致服务组织的用地难。

三　以高质量发展为引领构建农业农村现代化新格局

立足新的发展基础，面对新的发展要求，必须着眼国家战略需要，稳住农业基本盘，构建以品牌为引领推进乡村产业质量变革、以市场为导向推进农村经济效率变革、以城乡融合发展为取向推进农村发展动力变革的体制机制与政策体系，奋力开创全面推进乡村振兴工作新局面。

（一）以区域战略规划为引领推动县域城乡融合发展

习近平总书记指出："要完善规划体制，通盘考虑城乡发展规划编制，一体设计，多规合一，切实解决规划上城乡脱节、重城市轻农村的问题。"③ 随着郴州市区域规划逐渐细化，规划逐渐分散到各乡镇内，如同散落在各地的游离的点，各乡镇规划战略之间缺少衔接、缺少协调，甚至导致乡镇各自为政，各乡镇与县域、市区的规划也不一致。要素流动障碍是阻碍县域城乡

---

① 袁延文：《关于以社会化服务促粮食"两稳"的调研报告》，《新湘评论》2021 年第 23 期。

② 袁延文：《关于以社会化服务促粮食"两稳"的调研报告》，《新湘评论》2021 年第 23 期。

③《习近平在中共中央政治局第二十二次集体学习时强调　健全城乡发展一体化体制机制　让广大农民共享改革发展成果》，《人民日报》2015 年 5 月 2 日第 1 版。

融合发展的深层次原因，因此，迫切需要统筹区域各类规划，促进各类规划有效衔接，以区域规划为引领统筹县域城乡融合发展，通过完善区域规划来促进县域要素双向自由流动。

1. 统筹城乡发展空间，构建高质量发展的空间格局

要围绕郴州市“大十字”城镇群，立足于各区域的自然资源禀赋、农业发展基础，优化县域城乡融合发展的区域空间布局，加快县域城乡融合发展步伐。要立足郴州本土，突出岭南乡村特色，以县域城乡融合发展为取向推进农村发展动力变革，发挥重点镇、示范镇的示范引领及辐射带动作用，深入挖掘梳理郴州的产业、生态、历史文化优势以及功能特色，科学合理地对郴州地区优势特色农业区域板块进行统一规划和引导，着重培育有行业引领力、市场竞争力、品牌影响力的特色支柱产业，形成地域特色鲜明、区域分工合理、高质高效发展的区域农业产业布局。各地区在制定各自的乡村振兴发展规划时，也要注意既要根据自身的地区类型、经济基础、产业发展、优势特色因地制宜地制定发展规划，更要着眼于郴州地区总的区域发展战略规划，正确处理“整体与局部”的关系，做好有效衔接。

2. 优化乡村发展布局，延续人与自然有机融合的乡村空间关系

一是着力优化农业生产空间。立足郴州地域资源优势，遵循湖南省委省政府提出的打造九大千亿产业的总目标，着力打造以种植业、养殖业、林业、休闲旅游业为主体的农业发展战略布局，积极进行“一基地两区”战略布局，大力推广高山禾花鱼+特色优质稻“稻鱼种养”模式，提高种养综合效益。其中，“一基地”是指以优质稻米、水果、蔬菜、水产品等为主的粤港澳大湾区优质农副产品供应基地，“两区”是指湘粤生态文化农业先行区、湘南特色产业（水产、水果、茶叶）创新示范区。[①] 二是合理调整生活空间。要着眼于乡村产业和农民生活需求的痛点、热点及难点，不断完善基础设施与公共服务体系。推进“快递进村”工作不断深入，大力提升末端

① 陈耀龙：《郴州实施乡村振兴加快农业农村现代化的思考》，《当代农村财经》2021 年第 10 期。

服务能力，为广大村民的生活安全与便捷提供保障。同时，推进公共服务城乡一体化建设。2009 年郴州市嘉禾县就被列为全省首批四个“湘南城乡一体化示范县”之一，在 2019 年印发《郴州市创建城乡交通一体化示范市实施意见》的基础上，在全省率先创建城乡交通一体化示范市。三是严格保护生态空间。坚持在巩固“两型社会”的基础上持续推进乡村生态文明建设，做好农村生活污水治理工作，打好农业面源污染防治攻坚战。另外，郴州矿产资源丰富，改革开放以来，资源型产业曾经历一段急剧扩张期，畸形发展的矿业经济虽然为郴州带来了巨大财富，但其自然生态也遇到了严重破坏。因此，要持续推进乡村的绿化、美化工作，做好山水林田湖等重要生态空间保护，做好乡村生态振兴。

3. 完善城乡融合发展政策体系，推动城乡要素自由平等交换

推动城乡融合发展见实效，[①] 必然要求完整准确全面贯彻新发展理念，进一步理顺城乡关系，建立和完善城乡协同发展的新体制新机制，促进乡村振兴与新型城镇化良性互动、有机衔接，不断强化乡村振兴要素保障。首先，在要素“人”方面，不仅要充分挖掘郴州本土的农村农业专业技术人员存量，更要培育新兴农民大学生增量，构建农业专业技术人员、销售人员、科研人员、农业科技推广人员四级人才梯队，推动新农人高质量就业。其次，在要素“地”方面，要加强郴州市各区域之间农业资源要素的深度交叉融合，探索开展土地承包经营权置换现金、置换股份、置换社保“三换模式”改革，加快形成一批“农业+”多业态发展的特色产业，不断提高土地产出效益。再次，在要素“钱”方面，要大力发挥“四大百亿产业”的优势，提升资本市场融资能力，积极整合上下游产业链，做大做强龙头企业。政府方面要有效整合农业资源和资金项目，一手抓管理，确保农业资金“放得下”，一手当杠杆，最大限度撬动市场力量，强化资金资本支持。最后，在要素“技”方面，既要夯实农业科技推广服务的资金后盾，又要不

① 习近平：《坚持把解决好“三农”问题作为全党工作重中之重　举全党全社会之力推动乡村振兴》，《求是》2022 年第 7 期。

断探索新形势下农业科技推广服务新机制，打通农业科技推广服务的“最后一公里”。

（二）以打造公共品牌助力特色农产品品牌化、高端化升级

产业兴旺是乡村振兴的基础和保障。要大力发展特色农业、特色产业，重点关注品种结构优化，积极打造区域地标品牌，开拓消费市场。

1. 以区域品牌为取向优化特色产业布局

品牌的核心是质量。郴州本地独特的水土和气候条件赋予了郴州农产品独特的品质，如郴州高山禾花鱼就是生长在郴州境内五岭和罗霄两大山脉海拔 500 米以上梯田中的鲤鱼，那里生态环境优良，水质清冷，鱼因采食落水的禾花而得名。要充分利用好郴州独特的自然资源，强化本土品种培优，持续提升农产品的品质，打造区域地标品牌，通过标准化生产促进特色农产品提质扩容，完成系列品牌体系建设。另外，必须高度重视农产品的质量安全，推进绿色循环农业发展，通过加强产地环境治理和生态过程规范，严格农业投入品监管，严格把控农药化肥用量，做好农家肥、有机肥增施，不断完善农产品质量和食品安全标准体系。按照一个标准供粤港澳大湾区的原则，抓紧制定郴州市供粤港澳大湾区农产品质量标准。强化例行监测，提高监测的时效性、准确性、真实性并扩大覆盖面。

2. 推动特色农产品向中、高端转型升级

高效对接市场，以销定产，是实现农业现代化的必由之路。而现实困境是小农户分散的小生产方式无法与瞬息万变的大市场实现良好衔接，经常出现农民“丰产不丰收”的情况。要主动适应消费者对农产品消费需求由简单的数量满足上升为偏重营养、健康的质量需求的新变化，着力优化提升农产品的供给内容和供给方式。积极借鉴日本等国家和地区打造高端农产品的先进经验，引导特色农业走“品质+品牌+营销”路线，加强农产品溯源管理，探索建立包括农产品的名称、产地、商户号、土壤情况和采摘时间在内的全过程标识机制，打造“可以看得见脸的食物”，通过品质提升、管理升级、商业运作，推动“土里土气”的农产品变身为“高端大气上档次”的

高端有机农产品，实现特色农业高端化转型升级。

3. 延链补链强链，加快产业融合发展

开展延链补链强链行动，推进三产融合，打造绿色、高质、创新的联农带农特色优势产业全产业链，拓展产业增值增效空间，全面提升产业核心竞争力。加大对现有优势区域品牌农产品龙头企业的支持力度，搭建产业融合载体，扶持临武鸭、永兴冰糖橙等大型农业产业化联合体，建设好2个国家级农业产业强镇（汝城县泉水镇、安仁县灵官镇）、1个湖南省农业特色小镇（汝城县泉水镇）、6个湖南省农业产业强镇/乡（安仁县灵官镇、宜章县莽山瑶族乡、临武县汾市镇、苏仙区栖凤渡镇、苏仙区坳上镇、资兴市汤溪镇）。立足区位优势，不断深化与粤港澳大湾区的对接，建设好粤港澳大湾区“菜篮子”产品配送郴州分中心。

（三）以地域特色文化赋能美丽乡村建设

坚决贯彻落实习近平总书记在湖南考察时的系列重要讲话精神，突出红色传承、推动绿色发展，挖掘好、保护好和利用好郴州红色文化旅游资源，讲好红色故事、传承红色基因，创响“湘南红”红色文旅品牌。

1. 把红色文旅打造成为推进乡村振兴的最闪亮名片

一是加快创建红色旅游胜地。完善红色文旅基础设施建设，争取一批红色文旅项目进入国家、省级支持项目笼子，争取启动汝城岭秀至资兴黄草等旅游公路项目建设。精心编制和打造市域内、大湘南和省际区域有影响的红色旅游精品线路。二是布局建设红色教育基地。加快本土红色革命故事、书籍、文献的收集整理和推广，扎实推进红色文旅进景区等活动，积极开展红色故事宣讲，向市民和游客讲述好“半条被子”等郴州红色故事；充分发挥湘昆剧团、市文化馆、市民族歌剧团等阵地优势，创作编排红色文艺精品。积极推动开展红色研学旅游，培育好红色文旅人才队伍，构建良好的红色文旅人才引进、培养和发展环境。三是努力打造红色文创宝地。紧密结合国家可持续发展创新议程示范区、中国湖南自贸区（郴州片区）平台建设，探索以“中国核工业第一功勋铀矿”——711矿以及“中国女排腾飞地”为载体，建设郴州红色文创基地。加快文创产品与红色文化融合发展，包装打造郴州福茶、郴州福橘、程乡千日酒、姜山多椒、红粉（鱼粉）等文创产品，打造“郴博文创”品牌，建设“红色文创+电商”平台。

2. 服务国家、省级对郴战略定位，以地域文化赋能乡村振兴

一是围绕“国家可持续议程发展创新示范区”建设，贡献水资源可持续利用与绿色发展的“文旅智慧”，重点依托泛东江湖、西河、便江等重要水域资源，以及汝城、苏仙、北湖等温泉地热资源，包装和打造一批重点文旅项目。重点打造三大文化旅游发展带（区）。大力实施乡村振兴战略，深化红绿融合发展，推进国家文化和旅游消费试点城市建设，全力打造“湘南红”红绿融合文化旅游发展带、“西河美”乡村振兴文旅发展示范带和“郴州八点半、夜空最闪亮”夜间文旅消费集聚区。二是围绕“湘南湘西承接产业转移示范区”建设，筑牢湖南对接粤港澳大湾区“桥头堡”地位，建设大湾区“新客厅”。三是紧密结合中国湖南自贸区郴州片区和“区域性文化旅游中心”建设，统筹规划好“大湘南”区域文化旅游发展，切实推动“大湘南拥抱大湾区”。深化“红三角”区域旅游联盟城市合作，加快湘粤南岭文化旅游协作区建设，全面落实湖南省推进湘赣边区域合作示范区建设三年行动计划。着力发展四大文化旅游板块。充分挖掘沙洲“半条被子”故事的时代价值，全面推进莽山创建国家5A级旅游景区，叫响无障碍旅游世界品牌。大力整合仰天湖等高山草原、湿地湖泊、民俗乡村以及百里丹霞水资源，着力发展大莽山山地休闲文化旅游板块、大沙洲红色文化旅游板块、大仰天湖生态文化旅游板块、大飞天山山水文化旅游板块。①

（四）加强林地资源综合开发利用

习近平总书记曾指出：“我们既要绿水青山，也要金山银山。宁要绿水

① 王路莎：《给力郴州》，《郴州日报》2022年2月22日第2版。

青山，不要金山银山，而且绿水青山就是金山银山。”① 因此，要积极发展林下经济，在充分激活林地资源经济价值的同时，充分保障林下经济赖以生存的森林生态系统的安全。

1. 坚持科学规划，谋好产业布局

按照集中连片开发、适度规模经营的要求，走集约化发展之路，突出做大做强森林康养、竹木加工、林下经济、油茶四大特色产业。大力解放思想，增强攻坚克难意识，不断深化对特色优势产业发展特征和发展规律的认识，突出重点，强化措施，完善林业产业化扶持政策，推进特色优势产业集聚升级。

2. 促进规模化发展，提升整体效益

一是着力培育壮大龙头企业。通过政策扶持、财政补助、项目支持等多种方式，扶持省、市级林业产业化龙头企业做大做强。同时通过招商引资好政策和“放水养鱼”小策略，利用现有政策和资源优势，激活民间资本，培育一批新龙头，振兴一批小龙头，引导小企业积极与大企业、大集团合作，初步形成产业规模格局。二是创新经营机制。依托林业产业龙头企业和示范基地、示范社，大力扶持种养大户扩大规模、应用新品种新技术，积极推行“订单”生产。

3. 加大科技推广应用力度，推动产业升级

一是大力推广林业生产新技术。大力实施科技兴农战略，抓好名、优、特新品种、新技术的引进推广，提升主导产业的科技含量和林产品品质。二是大力开展农民技术培训。实施人才强农战略，整合职校等培训资源，加大培训实施力度，强化农民职业技能培训，着力培养一批种养能手、科技带头人等懂技术、会经营的新型林农。三是创新林业技术推广机制。继续深入推行林业科技特派员制度，实行科技人员包项目、包产业的技术服务工作机制，定期深入基层、基地一线，蹲点开展技术服务，及时解决生产难题，充

① 中共中央宣传部编《习近平总书记系列重要讲话读本》，人民出版社、学习出版社，2014年，第120页。

分发挥农村实用技术人才的作用，面对面、手帮手地开展技术指导服务。要探索产学研结合的有效途径，与大专院校和科研单位紧密联系，建立林业示范园区和实验基地，鼓励林业专家和技术人才创办林业企业，开展林业科技课题研究，开发良品良种，推广新品种、新材料、新技术。定期开展农民科技教育和技能培训，培养一批林下经济、油茶种植方面的科技示范户。

4. 创新体制机制，营造良好环境

一是强化政策扶持。要抓住政策叠加机遇，在有国家政策扶持、项目支持、信贷支持、农民企业投资结合的多元化投入机制的大好形势下，认真研究和落实国家、省市各项产业扶持政策，找准结合点和突破口，在特色产业开发上积极主动争项目、争资金。要不折不扣地落实惠民政策和财政奖补政策，发挥政策的激励作用，坚决杜绝截留、挪用等问题发生。二是加大项目资金投入。建立财政资金支持特色产业发展稳定增长机制，不断增加财政资金的投入，加大对重点龙头企业、科技示范园、产业基地、种养大户的扶持力度，重点扶持林业新技术、新品种的引进、示范、推广等方面。积极探索林业项目整合机制，加强林业项目申报、项目实施、资金使用等环节的协调，最大限度利用各类项目资源扶持特色林业发展。

（五）着力补齐农村社会化服务短板

农村社会化服务水平的高低，直接影响农业的发展规模。要积极推动完善农业社会化服务相关政策措施，加快培育各类服务组织，不断强化服务人才培养，推动农业社会化服务加快发展。

1. 整合服务主体，建立专业化的服务平台

注重整合政府、企业和农民合作组织，以及科研院校等农业社会化服务主体，发挥各自的专长和优势，因地制宜推进区域性社会化综合服务中心建设，共同搭建起专业的农业生产社会化服务平台。落实农机推广服务“331”工作机制，推动农业机械化。另外，还要加大扶持力度，提供公共性的社会化服务，公共性的社会化服务主要是指农田水利设施建设等农业基础设施建设。要高度重视郴州市的水稻生产社会化服务发展，积极统筹中央和地方相关资金及社会资本开展高标准农田建设，分区域制定粮食生产社会化服务支持政策、下达目标任务、制订保障措施。

2. 拓展服务内容，延伸全流程服务链条

适应各类农业经营主体服务需求逐渐由单纯的生产性需求向资金、技术、信息、保险、农产品保鲜、储运、加工、销售等综合性需求转变的新趋势，积极拓展农业服务内容，实现全程化的社会化服务。尤其是针对小农户所面临的缺乏资金、土地或场地、市场销售渠道等困难，以及村庄层面的生产种植规模不够、农业效益不高等问题，综合考虑农户与村庄不同层面的需求，采取更具有针对性的服务措施。

3. 精准服务对象，创新多层次的服务模式

把握小农户仍然是最主要的农业生产组织形式的基本市情，针对全市小农户特殊性的服务需求，通过“生产在户、服务在社”或生产托管与“田管家”等方式，为其提供个性化、菜单式的农业服务。针对专业大户、家庭农场、农业企业等新型农业主体，则着重提供土地流转、农业保险与金融贷款等方面的支持。创新服务补贴模式，对包含了早稻集中育秧、机插机抛、烘干等 3 个及其他关键薄弱环节的生产托管服务，可按亩均补贴标准全额补贴。①

参考文献

习近平：《习近平谈治国理政》（第三卷），外文出版社，2020。

中共中央、国务院：《关于做好二〇二二年全面推进乡村振兴重点工作的意见》，《人民日报》2022 年 2 月 23 日第 1 版。

张庆伟：《以实干实绩推动“三农”工作取得新进展》，《新湘评论》2022 年第 5 期。

陈文胜：《论中国乡村变迁》，社会科学文献出版社，2021。

① 袁延文：《关于以社会化服务促粮食“两稳”的调研报告》，《新湘评论》2021 年第 23 期，第 54~55 页。

陈文胜：《论道大国“三农”》，中国农业出版社，2021。

陈文胜：《农业供给侧结构性改革：中国农业发展的战略转型》，《求是》2017 年第 3 期。

陈文胜：《乡村振兴战略目标下农业供给侧结构性改革研究》，《江西社会科学》2019 年第 12 期。

陈文胜、李珊珊：《论新发展阶段全面推进乡村振兴》，《贵州社会科学》2022 年第 1 期。

陆福兴：《做好乡村振兴这篇大文章——学习习近平总书记考察湖南重要讲话指示精神》，《新湘评论》2021 年第 2 期。

姜长云：《科学理解推进乡村振兴的重大战略导向》，《管理世界》2018 年第 4 期。

张红宇、胡凌啸：《构建有中国特色的农业社会化服务体系》，《行政管理改革》2021 年第 7 期。

刘彦随：《中国新时代城乡融合与乡村振兴》，《地理学报》2018 年第 4 期。

B.5

娄底市2022年乡村振兴研究报告

汪义力　陈文胜*

摘　要： 娄底市在脱贫攻坚战取得胜利后，全面推进乡村振兴，在加快农业农村现代化上有新进展。全市坚持多措并举固成果，巩固脱贫攻坚成果；做强地方特色产业链，打造乡村振兴“新引擎”；着力选优配强带头人，激活干事创业“动力源”；趟出内外兼修新路子，推动乡村建设“持久美”；创新网格治理好模式，撑起共建共享“大格局”。但也面临乡村振兴规划有待城乡一体，特色农产品有待差异化竞争、社会化服务有待进一步升级、盘活土地要素有待解放思想、财政投入政策有待全面整合、城乡治理结构有待整体重构、考核目标体系有待全面集成等方面的挑战。当前，娄底市推进乡村振兴还需要在城乡规划方面更加注重地域特色与一体化设计相结合，在农业品牌发展方面更加注重共性提炼与特色凸显相结合，在农业社会化服务方面更加注重政府主导与市场运作相结合，在农村土地改革方面更加注重底线思维与“放活”思路相结合，在财政投入政策方面更加注重政策“有没有”与使用“好不好”相结合。

关键词： 乡村振兴　特色农产品　网格治理　娄底市

* 汪义力，湖南师范大学中国乡村振兴研究院、马克思主义学院博士研究生，研究方向为乡村治理；陈文胜，湖南师范大学中国乡村振兴研究院院长、二级教授、博士生导师，研究方向为农村经济、城乡关系、乡村治理。

娄底位于湖南的地理几何中心，总面积8110平方公里，总人口451万人，是湖南最年轻的地级市。辖娄星区、冷水江市、涟源市、双峰县、新化县和国家级娄底经济技术开发区。娄底曾是全省8个脱贫攻坚一类市州之一。2014年，贫困发生率15.36%、贫困人口总数54.3万名，两项指标都排在全省第5位；有1个国家级贫困县（新化县）、2个省级贫困县市（涟源市和双峰县）、3个武陵山片区区域发展与扶贫攻坚示范县市（冷水江市、涟源市和新化县），有574个贫困村（并村后为498个）。[①] 党的十八大以来，娄底深入学习贯彻习近平总书记关于打赢脱贫攻坚战重要论述精神，全面打赢了脱贫攻坚战，全面建成了小康社会。在新的历史起点上，2021年，娄底各级各部门坚决贯彻习近平总书记关于巩固拓展脱贫成果、全面推动乡村振兴重要指示批示精神，严格落实“四个不摘”要求，立足稳中求进，研判现实问题，致力缩差领跑，规模性返贫风险整体可控，脱贫攻坚成果进一步巩固，乡村振兴重点工作扎实推进。

一　立足稳中求进，全面推进乡村振兴取得新成效

在脱贫攻坚取得胜利后全面推进乡村振兴，是我国“三农”工作重心的历史性转移。从脱贫攻坚到乡村振兴，具有许多新特点新要求，在全面推进乡村振兴过程中既要“稳”，保持“不变”的战略定力，传好脱贫攻坚的“接力棒”；又要“进”，把握“变”的发展趋势，跑好乡村振兴的“接力赛”。2021年，娄底不断深化对市情、农情的认识和把握，扭住“稳”的关键点，找准“进”的切入口，坚持数量服从质量、进度服从实效、求好不求快，以“稳”更好地求“进”，以“进”更好地促“稳”，努力推动农业农村高质量发展，全面推动乡村振兴取得新的进展。

① 中共娄底市委实施乡村振兴战略领导小组办公室：《巩固拓展脱贫攻坚成果同乡村振兴有效衔接工作情况汇报》（2022年），打印稿。

（一）坚持多措并举巩固成果，筑牢脱贫攻坚“防火墙”

脱贫摘帽不是终点，而是新生活、新奋斗的起点。① 打赢脱贫攻坚战、全面建成小康社会后，我们巩固脱贫攻坚成果的任务依然艰巨。② 2021 年，娄底市坚持把巩固拓展脱贫攻坚成果作为推进乡村振兴的首要任务，严格按照“四个不摘”的总体要求，及时做好帮扶政策延续、优化、调整工作，确保政策连续性、稳定性，对抽查、普查和考核发现的问题及时进行整改，查缺补漏、动态清零，坚决把来之不易的脱贫攻坚成果巩固好、拓展好。

1. 聚焦“三清零两巩固”，守牢不返贫底线

“兜”住最困难群众，“保”住最基本生活，关系到巩固脱贫攻坚成果有效性与持续性的大问题。娄底市立足实际，聚焦贫困人口基本生活、义务教育、基本医疗、住房安全和饮水安全有保障等方面，采取有力措施，织密社会兜底保障网，确保脱贫人口脱真贫、真脱贫、不返贫。一是动态清零义务教育失学辍学风险。严格控辍保学，“五类”学生无一人失学辍学。7 所“芙蓉学校”全部建成并投入使用，497 所乡村小规模学校均满足基本办学条件。2021 年春季学期资助义务教育阶段困难学生 7.58 万人、秋季学期资助 8.6 万人，资助金额 5659.07 万元。二是动态清零因病致贫返贫风险。“三重医疗”衔接新政全面施行，脱贫人口、监测人口全部被纳入基本医保。组建家庭医生签约服务团队 1501 个，“四类慢病”签约 6.02 万人。三是动态清零住房安全隐患。全面排查 80.99 万户农村住房，发现隐患 3795 户，计划三年完成整治，现已经整治 2655 户。其中改造“六类重点对象”（农村易返贫致贫户、农村低保户、农村分散供养特困人员、因病因灾因意外事故等刚性支出较大或收入大幅缩减导致基本生活出现严重困难家庭、农村低保边缘家庭/农村低收入家庭、未享受过农村住房保障政策支持且依靠

---

① 习近平：《在全国脱贫攻坚总结表彰大会上的讲话》，2021 年 2 月 25 日。

② 中共中央、国务院：《关于实现巩固拓展脱贫攻坚成果同乡村振兴有效衔接的意见》，2020 年 12 月 16 日。

自身力量无法解决住房安全问题的其他脱贫户[①]）的农村危房 2115 户，将 153 户新增危房、45 户因灾致危农房纳入危改计划，发放补助 3800 万元。四是巩固饮水安全成果。2647 个农村集中供水工程均建立管护机制，百吨千人以上集中供水工程均安装净化消毒设备设施。曾有季节性缺水问题的 16 个乡镇、29 个村均制定了应急预案。农村自来水普及率 91.11%。五是巩固社会保障成果。农村低保标准和救助水平实际达到 4834 元/年、237 元/月。8.45 万名脱贫人口、1.76 万名监测人口被纳入农村低保或农村特困供养。[②]

2. 强化“两抓好一推进”，促进稳定增收

促进脱贫人口稳定增收，是巩固拓展脱贫攻坚成果的重要内容。娄底市因地适宜，抓住产业帮扶和就业这个“牛鼻子”，加大易地搬迁后续帮扶支持力度，持续做好企业到村、产业到户、就业到人。一是抓好产业帮扶。密切跟踪指导历年实施的 1647 个产业扶贫项目和参与产业扶贫的 1959 个经营主体，目前普遍发展良好。深入实施湖南省“六大强农行动”“千亿产业”等重大项目，增强产业发展带动能力。新增脱贫人口小额信贷 2.32 亿元，扶持 5837 户脱贫户、监测户直接发展产业。二是抓好就业帮扶。依托 30 余家培训机构，采取“送教下乡”等方式培训农村转移就业劳动者 3.3 万人次。新增就业帮扶车间 17 家、总数达 430 家，吸纳 1.53 万人就业。131 家就业帮扶基地吸纳 1.61 万人就业。推动 16.99 万名脱贫人口务工，公益性岗位安排 7607 人，分别比 2020 年底增长 3.80%和 5.38%。三是推进易地搬迁后续扶持。出台《关于抓党建促易地扶贫搬迁后续帮扶工作的指导意见》，下派党建指导员 129 名，实现安置点都有党的基层组织和第一书记，500 人以上的安置点驻村工作队“一队三人”。搬迁人口 1.66 万户有产业帮扶，2.86 万人实现就业。不动产登记办证率 100%。2021 年度脱贫人口人均纯收入达到 1.4 万元，比 2020 年度增长 14.75%，基本追平 2020 年度全市

① 《湖南省住房和城乡建设厅等 4 部门关于做好农村低收入群体等重点对象住房安全保障工作的通知》，湘建村［2021］113 号。

② 中共娄底市委实施乡村振兴战略领导小组办公室：《巩固拓展脱贫攻坚成果同乡村振兴有效衔接工作情况汇报》（2022 年），打印稿。

农村居民人均可支配收入。①

3. 抓牢"三环节两关口"，做好防贫监测

按照要求，聚焦"两不愁三保障"及饮水安全、收入支出状况，采取集中排查、自主申报、日常摸排、部门预警、关联监测等方式，全面收集农户风险，对存在疑似返贫致贫风险的进行重点核查，确保不漏一户一人。一是发现环节突出"早"。组织开展2轮集中排查。在所有村、易地搬迁集中安置点均明确1~2名防贫监测员负责动态排查。归集12个部门23类基础数据863万条，"碰撞"比对出疑似风险9.4万条，逐条逐项入户核实、销号。2021年识别纳入监测对象7839户1.34万人。二是帮扶环节突出"实"。对监测对象的结对帮扶实现全覆盖、优先安排领导干部结对帮扶。共有2.82万人参加养老保险，7141人就业，4447人发展产业，1109人获临时救助，1790人获社会帮扶，帮助1.52万人改善了生产生活条件或基础设施条件。三是退出环节突出"稳"。每季度开展帮扶成效评估，确保风险不反复。1.09万户消除风险的监测对象人均纯收入达到9087.8元，家庭人均纯收入超过10000元的户，占比19.8%。四是识别纳入关口和风险消除关口突出"严"。严格执行湖南省两个"五步法"程序，实现"有进有出、动态管理"，做到"应纳尽纳、应扶尽扶、应消尽消"。②

4. 建立"三机制两清单"，完善工作体系

巩固脱贫攻坚成果，推进乡村振兴，需要一个得力的工作体系。娄底市始终坚持以更高的站位、更准的定位，积极探索行之有效的工作体系，做到有组织保障、有依据可循、有工作力量、有监督执行。一是建立领导机制。在全省率先出台《关于印发〈娄底市乡村振兴工作领导机制（试行）〉等3个试行机制的通知》，市委常委会议、市政府常务会议多次专题研究部署。市委书记、市长带头，24名市级领导分别联系指导41个帮扶村。二是建立

---

① 中共娄底市委实施乡村振兴战略领导小组办公室：《巩固拓展脱贫攻坚成果同乡村振兴有效衔接工作情况汇报》（2022年），打印稿。

② 中共娄底市委实施乡村振兴战略领导小组办公室：《巩固拓展脱贫攻坚成果同乡村振兴有效衔接工作情况汇报》（2022年），打印稿。

调度机制。市委、市政府分管领导每月综合调度，及时解决工作层面的具体问题。市委实施乡村振兴战略领导小组成员单位全部明确分管领导、牵头科室和联络员，每月研判工作。三是建立督查机制。市级根据推进情况安排督查。对 5 个县市区和娄底经开区共 28 个乡镇 35 个村、部分易地搬迁集中安置点进行实地督查，走访农户 314 户，发现的问题全部“双交办”（既交办给县市区立行立改，又交办给市直单位全面整改）。四是建立责任清单和任务清单。在全省率先出台《娄底市巩固拓展脱贫攻坚成果全面推进乡村振兴工作方案（2021-2025）》，将巩固拓展脱贫攻坚成果、全面推进乡村振兴的重点任务，逐条逐项明确到 30 个市直单位牵头实施，进一步强化责任和分工。①

（二）做强地方特色产业链，打造乡村振兴“新引擎”

乡村振兴靠产业，产业发展靠特色。2021 年，娄底市坚持把农业产业发展作为经济工作的重中之重，秉持“宜农则农、宜林则林、宜牧则牧、宜开发生态旅游则搞生态旅游”的理念，坚持因地制宜、突出特色的重要原则，致力于把自身比较优势发挥好，使产业发展扎实建立在自身有利条件基础之上，打造乡村特色农业产业。

1. 立足优势资源，壮大畜牧产业

畜牧业是娄底传统优势产业，也是“三农”增产增收的主导产业。2021 年，娄底市围绕“稳生猪、壮牛羊、强特色”的发展思路，紧盯“保供给、保安全、保生态”发展目标，夯实“生猪产业、特色畜牧业、生态养殖业、深加工业”四大工程，推动畜牧业高质量发展。一是高位推动，聚全力推进“湘中黑牛”品种选育。成立了以分管副市长任组长的协调推进小组和以省畜牧兽医研究所牵头的科研技术攻关小组，成立了工作专班和技术服务团队。目前，娄底市本级已拨付专项经费 300 万元，涟源市按 2 倍

① 中共娄底市委实施乡村振兴战略领导小组办公室：《巩固拓展脱贫攻坚成果同乡村振兴有效衔接工作情况汇报》（2022 年），打印稿。

经费配套到位，按技术方案有序推进。二是做强特色，大力发展优质黑猪产业。湘村高科建设年出栏 18 万头的“湘村黑猪”产业园，年加工能力达 1 万吨的深加工企业已建成投产；“广益黑猪”品种选育已基本完成，正力争通过国家新品种审定；黑加宝公司年出栏 14 万头生产基地已建成投产。2021 年，娄底市出栏黑猪达 20 万头，产业产值 12 亿元。新化县与新五丰股份有限公司签订合作协议，建设 24 个标准化规模养殖场，其中母猪场 3 个、育肥猪场 21 个，养殖能繁母猪 2.2 万头，年出栏商品猪 50 万头。[①] 三是双汇项目落地，生猪深加工业加速发展。双汇集团投资 5.5 亿元、年屠宰生猪 120 万头、年生产 3 万吨餐饮料理产品的生猪产品深加工项目落地娄底市，预计 2022 年年底投产。该项目建成后，将进一步延伸全市生猪产业链条，大幅提高深加工比重，提升生猪产业效益，同时辐射带动湖南省湘西南生猪加工业连片发展。[②]

2. 坚持绿色引领，发展林下经济

发展林下经济，对促进森林资源充分利用、生态建设、农民就业增收、优化林区经济结构、巩固集体林权制度改革等方面具有重要作用，对于巩固拓展脱贫攻坚成果、全面推进乡村振兴也有着特殊的意义。娄底市把林业产业发展作为乡村振兴的重要抓手，边摸索边实践，利用林下资源发展林下特色种植、养殖，实现近期得利、长期得林、以短补长、协调发展的良性循环。一是突出重点品种，大力推进林下经济发展。2021 年，娄底市林下经济发展由面积、数量发展朝着效益、质量提升方向转变。林下经济面积稳定在 185 万亩，总产值达到 60 亿元，同比提高 7.5%。如：新化县古台山正着力打造省级林下经济示范林场，拟建立 1 万亩的林下黄精和魔芋种植基地。双峰县建立了 1000 亩的竹林下经济示范基地，发展竹荪产业。娄底市黄精产业种植面积达到 5.5 万亩，新增 1 万亩，产值达到 5.5 亿元。二是加快招商引资，大力推进竹木加工发展。双峰县制定了竹产业发展“十四五”规

① 《娄底市“四大工程”引领推动畜牧业高质量发展》，《娄底日报》2022 年 1 月 26 日第 6 版。

② 娄底市农业农村局：《2021 年全市农业农村工作总结》（2022 年），打印稿。

划，出台了《双峰县加快竹产业发展的意见》。目前，惠州华彤在双峰永丰镇成立米文竹木有限公司，投资 1.5 亿元，建设 100 亩竹产品加工厂（竹帘、竹签）；湖南芝深公司投资 8000 万元，在双峰县印塘乡建设 120 亩竹材人造板厂。2021 年，竹木龙头企业快速发展，全市竹木加工产业产值达到 53.5 亿元。三是着力效益提升，大力推进油茶产业发展。2021 年，全市利用中央和省级油茶低改专项 1.8 万亩，油茶低改精细化示范基地 500 亩，争取资金 1050 万元。到 2021 年底，全市油茶鲜果产量 8.49 万吨，茶油产量 5140 吨，油茶产业总产值达到 17.8 亿元，同比增长 14.1%。2021 年，娄底市成功申报了龙盘山油茶产业园项目 1 个（100 万元）、油茶仓储中心项目 1 个（100 万元）、油茶小加工作坊升级改造项目 11 个（共 165 万元）。①

3. 注重创新驱动，优化农机服务

为破解耕地“碎片化”、传统的粗放式发展、农业大而不强的难题，娄底市以创新驱动乡村振兴，以建设全省精细农业先行区为契机，一以贯之加大农机推广力度。据调研，2021 年，娄底市规模以上农机企业产值达到 92.24 亿元，农机出口 2619 万美元，总产值和出口额全省排名第一；全市农机总动力达到 373 万千瓦，全市水稻综合机械化率达到 76.58%。农业生产机械化、合作化、规模化水平不断提升，农业增效、农民增收基础进一步夯实。一是培育农机大户，推进规模种植。以机插机抛、秸秆综合利用、油菜直播为重点，积极培育农机大户，实行代耕、代种、代管、代收、代烘“五代”服务。如：双峰县 2021 年承包耕地 1000 亩以上的农机大户达 28 户。二是发展合作组织，推进共同致富。采用“合作社+农户+土地流转”模式，推行农机社会化服务。如：2021 年，双峰县农机合作社先后投入 10236 台农机，机械化种粮 60.2 万亩，担当种粮“第一主力”。三是研发新型农机，推进农业节本。鼓励本土农机企业与重点院校、院士团队开展产学研合作，围绕优质稻、油茶、楠竹、蛋白桑等重点产业，研发油茶产业全程无人作业农机、多功能烘干机、竹木制品加工机械、适合深水田作业和多种

---

① 娄底市林业局：《娄底市林业产业发展概况》（2022 年），打印稿。

作物收获的联合收割机等产品。如：双峰农友集团研发的 4QZ-1500-50-型牧草收割机，可实现蛋白桑、青贮全颗玉米、黑麦草、甜象草等收割、揉搓、切碎的复式作业，累计机械化收割蛋白桑面积 5000 余亩，减少劳动力成本 120 万元，实现经济效益 1000 万元。四是衍生产业，拓宽就业。农机装备产业的转型升级，有效促进了农产品加工业发展，拓展了农民就业渠道。农家宝机械有限公司立足双峰竹资源丰富的实际，研发竹木断料机、竹帘编织机和智能破竹机，广泛用于楠竹的初、深加工。五是助推休闲农业，让农民成为乡村旅游受益者。充分发挥农业机械化在农业规模种植中节本增效作用，推动全县发展油菜花、彩色水稻等休闲农业基地。如：锁石镇鼓励农机大户联合当地农民成片种植油菜花、菊花等 1.56 万亩，以花为媒，打造“春有油菜、夏有荷花、秋有油葵、冬有菊花”的“花之缘”旅游线路，将田园变公园、农房变客房，每年吸引游客 15 万人，带动了周边 10 多个村的农民增收。①

4. 聚焦品质提升，打造特色产品

发展特色农业，提升农产品品质，有利于优化区域农业生产力的空间布局，提高农业产业市场竞争力，满足市场多样化需求，形成农民收入的新增长点，对于新时代农业农村而言，意义重大。2021 年，娄底市乡村产业快速发展，农业产业保持喜人形势。一是品牌建设和农产品质量安全建设稳步推进。目前，娄底农产品有全国驰名商标 5 个，农产品地理标志证明商标 12 个；共有“两品一标”有效认证产品 220 个，省级绿色食品示范基地 5 个，形成了新化红茶、黄精和魔芋、双峰辣酱辣椒、涟源蔬菜和柑橘、冷水江小水果等区域特色品牌。涟源肖老爷食品公司入选《湖南农产品出口企业名录》，“桥头河蔬菜”入选湖南“一县一特”优秀农产品，99 个企业 159 个产品被纳入湖南省“身份证”平台管理，37 家企业 62 个产品完成“身份证”二维码附码上市。② 娄底市 2021 年农产品生产无使用禁用高毒农

① 娄底市乡村振兴局：《娄底市全面推进乡村振兴战略经验材料汇编》（2022 年），打印稿。

② 中共涟源市委、涟源市人民政府：《涟源市实施乡村振兴战略情况汇报》（2022 年），打印稿。

药行为、无农业投入品使用事故、无农产品质量安全事故，涟源市、新化县分别获国家级、省级农产品质量安全县称号。二是主要农产品有效供给保障有力。据调研，娄底市农产品加工企业2584家（其中国家级龙头企业3家、省级54家），农产品加工全产业链产值达736.65亿元，加工企业营业收入508.5亿元，同比分别增长7.9%、7.8%；全市休闲农业企业达1964家，休闲农业全年经营收入32.68亿元，接待游客1016.4万人次，同比分别增长3.1%、5.7%；全市农民专业合作社达7752家，家庭农场总数达3582家。新化县、双峰县、涟源市入选“全省特色县域经济重点县”，涟源市入选“全国现代农业示范区”“全省农村一二三产业融合发展试点县”，双峰县、新化县、冷水江市入选“全省农村一二三产业融合发展示范县”。[①]

（三）着力选优配强带头人，激活干事创业“动力源”

农村要发展好，很重要的一点就是要有好班子和好带头人。俗话说：“村看村，户看户，群众看干部。”村干部优秀与否，带头人能力强弱，直接关系到一个村的前途命运。高度重视乡村人才问题，选优配强带头人，才能为乡村振兴赋予新动能。娄底市坚持“选好育强核心，管好用好干部”的思路，统筹抓好选、育、管、用等环节，通过挖掘本土人才、回引在外能人、选派机关干部等路径，选好一个带头人，配强一个班子，带活一方发展。

1. 坚持“尽锐出战”

脱贫攻坚全面胜利不是结束，而是新奋斗、新征程的开始。娄底市弘扬脱贫攻坚精神，乘势而上，继续“尽锐出战”、真抓实干，牢牢守住来之不易的成果，为全面推进乡村振兴筑牢根基。据调研，涟源市由领导干部带头，对新增监测对象实行结对帮扶，每个帮扶干部结对不超过3户，每月上门走访帮扶不少于1次。同时，按照“缺什么补什么”原则，根据监测对象风险类别、发展需要等开展针对性帮扶。2021年共增派帮扶干部1829人

① 娄底市农业农村局：《2021年全市农业农村工作总结》（2022年），打印稿。

参与结对帮扶，其中处级干部 35 名、科级干部 962 名。[①] 双峰县把最能攻坚的干部选派到乡村振兴一线，473 个村全部派驻第一书记，选派 442 名县级以上干部对 162 个村（包含脱贫村、易扶村、重点村、软弱涣散村、乡村振兴示范村）开展驻村帮扶，其他村继续安排乡镇驻村工作队（联村工作组）帮扶，实现驻村帮扶和结对帮扶两个 100%全覆盖。通过制订乡村振兴工作队管理办法，实行派出单位与所驻村帮扶项目、资金、责任“三捆绑”制度，有效推动了工作重心下移、干部力量下沉，打通了责任、政策、工作在基层落实的“最后一米”，并计划把退出领导岗位的科级干部派往乡村振兴示范村。同时，先后组织开展新一届党政领导班子、村“两委”班子履职培训 5 期，举办集体经济发展、乡村振兴专题培训班 4 期，共培训 2.5 万人次。推行“乡镇党委书记村村讲党课”，实施党员大轮训，组织村干部开展“我为美丽乡村代言”视频竞赛活动，切实提高乡村振兴主力队伍实战本领。[②]

2. 筑牢基层“堡垒”

人才聚则事业兴。乡村基层有人才，脱贫攻坚成果才能巩固，乡村振兴才有底气。娄底市脱贫攻坚战胜利后，一如既往重视乡村基层人才问题，继续选优配强基层一线力量。据调研，2021 年，轮换 790 支驻村帮扶工作队后，2237 名驻村干部平均年龄下降 3.2 岁，大专及以上文化程度占比提升 3.58%,[③] 其中市直单位新派出 284 名驻村干部平均年龄 43.26 岁，党员占比 74.3%，且驻村工作队长全部为科级及以上干部。[④] 村“两委”换届后，1.24 万名村干部平均年龄下降 6.1 岁，大专及以上文化程度占比提升 20.17%。选派 438 名科技人才服务基层。组织各级干部培训 2.71 万人次，驻村干部、村“两委”干部等一线骨干普遍受训 1 次以上。[⑤] 双峰县在乡村

---

① 娄底市乡村振兴局：《娄底市全面推进乡村振兴战略经验材料汇编》（2022 年），打印稿。

② 娄底市乡村振兴局：《娄底市全面推进乡村振兴战略经验材料汇编》（2022 年），打印稿。

③ 中共娄底市实施乡村振兴战略领导小组办公室：《娄底市 2021 年实施乡村振兴战略工作总结》（2022 年），打印稿。

④ 娄底市乡村振兴局：《娄底市全面推进乡村振兴战略经验材料汇编》（2022 年），打印稿。

⑤ 中共娄底市实施乡村振兴战略领导小组办公室：《娄底市 2021 年实施乡村振兴战略工作总结》（2022 年），打印稿。

换届中，乡镇党政正职全部来自脱贫攻坚大战大考一线，择优选配 57 名优秀年轻干部进乡镇领导班子，乡镇班子平均年龄下降 4.2 岁。通过“内培”“回引”，调整村书记 144 人，村干部平均年龄 46 岁，整体下降 5.7 岁，大专及以上学历占比 49.8%，各类致富能人占比 64.6%。配强生力军。同时，全面推行乡镇工作人员联村制度，每个村派驻 1 个联村工作组，配备 3 名以上干部，由乡镇领导班子成员或中层干部担任组长并明确为村乡村振兴第一责任人，对其工作实绩进行全程考核，被评为优秀档次的联村工作人员按不高于平均绩效奖的 30%予以奖励。①

3. 着力精准选才

俗话说，好钢用在刀刃上。乡村振兴选才用人贵在人岗相适、能岗匹配，因地适宜、因材施教，才能发挥出最大效能。娄底市根据自身乡村振兴发展实际需要，坚持“按图索骥”，精准识才、育才、用才，为乡村振兴注入“源头活水”。据调研，娄底经开区加强队伍建设以保障人才需求，区级原扶贫办更名为乡村振兴办公室，两街道均设立专门机构，并强化工作力量，村居一级均有工作专干。以村居班子成员建设、大学生村官选聘、乡贤能人返乡、致富带头人培训为抓手，发挥“头雁效应”，打造一支留得下、用得上、靠得住的乡村振兴致富带头人队伍，为巩固脱贫攻坚成果、全面推进乡村振兴提供坚实有力的人才支撑。② 双峰县注重将巩固拓展脱贫攻坚成果同乡村振兴有效衔接，培养使用干部时，旗帜鲜明地树立“以乡村振兴看能力、评业绩、论英雄”的导向。2021 年，双峰县在乡村振兴一线提拔重用 73 名实绩突出的乡镇领导干部，让 46 名干部优先晋升职务，8 名村党组织第一书记、帮扶工作队队长进入乡镇领导班子。出台全省第一个《科技特派员管理办法》，选派省、市、县科技特派员 104 名。根据基地、大户和企业特点，与科技特派员的专长有效配对，建立 7 个行业产业分团和 6 个区域分团，建立 12 个专家服务示范基地。内培育才。积极实施“个十百千万”

① 娄底市乡村振兴局：《娄底市全面推进乡村振兴战略经验材料汇编》（2022 年），打印稿。

② 娄底经济技术开发区：《产城融合赋能　破题乡村振兴》（2022 年），打印稿。

工程，编写1本《技当家》科技读本，培育农村骨干技术人才1000人，为全县近万名农户提供信息技术咨询和科技服务，推广新技术17项，引进新品种22个，辐射服务近5万人，新增产值2亿元。外引聚才。制定《双峰县人才引进实施办法》，引进高学历人才87人。与中国农业大学等高校签订合作协议，组建技术创新战略联盟，指导成立双峰县丘陵农机研究院。聘请中国工程院院士罗锡文和湖南农业大学邹学校、湖南师范大学刘少军等分别组建院士团队，服务双峰农机、辣酱等重点产业发展，助力乡村振兴。①

（四）趟出内外兼修新路子，推动乡村建设“持久美”

改善农村人居环境，建设美丽宜居乡村，是乡村振兴的一项重要任务。乡村建设，不仅要擦亮“面子”，还要做实“里子”，只有“内外兼修”了，农民群众才会得到美的享受、形成美的素养、过上美的生活。娄底市依托自身资源禀赋，举生态旗、打旅游牌、走绿色路，通过硬核措施“管”，多管齐下“塑”，凝心聚力“建”，打造持久美、内在美，蹚出一条内外兼修、形魂皆塑、美丽宜居乡村建设新路子。

1. 规划建管并重，塑好美丽乡村“形”

农村基础设施建设和公共服务是推动农村发展的动力引擎。娄底市充分认识到城乡基础设施建设不平衡、差距大的现实问题，持续补齐乡村基础设施短板，逐步推动乡村基础设施从“有”向“优”、由“少”到“多”的转变。据调研，娄星区共建成农村公路1560公里，开通城乡公交线路17条，新建或管网延伸工程82处，农村自来水普及率达到92%，农村户厕改造2.5万户，拆除“空心房”41.17万平方米，山塘清淤2600口，沟渠疏通150公里，疏通“淤塞河”31公里，推动农村水、电、路、网等基础设施大幅度提升，建成省级美丽乡村示范村6个、区级美丽乡村19个、美丽屋场84个、“秀美村庄”120个。② 涟源市高标准推进乡村建设。推进“多

---

① 娄底市乡村振兴局：《娄底市全面推进乡村振兴战略经验材料汇编》（2022年），打印稿。

② 娄底市娄星区乡村振兴局：《娄星区实施乡村振兴战略2021年度工作总结》（2022年），打印稿。

规合一”村庄规划编制，235个规划方案已进入编制审查。高质量推进“四好农村路”建设，完成农村公路提质改造66公里、农村公路安防工程建设160公里。乡村医疗卫生机构和人员“空白点”动态清零，实现中医药服务基层全覆盖。投入1199万元，完成34所乡村小规模学校建设任务。建成166个村级互助养老服务站，覆盖率达34.9%。持续推进村庄清洁行动，全市504个村（社区）实施农村垃圾集中处理，达标率95%。完成年度改厕任务15860个。规范乡镇综合文化站、村级综合文化服务中心运行管理，扎实推进村级“三有”应急能力建设，所有村（社区）均建有村级应急服务站（点）。[①] 2021年，娄底市年度投资8.08亿元，完成农村公路提质改造309.47公里和农村公路安保工程900公里，完成农村公路危桥改造15座，农村公路优良率85%，列养1.39万公里。完成农村改厕5.54万户，农村生活垃圾收运处置体系达标村占比99.89%。年度建成16个乡镇污水处理厂、20个乡镇垃圾中转站。补齐公共服务设施短板，乡镇综合文化站均落实开放项目和开放时限要求，行政村综合文化服务中心达标率100%。合理构建农村养老服务格局，有互助养老服务设施的村占比50.9%。为414名非法定监护人监护的农村留守儿童签约委托照护，签约率100%。强化乡镇应急能力建设，首批28个乡镇和第二批36个乡镇全部验收达标，其余将在2022年度完成。加强规划布局，开展3轮调研，出台《娄底市“十四五”巩固脱贫成果规划》。首批遴选558个基础条件好的村庄开展规划编制。按照“抓两头、促中间”的工作思路，确定172个重点帮扶村和109个示范创建村。[②]

2. 由外而内发力，铸好美丽乡村“魂”

美丽乡村，既要美在“形”上，更要美在“魂”上，既要提升乡村社会的硬件设施，提高百姓的物质生活品质，更要不断丰富人们的文化、精神

① 中共涟源市委、涟源市人民政府：《涟源市实施乡村振兴战略情况汇报》（2022年），打印稿。

② 中共娄底市实施乡村振兴战略领导小组办公室：《娄底市2021年实施乡村振兴战略工作总结》（2022年），打印稿。

生活。双峰县锁石镇积极开展“传承优良家风”活动，引导广大村民改陋习、树新风，以家庭的“小气候”温润社会“大气候”，评选出“最美新乡贤”4人和“锁石好人家”16户。同时，利用政务宣传栏、微信公众号等，开设专栏刊播先进事迹，大力宣传先进典型，树立示范标杆，引领道德风尚。在全镇广大党员中开展“亮明党员身份”主题活动，全镇1268名党员佩戴党徽，悬挂“党员家庭”牌子，带头遵纪守法、移风易俗，带头明礼诚信、弘扬正气，带头热心公益、帮困扶弱。丰富文化生活，全镇24个村建好了村级文化广场，配备体育健身器材，让群众拥有文化活动场所。依托村级服务平台，整合农家书屋、乡村少年宫等资源，开设留守儿童之家、老年活动之家，有效满足了群众的文化、娱乐、健身等需求，为群众送去文化大餐。

2021年，娄底市加强乡风文明建设，在全市开展党史宣讲、新冠肺炎疫情防控、送戏下乡、礼仪培训等新时代文明活动2000余场次，建成新时代文明实践中心5个、文明实践场所77个、文明实践站1635个。建成文明村976个、文明乡镇33个，占比分别为54%和49%。不断加强农村公共文化建设、乡村道德建设，行政村都建立并落实村规民约。①

3. 统筹生态生活，实现绿色乡村“美”

环境就是民生，青山就是美丽，蓝天就是幸福，良好的生态环境是最普惠的民生福祉。② 娄星区以水系美为基础，因水施治打造水韵之地。按照“确保干流生态岸线保有率80%以上，流域水功能区水质达标率92%，双江水库饮用水水源地水质达标率100%”的高标准要求，深化水安全、水资源、水生态、水环境、水文化“五水共治”行动，推动从单一的防洪灌溉，向水美乡村的综合功能转变。2021年，娄星区全线涉水驳岸实施生态连锁砖和生态挡墙等生态化设计，依托项目梯次推进沿河生态样板路建设、河湖

---

① 中共娄底市实施乡村振兴战略领导小组办公室：《娄底市2021年实施乡村振兴战略工作总结》（2022年），打印稿。

② 习近平：《在省部级主要领导干部学习贯彻党的十八届五中全会精神专题研讨班上的讲话》（2016年1月18日），人民出版社单行本，第19页。

清淤疏浚和交通网络贯通工程，新建改造护岸 16 公里，新建机耕游步道 20 公里。对高灯河源头实行重点治理，关闭钒矿、转运深埋矿渣，对矿区全面复绿，高灯河流域森林覆盖率达 66.2%，高灯河水质也由Ⅳ类达到Ⅲ类水质。开展双江水库滑坡治理、杉山村退耕还林还湿区建设、新庄泥石流治理等水土保持项目建设，综合治理面积 119 平方千米。打造双江新庄村至杉山集云村沿河 24 公里的生态旅游慢行道，配套建设神童文化园、小水电博物馆、双江水库、洪家山森林公园、贺国中故居等精品旅游区，结合美丽乡村建设，集云蔬菜园基地、荷花园、花溪谷、奥达农业园、智慧农业产业园、莫言醉等高效观光农业园，实现文化、生态、旅游、产业深度融合。2021 年娄星区被成功列入全省首批乡村振兴示范区。①

垃圾处理是百姓生活日常小事，也是关乎生态文明建设的大事。围绕垃圾减量化和资源化，双峰县按照“三次多分法”，即农户初分、村保洁员（分拣员）细分、县级分拣中心精分，推行“户分类—村收集—镇转运—县处理”模式，推进垃圾总量减少、垃圾有效中转，初步形成“政府引导、村民自治、有偿服务、规范常态”的管理机制。2021 年全县收取垃圾清运有偿服务费 830 余万元，通过向群众收取环境卫生费，既加强了人居环境整治工作的宣传，又增强了群众的主体意识、责任意识。整合农村环境综合治理项目资金，建设乡镇垃圾中转站 13 座、配备转运专用车辆 28 辆，机动收集车 660 余辆，人力垃圾收集车 1084 辆，配置农户垃圾分类桶 25.24 万个，建设村级分拣中心 473 个，配备村级保洁（分拣）员 1526 人。充分发挥供销系统点多面广、资源回收利用业务熟练的优势，将低残值和有毒有害垃圾通过政府购买服务方式兜底回收，2021 年全年回收低值可回收物 4824 吨，有毒有害垃圾 14 吨，农残包装应收尽收。2021 年建成海创垃圾焚烧发电项目，日处理 500 吨垃圾。目前，全县的垃圾处理能够实现日产日清。②

① 娄底市乡村振兴局：《娄底市全面推进乡村振兴战略经验材料汇编》（2022 年），打印稿。

② 娄底市乡村振兴局：《娄底市全面推进乡村振兴战略经验材料汇编》（2022 年），打印稿。

保护环境就是保护生产力，改善环境就是发展生产力。[①] 冷水江市坚持以生态文明引领乡村振兴，大力推进生态修复，实施锑煤矿区山水林田湖草生态保护修复试点工程。通过修复耕地山林、治理地灾隐患、搬迁加固房屋、引水灌溉引用等多项工程的建设实施，消除隐患、保障生产、美化环境、改善民生，“百年废土”变净土，“疮痍荒山”变青山，“毒害污水”变绿水，“贫瘠荒田”变良田。2021 年 10 月 14 日，在联合国《生物多样性公约》缔约方大会第十五次会议（COP15）生态文明论坛主题四——“基于自然解决方案的生态保护修复”论坛上，《娄底冷水江锑煤矿区山水林田湖草系统治理》成功入选自然资源部国土空间生态修复司发布的《中国生态修复典型案例集》，作为湖南省唯一案例向国际社会推介。

（五）创新治理模式多元化，撑起共建共享“大格局”

乡村治理有效是乡村振兴的重要内容。乡村治理关系到农村社会稳定和经济发展，关系到党的执政基础，关系到广大农民群众的获得感、幸福感和安全感。娄底市坚持从乡村实情和特点出发，在实践中探索和试验，坚持党委政府主导、社会力量和基层群众同心同向发力，积极探索既符合当地实际又科学有效的治理模式，着力破解基层治理难题，以多元化的治理模式撑起人人有责、人人尽责的共建共治共享治理“大格局”，为乡村振兴奠定坚实的社会基础。

1. 探索“党建+网格化”管理模式，实现服务“零距离”

娄底市紧扣“群防群治”关键，发挥人民群众在基层治理中的主体地位，推动志愿者进网入格、服务下沉、治理触角延伸，探索形成“党建+网格化”管理模式，“娄底红”网格志愿服务红遍湘中大地。如：双峰县全面推行“网格+党建”，通过县领导包乡走村，乡镇领导包村联户，干部联组联户，深化网格三微工作法，开展“党群心 · 服务芯”五个到户党员联系

① 习近平：《在省部级主要领导干部学习贯彻党的十八届五中全会精神专题研讨班上的讲话》（2016 年 1 月 18 日），人民出版社单行本，第 19 页。

群众活动，3 万名党员串联起 90 万名群众，将安全生产、综治维稳、环境整建、“反诈打跨”等工作落到网格、落到农户，激发乡村振兴合力。提高引领力，推动基层自治、德治、法治有机结合，发挥党员干部的先锋模范作用，推进全域文明创建，梓门桥镇黄马洲村获评全国乡村治理示范村。荷叶镇天坪村党员带领群众义务劳动、整治环境，被推广到全县 15 个村。锁石镇油菜花节、杏子铺镇美丽屋场建设等一批基地成为双峰县抓党建促乡村振兴的亮丽品牌。①

2. 探索“屋场会”群众工作模式，架起百姓“连心桥”

娄底市积极破解基层治理难题，探索“屋场会”群众工作模式，架起百姓“连心桥”，着力构筑“群众说事、屋场共治”的基层治理新格局。如：涟源市在基层实践中探索具有“贴近群众接地气、组织群众聚人气，明辨是非树正气、化解矛盾消怨气”鲜明特点的“屋场会”工作模式。一是注重党建引领，充分发挥党员在“屋场会”中的先锋模范作用。按照“支部包村、党小组包屋场、党员包户”的模式，开展领导干部联村、党员干部联网格、村党组织成员联屋场、党员联户的“四联”活动。二是突出重心下移，建立源头化解的问题处置机制。推动组织、宣传、政法、乡村振兴、民政、司法、信访等单位将工作覆盖到屋场。对涉及矛盾纠纷调处的议题，安排法律服务人员、人民调解员参加“屋场会”。将“屋场会”与村民议事会议制度相结合，建立“屋场会”问题和建设台账。涟源共召开“屋场会”13000 余场，解决群众提出的问题 3137 个，化解矛盾纠纷 1252 起。三是坚持共治共享，建立贴近群众的动员引导机制。党员干部与群众同坐一条板凳，面对面宣讲政策、通报工作、讨论问题，有效吸纳乡贤、脱贫户、上访户、经济能人、志愿者等群体参与，群众参与公共事务的主动性空前高涨，全市“屋场会”普通群众参与率达到 72%。四是立足便民利民，建立信息互联的线上支持机制。自主开发“屋场会”App，融合视频会议等功能，打造“智慧屋场会”。在人员难以集中的屋场，召开“指尖屋场会”，

① 娄底市乡村振兴局：《娄底市全面推进乡村振兴战略经验材料汇编》（2022 年），打印稿。

群众在 App 上就能进行政策咨询、问题释疑。2021 年获评湖南省法治政府创建示范项目。被中央电视台、《人民日报》等多家央省主流媒体多次重点报道推广。①

3. 探索“三干五零”治理模式，画好共治“同心圆”

娄底市充分尊重农民，时刻把农民主体地位放在心上，着力探索农民群众在基层治理中的主体作用充分有效发挥的科学路径，为推进乡村振兴集聚内生力量。如：娄星区积极探索推行“三干五零”模式，充分调动农民积极性、主动性、创造性，不断增强村民自我管理、自我教育、自我服务、自我监督能力，推动乡村从整治、管治向善治转变。一是着力推行“干部带头干、群众自愿干、干群一起干”的“三干”理念。全区 11 个乡镇街道 204 个村（社区），由区委书记、区长带头，各区级领导包镇、包片、包村，乡村干部包村、包组、包户。通过开展“最美新乡贤”评比，涌现出自愿出资带动乡邻开展屋场建设、退休不退志的老教师等一批新乡贤代表。搭建“十百千、比拼创”示范创建平台，对工作进展实行月讲评制度，做到“一月一调度、一月一讲评、一月一奖惩”。全区已创建区级美丽乡村示范村 30 个，美丽屋场示范片 150 个。二是着力把好“意愿关、设计关、成本关、质量关、绩效关”的“五关”环节。坚持主动听取农民意愿，尊重农民首创精神，所有的建设项目均由屋场户主根据自身需求确定，每一个屋场开工建设前均必须开好“屋场会”，所有的户主必须签好建设承诺书。从实际出发，在确保项目质量的前提下，不贪大求洋，做到尽量减少占用田土、尽量减少挡土墙、尽量减少造价、尽量减少工程量、尽量减少工期。充分利用现有资源，将废旧瓦片重新组合，废旧木料重新上油，实现资源再利用。联村建绿由项目镇村定方案、定树种、定规格、定价格、定时间，包土地平整、包苗木栽植、包苗木成活、包栽后管护。推行“三化一评价”，即农村投入项目化、涉农资金集约化、资金分配奖补化、对项目建设和资金使用情况进行绩效评价。三是着力实现“工程建设零利润、占用土地零补偿、出工出

① 娄底市乡村振兴局：《娄底市全面推进乡村振兴战略经验材料汇编》（2022 年），打印稿。

力零报酬、优化环境零阻工、群众满意零上访”的“五零”目标。乡村建设项目由乡村自己负责，禁止“提篮子”“打招呼”，杜绝“拉项目”“吃回扣”。建设项目占用个人承包地，采取鼓励群众无偿贡献、以集体土地置换和使用筹资款适当补偿等方式。公共区域的建设涉及土地的问题，均由乡、村、组自行协商解决。建设前期发挥村支“两委”人熟、地熟、情况熟的优势，协调处理好工农矛盾关系，形成“支书有公心、班子无私心、群众一条心”的良好氛围。优化项目审批程序，节省时间成本，降低经济成本，严管施工队伍。工程建设规划与镇村实际、群众迫切需求相结合，不“一哄而上”盲目建设，坚决杜绝华而不实、劳民伤财的“花架子”工程，切实建设“惠民工程”“优质工程”“阳光工程”“群众满意工程”。据了解，2021 年娄星区被列入全省首批乡村振兴示范县市区。①

二 深入研判现实问题，把握全面推进乡村振兴面临的新挑战

实施乡村振兴战略，是解决“三农”问题、全面激活农业农村发展活力的重大行动，是化解新时代城乡主要矛盾、平衡城乡发展，破解城乡二元格局、全面建设社会主义现代化强国的必然选择。2021 年，娄底市在巩固拓展脱贫攻坚成果同全面推进乡村振兴有效衔接的新发展阶段，按照中央、省委关于全面推进乡村振兴的重要部署，立足市情、农情，深入实践探索，推出一系列重要举措，脱贫攻坚成果巩固、乡村振兴工作取得了许多新成效。但是，实事求是地分析，娄底市全面推进乡村振兴依然面临诸如乡村振兴规划有待城乡一体、特色农产品有待差异化竞争、社会化服务有待进一步升级、盘活土地要素有待解放思想、财政投入政策有待全面整合、城乡治理结构有待整体重构、考核目标体系有待全面集成等方面的挑战。

① 娄底市乡村振兴局：《娄底市全面推进乡村振兴战略经验材料汇编》（2022 年），打印稿。

（一）乡村振兴规划有待城乡一体

乡村振兴，规划先行。2021 年，娄底市不断加强乡村振兴规划布局，基于城乡统筹、城乡一体化等发展思路，娄底市不同职能部门牵头编制了一系列旨在促进乡村振兴的规划或计划，其中既包括城乡统筹发展、土地资源利用、空间布局等整体性规划，也包括旅游、生态、产业发展以及特色小镇、美丽乡村建设等专项规划，这些规划或计划都或多或少、程度或轻或重地影响着娄底市城乡空间布局和发展方向。然而，从实践上看，由于诸如规划涉及部门多，规划在内容结构和涉及深度上均有很大不同，规划重复、交叉、实用性、可行性不足，规划间的衔接机制欠缺、相关政策保障不到位以及由此导致的规划“落地难”等问题客观存在，规划对乡村振兴的引领作用，特别是在促进基础设施城乡一体化的布局上的作用还没有得到有效发挥。如：城乡基础设施的互联互通仍不充分，尤其对于发展“旅游+”特色小镇建设具有导引功能的乡村基础设施建设与城镇之间存在联通不顺畅的现象。在土地分散经营的模式下，自然村、行政村、乡镇目前都缺乏相应的统筹能力，导致镇域范围内的休闲观光农业难以在整体规划、系统布局的基础上实现四季有景、常年可游。同时，城乡间的公共基础设施的管护机制也存在协调不足和效率不佳的问题，“建成”与“管好”之间依然存在矛盾。

（二）特色农产品有待差异化竞争

目前，娄底农产品有全国驰名商标 5 个，农产品地理标志证明商标 12 个，共有“两品一标”有效认证产品 220 个，省级绿色食品示范基地 5 个，打造出湘中黑牛、湘村黑猪、桥头河蔬菜、永丰辣酱、水云峰黄桃、新化红茶、新化黄精、冷水江小水果等区域特色农产品品牌。总的来看，娄底的农业品牌建设得到了长足的发展。但品牌化发展水平不高，本土文化资源优势没有充分挖掘，农产品品牌缺乏知名度；区域发展不平衡问题明显，如娄星区农业品牌发展态势较好，龙头企业较多，但也有个别县市区农业品牌建设相对滞后；区域农业产业趋同化，产业融合度较差，农产品区域性、结构性、阶段性的过剩与特色化、个性化的市场需求之间的矛盾日益显露，质量优异、有特色的农产品却供不应求，价格竞争仍是农产品竞争的主要手段，农民增产不增收、丰产不丰收的现象时有发生；品牌化、差异化的理念和意识不强，有借着区域品牌的非竞争性和非排他性“搭便车”的现象，“有品无牌”现象明显；品牌差异化开拓意识不够，还没有充分认识到应该如何针对农产品不同于工业品的特性而进行诸如品种的差异化、质量的差异化、产品定位的差异化、时间错位差异化、销售对象差异化、销售渠道差异化、外形包装差异化、服务方式差异化等方面的探索。总之，在推进乡村振兴的实践中，娄底需要进一步树立特色发展、差异化发展意识，坚持走差异化竞争之路以搞活农产品市场、实现农民增收、统筹城乡协调发展。

（三）社会化服务有待进一步升级

健全农业社会化服务体系，是实现小农户与现代农业发展有机衔接的主要途径，是深化农业农村改革的重要任务之一。从调研来看，娄底支持鼓励家庭农场、农民合作社等新兴经营主体开展适度规模经营，致力于搞好社会化服务，提升机械化水平，降低种粮成本，通过大力发展优势特色产业特别是农产品加工业，不断提高农产品附加值。农业社会化服务有较快的发展，探索出了一些较好的做法和经验。但总体而言，娄底的农业社会化服务水平和质量还不高，面临不少制约因素和困难。如：龙头企业带动力不强，娄底市有农产品加工企业 2496 家（其中国家级龙头企业 3 家、省级 54 家），农产品加工全产业链产值达 736. 65 亿元，加工企业营业收入 562. 28 亿元。[①]但是，从事产、加、销一体化全程服务，能带动全市产业的龙头企业还没有，加上农业抗击自然风险和市场风险的能力依然薄弱，龙头企业带动农民增收效应不明显。社会化服务内容不新，从事简单环节简单服务的居多。娄

① 娄底市农业农村局：《2021 年全市农业农村工作总结》（2022 年），打印稿。

底双峰县作为传统的农机大县，为整个娄底的农业社会化服务发展做出了重要贡献，但目前也面临亟须转型升级的问题，优质品牌少，农业科技创新能力不足，尤其是在“专、精、特、新”方面需要加大力度，迫切需要把原来的单机制造为主转向成套装备集成发展。社会化服务企业或组织与农户之间的市场联结关系和利益分配机制尚不健全，农业产业经营主体与农户的利益联结不紧密，产业带动增收能力较弱，包括家庭农场、专业大户、普通农户在内的多数农业生产主体对各类具体服务的了解程度还不高，接受或购买有关农业生产的各类社会化服务意识还不强。农业农村发展在基础设施、公共服务、农业人才、资金投入等方面存在明显短板，难以满足全市农业社会化服务发展需要，特别是山区和丘陵区机耕道和水利设施滞后，机械化作业很不方便。农业生产社会化服务的有效供给能力还比较低，尚不能完全匹配农业生产主体对农业生产社会化服务的需求。

（四）盘活土地要素有待解放思想

在乡村振兴背景下，围绕挖掘乡村的多种功能和多重价值，统筹考虑乡村区位条件、自然资源禀赋、产业基础和历史文化传承，因地制宜地探索符合乡村实际的闲置宅基地盘活利用途径和措施，对于激发乡村发展活力、推动乡村转型发展与推进乡村振兴具有重要意义。娄底在盘活农村土地方面作出了很多努力，一直坚持在严守“土地公有制性质不改变、耕地红线不突破、农民利益不受损”① 三条底线的基础上，着眼于发展农村新产业新业态，期望能作出更多的创新突破，因地制宜探索出新的盘活土地模式，以推动土地要素赋能乡村发展。但在土地改革中，存在思想比较保守的情况，在大胆尝试、大胆创新方面还有待加强，在落实上级政策时，常常习惯于研究哪些不能做，而不是主动从现有政策中研究哪些能做。比如：在土地使用权交易、土地入市分红、土地出租、合作入股、土地增减挂钩，以及如何盘活

① 习近平：《习近平主持召开中央全面深化改革委员会第十四次会议强调　依靠改革应对变局开拓新局　扭转关键鼓励探索突出实效》，《人民日报》2020 年 7 月 1 日第 1 版。

利用撂荒地、闲置地、进城落户的村民自愿有偿退出宅基地、“乡贤乡居”，和村集体内部以“村规民约”依法利用宅基地等方面还需要进一步解放思想、大胆创新，并付诸实践。

（五）财政投入政策有待全面整合

财政在“三农”领域的投入政策是国家公共财政优化资源配置职能的一种重要体现。相比城市、工业，“三农”领域的公共产品更全面、更多元，这也意味着乡村振兴财政投入政策的作用更为必要和重要。从调研来看，娄底市乡村振兴财政投入资金依然存在多头管理、交叉重复的“碎片化”现象，制约了财政投入政策合力发挥到最大。首先，财政投入与管理“碎片化”较为明显，涉农政策关系多部门（单位）的利益，导致部分资金分散于多个部门（单位），“九龙治水”问题没有得到有效解决。如：农民培训项目就涉及人社、科技、教育、农业农村等多部门管理，土地整治和高标准农田建设涉及农业农村、国土、水利、自然资源和规划等部门，农村环境整治工作涉及生态环境、农业农村、乡村振兴、自然资源和规划等多个部门。其次，乡村振兴统筹安排的责任划分不明确，没有出台推进乡村振兴的财政投入政策统筹整合的实施方案。相关部门之间缺乏畅通的信息沟通、衔接和联动机制，部分资金不能及时、准确地相互配合，削减了财政投入政策的倍增效应，不利于乡村振兴工作的推进。

（六）城乡治理结构有待整体重构

城乡治理体系的优化与完善是走城乡融合发展的必然要求，也是解决发展不平衡不充分、破解城乡二元结构、消除城乡发展失衡的关键思路。从调研来看，娄底的城乡治理结构还有待重构。主要表现在：一是劳动力、人才要素融合保障机制不畅，由于城乡二元户籍壁垒没有得到根本性的消除，尤其是进城的农民工还没有完全城镇化、市民化，权益和社会保障方面还不完善，城市人才返乡的配套支持政策还跟不上，乡村的生活基础设施、待遇、医疗教育等吸引力不足。二是乡村产业发展基础薄弱，相比城市，在硬件配套、产业园区建设、基础设施配套等方面有较大差距，有的村庄人口“空心化”和产业“空心化”，村庄发展没有活力。三是城乡治理模式单一，主要按照传统思维从规制和经济两方面入手，但是乡村治理资源匮乏，治理成本抬升，乡村治理结构固化，村民参与治理不充分，城乡治理没有统筹起来全盘考虑。四是城乡治理存在对“外援”的依赖性，比如政府的运动式推进、干部下基层、志愿者行动、对口扶贫等外力支持，始终是有限的，城乡治理必须发挥城乡的自主性和内生动力。从当前的机制和情况来看，娄底城乡治理融合还存在一些障碍，城乡治理关联性不够紧密，共建共治共享的理念有待进一步在城乡治理实践中深入落实。

（七）考核目标体系有待全面集成

考核是“指挥棒”，也是“风向标”，更是“助推器”，构建一套行之有效的考核目标体系，能够推动乡村振兴工作责任落实到位，保证各项政策落地生根。从调研来看，娄底在乡村振兴方面的考核目标体系还需要进行进一步完善，对考核工作进行统一协调和综合管理，进一步“化繁为简”，进行“多考合一”的考核机制改革。如在考核内容方面，共性考核与个性考核的指标中存在重复交叉的内容，牵头考核单位数量不明确，考核指标与常规工作还存在没有明确区分的情况。在考核方式方面，考核单位、人员、次数存在没有统筹安排的情况，致使考核次数增加，基层疲于应对；在考核时，存在以图片、简报、信息等文稿资料数量来评价“干”的成果的情况。在考核结果方面，反馈考核结果的汇报材料存在纷繁复杂的情况，考核指标调整前没有进行充分调研和充分考虑基层是否能够更好地学习运用。因此，娄底对基层推进乡村振兴工作方面的考核目标体系还需要进一步统筹谋划、全面集成。

三　致力缩差领跑，奋力开创全面乡村振兴新局面

娄底市在打赢脱贫攻坚战后，继续弘扬脱贫攻坚精神，接续巩固拓展脱

贫攻坚成果，扎实推进乡村振兴，取得了明显成效。但必须清醒地认识到，全面推进乡村振兴的深度、广度、难度都不亚于脱贫攻坚，越往前走，[①] 任务越艰巨，还不能松气歇脚，需要以更加强烈的紧迫感、责任感、使命感，以更大的决心、更明确的目标、更有力的举措，接续奋斗，努力在新的发展基础上全力谱写乡村全面振兴新篇章。

（一）注重地域特色与一体化设计相结合，加强城乡规划衔接，优化城乡空间布局

乡村建设，规划先行。下好科学规划先手棋，统筹好各种资源，方能实现发展倍增效应。娄底市地处湘中腹地，资源禀赋、文化底蕴具有地域特色，城乡规划应当立足本地资源禀赋特点和城乡发展实际，因地制宜规划城乡空间开发保护格局，既要统筹城乡规划衔接融合，也要突出地域特色，防止千篇一律，加快构建城乡融合、布局科学、开放协调的空间发展体系。

1. 统筹城乡国土空间规划

科学编制国土空间规划，全面启动市县两级城区控制性详细规划编制，严格落实“三条控制线”。统筹县域城镇和村庄规划建设，一体化同步推进镇村规划编制，做好核心镇、中心镇、一般镇规划修编工作，系统规划市政公用设施、教育医疗设施、文体科技设施、商贸综合设施，适度超前谋划增强县域基础设施综合承载能力和辐射带动能力。因地制宜、分类推进“多规合一”实用性村庄规划编制，逐步实现建制村规划编制全覆盖。加强村庄风貌引导，保护传统村落、传统民居和历史文化名村名镇，引导因地制宜建设特色乡村。

2. 统筹城乡产业发展规划

着眼打造“长株潭”都市圈拓展区辐射区的规划定位，立足“一核一廊”市域经济格局、“一体两翼”市域发展格局，拓展优化城镇空间布局，

① 习近平：《解放思想深化改革凝心聚力担当实干　建设新时代中国特色社会主义壮美广西》，《光明日报》2021 年 4 月 28 日第 1 版。

有序推动娄涟融合发展。做好“一县一特”“一乡一品”农业特色产业发展规划的实施，打造更多百亿级、五十亿级农业特色产业，培育一批亿元级、千万级农业特色产品。加强农产品加工业和食品工业与农业生产的规划对接，推进农产品加工向产地下沉，向优势区域、重点专业村集聚，促进农产品就地增值，带动农民就近就业。

3. 统筹城乡规划实施

落实区县（市）、乡镇党委、政府推进乡村规划编制与实施的主体责任。加强乡村规划师队伍建设，通过政府购买服务等方式，引进专业技术人员为乡镇、村庄规划建设提供业务指导和技术支持，选择基础条件好的乡镇进行乡村规划师试点。加强建制村规划执行监督员队伍建设，加大违法违规建设行为的查处力度。

（二）注重提炼共性与凸显特色相结合，打好品牌农业“牌”，走好差异发展“路”

农产品品牌化、差异化发展，可以提升农产品市场价值、消费价值，推进农业企业发展，实现农民增收的效果。娄底可以以“六大强农”行动为契机，大力发展精细农业，推动品种培优、品质提升，加大农业品牌培育力度，强化农产品品质安全监管，推动创建一批公共区域公用品牌、企业品牌和产品品牌，不断提高品牌发展水平，全面提升农业质量效益。

1. 壮大优势产品，培育差异化竞争力

加强农产品区域公用品牌打造，重点强化农业品牌顶层设计，打造企业品牌、合作社品牌、农户品牌等品牌协同发展模式，构建区域与企业、合作社、农户品牌互动模式，形成区域、产业、企业、合作社、农户合纵连横。培育壮大湘村黑猪、水云峰黄桃、桥头河蔬菜、永丰辣酱、新化红茶、新化黄精等国家地标和优势特色品牌。培育一批市场占有率高、品牌影响力强的农业龙头企业、上市企业。深入实施湘中黑牛等种业振兴行动，促进生猪产业提档升级，加大农业技术推广应用力度，不断扩大种养规模，加快农业产业化龙头企业项目落地见效。推动农机全产业链发展，加快全国丘陵山区先

进农机装备研发和制造基地建设，打造智能智慧农机新高地。

2. 抓好品牌认证推介工作，提高品牌发展水平

支持农业品牌认定，扎实做好绿色食品、有机农产品、农产品地理标志申报认证工作，支持开展农产品国家气候标志认证，不断增加“两品一标”有效认证数量。做好农业品牌营销，加大农业品牌展销推介力度，组织举办和参展农交会、农博会、国际餐饮博览会等大型展会，举办形式多样的专题推介会、品鉴会，加大宣传推介力度；鼓励农业企业利用传统媒体和网络、电商、自媒体等各类新媒介开展各类农产品营销。

3. 加快产业产城融合发展，推动农业高质高效

大力发展农产品冷链物流，推进农产品仓储保鲜冷链物流设施建设，支持建设产地预冷设施、产地低温直销配送中心、区域性冷链物流基地；大力发展农村电商，做大做强本土农村电商平台；促进休闲农业升级，推动农业与旅游、文创、康养、教育等产业跨界融合；大力培育新型农业经营主体，提升农业产业组织化水平，实施休闲农业与乡村旅游精品工程，促进农村一二三产业融合发展；依据各地资源禀赋，以特色产业为核心，引导同类型企业、资金、人才要素聚集，分类打造农业、工业、文旅等特色小镇，如：冷水江市的制造业、涟源市的“一区三基地”、双峰县的新型材料和农机产业、新化县的陶瓷和现代文印产业等。

（三）注重政府引导与市场主导相结合，构建“闭环式”农业社会化服务体系

农业社会化服务是实现小农户和现代农业有机衔接的基本途径和主要机制。农业社会化服务体系的构建和完善，有助于农业生产力的发展、农业发展方式的转变。加快农业社会化服务的发展，要注重政府引导、市场主导，推动形成主体多元、形式多样的共享型服务体系。

1. 坚持运作市场化，鼓励社会力量参与

按照引导、推动、扶持、服务的思路，既充分发挥市场的决定性作用，推动服务供给与需求有效对接，也发挥好政府的作用，着力培育、支持、引

导服务主体的发展和鼓励更多社会力量参与构建社会化服务体系。按照分层设计、分类引导的原则，针对不同服务类型、不同主体情况，制定符合实际的扶持政策；政府的投入，多以公益性、普惠性为主，如水利、防汛抗旱、技术推广、基础设施建设等方面，同时要不断加强支农财政的统筹整合，不断探索政府向市场购买社会化服务的方式和途径，以政府的资金为引导，通过税费优惠、信贷支持、激励机制等，加大对企业的支持力度，政府投入与社会资本共同构建政策类社会化服务体系；政府要加强规范和监管，规范市场秩序，打击不法行为，创造良好环境。

2. 聚焦模式多元化，培育各类服务主体

积极探索不同区域、不同条件下农业生产社会化服务模式。如可以通过“典型示范+项目推动”模式，打造农业社会化服务示范组织、典型样板，培育更多新型主体，带动实施农业社会化服务项目；通过“上游聚集资源+中游构建网络+下游做好服务”模式，打造包括种子、农药、肥料、农机、农技、科研等资源汇聚，覆盖“上中下”游的“闭环式”社会化服务模式；通过“供销合作社、村集体经济合作社、农民专业合作社”融合的方式，探索“企业+农户+基地”的模式，围绕产前、产中、产后，打造覆盖全产业链的服务体系，大力培育新型农业社会化服务主体，提升农业生产组织化水平。

3. 加快农业机械化，提高精细发展水平

深入推进现代农机“千社”工程建设，聚焦粮食等大宗农作物和农业生产关键薄弱环节，明确专业农机合作社建设、农业机械化率的阶段性目标任务，加快培育多元化、专业化、社会化农机服务组织，支持市场主体建设区域性农业全产业链综合服务中心，推进智慧智能农业产业链建设；发展设施农业，推进蔬菜、小水果等经济作物设施大棚建设，提升“菜篮子”供应保障能力；推进农业智能化发展，以畜禽、水产养殖为重点，大力推广智能化养殖设施设备，加快推进畜禽标准化生态环保养殖场建设，打造一批高标准的智能化养殖基地。

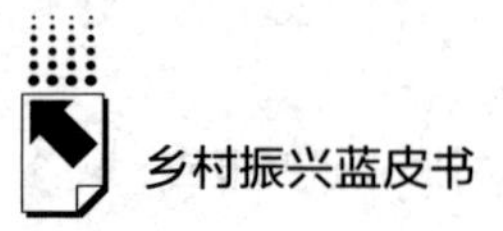

（四）注重底线思维与“放活”思路相结合，守好“土地存量”，挖掘“发展增量”

农村土地资源是农村经济社会发展的基础，盘活土地存量是缓解土地要素供需矛盾、提高土地利用效率、促进乡村振兴的重要抓手。农村土地改革既要坚持底线思维，牢牢守住土地公有制性质不改变、耕地红线不突破、农民利益不受损三条底线，也要鼓励结合实际大胆探索、积累经验。

1. 提高耕地质量，提升存量土地效益

推动村级土地合作社建设全覆盖，以村为单位建立适宜流转土地台账，健全完善土地流转交易平台，采取市场化方式提高土地流转率。规范土地流转行为，合理确定适度规模经营的规模。加强土地流转管理和服务，依法保护农民权益和流入土地经营权益。推进集中连片“涝能排、旱能灌、土壤肥、无污染、能保收”的高标准农田建设，以永久基本农田保护区、粮食生产功能区、重要农产品保护区为重点区域，实施高标准农田建设规划，提高建设标准和质量，健全管护机制，落实耕地保护制度，保障“米袋子”“菜篮子”等农产品安全。

2. 做好顶层设计，挖掘土地发展增量

进一步解放思想，跳出固有思维，深入基层和一线调研、学习借鉴，广泛听取各方意见和建议，设计符合当地现实的切实可行、利益共赢的方案，努力用好存量、挖掘增量。如：立足区位优势、资源禀赋条件，探索“农户退出置换+村集体收储+社会资本合作”模式，盘活农村宅基地资产价值、增加农民财产性收入。从城镇居民“需求侧”的角度出发，探索“农户授权委托+村集体规范管理+政府搭建平台+多业态融合发展”模式，促进“新村民+原住民”双融合，推动农村宅基地跨界配置与产业融合发展。在坚持宅基地“三权分置”原则下，因地制宜、适度放活农村集体建设用地，鼓励和引导乡贤回乡支持乡村建设。村级组织作为实施主体，乡镇负责指导监督，德才兼备愿意回原籍落户的乡贤可以通过宅基地申请、使用国有建设用地、农村宅基地入股、农村集体经营性建设用地入市、农村闲置农房租赁等方式有偿使用宅基地。

（五）注重政策“有没有”与“好不好”相结合，建立涉农财政政策整合机制

实施乡村振兴战略，需要强有力的财政保障，财政政策关键不是有多少，而是用得好不好，如何实现实效最大化。目前，涉农资金“九龙治水”问题依然存在，对涉农财政政策需要进一步通过科学有效的机制进行全面整合，才能切实提高政策效果和资金使用效益。一是进一步强化“三农”投入保障。把农业农村作为一般公共预算优先保障领域，在保持现有“三农”财政预算规模的基础上，逐年提高土地出让收入支持乡村振兴的比例，落实提高土地出让收益用于农业农村比例考核办法，确保乡村振兴财政投入与目标任务相适应。二是深入推进涉农财政政策实质性整合，出台涉农资金统筹实施方案，各县市（区）科学划分任务清单，完善涉农资金整合的“大专项+任务清单”实施机制，确保涉农资金统筹整合取得实效。三是建立多元化资金筹措机制，探索成立娄底市乡村基础设施建设投资公司和娄底市乡村文化旅游开发投资公司，统筹市县两级财政投入、相关土地收益、中央预算内专项、地方政府专项债券、政策性和商业贷款、企业债等多渠道资金，重点支持农业农村。四是鼓励金融资本投入乡村振兴，建好用好娄底市农村综合金融服务平台，引导农业银行、农业发展银行等涉农金融机构加大乡村振兴信贷投入，鼓励金融机构开发专属金融产品支持新型农业经营主体和农村新产业新业态。

参考文献

习近平：《习近平谈治国理政》（第三卷），外文出版社，2020。

习近平：《在全国脱贫攻坚总结表彰大会上的讲话》，2021 年 2 月 25 日。

中共中央、国务院：《乡村振兴战略规划（2018-2022年）》，2018。

《中共中央国务院关于全面推进乡村振兴加快农业农村现代化的意见》，2021年1月4日。

张庆伟：《在中国共产党湖南省第十二次代表大会上的报告》，2021年11月25日。

张庆伟：《以实干实绩推动“三农”工作取得新进展》，《新湘评论》2022年第5期。

毛伟明：《以产业项目的大建设支撑“三高四新”战略大落实》，《新湘评论》2021年第10期。

邹文辉：《努力闯出高质量发展新路子》，《新湘评论》2021年第23期。

陈文胜：《论中国乡村变迁》，社会科学文献出版社，2021。

陈文胜：《论道大国“三农”》，中国农业出版社，2021。

陈文胜：《大国村庄的进路》，湖南师范大学出版社，2020。

陈文胜：《农业供给侧结构性改革：中国农业发展的战略转型》，《求是》2017年第3期。

陈文胜：《实施乡村振兴战略走城乡融合发展之路》，《求是》2018年第6期。

陈文胜：《为乡村振兴提供内在动力》，《人民日报》2019年5月13日。

县（市/区）域篇

County(City/Center) Reports

B.6

常宁市2022年乡村振兴研究报告

李 珺　陈文胜*

摘　要： 在全面推进乡村振兴开局之年，常宁市把乡村振兴与各项工作统筹结合、一体推进，以农村基层群众工作标准化激发农民内生动力，以油茶产业发展带动乡村产业振兴，突出瑶乡文化、打造乡村旅游品牌，推行“三三模式”防范返贫致贫，全市脱贫攻坚成果不断得到巩固，全面乡村振兴迈出实质性步伐、初步见到成效。但是，全市乡村振兴也面临着特色品牌建设不力、农产品加工业集聚效应不足、特色文化挖掘开发深度不够、基础设施建设滞后、产业链偏短等突出问题和挑战。要实现乡村振兴新的发展，常宁市应当坚持规划先行，着力优化产业空间布局，加快发展特色小镇和园区经济，大力发展文化旅游，稳步推进基础设施城乡一体发展，不断激发基层和农民的主动性，推动形成乡村振

* 李珺，湖南师范大学中国乡村振兴研究院、马克思主义学院博士研究生，研究方向为乡村文化；陈文胜，湖南师范大学中国乡村振兴研究院院长、二级教授、博士生导师，研究方向为农村经济、城乡关系、乡村治理。

兴的强大合力。

关键词： 乡村振兴　油茶产业　瑶乡文化　常宁市

常宁位于湘江中游南岸，地处衡阳、永州、郴州三市地理几何中心，区位优势明显，是衡阳工业的排头兵，境内有衡阳市唯一的少数民族乡，农林与旅游资源丰富，素有“八宝之地，金属之都”之美称，被誉为“油茶之乡”“杉木楠竹之乡”“有色金属之乡”“中国版画之乡”“中国民间艺术之乡”。站在“两个一百年”奋斗目标的历史交汇点上，常宁迎来了从脱贫攻坚到乡村振兴的新跨越，近年来，常宁始终坚持农业农村优先发展，聚焦“产业兴旺、生态宜居、乡风文明、治理有效、生活富裕”总要求，以农业农村现代化为引领，奋力开拓乡村振兴新局面。

一　常宁市全面推进乡村振兴取得明显成效

在全面推进乡村振兴开局之年，常宁扎实巩固拓展脱贫攻坚成果，坚持系统思维，突出发展重点，始终把乡村振兴与各项工作统筹结合、一体推进，乡村产业发展取得新突破，文旅融合更加完善，生态环境更加宜居，乡村治理更加有效，农民增收更可持续，乡村社会展现出新气象，乡村振兴取得较好成效。

（一）创新基层党建，激发农民内生动力

习近平总书记强调：“要尊重广大农民意愿，激发广大农民积极性、主动性、创造性，激活乡村振兴内生动力。”① 农民是乡村振兴的主体，也是

① 《把实施乡村振兴战略摆在优先位置　让乡村振兴成为全党全社会的共同行动》，《人民日报》2018年7月6日第1版。

受益者，常宁以农村基层群众工作标准化作为乡村振兴的“助推器”，通过“党员示范”增强基层组织凝聚力，通过“屋场恳谈”释放农民思想活力，以“城乡治理标准化”创新“三治”实践，不断激发农民参与乡村振兴的积极性主动性，推动农民由“要我振兴”向“我要振兴”转变。

1. 党建和发展相融合，“党员示范”增强基层组织凝聚力

基层党组织是实施乡村振兴战略的“主心骨”，常宁突出党建引领，抓好基层党组织标准化规范化建设，发挥基层党组织领导基层治理、团结动员群众和推动改革发展的坚强战斗堡垒作用，激发村干部工作热情和活力，助推乡村振兴战略顺利实施。调研发现，被评为“全国乡村治理示范村”的塔山瑶族乡狮园村，充分发挥村党支部“一线指挥部”和“战斗部”作用，发动党员在乡村治理中开展干好本职事、完成组织事、做好身边事、管好家庭事、参与公益事“五事争先”活动，确保“挂一牌、亮一人、明一户、带一片”，落实党员户挂牌20户，完成17名无职党员设岗定责，36名党员承诺事项92件，践诺88件①，让党员走到群众身边，发挥先锋模范作用。西岭镇平安村77名党员在推进乡村振兴中当表率、闯新路，如省人大代表周凌锋创办村级企业，推进“茶山飞鸡”规模化养殖，并通过提供鸡苗、养殖技术、产品回购等服务发展养殖大户；支部委员周社成带头种植优质葡萄，周建元带头种植烟叶200余亩；村组长带头种植水稻，并为村民们放水灌溉等，给村民作示范，鼓舞村民创业的激情。在村干部和党员的示范带动下，村民学先进、当主力，投身乡村振兴热潮中，880户村民义务加入村部建设，自发捐送办公桌椅、空调，打造简单温馨的村部；22个村组各自筹资80余万元，投工投劳修建通组水泥路，连通致富桥②。全体村民投身公共事业，发展致富产业，形成“村里的事就是自己的事，村里发展了自己就富裕了”的共识和自觉行动。

---

① 中共常宁市委、常宁市人民政府：《常宁市乡村振兴特色亮点资料汇编》（2021年），打印稿。

② 中共常宁市委、常宁市人民政府：《常宁市乡村振兴特色亮点资料汇编》（2021年），打印稿。

2. 问策和引导相融合，“屋场恳谈”释放农民思想活力

只有问策和引导相融合，架起干群“连心桥”，基层治理的路子才能越走越宽广。为探索基层社会治理新路径，常宁积极推行“屋场恳谈会”制度，推广积分制运用，让群众在家门口了解政策，干部面对面听取民意，从源头化解纠纷。2021 年共召开屋场恳谈会 1088 余场，收集意见建议 1000 余条，解决各类问题 1038 个①。如平安村创新“平安夜校”阵地，不定期开展屋场恳谈、党员培训、技能培训、乡贤会、组长会、党员会、户主代表等会议。2018 年 6 月，为推进油茶小镇建设，需集中建设平安广场，因牵涉到拆迁，于是组织召开恳谈会，在部分村民的感染下，大家自觉拆迁，不到 3 个月的时间，村民自行免费拆房 10000 多平方米，一个全新的广场拔地而起。2021 年清明节前夕，邀请 35 位在外乡贤齐聚平安夜校，共话平安发展，收集意见建议 50 余条，形成平安发展的“金点子”。② 塔山瑶族乡大力推广积分制，从群众最关心、发展最迫切的乡村、交通、市场、安全四个方面树立治理标准，一方面与常宁农商行合作深化信用村建设，通过“看得见”的信贷红利，激发广大群众参与标准化治理的内生动力；另一方面，与建设银行常宁支行合作，进一步以家庭为单位全面推广大评小奖，通过鼓励先进、倒逼后进，让治理标准成为村民的自觉遵循。

3. 试点带动和全域推进相融合，“城乡治理标准化”开创“三治”实践新局面

建立和完善乡村治理标准化体系，创新开展“三治融合”标准化实践，可以推进乡村治理由突击整治向制度化、常态化转变，提升农民的幸福感和获得感。常宁出台《常宁市乡村治理标准化工作实施方案》，坚持“先易后难、先简后繁、示范引领、全域推进”的原则，整域创建塔山乡、官岭镇、

① 中共常宁市委实施乡村振兴战略领导小组：《常宁市实施乡村振兴战略工作情况汇报》（2021 年），打印稿。

② 中共常宁市委、常宁市人民政府：《常宁市乡村振兴特色亮点资料汇编》（2021 年），打印稿。

庙前镇、泉峰办事处等4个示范乡镇，为打造乡村治理标准化常宁样板提供可复制、可推广的典型经验和成功模式。如庙前镇围绕“一线两片三重点”扎实推进乡村治理标准化，建立标准化工作联席会议制度，坚持月调度、季讲评，定期、分批发布各类标准，实行“补丁”工作机制，查漏补缺、查短补长，推动各类标准和规范落实落地。相继开展了“房屋整洁”行动、“田园绿色”行动、“交通整治”行动、“市场有序”行动，并建立了乡村治理标准化、公共安全交通治理标准化、市场经营治理标准化、旅游治理标准化等4个长效工作机制，确保城乡面貌“脏、乱、差、堵”基本消除，用“新标准”刷新旅游小镇“颜值”。泉峰街道成立城乡治理标准化领导小组，实行“一名牵头领导、一套管理班子、一个网格化”的管理方式，明确责任、细化分工，建立一天一巡查、一周一调度、半月一讲评、一月一评比等考核机制。通过网格化治理小队召开屋场恳谈会、上门走访调研等行动，宣传标准化治理内容和收集群众诉求意见，归类梳理问题清单，对街道范围内的环境卫生、基础设施等方面开展整治，越来越多的群众主动参与到标准化治理工作中来。

（二）油茶产业强势崛起助力乡村产业振兴

2021年中央农村工作会议强调，要全力抓好粮食生产和重要农产品供给，稳定粮食面积，大力扩大大豆和油料生产①。“扩种大豆和油料”是强化国内自给能力，稳定我国油脂和饲料供给的重要举措。常宁市是全国油茶核心产区，有油茶林面积100万亩，近年来，围绕建设“中国油茶产业第一强县（市）”目标，坚持把油茶产业作为最具成长性的富民产业来抓，成功创建全国油茶生物产业基地、国家油茶示范林基地试点县，“常宁茶油”成为国家地理标志保护产品，2021年产油量近2.08万吨，产值超60亿元②。

---

① 《中央农村工作会议在京召开》，《人民日报》2021年12月27日第1版。

② 常宁市油茶产业事务中心：《常宁市2021年油茶产业工作总结暨2022年工作打算》（2022年），打印稿。

1. 转思路，建立“政府主导、市场主体、社会主动参与”的共建共享新机制

乡村产业振兴，必须推动资源配置向有效市场与有为政府协同联动转变。常宁以改革创新的发展思路，实现了市场在资源配置中起决定性作用和更好发挥政府作用的有机结合，构建了“政府主导、市场主体、社会主动参与”共建共享机制，通过激活市场要素促进油茶产业高质量发展。

一是发挥政府主导作用。成立书记任政委、市长任组长的油茶产业发展领导小组，在林业局加挂油茶产业发展局牌子，并组建油茶产业事务中心，把油茶产业建设纳入重点项目考核内容。编制新一轮的《常宁市油茶产业发展规划》，出台《中共常宁市委常宁市人民政府关于加快建设中国油茶产业第一县（市）的实施意见》，制订“五个一”发展规划，即：打造一个百万亩油茶生物产业基地；叫响一个公用茶油品牌；建成一个茶油交易市场；扶持一家油茶企业上市；实现一百亿元的油茶年产值。明确重点支持精深加工和市场体系建设，带动全市油茶产业高质量发展。二是激发市场主体活力。先后引进中联天地、大三湘、殷理基等企业入驻，推行“公司+基地+合作社+农户”等企业化运作，适度发展大户承包经营、专业合作社经营等模式。目前已有 8 家 1 万亩以上油茶开发规模企业、40 多家专业合作社、350 多家种植大户，带动近 10 万农户参与油茶产业建设。三是引导社会主动参与。设立油茶产业发展基金，对标准化培育基地进行补助，新造油茶林每亩补助 500 元；油茶低产林改造第一年每亩补助 300 元，以后每年每亩补助 100 元。近三年整合涉农资金 6000 多万元投入油茶产业建设。积极开展林地流转、交易和抵押贷款、“惠农担—油茶贷”等服务，由财政贴息，累计发放油茶贷款 13000 万元[①]。通过财政奖补，群众参与油茶产业发展的积极性高涨。常宁积极构建“政府得生态、企业得效益、乡村得振兴”的利益联结机制，创新“自主经营、村社合一、返承

① 常宁市林业局：《常宁市油茶产业助力乡村振兴情况介绍》（2022 年），打印稿。

包”等多种产业模式，引导村民积极参与油茶产业建设，推进基地建设与产业振兴深度融合。引导油茶经营户从油茶基地建设到油茶基地提质转变，让广大村民从被动参与转变为主动参与油茶产业建设，让油茶产业带动乡村经济。常林农耕公司的“油茶鲜果换茶油”、大三湘的“油茶庄园”等乡村振兴模式效果显著。

2. 重科技，建设高品质、标准化油茶生产基地

品种是关键，科技是核心。常宁强化科技创新，突出高品质基地建设和标准化生产经营，把提质量放在首位，以标准化生产促进油茶产业升级，擦亮常宁油茶“金字招牌”。

科技创新助推高品质油茶生产。传统粗放式的栽培方式已远远不能适应油茶产业的长远发展，为打造高品质茶油，常宁建立健全油茶产业“产学研”相结合的科技支撑体系，逐步实现机械化操作。举办油茶培育、加工、营养方面的高峰论坛四次，邀请国内知名专家尹伟伦、周宏灏来常宁传经授宝。先后引进培育湘林、长林、华系等70余个优良品种，采用“市场+销售”模式，让油茶销往北京、上海、深圳等地。建设油茶科技园、优质苗木培育基地、采穗圃，为油茶高效栽培管理提供示范。为解决油茶座果率低，授粉难问题，开展油茶授粉意蜂驯化繁育技术推广。在全市设置10个油茶授粉意蜂释放基地，释放507箱油茶授粉意蜂，通过人为干预的方式释放授粉意蜂蜂群，提高油茶花授粉概率，为来年丰产打下基础。油茶林意蜂授粉驯化技术已申请国家专利。

标准化促油茶产业不断升级。与湖南省林科院、中南林科大、湖南省农大深化产学研合作，制订油茶生产和茶油产品质量两大标准。按照森林经营认证（CFCC）要求，制订《常宁市油茶林经营方案》并组织生产。引导全市油茶林按照《常宁市油茶林经营方案》的要求，对整地、种苗、施肥、病虫害防治等油茶种植全过程实行标准化生产，推进标准化基地建设，全市完成油茶林新造5.8万亩，完成低产林改造4.8万亩。加强种苗供应服务和质量监管工作，严格执行油茶育苗定点制度，2021年育苗300万株，油茶育苗质量逐年稳步提高，保障全市造林绿化种苗量足质优[①]。2018 年 5 月，常宁市发布全省首个油茶地方标准，从原料、生产加工到产品包装、销售等各环节对常宁茶油进行了规范。殷理基等公司通过森林认证产销监管链认证（COC）、危害分析与关键控制点（HACCP）体系认证和 ISO9001 质量管理体系认证及进出口备案登记，实现其纯茶油产品远销香港、澳门等地。湖南常林农耕生态科技有限公司对按森林经营认证标准生产的油茶鲜果实行“鲜果换油”模式，组织茶油加工，让林农每公斤鲜果提高售价 0.4~0.8 元[②]。

3. 强品牌，提高茶油产品附加值，促进农民富裕富足

常宁坚持把油茶产业作为乡村振兴的重要抓手，按照“一个公用品牌、一套标准体系、多种油茶产品”的思路，突出“常宁茶油”公用品牌打造，推进油茶全产业链发展，实现油茶一二三产融合发展，引领全市油茶品牌一盘棋发展。

为提升常宁市茶油的影响力和竞争力，对各企业原有茶油品牌进行统筹整合，以“常宁茶油”为公用品牌，并筹建“常宁茶油”产品质量溯源平台，让消费者放心消费。坚持线下线上同步发力，积极开辟油茶电商渠道，中联、常林农耕等公司开设实体店，并在京东、淘宝等开设网店，实现线上线下互动营销，为常宁茶油开辟更广阔的市场。加大宣传策划力度，央视二台、七台、十台专题推介了常宁油茶产业发展的经验，央视四台《走遍中国》栏目播放常宁油茶产业专题片《油茶树上金果生》。

常宁着力延伸产业链条，成功开发了高档食用油、化妆品、月子油等产品，提高产品附加值。积极发展林下经济，充分提高林地综合利用率，实现以短养长，将油茶林每亩综合产值提升到 5000 元以上。如常宁市大户刘明湖种植油茶丰产林 1800 多亩，实行立体化、有机化、生态化发展，在油茶基地修建 2500 平方米的养猪场，将猪粪发酵后排灌到油茶林内，利用林间空地种蔬菜、绿化苗木，实现立体式种植、养殖。坚持探索一、二、三产业

① 常宁市油茶产业事务中心：《常宁市 2021 年油茶产业工作总结暨 2022 年工作打算》（2022 年），打印稿。

② 常宁市林业局：《常宁市油茶产业助力乡村振兴情况介绍》（2022 年），打印稿。

融合发展新思路，举办了四届中国（常宁）油茶旅游文化节，建设高标准平安油茶小镇、5000亩油茶风情园等①，常宁西岭油茶小镇被成功纳入全省首批十个农业特色小镇建设，打造乡村振兴样板，推动油茶产业高质量发展。

（三）瑶乡文化点亮乡村旅游品牌

常宁境内旅游资源丰富，山清水秀，还有衡阳境内唯一的少数民族乡——塔山瑶乡，风俗人情独特。近年来，常宁以乡村振兴为统揽，以创建“全国全域旅游示范县（市）”为契机，以提升乡村旅游业发展水平为重点，充分挖掘和利用瑶乡的资源优势，把文化做出特色，把旅游做出影响。2021年常宁市各大景区共接待游客782万人次，实现旅游综合收入100.08亿元，均创历史新高②。

1. 强化规划引领，挖掘瑶乡特色文化资源

《中共中央　国务院关于实施乡村振兴战略的意见》提出要“强化乡村振兴规划引领”，对自然历史文化资源丰富的村庄，要统筹兼顾保护与发展。常宁立足大格局，坚持从全省、全国旅游产业发展的大棋盘来明确自身定位，注重全域规划。积极融入大湘南、大湖南旅游圈，以瑶乡文化为魂，以生态农业为基，将民俗文化、休闲观光、农业采摘体验等要素与旅游相互融合，先后编制了《常宁市旅游产业发展总体规划》《常宁市全域旅游规划》《塔山瑶族乡旅游业发展总体规划》《印山——天堂山·西江风景名胜区总体规划》《常宁市中国印山景区旅游总体规划》等规划，引导规范全市旅游产业有序健康发展。致力建设“山水天堂、印章王国、魅力瑶乡、红色工矿”特色品牌，围绕瑶族文化、油茶文化等特色挖潜创意，有效整合旅游资源，提升旅游文化品位，推出了油茶第一市——油茶旅游文化节、瑶乡第一漂——西江风情漂流、天下博览印——中国印山、最大樱花观赏基地——罗桥田野绿世界等特色项目，通过增加文化含量增强乡村旅游业发展

---

① 常宁市林业局：《常宁市油茶产业助力乡村振兴情况介绍》（2022年），打印稿。

② 常宁市文旅广体局：《常宁市旅游乡村振兴情况汇报》（2022年），打印稿。

后劲。目前，已初步形成以庙前4A景区为龙头，以塔山瑶寨风情游、水口山红色工矿游、田野绿世界等乡村生态游为补充的全域旅游格局。同时加强与深港澳、珠三角、长株潭、大湘南及周边县（市）区旅游线路合作、营销合作、品牌合作，多形式开展旅游宣传推介，大力拓展客源市场，常宁旅游的知名度和吸引力稳步提升。

2. 构建多元化投入机制，文化旅游基础设施不断提质升级

乡村旅游产业发展，离不开基础设施建设和公共服务保障。常宁积极构建多元化的投入机制，加快重点项目建设，推进旅游产业发展，满足人民不断提高的生活水平的需要，实现共建共享共赢的良好局面。按照"政府主导、镇村主体、群众参与、各方联动"的原则，以农村环境综合整治和美丽乡村建设为抓手，以项目建设为龙头，不断完善旅游基础设施和配套设施建设，着力提升旅游服务功能。目前，中国印山景区已成功创建国家4A级旅游景区，天堂山景区已成功创建国家3A级旅游景区，打造了瑶族文化、东江探险、西江漂流、天堂山赏花等为主的瑶族风情游。推进西岭平安村、罗桥樱花园、胜桥泉峰观等特色旅游村落开发和利用，完善旅游道路、停车场、环保公厕、游客服务中心等基础设施建设，积极引导开发农村特色餐饮、民宿等旅游新业态，不断提升乡村旅游服务水平。如狮园村通过争取上级支持、发动群众出资投劳等方式投入3000余万元，硬化油化主干道、支干道及入户路7公里，安装太阳能路灯140多盏，建成300亩文化休闲广场1个，建设村民体育健身中心1个；村内设置10个垃圾池、2个分类垃圾回收中心，均实行专人管理，公共场所和主要道路实施全天候保洁；推进"空心村"整治，拆除小屋7户面积450平方米，改造危房7户。开展美化亮化活动，完成房屋"穿衣戴帽"326户。推进"厕所革命"，改厕280户，建设公厕3座，抓好污水处理。[①]

3. 突出三产融合，延长乡村旅游产业链条

乡村旅游升级发展，促进农民增收是落脚点。近年来常宁乡村旅游由单

---

① 中共常宁市委、常宁市人民政府：《常宁市乡村振兴特色亮点资料汇编》（2021年），打印稿。

纯的“看”到“吃喝游乐住”一体化的多元发展，将乡村旅游元素融入现代农业发展中，大力开发田园观光、果蔬采摘、休闲农庄、主题生态园等为特色的乡村旅游，推进“一乡一品牌，一村一风景，一园一特色”格局的形成。开发以至圣寺、泉峰观为代表的禅修养生度假产品，以天堂山为代表的森林养生度假产品，以西岭芎药为代表的医药养生度假产品；发展印山的篆刻艺术、常宁版画、瑶族民俗与歌舞、剪纸、字灯、荷花灯等民俗艺术，包装推出具有浓厚地方色彩的常宁茶油、无渣生姜、瑶乡腊肉、米粉螺丝、麸子肉等特色菜、土特食品。通过举办“胜桥油菜花节”“塔山杜鹃花节”等乡村时令节会，进一步提升乡村旅游品质，壮大旅游市场主体，发展乡村旅游产业。如塔山瑶族乡狮园村依托好山好水，大力发休闲旅游业，让“登天堂山、赏杜鹃花、品塔山茶”成为狮园新名片，围绕“瑶景、瑶味、瑶风”，连续10年举办天堂山杜鹃花节，建成游客接待中心2个，扶持脱贫户创办旅游商店、土菜馆30家，年接待游客达11万人次，年创造旅游收入600万元以上。[①] 狮园村村民雷连芳仅靠卖糍粑，一天收入就超过5000元。旅游的火热，带动当地村民自发改建自家庭院，新增民宿、农家乐等14家，户均增收万元以上。[②] 2019年协助湘南三市六县八瑶族乡“盘王节”暨“坐歌堂”活动，传播了瑶乡好声音；每年村里组织民族风情篝火晚会10次以上，瑶汉群众抖糍粑、品瑶菜、敬瑶酒、唱瑶歌、跳瑶舞，展示瑶族特色风俗，瑶汉干部群众干事创业的热情充分释放，人民充满了自信、充满了激情、充满了干劲。

（四）“三三模式”筑牢返贫防范底线

习近平总书记指出，乡村振兴的前提是巩固脱贫攻坚成果，要持续抓紧抓好，让脱贫群众生活更上一层楼。[③] 常宁将防返贫监测和帮扶摆在突出位

---

① 中共常宁市委、常宁市人民政府：《常宁市乡村振兴特色亮点资料汇编》（2021年），打印稿。

② 吕晓毛：《在乡村振兴工作座谈会上的发言》（2021年），打印稿。

③ 《中央农村工作会议在京召开》，《人民日报》2021年12月27日第1版。

置，坚持市乡村三级联动，事前预防和事后帮扶相结合，创新方式、全覆盖帮扶，对易返贫致贫人口实施精准监测、分级预警、精准帮扶，坚决守住不发生规模性返贫的底线，为巩固拓展脱贫攻坚成果同乡村振兴有效衔接奠定坚实基础。

1. 聚焦三类人群，明确防返贫帮扶对象

常宁各级把健全防止返贫动态监测和帮扶机制作为底线工作，明确监测范围和对象，做到有的放矢。确定监测对象。对全市所有农村人口进行监测，重点监测收入支出状况、“两不愁三保障”及饮水安全等。对年人均纯收入低于全省监测范围基准线（6500 元/年）且存在返贫致贫风险，以及因病因灾因意外事故等刚性支出较大或收入大幅缩减导致基本生活出现严重困难的农村人口，分别纳入脱贫不稳定户、边缘易致贫户、突发严重困难户三种类型，进行针对性帮扶。严格对象摸排。各乡镇每月组织乡村干部、驻村干部、乡村贫困监测员等基层力量，对辖区进行全覆盖排查，并建立《防贫动态监测和帮扶整改台账》。市乡村振兴局分别在 2021 年 5 月和 9 月组织开展脱贫质量问题集中排查整改专项行动，对全市农村人口进行全面摸排，按照“农户自主申报、干部走访排查、部门数据比对预警”程序，排查确认监测对象 793 户 1951 人，做到应纳尽纳。强化工作保障。制订出台《常宁市关于健全防止返贫动态监测和帮扶机制的工作方案》《常宁市关于省防返贫监测与帮扶管理平台使用管理办法》，建立防止返贫致贫监测和帮扶机制。市财政专门安排防返贫监测工作经费 300 万元，确保工作开展。明确所有乡镇（街道）成立贫困监测站，由乡村振兴办主任兼任监测站长，全市 410 个有巩固脱贫攻坚成果任务的村原扶贫专干为村级监测员。对乡镇贫困监测站长和村级监测员定期开展培训，提高防返贫监测业务水平。

2. 强化三项举措，落实防返贫帮扶政策

抓好驻村和结对帮扶，全面落实帮扶政策，做到应帮尽帮。抓实帮扶工作。精准选派 269 名机关干部、成立 103 支乡村振兴工作队（其中衡阳市派驻村工作队 16 支 39 人），对全市乡村振兴重点村、示范村、脱贫村全覆盖帮扶；明确 87 个市直部门为驻点村后盾单位、37 名市级领导参与联点包村。所有监测对象由市乡干部“一对一”结对，定期走访、精准帮扶；所有稳定脱贫户由驻村和联点干部、村干部进行结对帮扶，确保驻村和结对帮扶两个全覆盖。落实帮扶政策。抓好产业就业，大力促进农民创收增收，前三季度，常宁农村居民人均可支配收入 16417 元，同比增长 11.9%。同时巩固提升“3+1”保障水平，进一步完善脱贫地区基础设施。巩固义务教育成果，加强乡村小规模学校建设，投入资金 310 万元，改造小规模学校 4 所。积极开展“三帮一”控辍保学和“五类”学生送教上门工作，劝返复学 12 人，送教上门 91 人，真正实现义务教育阶段“一个都不少”。精准落实教育资助政策，全面落实“雨露计划”职业学历教育补助，实现“应助尽助”。巩固住房安全成果，推进农村危房改造，2021 年完成改造 77 户，可全部搬迁入住新房。健全完善易地搬迁户后扶措施，突出做好就业产业、兜底保障帮扶，确保易迁户稳定增收。巩固基本医疗成果，全市乡镇卫生院、社区卫生服务中心均建立中医馆，培养了 112 名中医类医师（技师），实现中医药服务基层全覆盖。全面推行家庭医生慢病签约服务管理，脱贫人员 9276 人签约服务率达 100%。扎实做好特困人员、低保对象、脱贫人口、边缘户等困难群众参保工作，覆盖困难群众 106875 人次，参保率 100%。巩固饮水安全成果，以 PPP 方式融资 12.5 亿元，在全省率先开启城乡饮水安全一体化建设，推进城乡供水同网同质同服务。全面开展农村饮水安全监测排查工作，实行一月一监测，全面消除脱贫户（含监测户）饮水安全问题。推进常态化帮扶。坚持应保尽保，扎实做好农村低收入人口常态化帮扶，保障农村低保对象 12029 户 21460 人。完善农村低收入人口定期核查和动态调整机制，2021 年新增城乡低保对象 882 户 1651 人，清退不符合条件的低保对象 1676 户 3207 人。扎实做好农村留守儿童委托照护，委托照护协议签订率达 100%。[①]

3. 创新三种模式，拓展防返贫帮扶渠道

探索推进防返贫监测帮扶工作新模式，树立常宁新“标准”，提升群众

① 常宁市乡村振兴局：《“三三模式”筑牢常宁防返贫监测帮扶防线》（2022 年），打印稿。

获得感和满意度。产业帮扶全覆盖。把全市 793 户 1951 名监测对象全部纳入 2021 年重点产业帮扶，当年每人获得收入 428 元。大力发展油茶、茶叶等优势特色农业，完善利益联结机制，引导农户积极参与产业发展。油茶上，按照每户贫困户新造油茶林 1 亩的标准，给予每亩约 1500 元的造林奖补，新建了万亩扶贫油茶林，全市脱贫户除每年每户稳定获得 150 元分红外，还能通过自主经营茶山受益，又能通过土地入股、劳务分红，实现长久持续受益。茶叶上，近年，全市茶叶产业每年吸纳近 3 万人次从业，为塔山、洋泉、天堂山等主产区农户提供务工收入近 2 亿元，茶农人均增收 2000 元以上。建强就业帮扶车间。在乡镇、村建设帮扶车间 47 家，吸纳就业人数 1914 人，其中脱贫劳动力 374 人，人均月工资 1951 元。2021 年新增就业扶贫车间 7 家，吸纳脱贫劳动力及返乡劳动力就业近 280 人。如省示范性就业帮扶车间鸿展电子有限公司在官岭、罗桥等乡镇开办 4 个小厂，吸纳 200 多人就业，缴纳税费 270 多万元，为繁荣当地村集体经济夯实了基础。同时，全市脱贫人员务工就业 17381 人，完成目标任务的 102.52%，其中省外务工 12162 人；为脱贫户安排保洁员、护林员等公益性岗位 834 个。防贫保险"兜底帮"。为全市所有农村人口购买防返贫保险，把因病、因住房受灾、因学、因意外伤害损失等因素纳入精准防返贫综合保障内容，消除各类致贫返贫风险。目前全市已累计保障 428 人，保障资金 180 多万元。①

二 常宁市乡村振兴面临的挑战

常宁实施乡村振兴战略取得了显著成效，但全面乡村振兴仍处于起步阶段，距离实现乡村全面振兴目标仍有一定差距，进一步推动实施乡村振兴战略还面临不少风险和挑战。

（一）特色品牌有待进一步优化升级

品牌强农，是农业高质量发展的迫切要求，也是提升农业竞争力的必然

① 常宁市乡村振兴局：《"三三模式"筑牢常宁防返贫监测帮扶防线》（2022 年），打印稿。

选择。现在，农产品进入产品过剩时代，产业竞争集中体现为品牌竞争，叫响地方特色品牌，可以带强一个产业、带富一方百姓。近年来，常宁着力打造“两油两叶”特色产业，已形成100万亩油茶、9万亩高山有机茶园、42万亩油菜、2.4万亩烟叶的产业规模[①]，但当前特色产品“叫好不叫座”，是常宁油茶及塔山茶叶、无渣生姜、石盘春富硒米等常宁更多地标品牌所面临的共性难题与痛点：不能较好地利用好区域品牌，特色农产品具有一定区域影响，但难以转化成全国影响；具有一定销售渠道，却没有很好地迎合年轻化消费市场需求，难以获得年轻消费群体的青睐。例如虽然常宁有着“茶油之乡”的称号，但对于普通消费大众来说，市场认知度较低，油茶品牌影响力不大，效益不高。茶油品质虽然很好，但由于受产地限制，加上当前油茶宣传以企业自发宣传为主，缺乏权威的论据和官方推广，宣传范围和宣传层次有限，茶油的营养价值及保健功能没有被广泛接受，产品的认可度低，北方人不认识或不了解茶油。另外，常宁小油坊有297家[②]，基本没有办理食品生产许可证等生产手续，不利于开展油茶市场监管，也无从监管，导致茶油质量参差不齐、真假难辨，影响真茶油的市场占用率，更直接影响消费者对常宁茶油品牌的信赖。

（二）农产品加工亟待向园区集聚

除了品牌外，常宁在农产品加工端也有诸多问题需要解决。农产品加工是联结农业与市场的重要纽带，是实现农产品商品化的必要环节，同时也是农业现代化的重要标志。靠作坊式原始加工生产的小打小闹已经行不通，必须讲求高起点、高科技含量，这样才有市场竞争力。先进的加工工艺，必须有先进的技术装备来保障；采取税收优惠、建设园区等方式，招商引资，把社会资本引导到农产品加工项目，是提升农业生产水平、促进农业产业化经营的一项重要手段。虽然常宁大力培强农产品加工企业，引导齐家茶油、中

① 常宁市乡村振兴局：《2021年常宁市实施乡村振兴战略工作总结》（2021年），打印稿。

② 湖南省林业局：《谢金山：常宁市油茶产业现状与发展对策》，http：//lyj. hunan. gov. cn/lyj/ztzl/jzlt/201911/t20191113_ 10518652. html，最后检索时间：2019年11月13日。

联天地、大三湘公司、三益米业等龙头企业进入农产品加工园区，打造农产品加工集聚区，加快农产品精深加工园区建设，全市规模以上农产品加工企业22家，总产值25亿元①；但同时存在精深加工不够、冷链仓储设施建设滞后、市场对接不畅、园区建设不实等问题。常宁大多数农业企业加工经营的是初级产品，科技含量低，产业链附加值不高，市场竞争力弱。从农产品基地建设、原料配套到农产品深加工完整的产业链条尚未真正形成，一些传统品牌大多出于作坊式加工和生产。如常宁油茶初加工仓储能力不足，产业发展受阻；精深加工水平较低，油茶的副产品加工严重滞后，在高等级保健茶油炼制、化妆品茶油开发、茶皂素提取、茶壳综合利用方面没有取得实质性进展。

（三）特色文化开发水平有待进一步提升

常宁有着1200多年的置县历史，文化底蕴深厚，文化资源丰富，境内古迹众多，有水口山铅锌矿业遗址、常宁县农民协会旧址、培元塔、合江学堂、双蹲书院、鹅湖书院等；曲艺“瑶族谈笑”列入全省首批非物质文化遗产名录，板桥剪纸、荫田荷花灯、三角塘马灯戏、宜阳花鼓戏、盘王艺术节等各类民俗文化丰富多彩。近年来，常宁大力发展具有地方特色的文化产业，旅游资源的开发有了初步成效，取得了一定成绩，但在资源整合、项目开发和品牌营销上，力度还不够。厚重的历史文化和独具魅力的自然资源尚未得到深度挖掘、有效整合和科学利用，旅游产业没有形成规模效应和大的品牌影响力；产业布局较散，市场化程度较低，没有成规模的文化产业基地和园区，缺少带动性强的龙头企业，难以形成聚集联动效应。如常宁版画享誉甚隆，但目前在创作、展览、交易过程中基本上仍然是“作坊式”的单兵作战模式，没有在生产创作、策划包装、市场运作等环节形成明确的分工，制约了版画大规模、上档次、产业化发展。文化产业创作、生产、经营

---

① 郭华、卢源、蒋楠：《常宁市成功入围全国农村一二三产业融合发展先导区》，红网，2018年10月25日，https://baijiahao.baidu.com/s?id=1615272878576763354&wfr=spider&for=pc。

方面的专业人才缺乏，项目开发和品牌营销水平不高，产业链条短，辐射能力较低，产出总量偏小，各类文化企业多为传统型消费类行业，缺乏动漫、信息、电商、广告等新兴文化企业，结构单一，后劲不足。

（四）基础设施有待全面提质升级

完善通达的基础设施，是新时代实现乡村振兴和农业农村现代化建设新局面的必要条件。近年来，尽管常宁各乡镇对基础设施都有较大的投入，修建通村、通组公路 639 公里，实现组组通硬化路，完成 168 个行政村电网改造升级，4G 网络、光纤、有线电视、“村村响”、“户户通”覆盖率达到 100%，建成 8 个乡镇垃圾中转站，完成 7 个乡镇污水处理设施建设①。但与城市相比仍有差距，农村基础设施欠账还较多，农田水利设施损毁严重，现有水库、山塘灌溉供水严重不足，高标准农田建设不能完全匹配农业生产的需求，一旦遭受水旱灾害，农业生产损失较严重。特别是乡村旅游区大多经济基础相对薄弱，如道路、停车场、洗手间等公共设施比较简陋，生活垃圾处理系统、污水处理系统尚不健全；相当一部分的农家院的客房、餐馆等食宿条件较差，以食、住、行、游、购、娱六大要素为主的配套设施，难以满足游客的需要。除此之外，在农村基础设施建设过程中长期以来存在重建设轻管理、管护机制不健全等现象，比如各个乡村的健身器材、农家书屋、村级文化室缺少专人管理，基础设施长期运行和效益发挥缺乏足够保障。

（五）产业链条有待进一步延伸

在新型工业化、信息化、城镇化的带动下，产业融合成为农村产业发展的新趋势，传统的农村一二三产业边界逐渐模糊，由此催生出许多农村新产业新业态，为现代农业发展带来了新的巨大机遇。发展乡村旅游，延长产业链是关键。目前，常宁乡村旅游产品单一，仅停留在观光层面上，主要内容

① 常宁市人民政府：《常宁市政府工作报告》（2021 年 3 月 12 日），打印稿。

仍是“吃农家饭、住农家屋、干农家活”“春天赏花、秋天采果”等传统模式，可供游客深度体验的旅游产品较少。加之各景点零散分布，缺乏串珠成线的精品旅游路线，缺少与旅游相关的配套的民宿、购物、特色餐饮、娱乐、休闲农业观光等产业，大多数乡村旅游只能做到“半日游”或“一日游”，在将旅游资源转化为经济效益方面缺乏支撑，以致留不住游客。另外，旅游产品开发深度不够，文旅产业间没有产生叠加效应，还只是停留在最初级的农业产品上，缺乏深加工，农产品附加值不高，文化内涵挖掘不够。

三　常宁市推进乡村振兴的基本建议

要以更大力度推进乡村振兴，不断满足人民群众日益增长的美好生活需要，谱写新时代常宁乡村振兴新篇章，就需要进一步优化产业空间布局，以特色小镇和园区为载体推动主导产业高质量发展，强化标准化治理，突出特色文化赋能，构建城乡一体的基础设施管护机制，从而切实稳固常宁高质量发展的压舱石。

（一）以规划引领为抓手，优化产业空间布局

规划先行，谋定后动。科学的空间规模和合理的产业布局，是推动产业高质量发展的前提。产业发展如果各自为政，只会彼此消解力量，影响常宁农业产业整体竞争力的提高；只有充分发挥规划的龙头引导作用，把五个指头攥成一个拳头，打出去才会更有力。因此建议从市级层面加强对农村产业发展的规划引导，科学谋划产业布局，加快现代农业产业体系建设，推动产业转型升级，打造产业升级引领区，推动油茶、茶叶等特色优势农业产业实现长远发展。

产业的发展不能局限于某一个乡村或者某一个产业，要科学编制常宁农产品生产加工基地发展规划，引导各地因地制宜、科学布局一批专业化农产品生产加工基地，以仓储建设为基础，做实产业链条。要结合常宁油茶加工

仓储现状，建设5个油茶果初加工和茶籽仓储基地，逐步形成布局合理、覆盖广泛、衔接顺畅的加工仓储基础设施，推广烘干、剥壳、仓储高效实用技术与设备。加快产地冷链仓储设施建设，提升茶果产地贮藏保鲜能力，有助于发挥流通对生产的先导性作用，促进生产、加工建设，实现区域内技术、制度、管理等方面的交流与合作，提升组织化、规模化、标准化和信息化水平，放大产业规模和外溢效应；同时实施茶油生产小作坊升级改造，加强茶油粗加工监管，打击掺杂使假行为，保证茶油质量和特色；强化油茶全产业链思维，深入推动油茶一二三产融合发展，尽可能延伸油茶产业链条，为提高油茶产业竞争力奠定坚实基础。

（二）以实现“三治”融合为导向，提升基层治理标准化水平和成效

标准化是治理现代化的必然要求，也是基层治理现代化的关键点和突破口，有助于构建更加高效有序的治理格局。建议常宁着力用好城乡治理标准化这一抓手，借助建设衡阳市首个“信用乡”和城乡治理标准化试点的契机，更加扎实地推进乡村治理标准化工作，进一步激发基层和农民的主动性。

要结合常宁实际，基于乡村治理5大类13项标准认真浓缩提炼，总结出一套满足常宁现实需求的标准体系，使得基层在实际工作中有的放矢、操作上简洁易行、考核上有章可循。同时强化督查考核，出台全市城乡治理标准化实绩考核办法，建立调度督导机制，继续坚持“一周一工作提示，一周一现场调度，一周一成效归纳，一周一问题交办”的工作机制，形成常态化的工作调度，确保乡村面貌有实质性的变化。加强宣传引导，营造乡村治理标准化良好氛围。完善“村账乡管”制度，加强村级财务监管；深入推进“衡阳群众”品牌建设，积极推行“屋场恳谈会”制度，探索“道德积分银行”做法，加强村规民约建设，让村规民约等软约束更加刚性有力，突出党建引领，真正实现自治、法治、德治相结合。

（三）以特色小镇和园区为载体，推动主导产业高质量发展

特色小镇和园区是乡村产业发展的重要载体，是推动高质量发展的主阵

地。常宁工业园区建设积累了丰富的经验，而农业园区对区域主导产业发展的带动能力还需进一步强化，因此建议把培育农业特色小镇和打造特色园区作为推动油茶、茶叶等主导产业高质量发展的“主抓手”，以小镇、园区特色化放大产业优势、增强产业活力，有力引导产业从分散布局向集聚集群发展转变。

要引导常宁特色小镇优化要素投入结构和投入方式，推进横向或纵向的产业链扩张，通过集聚创新资源提升产品竞争力、整合历史人文因素提升产业内涵，构建产业链、创新链、服务链、要素链有机融合的产业发展空间，打造辐射带动力强、示范效应显著的区域产业增长极，培育具有明显特色、竞争力强的主导产业乡镇。如西岭镇要补齐产业发展链，建设油茶深加工研发基地；建设中药材种植、无渣生姜种植基地和农特产品加工车间；积极注册 ISO 食品安全认定证书，统一镇域内商品标识，提升西岭农特产品品牌形象，推动西岭镇农特产品广泛销售。

要推进优势农产品加工业集群化发展，引导农业产业要素特别是农产品加工龙头企业向园区集聚，形成龙头企业带动、相关产业规模化发展的格局。积极引进农产品加工产业链上相关企业或配套企业，加强园区内企业合作，延伸上下游产业链，引导农产品加工产业向协作化、规模化和专业化方向发展。同时，农业园区要与特色小镇的发展相结合，引导乡村一二三产业适度集中，推动区域产业、生态、文化、旅游的融合发展，使农业从单一价值转化为农业的多功能价值。

（四）以特色文化赋能为关键，构建常宁文旅发展新格局

乡村振兴，文化为魂，发展旅游与传承文化相辅相成。常宁的旅游资源和文化底蕴十分厚重，因此建议精准挖掘特色文化，注重培育文化魅力，促进文化与旅游融合发展，进一步擦亮常宁文旅品牌，提升文旅品牌价值。

要积极整合乡村旅游资源，通过融文入景、连线成面等方式，深度挖掘常宁历史文化遗存、农业观光、农家餐饮、民俗体验等资源，精心培育“中国印山”“版画之乡”“千年水口山”“瑶寨风情”等文化品牌，着力打

造庙前印山文化、塔山瑶族文化、罗桥樱花、西岭油茶等特色旅游小镇和水口山工矿文化红色旅游小镇，全力打造水口山工人运动纪念馆—萧石月故居—彭明治故居红色文化旅游、印山—天堂山生态康养旅游、西岭油茶小镇—罗桥樱花园—胜桥休闲田园等 3 条旅游精品线路，围绕“快进慢游”，丰富旅游产品供给，真正融入大湘南旅游链条当中。围绕“吃、住、行、游、购、娱”做文章，开发系列文化旅游产品，引导有序开展富有地域特色的农事节庆、文化民俗活动，通过乡村民俗风情吸引游客，进一步唱响、做实、做大常宁文旅品牌，促进乡村旅游产品提质增效。同时，因地制宜做好古民居整体规划设计，推动古民居保护利用，避免“千村一面”，充分展示常宁历史文化魅力。

（五）以区域城乡融合发展为目标，构建城乡一体的基础设施管护机制

《关于建立健全城乡融合发展体制机制和政策体系的意见》明确提出要加快推动乡村基础设施提档升级，实现城乡基础设施统一规划、统一建设、统一管护。① 长期以来城乡基础设施差距大，重要的原因是没有进行城乡一体化规划、一张网建设，无论是前期的规划还是后期的管理、养护上，原来城市和农村的基础设施都是分开的。因此，建议常宁合理确定城乡基础设施统一管护运行模式，健全有利于基础设施长期发挥效益的体制机制，着力补齐城乡区域发展不平衡短板。

要继续把公共基础设施建设重点放在乡村，在推进城乡基本公共服务均等化上持续发力，深入实施乡村建设行动。促进城乡基础设施互联互通、共建共享，加大农村改厕、改圈、改厨力度，强化农村垃圾分类减量、集中收运、资源化利用与无害化处理体系建设，全面推进村庄绿化、庭院美化，改善村庄生态环境与景观面貌。探索城乡基础设施建设管护分级分类投入机

① 《中共中央国务院关于建立健全城乡融合发展体制机制和政策体系的意见》，2019 年 4 月 15 日。

制，推动公共财政投入向农村倾斜，统筹推进城乡融合发展，在全面补齐农村公共基础设施短板的同时，创新管护机制，将城乡基础设施项目整体打包，实行一体化管养。特别是抓好旅游示范村绿化美化、厕所、停车场、通信设施、旅游标识、给排水等配套设施建设，提升旅游综合服务功能。

参考文献

习近平：《习近平谈治国理政》（第三卷），外文出版社，2020。

中共中央、国务院：《关于做好 2022 年全面推进乡村振兴重点工作的意见》，2022 年 1 月 29 日。

张庆伟：《以实干实绩推动“三农”工作取得新进展》，《新湘评论》2022 年第 5 期。

毛伟明：《政府工作报告》，2022 年 1 月 17 日。

陈文胜：《大国村庄的进路》，湖南师范大学出版社，2020。

陈文胜：《论中国乡村变迁》，社会科学文献出版社，2021。

陈文胜：《农业供给侧结构性改革：中国农业发展的战略转型》，《求是》2017 年第 3 期。

陈文胜：《农业供给侧结构性改革一个重要的突破口：推进农产品区域品牌建设》，《人民日报》2017 年 6 月 12 日。

陈文胜：《构建农业农村现代化新格局》，《新湘评论》2021 年第 5 期。

陈文胜、李珊珊：《论新发展阶段全面推进乡村振兴》，《贵州社会科学》2022 年第 1 期。

陆福兴：《做好乡村振兴这篇大文章》，《新湘评论》2021 年第 2 期。

陆福兴：《加大地方品种保护　打造农产品湘字号品牌》，《湖南日报》2020 年 12 月 31 日第 23 版。

陈文胜：《全面推进乡村振兴的底线、主线与重点任务》，《湖南日报》2022 年 2 月 24 日第 6 版。

B.7

隆回县2022年乡村振兴研究报告

汪义力　李珊珊　陈文胜*

摘　要： 隆回县坚持“四个不摘”要求，赓续脱贫攻坚精神，真抓实干，立足实际，探索精准动态监测和帮扶机制，坚决守住脱贫底线，建立县乡村文明实践网络，引领乡风文明新风尚，因地制宜施策，多途径发展壮大农村集体经济，发挥资源优势，实现特色产业规模、档次同提升，各方面取得了明显成效。但也面临县乡村空间规划有待全面统筹、基础设施建设有待城乡一体、特色优势农产品有待进一步品牌化、农业产业融合发展有待跨界融合、村与村之间的发展不平衡问题亟待解决等方面的挑战。因此，隆回县推进乡村振兴还需要在优化城乡国土空间布局、推进城乡基础设施互联互通、培育壮大本土品牌、推动传统农业向现代农业转变、推进乡村协调发展等方面取得新突破。

关键词： 乡村振兴　集体经济　产业融合　隆回县

隆回县位于湘中偏西南，总面积2868平方公里，总人口129.2万人。县辖25个乡镇（街道）572个村（社区），是“中国金银花之乡”“中国龙牙百合之乡”，是近代思想家、“睁眼看世界第一人”魏源的故乡。2014年，

* 汪义力，湖南师范大学中国乡村振兴研究院、马克思主义学院博士研究生，研究方向为乡村治理；李珊珊，湖南师范大学中国乡村振兴研究院、马克思主义学院博士研究生，研究方向为乡村振兴战略；陈文胜，湖南师范大学中国乡村振兴研究院院长、二级教授、博士生导师，研究方向为农村经济、城乡关系、乡村治理。

全县建档立卡贫困人口22万余人，贫困发生率19.4%；2020年，全县192个贫困村全部出列，建档立卡贫困户全部脱贫，隆回县脱贫摘帽，被评为全省脱贫攻坚先进县。在“十四五”开局之年，隆回县认真贯彻落实习近平新时代中国特色社会主义思想，按照中央、省、市、县决策部署，全面落实县第十三次党代会精神，坚持“四个不摘”要求，赓续脱贫攻坚精神，真抓实干，立足实际，力求进步，全力巩固拓展脱贫攻坚成果，全面推进乡村振兴。

一　真抓实干，全面推进乡村振兴取得新成效

隆回县以守住脱贫底线、引领文明新风、壮大集体经济、发展特色农业四个方面为着力点，全面推进乡村振兴战略，取得明显成效。2021年，隆回县继续保持“全国生猪调出大县”地位，获评“湖南茶业乡村振兴十大重点县”、获批“湖南省水稻制种十大重点县”，县农业农村局获评“全国粮食生产先进集体”，七江镇获批“2021年省级农业产业强镇”，岩口镇向家村获评第二批全国乡村治理示范村，高平镇杨桥村获评为全省乡村治理示范村。①

（一）探索精准动态监测和帮扶机制，坚决守住脱贫底线

隆回县以“两不愁三保障”为靶向，全力推进基础设施配套和公共服务保障工程，以产业就业为抓手，负重攻坚，守牢底线，让脱贫百姓有实实在在的获得感、幸福感。

1. 聚焦“责任落实”，突出政治引领，强化责任担当

县委县政府坚持“摘帽不松劲、脱贫再加油”的指导思想，按照“四个不摘”要求，高位推动巩固拓展脱贫攻坚成果和乡村振兴工作。落实县乡村三级工作责任，成立了以县委书记、县长牵头负责的战略领导小组和指

---

① 欧阳德珍、魏志坚、陈斌：《广袤沃野展锦绣》，《邵阳日报》2022年3月27日第1版。

挥部。配强配齐乡村工作班子和干部力量，下派了563支工作队、563名第一书记、1835名工作队员，实现巩固拓展脱贫攻坚成果和乡村振兴在时间上无缝衔接、工作上压茬推进，形成上下贯通、配合有力、一抓到底的工作格局。

2. 聚焦“政策落实”，强化底线思维，促进平稳过渡

（1）坚决守住“两不愁三保障”工作底线。紧盯“两不愁三保障”标准，多措并举，下足“绣花”功夫，落准落实落细帮扶政策。在教育方面，义务教育控辍保学常态长效，全县义务教育阶段“五类”学生零辍学。发放雨露计划职业教育补助资金1801.8万元，资助学生11323人次[①]。在医疗方面，有效防范因病返贫致贫风险，落实分类资助参保政策，脱贫人口、监测对象医保参保率100%，建成标准化村卫生室572个。[②] 在住房保障方面，坚守“人不住危房、危房不住人”底线，加大农村脱贫人口及监测对象住房安全动态监测和危房改造力度，完成危房改造256户，超额完成省下达的96户任务。积极推进农村“空心房”整治，全县拆除空心房1269座19.68万平方米。[③] 在安全饮水方面，加强农村安全饮水保障，确保农村饮水安全。投资3.4亿元，新建农村饮水工程347处，让14.7万农村人口喝上了自来水。[④] 在兜底保障方面，农村低保标准稳步提高到4080元/年，发放农村低保资金37034.2万元，保障低保对象161049人次，其中兜底保障资金12213.15万元，保障兜底对象51842人次；发放特困供养资金10391.48万元，保障特困供养对象25671人次。累计为建档立卡贫困残疾人发放生活补贴822.69万元、护理补贴977.74万元。[⑤]

---

① 隆回县乡村振兴局：《隆回县乡村振兴局2021年工作总结及2022年工作计划》（2022年），打印稿。

② 杨韶辉：《隆回县政府工作报告》（2021年），打印稿。

③ 隆回县乡村振兴局：《隆回县乡村振兴局2021年工作总结及2022年工作计划》（2022年），打印稿。

④ 杨韶辉：《隆回县政府工作报告》（2021年），打印稿。

⑤ 肖百顺：《脱贫攻坚奔小康　勠力同心谋新篇——五年来全县脱贫攻坚工作综述》，《隆回手机报》2021年10月21日。

（2）加快实施乡村建设行动。全面打响“三清一改”村庄清洁秋冬战役，持续深入开展“三清三化”示范创建活动，进一步补齐农村人居环境短板。建成乡镇垃圾中转站23座，村级生活垃圾实现集中收集转运。成功创建省级美丽乡村示范村6个，获评全省农村人居环境整治先进县。推进城乡公交一体化，县城周边30公里以内主干道公交线路全覆盖。“四网”建设更密更牢。连续5年开展“项目建设年”活动，实施重点项目612个，完成投资470亿元。能源方面，中心村和贫困村电网升级改造全面完成。投资1.3亿元，建成村级光伏电站191个，装机容量1.9万千瓦。“气化邵阳”隆回支线加快推进，完成六都寨等7个乡镇燃气管网建设。通信方面。建成5G基站280个，行政村4G移动信号和光纤宽带通达率100%。交通方面，投资5亿元，完成国省干线公路大中修77.5公里，丁洞公路、大花至善缘亭公路即将通车，虎形山至溆浦公路、周旺至滩头扩改工程顺利完工；完成农村公路“窄改宽”830公里，实现所有建制村通硬化路。“四好农村路”创建经验在全省推广，虎形山至草原公路入围全国“最美农村路”。“村村响”广播工程全面完工，获评全省广播电视公共服务工作先进县。①

3.聚焦“工作落实”，主动担当作为，抓细重点任务

（1）守住底线，全面落实防止返贫动态监测和帮扶。守住防止规模性返贫致贫底线，是最首要的政治任务。秉承“政策认同、事实认同、情感认同”相统一原则，通过“望、闻、问、切”“四诊”方式，全面深入开展监测帮扶。其中，“望”是通过国家和省级防返贫监测，远程掌握“两不愁三保障”疑似问题数据，及时监测研判；“闻”是村“两委”听取农户主动申报，及时核实预警；“问”是开展入户走访，询问农户家庭现况，及时介入帮扶；“切”是行业部门加强数据比对，常态化做好潜在风险排查、研判和处置。积极探索建立动态监测和帮扶机制，保持主要帮扶政策总体稳定。一是压实服务领导责任。建立“2+2+2”责任追究体系，明确乡镇党政正职、副书记和乡村振兴办主任、村支部书记以及驻村工作队长分别为领导责

① 杨韶辉：《隆回县政府工作报告》（2021年），打印稿。

任人、直接责任人、具体责任人。二是落实服务处置制度。建立防返贫监测问题和线索限期核实、交办、督办、办结管理制度，实现全过程、点对点、闭环式跟踪处置。三是充实服务工作队伍。抽调 15 名精干力量，专职负责县级防返贫动态监测网络平台管理，对 25 个乡镇（街道）实行网格化管理，全程把好监测对象纳入关、帮扶措施落实关、返（致）贫风险消除关。截至 2021 年 12 月 24 日，全县建档立卡脱贫户共 55559 户 191916 人，监测对象 2555 户 6454 人（其中边缘易致贫户 426 户 1124 人，脱贫不稳定户 1300 户 3136 人，突发严重困难户 829 户 2194 人），做到了动态排查、精准识别、有效帮扶。①

（2）对照要求，全面加强衔接资金项目管理。加强专项项目资产管理和监督，确保项目资产不闲置、不流失、不浪费，持续发挥效益。按照“能整尽整、应整尽整”的原则，持续推进涉农资金整合，优化资源配置，强化财政投入保障，统筹整合资金 44124.7955 万元（四级衔接资金共计 19167 万元，其中中央衔接资金 10928 万元、省级衔接资金 7749 万元、市级衔接资金 440 万元、县级衔接资金 50 万元；整合资金 24957.7955 万元），实施整合资金项目 1317 个。县级层面安排土地出让收入资金 9776.5 万元用于农业农村，高于全县 2021 年土地出让收入的 4%。继续推行“一项目一档案”制度，2021 年入库项目 1342 个，做到项目库建设与项目推进同步进行，实时完善项目库台账、入库申报审核审定资料、县乡村公示公告资料。②

（3）真抓实干，协调推进“三大帮扶行动”。一是持续推进就业帮扶。继续支持脱贫劳动力转移就业，对 1301 名脱贫对象和监测对象发放转移就业交通补贴 45.94 万元。巩固就业帮扶车间 123 家，吸纳就业 7412 人，其中脱贫人口 2073 人，月平均工资达 2577 元，比 2020 年的 2104 元高出 473

① 隆回县乡村振兴局：《隆回县乡村振兴局 2021 年工作总结及 2022 年工作计划》（2022 年），打印稿。

② 隆回县乡村振兴局：《隆回县乡村振兴局 2021 年工作总结及 2022 年工作计划》（2022 年），打印稿。

元，实现就业帮扶车间开办总量、就业总量、务工收入稳中有升。[①] 二是持续推进产业帮扶。2021 年全县落实省重点产业扶贫项目 25 个，全县共发放小额信贷 1737 笔 8547.2 万元。投入 3.33 亿元，发展粮食、烤烟、油茶、生猪、金银花、龙牙百合、辣椒等特色产业。[②] 支持 242 家涉农企业、合作社、家庭农场与 37389 户 163176 名有劳动能力的脱贫人口继续保持紧密的直接帮扶机制，全县有产业发展能力和发展意愿的建档立卡贫困户产业扶持和利益联结实现全覆盖，帮助其发展产业。对 616 户 1651 名重点监测人员实施直接奖补，对无劳动能力的 6277 户 17286 名易返贫致贫人口实施重点产业帮扶，年人均增收 1000 元以上。[③] 三是持续推进消费帮扶。加强与"明我隆回家乡专馆""隆平 e 家"等国内知名电商平台的合作，扩大农产品销售渠道，努力打造农产品区域公用品牌。

（二）建立县乡村文明实践网络，引领乡风文明新风尚

隆回把推进新时代文明实践工作作为推动高质量发展的一项重要工作来抓，明确县乡村三级书记抓，建立县实践中心、乡镇（街道）实践所、村（社区）实践站三级网络。以"一村一风貌、一村一乡愁、一村一故事、一村一课堂、一村一公益、一村一经验"[④] 为特色的"六个一工程"梯次推开，依托向家村、小沙江、九牛坳和魏源故居打造的"四个自信"示范基地逐渐成形，逐步为隆回县新时代文明实践中心勾画了一条清晰的、可复制、可推广的工作思路和有效路径，以点促面带全局，不断延展新时代文明实践的"辐射半径"，惠及更多民众。

1. 夯基础，完善创建要素

乡风文明是乡村振兴的总要求之一。隆回县注重特色引领、梯次发展，

---

① 隆回县乡村振兴局：《隆回县乡村振兴局 2021 年工作总结及 2022 年工作计划》（2022 年），打印稿。

② 隆回县乡村振兴局：《隆回县推进乡村振兴的探索》（2022 年），打印稿。

③ 欧阳德珍、魏志坚、陈斌：《广袤沃野展锦绣》，《邵阳日报》2022 年 3 月 27 日第 1 版。

④ 欧阳德珍、魏志坚、陈斌：《春风拂开花千树——隆回县新时代文明实践工作综述》，《邵阳日报》2021 年 12 月 3 日第 1 版。

不搞“齐步走”，从资金、人才、基础设施建设、平台建设等方面分类别进行重点扶持。先后投入5亿元，完成全县572个村级综合文化服务中心建设，覆盖率达100%。[①] 新建村（社区）服务中心490个、改造42个，村级办公条件全面改善，实现基层“一门式”公共服务全覆盖，[②] 较好地解决了“有钱干”的问题。为全县513个村（社区）各配备2名专兼职联络员，并将这支联络员队伍纳入村级后备干部管理，新增扶贫扶智、禁毒除害等6支专业队伍，其他县直部门和乡镇（街道）根据各自实际组织若干志愿队伍，形成了以行政力量、社会力量、农村党员力量和群众互助力量为主体的四类志愿服务队伍，全县共发展志愿队伍743支，注册志愿者17万人，活动达10000余场，较好地解决了“谁来干”的问题。在县中心、乡镇（街道）所、村（社区）站三级构架基础上，延伸创建一批爱国主义教育纪念场馆、非遗传习传承、农业技能培训等示范基地新时代文明实践基地（点），打造起“3+1”组织构架，[③] 较好地解决了“在哪干”的问题。着力推进文化服务信息化，加强数字化公共服务平台建设，建成县文旅云平台及数字化文化馆、图书馆，包括一个县级平台、两馆平台、25个乡镇平台、572个村级平台，[④] 县、乡、村三级公共文旅服务实现数字化全覆盖，较好地解决了“抓得实”的问题。

2. 植厚土，实施文化惠民

做好精品文艺作品创作。先行试点建设了一批文体社区，引导一大批村加入了“村晚”举办队伍，全县文艺团体达到1200支，其中办证开展营业性演出的业余剧团53支。全面实施“三百”工程（百姓书屋、百姓舞台、百姓剧场）和“送戏下乡”活动，下乡演出220场，[⑤] 全县有50多个村举行春晚，六都寨镇明德村连续举办21届春晚，张家铺村举办的春晚登上了

① 隆回县乡村振兴局：《隆回县乡风文明建设总结》（2022年），打印稿。

② 杨韶辉：《隆回县政府工作报告》（2021年），打印稿。

③ 刘军：《努力让人民生活更美好》，《雷锋》2021年第11期，第13~14页。

④ 隆回县乡村振兴局：《隆回县乡风文明建设总结》（2022年），打印稿。

⑤ 欧阳德珍、魏志坚、陈斌：《春风拂开花千树——隆回县新时代文明实践工作综述》，《邵阳日报》2021年12月3日第1版。

央视和浙江卫视，打造了隆回“村晚”文化品牌。大力扶持鼓励文艺创作，发动专业音乐人士，把九牛坳村移风易俗的举措编排成百姓喜闻乐见的广场舞曲，在隆回迅速推广。本土作家创作的大戏《儿大女大》由市花鼓戏传承保护中心演出3000多场，本土音乐爱好者创作了30多首本土歌曲，如《花瑶山寨》《花瑶呜哇情》《请到隆回看花开》等在省市获奖。向家村先后承办新时代文明实践助力乡村振兴高端论坛、“魏源经世致用视野下的乡村振兴”主题读书会，“追梦中华·幸福湖南”2021海外华文媒体湖南采访行等活动，广大专家学者和30多家来自美国、法国、俄罗斯、阿根廷等国的媒体先后实地了解该村从贫困村到乡村振兴示范村的精彩蜕变。

3. 引新风，推进移风易俗

依法按程序建立健全“一约四会一队”群众自治组织及其章程，明确操办细化标准、工作要求、奖惩措施，并公开公示、人手一册、监督落实，发挥群众自治组织的治陋习作用。通过发挥先进典型的引领作用，引导群众积极投身到治陋习、树新风的实践中来。投资55万元着重打造了荷香桥镇九牛坳村移风易俗示范点。全县评选了一、二届20名“道德模范”和20名“最美隆回人”；乡镇（街道）和村（居、社区）层面，结合实际纷纷开展了“星级文明户”“身边好人”等评选表彰活动，涌现出一大批先进典型。如：刘光耀（羊古坳镇老党员）临终遗嘱节俭办后事、捐款助公益，横板桥镇周怀廷、王道财、廖国廷三名老战友志愿捐献遗体，荷香桥镇九牛坳村卖鞭炮老板陈代兵带头禁燃禁放，横板桥镇退休教师廖玉斗坚持13年志愿宣传移风易俗，高平镇小坳村周岳求捐3万元寿酒钱建电排，七江镇建华村打造了家风家训一条街及32对新人“花瑶婚俗”扶贫脱单集体婚礼等。

4. 树典型，推广示范成效

按照“党建引领、村民自主、社会参与”三位一体的运行机制，大力弘扬传统文化，提升乡风文明，全域开展文明村镇、乡村治理示范村镇创建活动，最大限度地激发群众内生动力，聚合省内相关优质资源共同发力。一是美丽乡村建设有序推进，荷香桥镇九牛坳村创建省级特色精品乡村，羊古坳镇雷峰村等4个村创建省级美丽乡村示范村，花门街道合井村等6个村创建市级美丽乡村示范[1]。县本级完成美丽乡村示范村创建30个。二是新时代文明实践工作走在省市前列，被列为全省首批、全国第二批试点县。金石桥镇、岩口镇向家村获评全国文明村镇。花门街道排头村彭艮凤获评第八届全国道德模范提名奖，受到习近平总书记的亲切接见。2021年，向家村被中央文明委和农业农村部授予“全国文明村”“全国乡村治理示范村”荣誉称号。虎形山瑶族乡被文化部授予“中国民间文化艺术之乡”称号。

（三）因地制宜施策，多途径发展壮大农村集体经济

为加快实现农业农村现代化、增加农民收入，隆回县在湖南率先成立村级建筑劳务服务有限责任公司，采取“一二三四”法，即全县每个村（社区）成立一个建筑劳务公司，明确公司两大股东，做到“规范管理、合理分配、防范风险”三个方面，确立“建筑施工、劳务输出、服务创收以及其他经营”四大营业范围。[2] 目前，全县已成立572家村级建筑劳务服务公司。村集体经济收入快速增加，全县572个村（居）有423个村（居）集体经济收入超5万元（比2020年增加68个）、21个村超10万元、1个村超100万元，其中有140个脱贫村集体经济收入超5万元，比2020年增加28个。农民人均可支配收入快速增加，达14092元，较2020年增加1503元，增长12%，增长率连续多年居邵阳市前列。[3] 村级建筑劳务服务有限责任公司的具体做法如下。

1. 构建“两个股东”的新型集体经济管理模式

村级建筑劳务服务有限责任公司注册资本为50万元。工商登记出资人为村集体经济合作社和隆回县隆利建筑工程有限公司（县重点建设项目事

---

① 欧阳德珍、魏志坚、陈斌：《广袤沃野展锦绣》，《邵阳日报》2022年3月27日第1版。

② 欧阳德珍、杨贵新、罗忠：《隆回村级劳务公司领跑富民强村路》，《邵阳日报》2022年1月12日第5版。

③ 隆回县乡村振兴局：《隆回县乡村振兴局2021年工作总结及2022年工作计划》（2022年），打印稿。

务中心的全资公司，简称隆利公司）。其中，村集体经济合作社持股90%，隆利公司持股10%。隆利公司是村公司股东之一，参与公司的监督和管理，而不是隶属或管辖关系。村公司由各村（社区）委会主任担任执行董事兼总经理，村（社区）纪检委员担任监事，村（社区）其他固补干部担任副总经理。隆利公司安排1名专人担任副总经理兼财务总监，可同时在多个村公司兼职。实行“政府主管、村（社区）委会直管、自主经营、独立核算、自负盈亏”的经营管理模式，按公司章程规定各司其职，民主管理、诚信经营。规范项目管理。单个项目投资额在200万元以下的公共基础和公共服务类设施项目，在同等条件下，按程序优先安排具备施工条件的村（社区）公司负责组织实施。隆利公司负责施工项目的技术指导、主要原材料和用工指导价格的发布，协助做好资金管理、工程质量管理、安全监督。各乡镇负责项目日常监管、指导。县纪委监委、县审计局等职能部门根据需要，对工程体量大、资金量大的项目实行提级监督。严格财务管理，村（社区）公司在乡镇和县农经站的指导下从事财务工作，安排专人负责财务工作，也可以委托第三方公司有偿服务，并接受相关部门的定期检查。

2. 构建共享共富的集体收益分配机制

首先，确保实现10%以上利润。政府财政资金足额安排的工程项目，原则上净利润不低于总造价的10%且不高于30%，实际利润按照股权比例进行分配。其次，建立村级集体经济经营性收入增长奖励机制。村公司管理人员不领取工资，但可以拿出年度经营性收入净利润不超过20%的部分，对有突出贡献的在职员工（含兼职的村“两委”成员）给予相应的奖励。最后，合理安排集体收入的使用，通过“四议两公开”的方式，用于村级公益事业、民生项目或再投入创收。比如，用于村级保洁和助学、助医、助老、助困等临时救助。

3. 创立科学合理的风险防控协同机制

防范法律政策风险。村公司按照“上级给政策、公司谋发展”的原则，在法律政策允许范围内民主管理、诚信经营。防范质量安全风险。建立安全、质量监督机制，加强各工种技能培训与安全教育，严把原材料的数量、质量、价格等关口，自觉接受监管，杜绝质量、安全事故发生。对新开工建筑建设项目，所有人员100%参加工伤保险或商业险，杜绝安全事故发生。防范债务风险，村公司根据承揽的项目的实施需要，可以在开户银行贷款，但贷款金额不超过50万元，项目竣工后立即归还。防范不廉不公群众矛盾风险。加强廉政风险防范，所有收支情况均定期公开；乡镇安排专人负责财务监督管理；县农经、审计部门负责财务管理的督促、指导和重点审计，杜绝不廉洁行为的发生，确保不发生群工矛盾。

4. 拓展多元开放的集体经济服务范围

一是建筑施工。在推进乡村振兴建设行动中，财政性资金到村的项目，包括农业基础设施建设、人居环境整治、文化教育设施、村组道路建设、河道维修、农村住宅修建等，在同等条件下按程序优先由本村公司承揽实施。同时，引导各村公司参与村民建房，积极拓展业务，不断做大做强。在建筑工程领域，村公司必须坚守“四个直接，两不允许”原则，只承接本村工程项目，直接用工用劳、直接采购材料、直接租用机械、直接组织实施，不允许分包转包，不允许擅自到其他村揽接项目，但在其他村公司不能胜任其所在村级范围内的工程项目时，经村委会书面邀请，与隆利公司共同协商后方可承接。二是劳务输出。范围主要为县内规模工业企业。为县内规模工业企业与就业帮扶车间提供劳务协作服务，县人社局建立稳岗就业信息管理平台，收集统计务工人员情况，一天一申报、一月一汇总，每月务工累计达到22天的，县财政从规模工业企业稳岗就业奖补资金中，按50元/（月·人）的标准给予补助。加强对外劳务协作。针对外出就业劳动力主要流向，加大与长株潭、东莞、义乌等地劳务合作力度。向望城等地输送劳动力，可获300元/（月·人）的补助。通过劳务合作解决农民工就业、企业用工难题，实现双赢。三是服务创收。在依法、自愿、有偿的前提下，流转农民的承包地。参与乡村旅游开发，在“吃、住、行、游、购、娱”等方面增加服务供给。承办村级文化体育娱乐活动。参与农村红白喜事，适当收取服务成本，同时倡导喜事新办、丧事简办，杜绝大操大办、铺张浪费，促进乡风文明。四是其他经营。通过内部挖潜、外部借力，挖掘资源、利用资产、引进资本，搞好经营创收。依法合理利用集体土地出租承包，利用山塘水库山林开发增收项目，建设农产品种养基地，发展林下经济。加强村级光伏电站和水电风电经营管理，确保持续长期发挥效益。充分挖掘资源禀赋优势，服务国家重点项目建设。

（四）发挥资源优势，实现特色产业规模档次同提升

隆回县是典型的农业大县，南北地形地貌差异较大，且全域富硒，土壤硒元素平均含量 1.774ppm，是全国平均值的 7.4 倍。近年来，隆回县确定优质稻、生猪、烤烟、金银花为四大主导产业，百合、油茶、“三辣”（生姜、辣椒、大蒜）、特色果蔬为四大特色产业。①

1. 精准布局谋求发展

为发展乡村特色产业，隆回县积极推进产业发展“链长制”，明确以金银花和龙牙百合为主的中药材、以辣椒为主的富硒农产品加工、轻工智能制造、医养康养、生态文化旅游和新能源等六大重点产业链，② 由县委书记、县长带头担任“链长”，实行“一条产业链、一名链长、一个产业规划、一个年度计划、一套支持政策”的“五个一”工作机制，进一步提升价值链、融通供应链，促进农村一二三产业融合发展。同时，围绕特色产业，引导金融机构加大信贷投放力度。推行“重点产业链链长制”，促进金融机构加大对特色产业品种培优、品质提升、品牌打造和标准化生产的支持力度。引导金融机构推出“惠农担-粮食贷”“惠农担-油茶贷”等新型信贷产品。2021 年，全县金融机构共发放特色产业贷款 3 亿多元。

2. 大力推进结构调整

立足资源禀赋、产业现状和市场空间，规划切实可行的农业产业结构，“四主四特”产业格局基本形成，获评湖南茶叶乡村振兴十大重点县、省烟叶工作先进县。在产业定位上，重点打造四大主导产业、四大特

① 刘旭颖：《隆回乡村振兴亮出“硒”有底色》，《国际商报》2021 年 11 月 12 日第 7 版。

② 刘旭颖：《隆回乡村振兴亮出“硒”有底色》，《国际商报》2021 年 11 月 12 日第 7 版。

色产业，加上生态休闲旅游业，形成了“8+1”产业体系。这些产业中，既有见效快、周期短的产业，如“三辣”、养殖等，也有能够长久受益的产业，如油茶、金银花等产业，适合不同的农民群体，确保了产业发展的多样性、实用性。在产业布局上，根据隆回独特的地理地貌及农业产业发展潜能，形成了在隆回北高寒山区种植“金银花、猕猴桃、高山萝卜”，在隆回南种植“油茶、烤烟、辣椒、百合、优质稻”的富硒特色农业产业规划格局，富硒农产品产业链快速发展。全县金银花种植面积长期稳定在 21 万亩左右，年产干花约 1.2 万吨，稳占全国金银花产量的 50%以上，产值超过 12 亿元，全县各类农产品生产基地达 120 多万亩。[①] 目前，农业产业链产值超 100 亿元。

3. 积极打造特色品牌

品牌创建卓有成效，到目前为止，全县现有“邵阳红”区域公共品牌 39 个、湖南省著名商标 5 个、省级区域公用品牌 1 个、“两品一标”认证 52 个、三品认证 48 个、中国驰名商标 1 个、中国地理标志产品 2 个。金银花入选全省“一县一特”品牌，“隆回龙牙百合”获评国家农产品地理标志产品，与金银花共同入选“湘九味”。湖南省宝庆农产品进出口有限公司生产的“金鸡”牌龙牙百合远销十多个国家，隆回县瑞源农业有限公司“隆瑶兴”牌龙牙百合干产销两旺。

4. 大力培育龙头企业

注重壮大新型经营主体，认真做好“扶”“引”两篇文章，积极培育行业领军企业。扶，就是按照“一个产业，1～2 家龙头企业”的思路，强化政策扶持和引导，撬动社会资本投资产业化项目。如：为提高农产品加工水平，隆回县积极争取了湖南省特色县域经济重点县政策，连续三年共投入资金 9000 万元，支持省市级龙头企业发展加工产业、打造品牌、拓展市场；县财政出资 1 亿元，建立中小企业融资担保公司，放大 10 倍贷款效应，着

① 隆回县乡村振兴局：《隆回县乡村振兴局 2021 年工作总结及 2022 年工作计划》（2022 年），打印稿。

力解决企业融资难问题。鸿利药业从只有一条生产线的作坊式企业，发展成为省级农业产业化龙头企业，不断夯实“中国金银花之乡”产业基础，辐射带动金银花种植 21 万亩，占全国总产量的 50%以上，年产值超 10 亿元。引，就是招大引强。哪个产业没有龙头企业，就围绕这个产业开展招商引资。针对辣椒产业没有龙头加工企业的情况，把在东莞发展的隆回籍老乡招引回乡，创立了军杰食品公司，获评国家级重点农业龙头企业，带动全县种植辣椒 5 万亩，共与 18 个种植专业合作社展开合作，其产品深受消费者喜爱。最终，龙头企业培育成效斐然，新增市级龙头企业 13 家，全县现有国家级龙头企业 1 家，省级龙头企业 10 家，市级龙头企业 42 家；农民合作社发展到 1106 家，其中国家级农民示范合作社 3 家，省级农民示范合作社 17 家；家庭农场 402 家，其中省级示范家庭农场 12 家，产业发展带动能力显著增强。新增规模以上涉农企业 6 家，规模以上企业总数达 34 家，全县农产品加工企业发展到 278 家，农产品加工产值达 160 多亿元，[①] 加工产值与一产产值比为 2.6∶1，农产品转化率达 70%以上。[②]

二　立足实际，全面推进乡村振兴面临新挑战

脱贫攻坚取得胜利后，要全面推进乡村振兴，这是“三农”工作重心的历史性转移。2021 年，隆回县在巩固拓展脱贫攻坚成果同全面推进乡村振兴有效衔接的新发展阶段，按照中央、省委关于全面推进乡村振兴的重要部署，立足县情、农情，毫不松懈，接续奋斗，推出一系列重要举措，脱贫攻坚成果巩固、乡村振兴工作取得了许多新成效。但是，实事求是地分析，隆回县全面推进乡村振兴依然面临诸如县乡村空间规划有待全面统筹、基础设施建设有待城乡一体、特色优势农产品有待进一步品牌化、农业产业融合发展有待跨界融合、村与村之间的发展不平衡问题亟须破解等方面的挑战。

① 欧阳德珍、魏志坚、陈斌：《广袤沃野展锦绣》，《邵阳日报》2022 年 3 月 27 日第 1 版。

② 隆回县乡村振兴局：《隆回县乡村振兴局 2021 年工作总结及 2022 年工作计划》（2022 年），打印稿。

（一）县乡村空间规划有待全面统筹

全面推进乡村振兴，统筹城乡国土空间规划是重要内容。隆回县高度重视国土空间规划编制工作，充分意识到该工作的重要性、必要性和艰巨性。着眼于生态环境保护、“三线”管控、土地开发利用、城乡建设、乡村振兴等方面，致力于构建高质量发展的国土空间规划体系。但从调研情况来看，隆回县在国土空间规划方面，缺乏全局意识，尤其是在统筹县乡村规划方面还存在盲区。一是缺乏统一管控的意识与机制。规划涉及部门多，各个部门的规划在内容结构和涉及深度上均有很大不同，各类规划建设任务多头下发，存在重复、交叉。二是编制与实施主体不一。横向上，多部门按不同规范要求独立编制，部门之间协调不足、衔接不畅；纵向上，上面的规划与下面的需求存在矛盾，与地方的实际情况存在不相适应的情况。

（二）基础设施建设有待城乡一体

近年来，隆回县不断加大对农村社会事业的投入力度，并通过精准扶贫、实施乡村振兴战略、建设美丽乡村等使得农村基础设施有了较大的改观，保障水平大幅度提升。但由于历史欠账较多，城乡资源配置不均衡、发展不平衡等问题，还很难达到与城市相提并论的水平，公路、桥梁、水电、燃气、公交、污水处理、垃圾集中处理、信息网络等公共基础设施建设还比较薄弱。比如：农村的公路总量不足、结构不优，大部分通村公路路面宽度只有3.5米，公路建设的技术标准不高，管养维护成本较大，与农村日益增长的车辆通行需求不相适应。农村客运市场逐渐萎缩，客运班次少，很多客运班车入不敷出，有些甚至已经停运。此外，农村的客运班车也主要是在县乡主道上运营，离县乡主道较远的村民需步行较远的距离才能到达候车点，且候车时间久，农村居民出行不便。而各地在建设农村基础设施时，存在重数量、轻质量的现象，重短期、轻长远发展。农村公共服务内部供需基础薄弱，物流业发展缓慢，整体水平有待提升，农业科技推广、农业发展综合规划和网络信息系统服务等“软”服务供给不足。

（三）特色优势农产品有待进一步品牌化

目前，隆回县围绕金银花、龙牙百合、“三辣”、高山腊制品、有机茶叶、山界红糖等农产品，打造了“宝庆牌”龙牙百合、“桃花牌”辣酱、“昊之源”南瓜粉、“毅鹏牌”和“银仙牌”金银花茶、“峰都牌”翠螺茶、“老庚牌”腊制品等农产品品牌，现有“两品一标”认证 52 个、湖南省著名商标 5 个、“邵阳红”区域公共品牌 39 个、省级区域公用品牌 1 个。总的来看，隆回的农业品牌建设得到了长足的发展。但品牌化发展水平不高，品牌知名度不高。虽然品牌多，但存在小、散、乱、杂等问题，品牌运营、宣传、推广的整合营销专业度不够，缺少计划，品牌标识辨识度低。虽有品牌意识，但品牌定位不明确，没有让品牌的功能最大化，产品特点、核心优势等方面没有很好地与目标消费者精准匹配。特色农产品资源丰富，品牌地位却未与之匹配；产品品质好，但品牌知名度未与之匹配。

（四）农业产业发展有待跨界融合

隆回县农产品产业链发展迅速，“一县一特”“一乡一业”的产业格局基本形成，产业发展带动能力较强，产业融合发展取得积极成效。但在产业融合方面还有待进一步解放思想，产业跨界融合还需深入探索，对一些新业态新模式要敢于大胆尝试。比如，在产业融合发展方面，目前最多的是集旅游观光、休闲度假和农事体验于一体的“农旅融合”生态农业模式，致力于打造农旅高地、网红打卡地。而在“农旅”基础上的突破与升级还不够，“农旅”可以融合现代农业、度假养生、生态养老、文化民俗等产业，将服务业与制造业融合，甚至是现代农业、现代服务业与新型城镇化相融合。此外，“互联网+”作为提高农业品牌化发展水平的新模式，可以推动农业产业线上线下同步发展，隆回在农业产业与“互联网+”跨界融合上，没有深度探索，在利用信息化、数字化技术发展智慧农业等方面还需提高认识和深入探索。

（五）村与村之间的发展不平衡问题亟待破解

脱贫攻坚以来，隆回县村级集体经济收入结构和质量得到明显改善，村级组织的自我发展能力明显增强，所有村（社区）实现集体收入破零。但是对标中央、省市工作要求和群众对美好生活的向往，隆回县村级集体经济总体水平还不高，村与村之间的发展不平衡问题突出。有的村基础薄弱，除村活动场所、闲置学校等公益性资产外，能用于获得经营性收入的集体土地量较少，集体“存款”不足。特别是地理位置偏远、可供开发利用资源少的村，发展壮大集体经济就更加艰难。有的村受地理位置、资源禀赋、人口素质等方面因素的影响，其村级集体经济的发展在很大程度上主要还是依赖于上级党委政府的项目资金投入以及帮扶单位的大力扶持，产业类型以传统的种养殖业为主，高耗资、低受益，产业发展方式滞后，未形成优势产业链，未形成规模化、现代化产业发展格局，村集体经济自我“造血”功能严重不足。而县城和乡镇所在地周边、旅游景区周边、产业集聚区周边的村，发展渠道相对较宽，集体收入相对较高。原贫困村因整体推进光伏发电项目，集体收入普遍高于非贫困村。同时，曾外出经商、办企业、承包工程的村干部，有一定的经营能力，能够想办法搞活村集体经济。村与村之间差距过大，年收入多的村达60万元，少的只有几千元。村级集体经济发展水平整体不高，制约了村级组织稳健运行和发展。

三　实现跨越，全面推进乡村振兴需要新突破

隆回县坚持农业农村优先发展的理念，毫不松懈，接续奋斗，凝心聚力把乡村振兴这件大事办好办实，取得了明显成效。但必须清醒地认识到，越往前走，任务越艰巨。无论是阶段性成果，还是面临的挑战，都将为下一步扎实推进乡村振兴战略提供决策参考。我们要从成效中总结经验，从挑战中找寻差距，立足实际，把握实情，尽快谋划，扎扎实实推进乡村振兴。

（一）优化城乡国土空间布局，提高资源配置质效

优化国土空间布局，统筹要素合理配置和有效管理，是助力乡村振兴的迫切需要，也是推进农业农村现代化的重要内容。好的规划是科学决策的基础，在全面推进乡村振兴的大背景下，隆回县既要不断增强规划意识，也要科学做好规划，确保城乡国土空间规划一张图绘到底，以科学规划为龙头和基础，推进城乡一体化。

1. 科学编制国土空间规划

坚持从全局谋划一域、以一域服务全局，按照中共中央办公厅国务院办公厅的《关于在国土空间规划中统筹划定落实三条控制线的指导意见》，立足区位、生态、产业实际，以"双评价"为基础，开展生态保护红线与自然保护地优化评估、永久基本农田保护红线优化调整和储备区划定，合理划定城镇开发边界，按照统一底图、统一标准、统一规划、统一平台要求，[①] 全面把握隆回县未来 15 年的生态环境保护、"三线"管控、土地开发利用、城乡项目建设、乡村振兴战略、一二三产业发展等事关国土空间布局的大事，加快编制完善《隆回县国土空间规划（2020—2035）》，以及隆回县县辖 23 个乡镇国土空间总体规划，做到不交叉不重叠不冲突。

2. 坚持做好重大专项规划

围绕"三宜三融三区"战略目标，深化"一心"（县城）、"三轴"（G320 国道沿线城镇发展轴、S312 省道沿线城镇发展轴、S219 省道沿线发展轴）、"三城镇群"（南部城镇群、中部城镇群、北部城镇群）为主体的城镇规划体系，制定主城区"两带两轴六区"统筹规划、历史文化保护传承规划和实施方案，推进科学城概念规划、综合交通体系、轨道交通线网、基础设施等重大专题研究及专项规划编制。统筹县域城镇和村庄规划建设，一体化同步推进镇村规划编制，做好核心镇、中心镇、一般镇规划修编工作，

① 中共中央办公厅、国务院办公厅：《关于在国土空间规划中统筹划定落实三条控制线的指导意见》，《人民日报》2019 年 11 月 2 日第 5 版。

优化城乡生产、生活、生态空间格局。

3. 持续推进“多规合一”

按“规划一张图”要求，实现工程项目“一张蓝图”上生成、“一个平台”上审批，细化落实省、市国土空间规划的要求，对接省、市级专项规划，结合隆回实际，合理确定国土空间发展战略、目标和主要任务，确定保护、开发、利用、修复、治理总体格局和隆回县中心城区总体布局，明确对专项规划、详细规划的刚性传导要求；统筹安排各类用地布局，合理划定土地用途区，科学安排农村土地整治和城乡建设用地增减挂钩，处理好远期发展与近期建设的关系，制定实施规划的措施，增强规划穿透性、执行力。

（二）由城至村延伸，推进城乡基础设施互联互通

走城乡融合发展之路，必然要求城乡基础设施实现互联互通。隆回县在全面推进乡村振兴的进程中，要统筹城乡基础设施建设，加快城市基础设施向农村延伸，推动城乡基础设施衔接、互补、融合，以基础设施建设为载体助力隆回城乡融合发展。

1. 加快完善县域以及中心城区交通网络

积极对接国家综合立体交通网，加快建设互联互通、便捷顺畅的现代综合交通体系，形成沪昆高速、呼北高速、怀邵衡铁路、沪昆高速铁路等纵横交错的高速公路铁路网。进一步完善县城内交通网络、基础设施，全面提质升级国省干道、县（乡）际公路，建好、管好、护好、运营好农村公路，实现县内县外互联互通、县域路网四通八达、重点集镇通畅通达、农村通组道路全覆盖。①

2. 加快推进城乡客运公交一体化

完善县域主城区公交网络，开通主城区至主要乡镇及主要居民点的公交

① 欧阳德珍：《加快建设“三宜三融三区”现代化新隆回——访隆回县委书记刘军》，《邵阳日报》2021 年 11 月 1 日第 1 版。

线路，鼓励各乡镇开通至主要村庄的公交线路，形成连接主要居民点、工业园区、生态农业旅游区、客运车站等的快捷公交网络。将建设好的农村招呼站真正投入使用。①

3. 加快推进城乡环境基础设施建设

加强农村饮水工程规范化管理，抓好乡镇供水、农村饮水安全工程，提升全部农村人口的饮水安全质量。以农村人居环境整治为契机，积极推进农村垃圾就地分类减量和资源化利用，统筹农村垃圾处理设施布局，建立健全符合当地实际情况的生活垃圾收运处置体系。统筹完善县乡村三级供水、供电、供气、垃圾处理等基础设施建设，推进城乡基本公共基础设施互联互通。

（三）培育壮大本土品牌，引领优势产业做大做强

培育壮大本土农业品牌，是发展现代农业的必然选择，是推进农业质量变革的有效途径，全面推进乡村振兴，离不开打造本土农业品牌。隆回县可以利用当地优质资源和优势产业，大力实施品牌强农建设，做大做强龙头企业，壮大优势农产品基地，走出一条“品牌富农”之路。

1. 抓好品牌培育，提升产业竞争力

按照“一县一特、一乡一业”“一村一品”的基本思路，充分挖掘农业资源优势，加强农产品区域公用品牌打造，以“金银花、烤烟、优质稻、生猪”四大主导产业和“油茶、‘三辣’、百合、特色果蔬”四大特色产业为依托，② 打好“绿色牌”“生态牌”“文化牌”，着力培育一批无公害、绿色、有机和地理标志认证产品。对重点企业和品牌产品给予重点培育、重点扶持，以培育本土特色农产品品牌为抓手，做强一批市场占有率高、有品牌影响力的农业龙头企业、上市企业，提升农产品核心竞争力。

---

① 汤艳丽等：《邵阳城乡融合发展问题研究》，《邵阳市统计》第 45 期，2018 年 11 月 1 日。

② 肖祖华等：《不获全胜不收兵——隆回县脱贫攻坚纪实》，《湖南日报》2020 年 1 月 11 日第 5 版。

2. 抓好品牌推介，提升产品知名度

做好农业品牌营销，加大农业品牌展销推介力度，组织举办和参展农交会、农博会、国际餐饮博览会等大型展会，举办形式多样的专题推介会、品鉴会，加大宣传推介力度；以政策支持和鼓励经营主体参加县级、市级、省级、国家级乃至国际特色农产品展示展销活动；鼓励农业企业利用传统媒体和网络、电商、自媒体等各类新媒介开展各类农产品营销，让隆回的特色农产品品牌在全国乃至国际上成为人人知晓、人人喜爱的品牌。

3. 抓好品牌认证，提升品牌美誉度

支持农业品牌认定，扎实做好绿色食品、有机农产品、农产品地理标志申报认证工作，支持开展农产品国家气候标志认证。强化农产品品牌监管，规范标志使用，提升品牌含金量。严厉打击获得农产品地理标志注册、中国知名农产品等富有地方特色的农产品的侵权事件。

（四）促进产业融合，推动传统农业向现代农业转变

做强农业，必须数量、质量和效益并重，既要提高竞争力，也要推进农业科技创新，更要实现可持续的集约发展，走出一条产出高效、产品安全、资源节约、环境友好的符合实际的现代农业发展道路。隆回作为传统农业大县，要以全面推进乡村振兴为契机，依据自身特点，坚持质量兴农、绿色兴农，整合优势资源，推进农业现代化。

1. 进一步优化种养品种结构

要对产业品种进行再比较再优化，突出重点、聚焦优势，加快扩大规模、提质增效。一方面，要立足气候、土壤、地形等资源特征进行产业布局，根据县域南、北地区的地理环境、资源禀赋以及气候变化，因地制宜、因村施策，优化农业产业结构，比如：北面高寒山区可以种植金银花、猕猴桃、高山萝卜等特色作物，南面地区可以发展油茶、烤烟、辣椒、百合、优质稻等产业。另一方面，要通过市场预判，以销定产，精准优化品种。在选择品种时充分考虑市场因素，将生产和销售同步谋划，摸透市场行情，产品

上市后才会销路畅通。

2. 充分开发农业多种功能

坚持“农头工尾、接二连三”的发展思路，加强生产、加工、流通、销售等农业产业链各环节之间的衔接，全面延伸产业链、提升价值链、优化生态链。加快产业融合发展，敢于跳出农业发展农业，推动农业与文化、旅游、教育、体育、卫健等深度融合，积极探索诸如“生产基地+中央厨房+餐饮门店”“生产基地+加工企业+商超销售”“互联网+”“农业+艺术”等新模式新思路，建设一批农业现代化示范区、优势特色产业集群、现代农业产业园和农业产业强镇，推动农村一二三产业融合发展。

3. 提高精细化发展水平

提升耕地质量，推进农田变良田，高质量完成高标准农田建设任务；大力提升农业机械化、智能化水平，加快补齐水稻机插、机烘等短板，不断提高水稻、油菜生产机械化水平；推进蔬菜、小水果等经济作物设施大棚建设，提升“菜篮子”供应保障能力；以畜禽、水产养殖为重点，大力推广智能化养殖设施设备，加快推进畜禽标准化生态环保养殖场建设，打造一批高标准的智能化养殖基地；加速农产品流通体系建设，建设一批产地分拣包装、冷藏等农产品仓储保鲜冷链物流设施；建设一批数字农业农村创新中心和数字农业应用示范推广基地，实施好“互联网+”农产品出村进城工程。

（五）推行强村带弱村帮扶模式，实现乡村协调发展

针对村与村之间发展不平衡的突出问题，特别是部分村存在基础条件较弱、发展后劲不足、村级集体经济薄弱、信息闭塞等问题，隆回县可探索推广“强村带弱村”帮扶模式，通过村级集体经济发展好、产业发展好、治理有效的强村与部分弱村结成帮扶对子，以强带弱、以富带穷、抱团发展，着力破解弱村基础条件差、发展思路少、产业实施难等问题，推动村级集体经济持续发展壮大。一是资金帮扶。针对村级集体经济薄弱、基础条件差、无钱办事等实际问题，结合实际情况，由村级集体经济相对发达的强村对薄

弱村进行结对帮扶，重点在帮助争取项目、改善基础条件、发展壮大村级集体经济方面给予帮扶，实现互通有无、双赢共建。二是产业帮扶。主要是解决薄弱村特色产业发展单一、增收渠道单一的问题，从“联”上入手，从“合”上落脚，打破村庄发展壁垒，聚拢各村庄的资源，通过实施土地入社、资金入股、资源共享等形式，开展合作化经营、联合式发展，开启“连片带动、整体推进”的区域化发展之路。三是智力帮扶。举办党建交流会、产业推进会等，相互学习对方先进的治理经验和治村方略，推动各村智力资源的双向流动，并定期组织两村干部互动学习、参加文体活动；鼓励以“全脱产”的方式，实现强村与弱村干部双向互派、挂职锻炼，汲取经验、相互促进。

参考文献

习近平：《扎实推动共同富裕》，《求是》2021年第20期。

《中共中央国务院关于全面推进乡村振兴加快农业农村现代化的意见》，2021年1月4日。

张庆伟：《以实干实绩推动“三农”工作取得新进展》，《新湘评论》2022年第5期。

毛伟明：《以产业项目的大建设支撑“三高四新”战略大落实》，《新湘评论》2021年第10期。

陈文胜：《大国村庄的进路》，湖南师范大学出版社，2020。

陈文胜：《论中国乡村变迁》，社会科学文献出版社，2021。

陈文胜：《农业供给侧结构性改革：中国农业发展的战略转型》，《求是》2017年第3期。

陈文胜：《为乡村振兴提供内在动力》，《人民日报》2019年5月13日。

陈文胜、李珊珊：《论新发展阶段全面推进乡村振兴》，《贵州社会科学》2022年第1期。

陆福兴：《全面乡村振兴如何开好局》，《中国乡村发现》2021年第4期。

陆福兴：《做好乡村振兴这篇大文章》，《新湘评论》2021年第2期。

B.8
武冈市2022年城乡融合发展研究报告

游 斌　陈文胜*

摘　要： 武冈市在高质量完成脱贫攻坚任务的基础上全面推进乡村振兴，坚持一体化推动城乡基础设施建设和公共服务完善，全面促进城乡融合，打造乡村振兴武冈“样板”，群众获得感、幸福感、安全感明显提升。但武冈市在新形势下推进城乡融合发展面临区域交通条件改善、农产品品牌建设、产业集聚效应发挥、民居风格统一及古城保护开发等挑战。本文从空间规划编制、城镇承载力提升、产业发展赋能、古城保护开发和农村土地综合改革五个方面提出了进一步推进武冈市城乡融合发展的基本建议。

关键词： 城乡一体化　城乡融合发展　乡村振兴　武冈市

武冈市位于湖南省西南部，是邵阳市西南五县（市）中心，素有“三省通衢”“黔巫要地”之称，是全国商品粮生产基地、湖南省历史文化名城。全市总面积1539平方千米，地势东、西、南三面环山、中部低平，是典型的丘陵山区地形。全市户籍人口82.69万人，其中农村人口32.27万人，系革命老区、武陵山集中连片贫困地区县（市）、省直管县经济体制改革试点县（市）。近年来，武冈抢抓全省第一批乡村振兴示范县（市）发展

* 游斌，湖南师范大学中国乡村振兴研究院博士后，研究方向为城乡和区域经济发展；陈文胜，湖南师范大学中国乡村振兴研究院院长、二级教授、博士生导师，研究方向为农村经济、城乡关系、乡村治理。

机遇，创新推行“1131+”工作思路，[①] 对标落实邵阳市实施乡村振兴战略“七大专项行动”，特别是以农村人居环境整治提升为突破口，以“一拆二改三清四化”为抓手，全面掀起“人人关注、人人支持、人人参与”的幸福美丽村庄创建热潮，成功走出了一条工农互促、城乡互补、全面融合、共同繁荣的乡村振兴实践之路。[②]

一 武冈市城乡融合发展取得的新成效

近年来，武冈在高质量完成脱贫攻坚任务的基础上全面推进乡村振兴，突出抓好城乡规划、建设、教育、医疗、养老、供水、客运、治理、人才一体化建设，群众获得感、幸福感、安全感明显提升。其中标准化村卫生室建设、城乡供水一体化、农村薄弱学校改造等经验相继被《人民日报》、新华网、中央电视台、湖南卫视等主流媒体报道推介。2021 年全市生产总值 185. 8 亿元、同比增速 8. 7%，全体居民人均可支配收入达到 23017 元、同比增速 9. 9%。

（一）推进城乡规划和建设一体化

武冈围绕“国家历史文化名城、湘西南明珠城市、邵阳西部生态圈中心城市、新时代文明实践示范市、乡村振兴样板示范区”的城市定位，践行“绿水青山就是金山银山”发展理念，把牢规划“方向盘”，牵住规划“牛鼻子”，坚持把改善农村人居环境作为实施乡村振兴战略的“突破口”，以农村人居环境综合整治为抓手，实施农村人居环境幸福美丽村庄建设工程，推进城乡一体化建设。

1. 科学规划引领，推进城乡规划一体化

以“全域统筹、城乡一体、协调发展”为原则，综合考虑人口分布、

---

① “1131+”：第一个“1”是一个乡村振兴规划；第二个“1”是一个防返贫监测机制；“3”是工作任务、重点项目、政策保障三张清单；第三个“1”是一支驻村队伍；“+”是常态化调度机制。

② 唐克俭：《在市委经济工作会议上的讲话》（2022 年 1 月 6 日），打印稿。

经济布局、国土利用、生态环境保护等因素，科学布局生产空间、生活空间、生态空间，建立了区域统一、责权清晰、科学高效的国土空间规划体系，整体谋划新时代国土空间合理利用和有效保护格局。

（1）成立工作专班，统筹国土空间规划编制。2020年，武冈成立国土空间规划编制领导小组，统筹全市各级各类规划编制。编制类型涵盖县域涉及的国土空间规划三级三类，如《武冈市国土空间总体规划（2020~2035）》《武冈市各乡镇总体规划（2020~2035）》《武冈市市域村庄分类与布局》《299个行政村的“多规合一”实用性村庄规划》及各类专项规划等。

（2）坚持共享发展，构建城乡发展一体化空间结构。综合考虑经济社会、产业发展、人口社会等因素，规划形成规模合理、功能完善的“一核两翼三中心镇五示范镇百特色村”的城乡发展一体化格局；基于自然资源禀赋和地理空间特色，形成以“云山、天子山为自然屏障的一轴两屏三廊多点”的生态保护格局；积极创建生产空间集约高效、生活空间宜居适度、生态空间山清水秀的国土空间。

（3）围绕产业发展导向，引导产业发展空间布局。依托自身资源和比较优势，充分考虑产业发展的用地需求，以武冈经开区、城西商贸物流园、临空经济区为主体，沿省道S336、国道G241为发展主轴，将全市划分为中部农工商旅综合经济区、中南部轻加工基地及农旅基地、东部农林及乡村旅游区，以周边多个农业产业园、特色小镇、乡村旅游基地为补充的“一核两轴三区多点”的整体产业结构。

（4）以完善全域基础设施为抓手，统筹构建城乡生活圈。明确中心城区—重点镇——般镇—中心村分级公共服务中心体系，分级分区建设布局了一批优质基础教育资源、体育设施、医疗卫生设施、社会福利设施，采取差异化配置实现了教育设施均等化，构建了统筹城乡、立足基层、协作有序、特色突出的公共服务体系。

（5）积极推进增减挂钩，探索城乡用地市场机制。按照“因地制宜、科学规划、统筹实施、权责一致、尊重民意”的原则，在完成农村居民点整理补充耕地任务的基础上，按照“先垦后用”的模式，探索实施城镇建设用地增加与农村建设用地减少相挂钩工作试点。

2. 示范创建先行，推进幸福美丽村庄建设

武冈结合美丽乡村建设，坚持“示范、创建、整村整治”，以农村人居环境整治为突破口、“一拆二改三清四化”为总抓手，全域推进幸福美丽村庄示范建设，提升了环境与健康意识，改变了影响农村人居环境的不良习惯。

（1）坚持科学谋划，做到“三动齐驱”。围绕“干什么、谁来干、如何干”绘制作战图和时间表，精确指导、准确定位。一是高位推动明方向。武冈市委常委会、市政府常务会及时传达学习习近平总书记关于农村人居环境整治工作的重要论述和上级党委政府相关文件会议精神，适时研究部署农村人居环境整治和幸福美丽村庄建设工作。二是上下联动聚合力。成立了由市长任组长的市农村人居环境整治工作领导小组，下设办公室和治垃圾、治污、治厕所、治空心房、治水、治农业生产废弃物、村容村貌提升等7个工作组，统筹指导全市各级各部门有序开展农村人居环境整治工作，同时各乡镇（街道）和相关市直部门相应成立农村人居环境整治工作组，实行主要领导亲自抓、分管领导具体抓、工作专班专门抓。制定《农村人居环境整治提升五年行动方案（2021~2025年）》《幸福美丽村庄建设方案》《幸福美丽村庄创建观摩评比方案》，从顶层设计上确保高质量推进。三是示范带动强引领。制定《武冈市幸福美丽村庄创建方案》，2021年从31个省级乡村振兴示范村、27个省级重点帮扶村中遴选出32个村作为幸福美丽村庄建设村，通过市处级领导办点示范、工作队驻村帮建、财政奖补、整合项目、保障发展用地、清单化管理六项举措，打造了一批示范效果好、辐射能力强的幸福美丽村庄。按照“先治脏、后整乱、再添美”三个步骤，创建20个省级美丽乡村、38个邵阳市级美丽乡村、100个人居环境示范村、141个人居环境整治重点村。①

（2）坚持聚焦重点，做到“四步齐走”。按照“因地制宜、分类施策，

① 武冈市乡村振兴局：《武冈市乡村振兴局工作汇报》（2022年），打印稿。

规划先行、统筹推进，立足农村、保持特色，农民为主、多方参与”的原则和“一拆二改三清四化等重点工作按月铺排”的思路，统筹推进农村人居环境整治。“一拆”治乱。对标落实农村建房“一户一宅”和“建新拆旧”政策，积极开展集镇专项整治，对“空心房”“违建房”“危险房”做到应拆尽拆，目前已拆除“空心房”5812 座 75.07 万平方米，清除了村庄院落的卫生安全死角，有效改变了村庄布局混乱和村容村貌脏、乱、差等问题，营造了整洁的居住环境，提升了村民生活质量，村容村貌大为改观。同时，农村的土地、道路、沟渠等生产设施进一步完善，提高了土地利用率，促进了节约集约用地，新增农用地指标 750 亩，有效缓解建设用地压力。“二改”治污。全力开展农村厕所革命及粪污治理，全面推行“首厕过关制”，并结合“五小园”建设，鼓励农户将处理后的粪水就地就近综合利用，目前全市已完成卫生厕所改造 10455 户，卫生厕所普及率达 85.09%，新（改）建黑灰水分离厕屋 9831 户，基本实现厕屋黑灰水分离，创新粪污利用方式。总投资 2.3 亿余元、11 个乡镇污水处理项目中，2020 年完成了邓家铺镇污水处理项目，2021 年完成了邓元泰、湾头桥、龙溪镇等 3 个污水处理厂及配套管网项目，已完成投资 1 亿余元，新建污水配套管网 16.19 公里，受益群众 5 万余人。[①]“三清”治脏。扎实开展村庄清洁行动，建立“户分类、组保洁、村回收、公司转运处理”的农村生活垃圾收运网和再生资源分类回收网“两网融合”机制，315 个行政村（社区、居委会）100%实现生活垃圾集中转运并无害化处理[②]。垃圾分类减量成效尤为明显，88.6%实现垃圾分类减量，年均减少填埋垃圾 8500 吨、节省财政垃圾处理投入 1071 万元、增加群众和保洁员收入 426 万元。“四化”提质。坚持因地制宜，分类分步实施各村“多规合一”编制，目前已聘请专业资质单位全面完成村庄分类与布局、58 个示范村和重点帮扶村的村庄规划编制，启动其余村规划编制工作。在此基础上全力推动村庄硬化、绿化、美化、亮

① 武冈市乡村振兴局：《武冈市乡村振兴工作纪实》（2022 年），打印稿。

② 邵阳市生态环境局武冈分局：《2021 年实施生态振兴工作汇报》（2022 年），打印稿。

化，创建“国家森林村庄”3 个、“省级森林村庄”214 个，美丽庭院示范户 11524 户，农村公路通畅率 100%。①

（3）坚持精细管理，做到“四制齐行”。将整章建制贯穿于农村人居环境整治全过程，确保各项措施落实落细。建立多元投入机制。完善“政府主导、部门支持、社会帮扶、群众自筹”的多元投入机制，2021 年整合涉农资金 19893 万元用于幸福美丽村庄创建和环境卫生整治，收取农村人居环境整治卫生费 347.63 万元、社会各界及乡贤赞助“一拆二改三清四化”幸福美丽村庄创建资金 4871.54 万元，农民群众投工投劳 30600 人次。建立联户共建机制。充分发挥党建引领作用和村民自治作用，将联系户的卫生状况作为党员量化积分的重要考核指标，通过组织交叉检查、村组竞赛等方式，充分调动群众参与积极性，变“要我建”为“我要建”，同时大力开展“清洁小卫士”“卫生教育进课堂”“小手拉大手·卫生齐动手”活动，在各级媒体平台发布宣传报道 160 余篇，营造良好氛围。建立定期考评机制。将农村人居环境整治工作与单位绩效评价和干部年度评先评优挂钩，创新推行月考核排名、奖惩、常态化调度机制，实行一月一检查一评比一通报、一季度一观摩一讲评一奖惩制度。建立长效管护机制。探索共享共治有效途径，建立健全市、乡、村、户四位一体的长效管护工作机制，将农村人居环境整治纳入村规民约，并在市、乡奖补的基础上每年将上年度村集体收入的 10% 用于整治与管护，目前 299 个村 100% 建立日常保洁机制，村容村貌焕然一新。②

（二）推进城乡基本公共服务一体化

武冈明确“中心城区—重点镇——般镇—中心村”分级公共服务中心体系，分级分区建设布局了一批优质基础教育资源、体育设施、医疗卫生设施、社会福利设施，采取差异化配置实现了均等化，构建了统筹城乡、立足

① 武冈市农业农村局：《农业产业发展及人居环境整治情况汇报》（2022 年），打印稿。

② 武冈市农业农村局：《农业产业发展及人居环境整治情况汇报》（2022 年），打印稿。

基层、协作有序、特色突出的公共服务体系。

1. 突出教育根本，推动城乡教育一体化

武冈历史文化底蕴深厚，素有“崇教善教”的优良传统。近年来，武冈建立起城乡教育资源均衡配置的机制，落实立德树人根本任务，深化教育综合改革，持续推进“双减”和“五项管理”政策落实，形成以城带乡、整体推进、城乡一体、均衡发展的义务教育发展的良好局面。

（1）健全三项机制，把优先发展的理念落到实处。健全领导机制，解决怎么重视的问题。出台工作方案，成立指挥部，明确责任，建立市政府牵头，教育、发改、财政、国土、建设等部门协同的工作机制，定期研究解决困难问题。健全投入保障机制，解决资金从哪里来的问题。全市新薄改项目建设资金以中央、省级下拨的专项资金为主，本级财政兜底配套，所有项目的资金来源按原来拨付方式不变。到目前为止，全市已解决缺口资金 10 亿元。健全统筹推进机制，解决谁来落实的问题。将新薄改工作纳入乡镇政府及有关单位的目标管理和绩效考核，通过层层召开推进会，积极签订责任状，实行部门联动，开展考核评比，压实各级责任，确保取得实效。

（2）紧扣四个环节，把精准策略融入整个薄改过程。摸清底子，找准缺什么。对照全面改薄的 20 条底线标准，层层组织调查，逐校开展摸底，做到一学校一特色精准发力。精准规划，弄清补什么。建立薄改项目库，明确弥补缺口的途径、时间安排和资金来源，制定改善薄弱学校基本办学条件的时间表、路线图，确保项目有序推进。注重方法，弄懂怎么做。坚持“四统一”即“统一标准、统一政策、统一建设、统一指挥”，按照“四步走”即“学校规划设计—教育局评定把关—乡镇组织建设—指挥部监管”的工作步骤推进实施。

（3）严把五道关，把优质安全标准落到实处。严把规划设计关。严格按照规划进行布局，使学校的功能更加完善、布局更加合理，能最大限度促进学生在校健康成长，最大限度满足教师教育教学需求，最大力度提升办学水平。严把资金使用关。实行生产管理专款专用、封闭运行，及时拨付，减少资金流通环节，确保项目资金不被挪用截留。严把建设程序关。由乡镇政府牵头，学校配合，市薄改办、纪检、审计等部门监督，严格坚持“一个项目、一名乡镇和学校领导挂帅、一套班子、一抓到底”的原则，实行领导“包协调，包质量，包进度，包效益”“四包”责任制，落实项目建设单位工程安全责任制和质量终身负责制。严把安全质量关。严格执行建设工程质量管理条例和工程建设标准强制性的条文等规定，设置了多道“防火墙”，实行专人专项跟踪管理。严把工程验收关。项目竣工后及时会同相关职能部门对工程进行全面验收，搞好工程的审计和决策工作，并进行固定资产的移交。

（4）以好教师“四有”标准，着力建强教师队伍。推行区域内校长教师交流轮岗和城乡教育联合体模式，构建了市、乡镇、校三级教研网络，形成了以解决教学问题为中心、教学片区为平台、学校为基础、教师研究为主体的一体化研修模式，开设教育系统行政管理人员培训、师训负责人及学校管理员培训、中小学班主任培训、市教师培训团队高级研修等多种形式培训班，不断增强教师培训的针对性和实效性，2021 年共培训教师 10218 人次，学校师资均衡化和专业化水平进一步提高，教师专业能力不断增强。同时，建立健全义务教育学校校长教师交流轮岗长效机制，出台《武冈市教育系统干部挂职交流实施办法》，全面落实教师交流制度，推动优质教育资源城乡共享。2021 年 8 月下旬，落实了校长交流轮岗制度，通过交流轮岗、内部推选、公开选拔等方式，调整充实各教育单位领导班子，其中交流调配了 109 人；落实教师交流制度，在农村学校之间、城区学校之间交流 59 人，支教交流 29 人，挂职交流 1 人。①

2. 提升医疗水平，深化市乡村一体化区域医疗共同体建设

武冈坚持“人民至上、生命至上”理念，以健康武冈建设为抓手，以改革创新为动力，夯实市乡村三级医疗服务体系，改善乡镇、农村的医疗条件，建立城乡医疗共同体，推行城区医院与乡镇卫生院、村卫生室结对帮扶或者远程医疗，加强公共卫生体系建设，推进基本公共卫生服务均等化，缓

① 武冈市教育局：《武冈市城乡教育一体化发展工作汇报》（2022 年），打印稿。

解农村居民看病难、看病贵问题，基本实现“小病不出村、常见病不出乡、大病不出县（市）”。

（1）夯实基础，完善村卫生室的网底功能。通过横向整合财政、卫健等部门资金，纵向统筹后期财政刚性投入村级卫生室的建设、维修、租赁等资金，以“健康按揭”方式向国开行贷款 1.05 亿元，一次性建成 299 个建筑面积为 180 平方米、配备 4 类 77 件医疗设备的标准化村卫生室，实现了“小病不出村”所需的门诊、检测、留观、康复、基本药品保障和健康教育 6 大功能，全部实施基本药物制度，开通医保门诊家庭账户报销，实现基本医疗和公共卫生服务数据网上直传，并通过购买基本公共卫生服务、补差基本药物、家庭医生团队签约补助的方式保障村医合理收入，安排市级医院专家和乡镇卫生院骨干每月定期在村卫生室各坐诊一天，优质医疗资源下沉到村。①

（2）加强建设，强化乡镇卫生院的枢纽地位。筹资 9000 万元，对全市 14 个乡镇卫生院进行提质改造，提高了内科、儿科、妇产科、中医科等服务能力，建起了 6 个示范性乡镇（中心）卫生院，新增了 322 个病床，添置了 180 件医疗设备，招聘了 262 名专业技术人员；分别在邓家铺镇中心卫生院和稠树塘镇中心卫生院设立了市人民医院邓家铺分院、市中医医院稠树塘分院，并通过公开招聘一批、在职培训一批、对口支援培训一批的办法充实乡镇卫生院医护人员，老百姓就近能享受到三级医院医疗服务。

（3）突出龙头，打造湘西南医疗卫生中心。始终坚持以项目建设为抓手，做大做强公立医院，协调发展民营医院，实现公立医院、民营医院良性竞争。近年来，概算投资 3 亿元，修建市人民医院门诊住院医技综合楼、市中医医院住院大楼，成功将市人民医院创建成邵阳市首家县域三级综合医院，将市中医院创建成二级甲等医院，大力发展以展辉医院、都梁医院为主体的民营医院。同时，在城区医院，围绕创建国家级、省级和市级临床重点专科，重点发展一批高新技术，创建省级、市级重点实验室、重点学科，确

① 武冈市乡村振兴局：《武冈市乡村振兴工作纪实》（2022 年），打印稿。

立了以“一改五化”为主要内容的管理体制改革任务，深入开展“医院管理年”“三好一满意”“医疗质量万里行”“优质护理服务示范工程”“优质服务基层行”等一系列活动，有力地促进了全市医院管理、医疗技术、医疗质量和医疗服务水平的全面提升，形成了武冈特色的医疗品牌。

（4）关口前移，切实加强公共卫生体系建设。建立了疾病预防控制机构、定点医院、基层医疗卫生机构三位一体的艾滋病和结核病“防治管”工作机制，健全突发公共卫生事件监测、评估、预警预测、反应机制，开展了寄生虫病防控工作，规范开展了碘缺乏病监测、改灶降氟调查。组建“乡支持、村为主”家庭医生签约服务团队315支，全市常住居民家庭医生签约率达42.84%，原建档立卡贫困人口家庭医生签约率达100%。

3. 完善养老体系，推动城乡康养一体化

武冈市立足养老服务体系发展现状，抢抓居家和社区养老服务改革试点机遇，紧紧围绕老有所养、老有所居、老有所医、老有所乐，推动市财政向农村养老事业倾斜，将养老服务基础设施向农村延伸、基本养老服务向农村倾斜、社会保障向农村全覆盖、城市文明向农村辐射，加强城乡一体化养老服务体系建设。

（1）加强机构整合，率先完成区域性中心敬老院建设。根据《湖南省人民政府办公厅关于推进养老服务高质量发展的实施意见》中建设区域性敬老院的工作要求，从2020年起，陆续投资5000余万元新建了水西门街道、荆竹铺镇、湾头桥镇、龙溪镇、邓家铺镇中心敬老院等5所康养型区域性敬老院，实现居有空调、行有电梯、护理床位全覆盖。同时，对老旧敬老院进行整合搬迁，所有老旧敬老院入住老人和工作人员全部搬迁至中心敬老院，全市185名失能、半失能特困人员有126人被安排在敬老院实行集中供养服务，集中供养率为68.1%。[①]

（2）加强统筹协调，建立养老服务质量指导中心。建立了建筑面积共1060平方米的养老服务质量指导中心，为市民政局管理的正股级财政全额

① 武冈市民政局：《武冈市城乡养老一体化调研报告》（2022年），打印稿。

拨款公益一类事业单位，核定编制5人，按养老行业最新标准设置了养老服务机构安全与服务质量管理中心、居家和社区养老服务指导中心、老年人能力评估中心、养老服务及产品展示宣传与推广中心、养老服务人才培训中心，承担全市养老服务政策宣传推广、养老补贴发放、养老热线平台运行和维护工作，指导养老机构和社区居家养老中心规范化、标准化建设，其中，居家上门基本养老服务由两家民办养老服务机构联合组织实施，通过湖南省养老综合管理与服务平台对全市基本养老服务工作进行智慧调度。2021年共服务城乡困难老年人7338人，服务金额538282元，养老服务人才培训中心对基本养老服务工作人员年度共开展4次培训，有效提高了养老行业专业人员素质。[①]

（3）聚焦基层，高标准建设基层养老服务设施。由市财政拨付专项资金51万元，高标准建设了17所乡镇（街道）综合养老服务中心，每所设置有厨房、餐厅、阅览室、棋画室（多功能活动室）、休息室、助浴间、洗涤间、康复护理室、托养服务室、家庭支持培训室、心理咨询室等功能室，主要为居住在乡镇（街道）辖区内老年人提供各种综合性居家养老服务照料、助餐助浴助洁、健康指导、文化娱乐等养老服务，市民政局安排专人对17所乡镇（街道）综合养老服务中心进行管理运营。同时，对标湖南省乡村振兴关于村级互助养老服务设施不低于30%的要求，市财政安排专项资金80万元，新建95所村级老年人互助照料中心，每所设置有厨房、餐厅、阅览室、棋画室（多功能活动室）等基本功能室，主要对村高龄、留守等老年人进行定期探视走访、引导组织居家老年人开展互助服务、对不能自理老年人提供日间照料护理，村级互助养老服务设施由本村老年人关爱村员负责日常管理，岗位补助200元/月。

4. 创新网格化管理“多网合一”机制，推进城乡治理一体化

为进一步减轻基层负担、提高基层治理运行效率，解决一线力量不足问题，武冈市探索创新网格化管理“多网合一”机制，推动实现城乡治理一

---

① 武冈市乡村振兴局：《武冈市乡村振兴工作纪实》（2022年），打印稿。

体化。

（1）强化组织领导，构建责任体系。成立了由市委副书记任组长，市委常委、市委办主任任第一副组长的市网格长制改革工作领导小组，在深入乡镇（街道）、村（社区）实地蹲点调研的基础上，全面整合河长、林长、路长、田长以及安全生产、平安建设、新冠肺炎疫情防控和生态环保等基层网格，将全市市、乡、村、组四级划分为总、大、中、小、微五级网格。明确由各乡镇（街道）党（工）委（党组）书记、乡镇长（办事处主任）担任大网格指导员和大网格长，由乡镇（街道）包村（社区）干部担任中网格指导员，各村（社区）党组织书记担任中网格长；由包片村（社区）干部担任小网格长；农村由各组长或院落理事会会长任微网格长，社区由楼栋长或社区物业管理员任微网格长。各级网格长对网格内各项重点工作负责，同时根据工作需求、人口数量、居住环境、地域大小等实际情况统筹选聘微网格员，建立网格长负责下的网格全覆盖的基层治理机制，做到功能不重复、责任不重复、人员不重复、考核不重复，实现“一网管多事，多长合一”和“一张网格托底、一个平台调度、一套体系保障”。

（2）激活群众主体，健全激励机制。充分发挥党建引领和村民自治作用，广泛开展零信访、零事故、零案件、零疫情（简称“四零”）单位创建，研究制定网格积分管理制度和积分奖励办法，开设积分超市，对参与问题上报、矛盾调解、义务投工等行为奖励积分，年终按积分多少进行奖励，并将其作为申请入党、评先评优的重要依据。同时，定期开展评选评优活动，充分调动群众参与积极性，树立先进典型，以看得见、摸得着的实惠吸引群众自觉参加线上群众自治。

（3）坚持数字赋能，提高治理效率。组建“1+N”市大数据平台指挥中心，依托“邵阳市社会治理创新开放共享总平台”，打造全市统一的指挥平台 App，作为开展网格工作的“中枢大脑”，集学习教育、线上交流、信息反馈、问题领办、跟踪评价等功能于一体。同时整合村（社区）微信群，分级建立网格微信群，实现全市“一户一人”入群，架起“信息高架桥”，辖区群众可通过本级网格微信群随拍随报本辖区内治安维稳、交通安全、安全生产、疫情防控、耕地保护等隐患和线索，确保情况动态掌握、风险提前研判、诉求及时回应、问题快速处理、服务精准有效。

（三）推进城乡基础设施建设一体化

武冈市始终把城乡作为一个整体通盘考虑，坚持对市政公用设施内提素质、外延服务，统筹规划城乡道路、供水、供电、信息、垃圾污水等基础设施的建设，促进市政公用设施进步成果城乡共享。

1. 推进城乡供水一体化

武冈地处衡邵干旱走廊东部，季节性缺水是多年来困扰武冈部分乡村居民生活的问题。近年来，武冈筹措资金11亿余元，建成人安饮水项目1215个，全市饮水安全覆盖率达100%，农村自来水普及率已达87.5%，有效解决了水资源分配不均、部分地区水资源缺乏、秋冬干旱时段局地季节性缺水以及乡镇之间、水厂供区之间供水不平衡、个别水厂水质不合格等饮水难、饮水差的问题，实现了“同水、同质、同网、同价、同服务”，为农村饮水安全工作积累了可复制的经验，探索出一条新路子。

（1）全域规划，统筹资源。按照“不落一户，不漏一人”的要求，做到因地制宜，精准施策，统筹谋划。“互联互通”模式，以威溪水库等4个中型水库水源为支撑，新建及扩建4处规模化水厂，日制水能力达13万吨，铺设供水管道260千米，与各乡镇水厂互联互通，解决水源单一和人口密集区季节性缺水风险较大的问题。“提质改造”模式，以22处“千吨万人”工程为基础，采取完善设施设备和管网延伸的办法，解决供水质量不高和196个村的自来水覆盖问题。“水池水井”模式，以原有取水点和新开辟水源为手段，按需建尽建原则采取改建或新建水井、水池的办法，解决边远偏僻山区农户的饮水安全问题。

（2）创新机制，融资建设。采用“BOT+ROT”的PPP融资方案，融资8亿元，整合第一自来水公司、城市供水有限公司（第二水厂）、第三水厂组建武冈市城乡供水有限公司，以“城乡供水一体化、区域供水规模化、工程建管专业化、运营管理智能化”“四化”模式，让每个水厂成为城市和农村景点、亮点和地标。

（3）建管并重，以水养水。按照“统一规划、统一建设、统一管护”的建管思路，建成1350千米的供水管道，从每个骨干供水工程延伸到城乡每个院落，实现4处骨干水厂与全市原有22处千吨万人乡镇集中供水水厂管道连通、资源互补、成果共享，全面推行农村水厂企业化管理，全面落实供水水价，落实维修养护机制，每年安排100万~300万元的管护经费，建立了以水养水的良性循环管理运行机制，确保城乡供水共建共管共享、融合发展。

2. 推进城乡客运一体化

城乡客运一体化是助力乡村振兴、增强人民群众获得感、幸福感的一项重大惠民举措。2020年5月，武冈市抢抓列入全省第二批城乡客运一体化示范创建县市的有利时机，大力推动乡客运一体化改革，2021年12月1日正式开通营运。

（1）全心筹划，夯实工作基础。坚持“以打造全域客运一体化模式，形成以城带乡、统筹协调、相互融合的城乡客运一体化发展新格局，建成‘全省先进、邵阳领先’的城乡客运一体化示范市”为目标，组织工作人员深入全市各乡镇村、运输企业，对全市客运站场、营运车辆和各线路道路通行状况进行了细致的梳理，切实掌握最真实、最基础的数据，为创建方案的制订和创建工作开展提供了强有力的数据支撑。

（2）统筹推进，创建有序开展。对城乡客运一体化的惠民举措、营运线路和站场建设等进行系统规划。2021年4月完成了经营主体公司公开招标工作，确定了湖南邵阳湘运集团有限责任公司为城乡客运一体化创建项目经营主体公司。同时，建立补偿机制，围绕旧车回购、新车采购、站场建设、班线运营等方面出台专项政策支持和加大财政支持力度，对旧车回购实行“三奖一补一优”政策，新购新能源车、场站（充电桩）相关的国省补助资金依法依规按实拨付给经营主体公司。2021年6月，完成了“10+57+31”的城乡干线+城乡支线+镇村班线运营线路模式的制定，实现299个建制村全覆盖，并会同自然资源局、测绘院工作人员，完成新建、改扩建的稠树塘等 9 个乡镇运输服务站和新建的文坪等 13 个首末站的选址、测绘和套图工作，现已完成武冈西站、荆竹、马坪乡镇运输服务站改造工作。

（3）群众满意，创建初显成效。围绕打造全域客运一体化模式的目标，全资组建营运公司，一次性回购全市农村客运班车 249 辆、新购新能源车 85 辆，全覆盖开通“干线+支线+镇村班线”的“10+57+31”条城乡客运路线。第一批 20 辆新能源车从 2021 年 10 月 1 日按照城乡公交的方式开始运营，相比之前的农村客运车辆，新能源车更环保安全、乘坐舒适度更高，比农村客运票价下降 30%，且同步实行 65 周岁以上老年人免费乘车政策。同时，推进交邮融合发展，经营主体公司与邮政等物流快递企业合作，新能源车设置有专门的物流快件存储空间，实现快递进村、农产品进城，构建市乡村三级物流配送体系，逐步建成方便快捷、衔接顺畅、安全高效的一体化城乡客运网络和便民惠民、保障有力的城乡客运服务体系，为武冈乡村振兴提供交通保障。

（四）围绕城乡产业协同推进农业现代化

武冈将产业发展的支持对象从贫困户扩大到非贫困户，从贫困村扩大到非贫困村，从普通农户扩大到专业大户及农民合作社，创新利益联结机制，保障农民利益，引导和带动乡村产业振兴，实施特色强农、产业融合强农、科技强农，为村民增收致富开路，引导和带动乡村产业振兴，助力产业扶贫向产业兴旺发展。

1. 农业现代化水平显著提升

（1）乡村产业基地布局日益优化。一是推广粮油业“优质品种”。2021 年，全市完成粮食总播种面积 102. 97 万亩，其中优质稻 66. 73 万亩，高档优质稻 18 万亩，杂交玉米 12. 99 万亩，其他旱杂粮 5. 25 万亩，油菜 18 万亩。二是构建种植业“特色体系”。全市经作物总面积 39. 3 万亩，其中脐橙 8. 7 万亩，其他小水果 4. 6 万亩，蔬菜 17. 2 万亩，中药材 3. 6 万亩，油茶 3. 3 万亩，茶叶及花卉苗木等 1. 9 万亩。三是做强养殖业“拳头产品”。自 2017 年“武冈铜鹅”被认定为湖南十大农业区域公用品牌以来，武冈市铜鹅产业快速发展。2020 年全市出笼铜鹅 95 万羽，以湖南伟业集团为引领，建成现代农业特色产业园（武冈铜鹅）省级示范园 4 个，年出笼万羽铜鹅的铜鹅场 4 家，种鹅繁育基地 4 个，初步形成 2 个铜鹅产业带。全省首个鱼类健康养殖院士工作室——武冈刘少军院士工作室落户武冈市，在玉屏建成了湖南师范大学鱼类健康养殖科研基地、雪峰山鱼种繁殖谷，为武冈市以"公司+基地+致富带头人"模式带动水产养殖产业发展奠定了坚实基础。

（2）农产品深加工体系日益完善。农产品加工企业已发展到 341 家，其中省、市级农业产业化龙头企业分别达到 8 家和 24 家。资产过 2000 万元的规模以上农产品加工企业 62 家，过 500 万元的 112 家，建强了五大产业体系。一是粮油产业。以菁芗米业、云山粮食、南芗米业、华祥油业为龙头，大力发展订单基地，创新合作模式，带动产业发展，年加工量 40 万吨，产值 13.5 亿元。二是卤菜、铜鹅产业。以金福元、乡乡嘴、家家康、湖南伟业等为龙头，前店后厂式的小作坊 300 余家，年加工铜鹅肉 2350 吨，日加工大豆 300 吨（占湖南大豆加工市场份额的 1/3），总产值 42.86 亿元。三是脐橙、果蔬产业。以九盛生态、云山果业、海达专业合作社为龙头，建设果蔬基地 30.5 万亩，年加工产值 9.02 亿元。四是中药材、青钱柳产业。以武冈医药、皇城国际贸易和启康青钱柳为龙头，建设中药材和青钱柳基地 3.6 万亩，年加工产值 2.2 亿元。①

（3）农业产业特色品牌日益亮化。一是着力推进农业品牌建设。果蔬茶、优质稻、特色红薯、黄金葛等绿色食品的标准化生产规程全面实施。"两品一标"产品越来越受欢迎。到目前为止，武冈市有绿色食品 17 个、中国地理标志保护产品 4 个、制订农业地方标准规范 3 个、创建示范基地 3 个。二是着力打造一批驰名商标。武冈市有中国驰名商标 2 个、省著名商标 11 个、邵阳市知名商标 18 个、国家地理标志证明商标 8 个、"武冈卤菜制作工艺"等省级非物质文化遗产 1 个。三是着力提升特色发展品位。2007 年，武冈被命名为"中国卤菜之都"；2017 年，武冈被命名为"全国食品工

① 武冈市农业农村局：《农业产业发展及人居环境整治情况汇报》（2022 年），打印稿。

业强县（市）”，连续5年被评为“全国豆制品加工50强县（市）”，武冈铜鹅被列为“湖南十大农业区域公用品牌”；2019年6月，湖南省豆制品联盟在武冈挂牌成立。

2. 推进电子商务进农村建设

武冈市贯彻落实上级“数商兴农”有关精神，以“互联网+”为助力，强力推进电子商务进农村建设，已培育电子商务企业81家，其中省级认定的电商企业13家，省级重点培育项目3个。

（1）不断完善电商体系，畅通物流配送渠道。全力推进全国电子商务进农村综合示范项目建设，充分整合利用现有电商资源，建立完善的三级电商公共服务体系，建成1个电子商务公共服务中心和1个电商仓储物流配送中心，购置了3台冷链车、10台厢式货车，开辟了10条快递物流专线，实现商品流、快递流、物流“三流合一”的集中配送；建成14个乡镇电商服务站、185个村级电商服务点，85个脱贫村做到全覆盖。[①] 全市电子商务服务体系进一步健全，打造了“武原味”农产品区域公共品牌和武冈卤菜“一县一品”网销品牌，大力开展全网营销宣传推广，促进本地农产品网上销售，有效解决了农产品“卖难”问题。

（2）深度融合产业振兴，促进农产品上行。依托武冈卤菜产业资源优势，致力打造武冈卤菜为一县一品网销品牌，做大做强武冈卤菜产业；依托“一村一龙头”和种养专业合作社，采取农户加入合作社、与农户签订农产品收购协议、电商企业与合作社或农户直接签订代购代销协议等方式，通过电商平台进行全网营销推广。本地电商企业自主开发运营的“善星小集”电商平台日均网销交易额达5万多元，在新冠肺炎疫情防控方面，电商平台采取无接触配送模式为武冈各个村庄及时送达日常生活用品，配送消费品金额超过600多万元，有力地保障了疫情防控期间城乡居民的基本生活；乡乡嘴食品有限公司运营京东等电商平台，以及通过抖音、快手带货直播等方式，2021年网销额近8000万元；芳姐卤菜通过开设天猫旗舰店，将卤菜商品成功入驻

① 武冈市商务局：《2021年农村电商工作情况汇报》（2022年），打印稿。

中国电商扶贫联盟，网销规模日益增长；个人网店潇湘美味店通过淘宝、拼多多等平台销售本地农副产品，在个人网店中农产品销量排邵阳市第一名。

（3）加强培训与宣传，营造良好电商氛围。大力宣传推广优质农副产品，围绕打造“武原味”区域公共品牌、武冈卤菜等知名品牌，积极挖掘、培育本地农产品品牌，讲好品牌故事，扩大影响力和知名度；加强农村电商人才培训，主要采取“集中与分散、线上与线下相结合”的培训方式，开展电子商务普及培训和技能提升培训。已完成各类电商人才培训 10017 人次，其中普及培训 6513 人次、技能提升培训 3504 人次，带动创业就业人数 359 人。[①] 举办了一县一品网销宣传推广、年货节等活动，积极组织电商企业参加农产品产销对接会；通过微信公众号、电视台等各级媒体大力宣传武冈市电子商务进农村工作，中国交通运输部将其作为典型案例进行了相关报道，中国扶贫网对武冈“三流合一”打通乡村物流最后一公里模式进行了宣传报道。

二 武冈市城乡融合发展存在的现实难题

虽然武冈市的城乡一体化发展取得了显著的成就，但对比城乡融合发展的要求依然存在诸多薄弱环节。在区域交通条件改善、农产品品牌建设、产业集聚效应发挥、民居风格统一，以及古城保护开发方面均存在改善空间。

（一）区域交通条件受制约

武冈历史上曾是州郡所在地，现在也是邵阳西部生态圈中心城市，存在交通瓶颈，尤其是铁路交通匮乏，已成为武冈与外界经济合作中的突出问题，难以满足加快发展的需要。一是铁路运输比较匮乏。随着铁路运输水平的不断提升，地域间整体运输水平也随之提高，地区间的交流与合作更加紧密，为城市旅游、商务活动等带来了便利，铁路交通对区域经济的快速发展

① 武冈市商务局：《2021 年农村电商工作情况汇报》（2022 年），打印稿。

具有强大的推动作用。邵阳西部的洞口和隆回县曾经是贫困地区，但这几年经济发展迅速，其中一个重要原因就是怀邵衡铁路的通车，位于怀邵衡铁路线上的洞口和隆回两县，经济发展水平都高于武冈等邵阳西南部各县市。武冈铁路运输比较匮乏，以致无法便捷地通过铁路与其他城市高效连接，从而制约了其与外界进行经济要素的流动和转移，难以有效地进行资本、技术、人才等资源的交流。二是现有机场对经济提升作用有限。邵阳武冈机场，位于湖南省邵阳市武冈市北部的迎春亭街道和湾头桥镇，海拔 460 米，为湖南省海拔最高机场。邵阳武冈机场距离武冈市城区 9 千米，为 4C 民用旅游支线机场。2013 年 7 月 31 日，国务院等同意新建邵阳武冈机场。2017 年 3 月 28 日机场试飞成功，2017 年 6 月 28 日机场正式通航。邵阳武冈机场有航站楼 3210 平方米，跑道长 2600 米，站坪有 C 类机位 4 个，可保障 2020 年旅客吞吐量 25 万人次、货邮吞吐量 500 吨。① 但是截至 2022 年 3 月，只通达北京、长沙和重庆 3 个城市，对经济发展的促进作用有限。

（二）推广农产品品牌力度不够

当前，农产品市场竞争日益激烈，实现现代农业发展、转变区域经济增长方式、获得长久竞争优势的关键在于品牌化经营。② 武冈从组织领导、财政投入、政策支持等方面支持农产品区域品牌培育，同时重视引导相关主体参与品牌建设，但是在品牌意识、规划布局、产品质量保障体系和营销力度等方面有待加强。

1. 农产品区域品牌意识有待增强

武冈市当地政府农产品区域品牌意识相比于之前有一定提升，但是与经济发达地区相比还存在较大提升空间，集中体现为以下两个方面：一是忽视农产品区域品牌的创建。武冈地理位置相对较偏远，无论是农户、农产品加

---

① 《武冈机场详情》，《中国民用机场》2022 年 4 月 10 日，https://www.chinairport.net/airport/391。

② 方喜春：《邵阳市农产品区域品牌培育的政府履职研究》，湖南大学硕士学位论文，2018，第 2 页。

工企业，还是政府部门，相较于经济发达地区都存在农产品区域品牌建设意识淡薄的问题。多数农户只重视农产品的生产，并没有意识到农产品区域品牌能够大幅提高产品附加值，部分农产品加工企业不愿意耗费时间和资金创建农产品区域品牌，地方政府认为创建农产品品牌难度大、风险高，对农产品区域品牌创建的引导和扶持缺乏积极性。二是忽视对农产品区域品牌的保护。由于当地政府和产品生产经营者缺乏农产品区域品牌保护意识，未能及时对农产品区域品牌被假冒、被淡化等侵权行为进行纠正，致使品牌遭受损失。

2. 农产品区域品牌规划有待完善

武冈为传统农业大市，农业资源极为丰富，加上“一县一品”发展战略的实施，品牌创建工作呈现遍地开花的繁荣景象，但是大多数品牌的规模不大、影响力偏弱。只有通过优化整合各区域品牌，并进行合理的规划布局工作，才能真正做大做强做优武冈农产品区域品牌。因此，武冈市亟须综合考虑本地自然资源及优势农产品分布和发展情况，充分有效地利用地方特色资源，统一规划布局，进一步明确农产品区域品牌发展方向及重点，选择发展潜力大、体现地方特色、市场前景好的特色农产品及现有农产品区域品牌，打造出优质高效的农产品区域品牌。

3. 农产品质量保障体系有待完善

武冈市为了确保农产品区域品牌的产品质量采取了系列措施，但其保障体系还有待完善。一是农产品标准化生产未得到保证。武冈市为确保农产品质量，尽管推行了标准化生产，也制定了相应技术标准和操作规范，但是在实际操作过程中，由于农户素质高低有别、生产工具难以统一、播种施肥等技术手法不尽相同、土壤气候等条件差异较大，以致实际生产出来的农产品质量难以统一。二是农产品质量认证和检测有待加强。近年来，武冈市加大了无公害农产品、绿色食品、有机食品的开发及认证工作力度，但只有绿色食品 17 个、中国地理标志保护产品 4 个，与衡阳等市州相比，认证数量偏少。三是农产品质量安全监测体系不完善。质量安全追溯制度尚未建立，产品质量缺乏保障。例如武冈铜鹅品牌，由于缺乏完善的质量监测体系，造成

目前部分铜鹅并不是武冈铜鹅却打着武冈铜鹅的品牌进行销售；部分质量无法达标的铜鹅同样流入市场，这不仅会侵犯消费者权益，而且对武冈铜鹅的声誉造成破坏。

4. 农产品区域品牌营销有待加强

农产品区域品牌影响力不仅取决于产品质量，而且与品牌的营销关系紧密。武冈市在农产品区域品牌宣传方面做了相当一部分工作，但是对于品牌的宣传仍有待加强。一是对特色产品的文化内涵挖掘不够深入，没有采取有效的方式进行宣传。如武冈卤菜卢侯二生的传说仅限于邵阳市范围内，在邵阳市以外影响力微乎其微，甚至是无人知晓。二是忽视农产品区域品牌的宣传效果。武冈采取了多种媒介、多种方式、多种渠道对农产品区域品牌进行宣传，但是对宣传效果，即企业如何在会展中实现效益最大化的关注度不够。三是对于农产品区域品牌的宣传方式比较传统和单一。目前武冈市对不同的宣传手段都或多或少有所涉及，但是受经济发展水平的限制，总体而言对农产品区域品牌的宣传方式还较传统，宣传内容的创新性有待提升。

（三）产业集聚效应尚未形成

产业集聚度即集群化发展水平低。大多数城镇产业规模小，入驻企业不多，特别是大中型企业少，更有大批建制镇几乎没有像样的工商企业，即使一些产业重镇也很少具有产业集群形态特征。

1. 产业协作不高效，产业体系尚未形成

在武冈市的产业集群中，区域内的企业大多出自家庭作坊式的家族企业，由于缺乏技术含量，主要以量取胜，简单粗放模仿的多，集约型自主创新的少。尤其是由于缺乏行业领军的龙头企业，产业集聚区内的分工协作难以形成，区域内的产品同质化严重。产业集聚区建设初期，由于产业引进存在方向问题，以致过于重视“项目”而忽视“产业”，对于园区企业间能否互相协作关注程度不够。只关注产业引进，不考虑与本地资源是否匹配或者存在竞争，忽略企业自身发展规律，暂时没有形成完整的产业运作流程，导致企业群居，而不是集聚，无法形成完整的产业体系。当前武冈市农业产业化龙头企业大多处于发展的初期，规模小、装备差、科技含量低，龙头企业带动增收的能力不强。缺乏跨地区、跨行业的大型龙头企业，农产品生产、加工、流通的产业链短，产品加工深度不够、研发能力低，新开发产品少、包装差，质量档次不高，加工转化和增值率不高。

2. 主导产业不突出，产业结构不合理

当前武冈市大部分的集聚区缺乏鲜明的主导产业，即使在政府的主导下，确立了以永锐电子、航城五金、九恒电子、科盛制造等企业为代表的电子机械与配件智能制造产业为集聚区的主导产业，但是由于处于起步阶段，离真正按市场规律形成鲜明的主导产业与完善的产业链还有较长的路要走。由于武冈市是农业大市，产业层次较低，以技术含量低、附加值小的原料密集型和劳动密集型产业为主，传统产业仍处于主导地位，产业创新发展受到抑制，拥有高新技术和自主知识产权的企业偏少。尽管设立了产业园区，但是大多将园区规模作为首要指标考虑，注重知名企业的引进，对于投资少、发展潜力巨大的产业项目则关注不够，一定程度上造成企业创新能力不足、竞争力不强。偏远地区的产业集聚区更加明显，其发展还是以低端产业、资源消耗的产品加工类产业为主。

3. 产业配套不完善，产业升级能力不强

通过产业集群的发展，在一定区域内形成以龙头企业为核心、以主导产业为支柱的创新网络，从而对周围地区产生知识溢出与技术溢出效应。但是，当前武冈市部分产业集聚区还没有形成这样的发展模式。一方面，产业集聚区的自主创新能力低下，由于产业发展起点低、规模小，缺乏人才与资金的支撑，更多的企业只是以简单模仿为主，缺少核心技术，市场竞争力较低。技术的缺乏，造成产业集聚区的技术升级内生动力不足，而且往往受限于资金，技术改造与升级周期较长。另一方面，近年来，虽然武冈政府加强了对产业集聚区发展的鼓励支持和引导，但是对产业集群发展所需的配套服务企业的发展重视不足，造成资产评估、法律咨询、人才支撑、物流配送等众多企业产权流转、业务开展等所需的支撑能力滞后，从而限制了企业的发展，也导致这些产业集聚区难以迈上高速发展的轨道。

（四）乡村民居风格缺乏地域特色

随着农村经济加快发展，农民生活水平明显提高，大部分农民开始改善居住条件。在建设过程中，既要满足农村居民的居住使用需要，还要尽可能地保留地域特色文化，避免形成千篇一律的乡村建设格局①。但是在实际操作过程中，武冈农民住宅建设受到多种因素的影响，以致民居风格不统一、缺乏特色，忽视了地域特色文化的延续与传承。

1. 自发随意建设，缺乏地域特点

在传统小农经济的长期影响下，农房建设处于一种自发、随意、无序的状态。由于各户建房时间不同，以及受城市文化的冲击，一些人家只是简单套用常见的布局模式，造成住宅平面单调、立面缺乏特色。与之相对应的是部分村民以追求与众不同为目标，几乎不考虑建筑立面造型，把许多建造手法简单拼凑，造就了一些风格怪异的住宅，无法与周围建筑协调，致使村容村貌不佳。由于文化水平以及地域文化理念的不同，一些村民将传统文化元素等同于落后、脏乱差，并不认同一些独具匠心的住宅设计方案。

2. 盲目建造，住宅功能不合理

农村住宅建设中存在盲目求高、求大、求豪华现象，房屋的建造并不是根据自己的经济实力和实际需要进行。在自建房翻建活动频繁的如今，部分村民客观上虽然没有翻建的需求，但在邻居建房活动的刺激下，可能超出自己经济承担能力进行冲动型翻建，以此满足自己的攀比心理。不同类型家庭对农宅功能要求不同，新型农宅应该根据不同家庭需要合理地进行房间布置。但是，有些新建的住宅中，空间组织不合理，洁污交杂；有的住宅在设计的时候一味模仿城市住宅，缺乏地域性特点，忽略了实际的农村生活需要，使得住宅内部布局凌乱、卫生条件差。

（五）古城开发方式和保护机制不完善

武冈古城位于市城西南部，南面云山，中贯资水和渠水。现存传统建筑

---

① 吴振志：《对基于地域文化的新农村住宅设计探讨》，《中国住宅设施》2022 年第 1 期。

较集中的区域主要分布于“清渠门—宣风楼—和合街—迎恩门”一线以南直至资江“外城区域”，尤其以都梁路以西的西直街两侧地段最为密集、完整。[①] 在武冈这样一个具有 2200 多年历史的古城，任何发展都无法回避古城保护与发展之间的矛盾。

1. 历史文化资源保护机制不完善

武冈历史文化古城古迹普遍遭受过严重破坏，加上规划和保护性举措的长期缺位，以致城内包括民居及单位类、集体类旧宅在内的“放羊”式修建翻新乱象长期未能得到遏制，这些无序改扩建，则进一步加重了对古城的破坏程度，同时也加大了后续拆迁和修缮的成本。文物保护工作亟须加强。从历史原因看，出于自然损毁及战争、“文革”等历史原因，武冈市文物古迹遭到一定程度损坏。从现实原因看，随着城市化进程加快，文化生态发生巨大变化，部分文化遗产受到严重威胁，部分文物和优秀近现代建筑甚至在旧城改造和旅游开发中遭到破坏。[②]

2. 开发利用历史文化资源工作滞后

武冈历史文化名城核心保护区域存在大量价值较高的历史文化资源，但是由于缺乏有效的挖掘转化、整合串联和文化包装，古城内文化遗产总体上布局零星分散，无法形成整体效应，致使文化旅游开发程度很低。随着时光的流逝和社会的发展，古城基础设施日显匮乏，建筑设备简陋而又破旧，危房陋屋到处可见，已经无法满足现代人的生活要求，并且对古城风貌的维护和一些文物古迹的保护造成影响。相对于开发区而言，古城区保护性建设的直接经济效益不明显，政府和规划管理部门缺乏有效措施来协调古城区和开发区的利益冲突。开发商为在自身开发的地块内获得最大化经济效益，必然通过各种方式使保护古城成为优先原则，最终表现为古城区的开发规模不大，但是开发强度尤其商业的开发力度却不断加大。

① 易阳阳、文虎、谭凤凤、姜小阳：《新时代背景下武冈历史文化古城的开发与保护》，《美与时代（城市版）》2020 第 4 期。

② 易阳阳、文虎、谭凤凤、姜小阳：《新时代背景下武冈历史文化古城的开发与保护》，《美与时代（城市版）》2020 第 4 期。

三　武冈市推进城乡融合发展的基本对策

县域是实现城乡要素流通的重要渠道，也是联结城乡发展的关键纽带。武冈市下一步应该从空间规划编制、城镇承载力提升、产业发展赋能、古城保护开发和农村土地综合改革五个方面发力，健全城乡发展一体化体制机制，形成“城区—乡镇—农村”一体化的城乡融合发展体系。

（一）制定面向全域的城乡融合发展规划

新时代武冈市的空间规划需要找准平衡空间资源自然属性和资产属性的结合点，不仅从保护空间资源的自然属性加以考量，而且从空间资源的资产属性出发对其进行公平分配，从而协调好城区建设空间、农业发展空间和自然生态空间相互之间和内部之间的良性互动。

1. 对接融入国家、省发展战略，打造对外开放新高地

武冈应该发挥空间、政策比较优势，主动融入长江经济带、粤港澳大湾区、中部地区崛起、湖南自贸区等国家战略和“一带一部”，主动对接长株潭城市群建设。加速融入湖南省“一核两副三带四区”、邵阳市“一核一群一圈”发展布局和“大湘西”“桂林”两大国际旅游圈，在各发展战略中找准“武冈位置”，畅通“武冈节点”，贡献武冈智慧。以湘南湘西承接产业转移示范区建设为契机，大力承接沿海地区产业转移。围绕湘西南明珠城市和邵阳西部生态圈中心城市建设，深化与周边县市合作发展，坚持在湘西南城市中走在前列。争取兴永郴赣铁路过境武冈并设站，实现武冈人民对铁路交通长久以来的期盼。全力做好邵阳火车南站至武冈机场城际轨道项目前期工作，建成新新高速武冈段、洞新高速龙井互通至机场连接线、武冈通用航空机场，加快“半小时交通圈”建设，夯实邵阳市次中心城市地位。支持机场旅客年吞吐量提高到 60 万人次，开通全货班机，改善机场经营效益。

2. 以空间规划为引领，提升自然资源管理水平

强化空间规划监督，全方位启动武冈国土空间规划“一张图”，实施监督信息系统的建设，进一步强化国土空间管控约束作用。构建国土空间开发保护新格局，发挥国土空间规划的指导约束作用，实现主体功能区规划、土地利用规划、城乡规划多规合一。科学划定生态保护红线、永久基本农田、城镇开发边界等空间管控边界。加快农产品主产区建设，增强农业生产能力。强化村庄规划执行的刚性，建立农村建房联合审批机制，统筹抓好合规建房和违建整治，以零容忍态度坚决遏制农村乱占耕地建房行为。推进全市国土空间规划编制和“多规合一”实用性村庄编制工作，完成其余241个行政村的村庄规划编制。按照“保护与开发并重”的原则，积极争取湖南省和邵阳市支持，努力拓展城镇开发边线、调优划定基本农田保护区，全面完成生态保护红线、基本农田保护红线、城镇开发边线划定任务。提升城镇规划建设水平，以都梁文旅小镇、云山旅游开发、狮子湖片区开发等项目为重点，高起点规划，打造与武冈古城相适应的精品社会人文和旅游景观。

（二）提高市区城镇化水平，不断提升市区的承载力

武冈加快城乡融合发展，一个重要方面就是提升城镇的承载力。坚持以城市建管提档行动为抓手，加速城市功能优化、品质蝶变、能级跃升，提升城镇资源要素、生态环境系统、基础设施建设以及公共服务对经济社会发展的支撑能力。

1. 推进城市更新

全面启动全国卫生城市、全国文明城市创建以及国家历史文化名城申报，全力推动“一园一山一镇一城一基地一中心”建设，加快推进市政公用设施建设、城镇老旧小区和社区改造，抓实抓好城区停车场、加油站和城市污水处理二期扩建、污泥无害化处理、穿城河截污干管工程建设，不断完善城市功能；强力推进思源片区城市更新以及云山路“两大新区”建设，抓好东升北路、同保北路、丰仁路、陶侃西路及S220等道路升级改造，打

造“九纵九横一环”城市路网，有序拓展中心城区面积；加强千兆网络及5G建设，推广新能源汽车，增加充电桩、换电站等设施，完善住房市场和住房保障体系，落实房地产市场平稳健康发展长效机制，不断提高城镇吸纳农业转移人口落户积极性。

2.优化城市管理

以年内成功创建省级文明城市为目标，出台《武冈市城市管理精细化标准》，整合优化环卫、市政、排水、公园、绿化、路灯管理工作，加强城市科学化、智能化管理，完善数字城管平台建设，落实城市管理工作“一月一抓手、一月一讲评”推进机制，重点开展“交通秩序、市容市貌、社会治安、环境卫生、集贸市场、窗口服务”六大专项整治，着力提升城市公共服务能力。

（三）出台产业赋能转型行动方案

坚持把兴工强市作为武冈当前高质量发展的根本出路。以产业转型提级行动为抓手，以帝立德等电子机械装备智能制造和武冈卤菜等食品加工为“一主一特”产业，进行发展规划布局，全面梳理产业链上中下游关系和薄弱环节。

1.推动实体经济发展

以更大决心发展实体产业，争当打造重要先进制造业高地的“领头雁”。实体兴则经济兴，实体强则经济强。突出实体经济引领，把发展经济的着力点放在实体经济上，推动政策资源、要素配置、工作力量向实体经济聚焦。

（1）大力加快产业优化升级。一是做强主导产业。抓好帝立德、科盛制造配套服务，推进浙商产业园、先进制造产业园等龙头项目建设，培育先进装备智能制造产业集群；以永锐电子、康瑄科技、利航电子等骨干企业为依托，推进LED霓虹灯、新型电子元器件等强链项目建设，培育数字经济产业集群；推动利鑫塑料、高科塑化等延链项目建设，培育塑料制品产业新集群；支持佳能、凌峰、漆雕氏等企业补链项目建设，培育新型建材产业集群。重点抓好先进制造产业园、航城生产基地等重点项目建设，推动资金、人才、技术、项目等要素向先进制造业集聚，引导优质企业高端化智能化绿色化发展，形成倍增效应，不断增强产业链整体竞争力，着力将武冈打造成为湘西南先进制造业高地。二是做优特色产业。支持百威啤酒提产扩能，开工建设项目二期，实现年产能 30 万吨以上。建成食品创新产业园、特色产业园，加快建成伟业、温氏、家家康等冷链物流项目并运营，发挥豆制品等特色产业行业协会作用，提升特色食品的市场竞争力。加强与卫龙、三只松鼠、盐津铺子等食品龙头企业的洽谈合作，打造全国性食品加工城市。

（2）大力培育壮大市场主体。支持和保护实体经济发展，开展“纾困增效”专项行动，保障实体经济企业发展所需的资源要素，推动减税降费、市场保供稳价、普惠金融服务等惠企政策落地见效，进一步完善涉企服务、营商环境等方面有针对性和可操作性的举措，帮助生产企业解决人才、资金、土地和水电等方面的实际困难，引导企业专注于实业、主业，不断提升企业的产品质量和市场竞争力，让广大市场主体特别是中小微企业和个体工商户不仅能生存，而且更活跃。支持传统商贸企业运用 5G、大数据、物联网等信息技术，探索增加适销对路的产品和服务，促进传统实物消费不断升级。优化供给，发展新型消费，提质文化体育旅游休闲消费，办好消费促进活动，培育消费新热点，不断满足居民个性化需求。

（3）大力推进“五好”园区建设。深度融入湘南湘西承接产业转移示范区建设，创新园区管理体制机制，打造创新、金融、人才、物流四大平台，按“一轴一带两片区”规划布局，将园区建设成为承接产业转移的桥头堡和主阵地。提升园区规划发展空间、管理服务水平、要素保障能力和公共服务基础，依法有序推进园区第二轮扩区调区工作和基础配套设施建设，构建人才服务平台、金融服务平台、科技创新平台、物流服务平台，推动园区交通融通、资源共享、优势互补、产业融合。深化园区改革，优化园区行政资源配置，推进“园区事园区办”，提升园区规划管理水平和能力建设。完善园区“以亩产论英雄”评价激励机制，鼓励园区集约高效用地，支持园区围绕主导产业吸引企业抱团转移，实行“订单式”厂房供给和“保姆式”代办服务，有效提高项目签约落地率、开工竣工率和投产达效率。

2. 推进农业农村现代化

推进农业农村现代化是建设现代化新武冈的重要基础。打造“六大强农”行动升级版，大力发展精细农业、特色农业、品牌农业、高效农业，推进玉屏现代农业科技产业园建设，引导水稻制种优势基地与龙头企业合作共建，做强做大铜鹅、卤菜、鱼养殖等特色品牌，推动农产品精深加工能力提升、高附加值产品开发、副产品综合利用；探索“休闲农业+文旅”“现代农业+互联网”等融合发展模式。

（1）重品牌，兴基地，夯实农业产业化强势主体。做强产业，特别是支柱产业，从品牌抓起。一方面，从种植大豆和养殖铜鹅抓起，做强老品牌。采取种粮补贴的模式，奖励大豆种植大户及散户，并将奖励经费纳入财政预算。拓展铜鹅养殖基地，在政策允许范围内，及时调规，允许企业使用5%~10%的流转土地建鹅舍。与此同时，加大对养殖种鹅和商品鹅的补贴力度。另一方面，从生态养鱼抓起，树立渔业新品牌。充分利用刘少军院士工作室、湖南师范大学鱼类健康养殖科研基地和雪峰山鱼种繁殖谷的独特优势，出台武冈市渔业高质量发展产业扶持办法，从小农水建设项目经费和本级土地出让金中切出一部分，鼓励育苗孵化、培育基地发展壮大，激励有条件的乡镇、村因地制宜建设稻渔综合种养基地，用好山塘养鱼，建立养鱼农户+合作社购销组织，多措并举，齐心协力促进武冈市渔业高质量发展。

（2）重园区，育龙头，打造农业产业化新型集群。以“五好园区”建设为重点，努力打造龙头企业的对接平台。在持续做大做强湖南金福元食品有限公司、湖南乡乡嘴食品有限公司、武冈家家康农业综合开发公司，以及大北农生猪、温氏养鸡等现有龙头企业的同时，突出抓好农业产业化龙头企业的引进和培育，按照“谁有能力谁牵头，谁能牵头扶持谁”的原则，对重点龙头企业予以倾斜，扶持规模较大、实力较强和辐射带动能力突出的农业企业迅速成长。按照“围绕龙头建基地、突出特色建基地、依托市场建基地、连片开发建基地”的思路，积极探索创新“公司+合作社+基地+农户”的运行机制，突出农产品利益联结方式，着力构筑农业产业化示范联合体，不断拉长农业产业化链条，引领产业发展。

3. 推进电商发展

以全国电子商务进农村综合示范县项目建设为抓手，深入实施特色产业提升工程，因地制宜加快发展对农户增收带动作用明显的种植养殖业、农产品加工业、特色手工业、休闲农业和乡村旅游。

（1）夯实基础，促进电商发展。多渠道拓宽农产品营销渠道，推动电商企业、大型超市等市场主体与农户建立长期稳定的产销关系，加强对村级电商服务站的运营管理，确保正常运营；加快推进“快递下乡”工程，完善农村物流配送体系，加强特色优势农产品生产基地冷链设施建设，持续确保农村电商物流配送运营；加强与产业发展、文化旅游的深度融合，做大做强武冈电商产业。

（2）整合优化，增强集群效应。充分发挥全国电子商务进农村综合示范推进的资源优势，加大与国内知名电子商务企业合作的力度，推进农村电商网络平台建设，做大武冈电商经济总量，做强武冈电子商务品牌；加大对电商培训基地、人才培养的支持力度，为电商发展提供人才保障；加大对电商产业资源、人才队伍的整合力度，形成集群洼地效应，实现抱团发展。

（3）突出特色，做大电商品牌。加强武冈卤菜等本地“名牌”特色农产品的品牌保护和培育工作，加大武冈特色产业、产品的挖掘和品牌培育力度，凸显武冈电商产品特色；加强武冈电商品牌的集约化经营，带动供给侧的产品组织与供应，促进传统商贸企业转型升级；丰富武冈电商产品的文化内涵，做大做强武冈农村电子商务文化品牌。

（四）强化古城保护与开发，提升区域文化软实力

武冈应该深度挖掘历史文化资源，利用原有的自然地理要素来对古城布局、结构等方面进行调整。依托城市雕塑、公园边角、房屋墙面等场景，塑造城市标识体系，延续传统历史文脉。

1. 规划引领，优化古城现有格局

对于古城要保持历史文物原有风貌，如城外西段采取废墟式保存方式，

尽可能减少对文物建筑的改造。一方面，明确武冈古城的具体范围，进行古建筑保护与整治，对保护名单上的古建筑进行修缮，以保护为主、开发为辅；在用地与交通上，规划“两街三带五区”；在街道方面，沿都梁路、四牌路、木货街、和合街、和气街两侧布置沿街商业，形成具有古城特色的商业街道。另一方面，武冈古城在原本的规划理念上也要借鉴国内外优秀的规划保护案例。例如英国通过旧城区改造的资金筹集模式，允许各方进行公开竞投。武冈可以在借鉴该案例的基础上，允许政府对武冈古城的开发进行公开竞标，与旅游文化公司合作，从而更好地将古城保护规划与旅游开发相结合，最终实现彰显古城魅力、打造武冈古城文化旅游品牌的目的。[①]

2. 政府主导，统筹古城开发保护

在武冈古城开发与保护的问题上，不仅要强调古城特有的历史地位和历史影响，也要考虑到当地居民的生活问题。政府应突出可持续发展、以人为本、绿色发展、创新发展等富有新时代气息的元素。一是政府应该通过颁布与新时代相符的武冈历史文化古城保护政策或条例来规范古城管理，并采取措施引导社会树立保护古城建筑和古城文化的意识。二是对于武冈古城的开发保护应满足居民对美好生活的需求，多实施惠民利民的开发措施。三是结合古城内景点完善旅游设施建设，通过合理布局停车场、游客接待中心、集散广场、饭店、特色纪念品购物点等，实现“游、吃、住、购、行、乐”各旅游要素相互协调。四是建设武冈历史文化古城特色的旅游风情街、武冈卤菜博物馆、同福街—全民美食娱乐体验街区等富有武冈特色的旅游项目。同时，借助广告、在特产包装上印刷特色景点、以小视频方式介绍景点等途径宣传武冈古城。

（五）深化农村土地制度改革，增加农民财产性收入

按照产权明晰、用途管制、严格管理、节约集约的要求，实行最严格的

① 易阳阳、文虎、谭凤凤、姜小阳：《新时代背景下武冈历史文化古城的开发与保护》，《美与时代（城市版）》2020 第 4 期。

耕地保护制度和最严格的节约用地制度，完善土地承包经营权流转市场，逐步建立城乡统一的建设用地市场，依法保障农民土地承包经营权和农户宅基地用益物权。

1. 完善农村土地承包制度

赋予农民对承包地占有、使用、收益、流转及承包经营权抵押、担保的权能，探索现有土地承包关系保持稳定并长久不变的具体实现形式。一是推进农村土地承包经营权确权登记颁证工作的完善，探索农村承包地确权的具体方式和方法，拓展农地确权成果应用范围和领域。二是探索农村土地所有权、承包权、经营权分置并行的有效实现形式，落实所有权、稳定承包权、放活经营权，促进土地承包经营权流转。三是探索以承包土地经营权向金融机构抵押融资的途径和办法，完善配套的抵押资产处置机制，以及农村土地承包经营权有偿退出机制，加快农村劳动力流出。[①] 四是建立健全农村土地承包经营权流转市场，加强土地承包经营权流转管理和服务。

2. 探索农村集体经营性建设用地入市

在符合规划和用途管制的前提条件下，允许农村集体通过土地市场以公开规范的方式流转土地使用权，对农村集体经营性建设用地使用权出让、租赁、入股，实现城乡建设用地“同地同价同权”。强化城乡土地市场交易平台建设，将城市土地和农村土地纳入统一管理平台，提高土地市场的交易效率，保障土地有效需求和高效供给的有机衔接。在满足本集体成员建房需求的前提下，可以根据村庄规划对生产空间和生活空间的布局，将位于生产空间内的宅基地通过规划调整转变为集体经营性建设用地入市流转，为乡村产业发展提供用地支持。政府应该以不侵犯农民土地权益为原则分配土地增值收益，促进农民从土地流动中获得更多的经济收益。一方面，在土地流转过程中引入利益主体之间谈判机制，赋予农民在土地增值收益分配中的谈判权利，避免分配方案由政府单方面制定。另一方面，增值收益分配方案的制定应该突破土地原用途价值，重点参考片区综合地价，促使城市部门与农村部

① 刘振伟：《乡村振兴中的土地制度改革》，《农村工作通讯》2019 年第 17 期。

门分享而不是独占增值收益，提高经济增长的包容性。

3. 改革农村宅基地管理制度

在城乡要素流动性增强、要素配置方式转变的社会背景下，宅基地“三权分置”不应再单纯被视为一个农村经济问题。宅基地“三权分置”承担着在新时期促进城乡要素流动的重要使命，是“建立健全城乡融合发展体制机制和政策体系”的重要内容。通过构建资格权和使用权自愿有偿退出机制，采用多种补偿方式消除农民非农化转移的后顾之忧，推动农村人口向城镇流动；允许使用权突破居住自用的用途限制，不仅能够为城镇资本流入农村开展生产经营活动提供载体，而且能够为城镇人口在农村生活提供居住保障，促进城镇人口向农村流动；农民集体将退出的宅基地统一整理、复垦为农用地，借助城乡建设用地增减挂钩政策将土地通过建设用地指标转移的方式向城镇流动。

参考文献

习近平：《习近平谈治国理政》第三卷，外文出版社，2020。

陈文胜：《论中国乡村变迁》，社会科学文献出版社，2021。

陈文胜：《实施乡村振兴战略走城乡融合发展之路》，《求是》2018 年第 6 期。

陈文胜、李珊珊：《论新发展阶段全面推进乡村振兴》，《贵州社会科学》2022 年第 1 期。

孙悦、项松林：《县域城乡融合发展的问题与路径研究》，《云南农业大学学报》（社会科学）2022 年第 3 期。

李爱民：《我国城乡融合发展的进程、问题与路径》，《宏观经济管理》2019 年第 2 期。

王凯霞：《县域城镇化促进城乡公共服务融合发展的路径研究》，《经济问题》2022 年第 4 期。

B.9
苏仙区2022年乡村振兴研究报告

瞿理铜*

摘　要： 实施乡村振兴战略，发挥乡村振兴示范县示范带动作用至关重要。苏仙区作为湖南省乡村振兴示范创建县（市区），坚决扛起示范创建使命担当，全面深化“三农”领域各项改革创新，着力聚焦乡村特色产业发展，创新集体经济发展举措，精准开展农村人居环境整治，突出农民乡村振兴主体地位，形成了一批有影响有成效的改革创新成果。但对标打造乡村振兴高质量发展“示范区”，苏仙区依然面临产业品牌影响力有待提升、土地要素配置机制改革有待深化、农村人居环境整治长效管护机制有待完善、农业农村优先投入面临财政收支矛盾的制约等现实难题，需努力把资源优势转变为乡村产业优势，把城区优势转变为乡村文旅优势，把平台优势转变为乡村开放优势，把交通优势转变为农产品流通优势。

关键词： 乡村振兴　特色产业　苏仙区

近年来，苏仙区坚持“四个一”工作法，做到“四个不摘”，强化“三个落实”，持续巩固拓展脱贫攻坚成果与乡村振兴的有效衔接，全面完成了省、市下达的各项考核指标任务，省乡村振兴示范创建工作取得积极成效，人民群众的获得感、幸福感、认可度、满意度持续提升。连续四年入选中国最美县域榜单，获评中国最美乡村百佳县（市区）。

* 瞿理铜，湖南师范大学中国乡村振兴研究院副教授，主要研究方向为土地经济与土地政策、区域发展与城乡规划。

一　乡村振兴示范区建设成效斐然

2021 年以来，苏仙区坚持把解决好“三农”问题作为全区工作重中之重，全力推动乡村振兴示范创建，实现了乡村特色产业大跨越、农村人居环境大提升、农村集体经济大发展，乡村振兴工作获得了国务院副总理胡春华，省人大常委会党组书记、副主任刘莲玉，省人大常委会党组副书记、副主任黄关春，省政协党组副书记乌兰等领导的充分肯定，被确定为湖南省乡村振兴示范县（市区）。

（一）立足融入大湾区，乡村特色产业引领湘南

发展乡村特色产业，是推动乡村产业振兴、促进农民增收的有力抓手。近年来，苏仙区抢抓大湾区“菜篮子”建设机遇，立足融入大湾区、服务主城区，大力发展特色农业、精细农业，乡村特色产业发展实现大跨越。

以打造西河沿线 2 万亩蔬菜种植基地、南部山区 2.1 万亩高山特色蔬菜基地、郴江河上游 3 万亩食用菌生产基地等为重点，重点规划布局时鲜蔬菜、南瓜、莲藕、食用菌等外销蔬菜品种的生产，建设好“湘江源”标准化优质蔬菜基地，共建成粤港澳大湾区“菜篮子”生产基地 25 个，海关备案企业 5 家，基地备案企业 11 家，授牌农业龙头企业 9 家，“湘江源”省级公用蔬菜品牌企业 7 家，蔬菜绿色食品认证 13 个，良田镇堆上村（食用菌）被评为第 11 批全国“一村一品”示范村镇。2021 年 1~11 月，苏仙区 25 个粤港澳大湾区“菜篮子”基地在粤港澳销售蔬菜逾 11278 吨。

苏仙区将创建现代农业特色产业园作为推进一二三产业融合发展、促进产业兴旺的重要抓手来抓，加强对全区现代农业特色产业园的培育和扶持，出台了支持特色产业园建设的政策措施，加大资金投入力度，为特色产业园建设提供良好的政策环境。成功创建现代农业特色产业园省级示范园 1 家（郴州市苏仙区欣兴源“湘江源”蔬菜产业园），市级现代农业产业园 3 家（郴州市苏仙区瑞祥果蔬种植专业合作社葡萄产业园、郴州市苏仙区大山口

生态农业有限公司蔬菜产业园、湖南丰辰农业发展有限公司蔬菜产业园），市级现代农业特色产业园 2 家（郴州贵宾农业开发有限公司香豚产业园和湖南丰辰农业发展有限公司蔬菜产业园）。

生猪养殖过程中，苏仙区坚持“种养结合，以养促种，就近消纳，综合利用”的原则，根据当地畜牧产业发展现状、资源环境承载能力，综合考虑种植业的消纳能力和终端产品利用渠道，通过畜禽粪污资源化利用，清除面源污染，提高土地肥力，促进畜牧业转型升级，在提高粪污综合处理利用率方面成效显著，累计投资 1.365 亿元对全区 154 家规模养殖场粪污设施进行改造，改造之后全部达到了环保排放标准，全区所有的规模养殖场（粪污）资源化利用配套设备覆盖率达到了 100%，资源化利用率达到了 91.7%。2021 年，苏仙区万头以上标准化生猪规模养殖场 17 家，新建大型猪场 8 家（其中年出栏 10 万头规模养殖场 4 家、万头规模养殖场 4 家），中、小型养猪场 60 多家，生猪养殖场办证 61 家，出栏生猪 52 万头，销售总额约 10.5 亿元。[①]

通过大力整治人居环境，乡村面貌焕然一新，干净整洁的村容村貌成为吸引游客、留住游客最好的名片。苏仙区积极探索乡村旅游型、生态农业型等村庄经营方式，坚定不移走文旅融合、农旅结合的路子。依托区内 4 个 4A 级景区和独特的丹霞地貌、丰富的森林温泉资源，引入市场主体发展农业体验、田园观光、科普教育、休闲康养等新业态，乡村旅游发展势头良好，在飞天山、五盖山、西河风光带等地形成了一批观光农业、休闲农业特色村。郴州市苏仙区那山那水云溪居山庄、郴州市天堂温泉酒店有限公司、郴州市东华现代观光农业有限公司被评为湖南省五星级休闲农业庄园。

（二）推行试点引路，农村集体经济快速发展

发展壮大村集体经济，做强产业支撑，是实现乡村振兴的内在要求。近年来，苏仙区积极探索农村集体产权制度改革，做实农村集体经济组织，创

① 苏仙区农业农村局：《苏仙区 2021 年农业农村工作总结》（2022 年），打印稿。

新农村集体经济支持模式，农村集体经济实现快速发展。

针对我国农村集体经济组织长期呈现虚化与缺位的问题。2019 年以来，苏仙区积极探索农村集体产权制度改革，引导村级农村集体经济组织成立农村集体经济合作社，并进行工商注册登记。新成立的农村集体经济合作社经营范围主要包括集体资产经营与管理、集体资源开发与利用、农业生产发展与服务、财务管理与收益分配等。

为稳步推进农村集体产权制度改革工作，科学界定农村集体经济组织成员身份，规范农村集体经济组织成员管理，保障农村集体经济组织及其成员的合法权益，苏仙区出台了《苏仙区农村集体产权制度改革实施方案》（苏办发〔2018〕11 号）、《苏仙区农村集体经济组织成员身份界定指导意见》（苏产改办〔2019〕1 号）、《苏仙区农村集体经济组织成员身份界定工作实施方案》（苏产改办〔2019〕2 号）等文件，开展村集体经济组织负责人培训，指导农村开展农村集体经济组织成员身份界定。

积极探索薄弱村集体经济发展有效路径。2020 年，苏仙区执行郴州市“100 万以下小型公共基础设施工程交由村集体经济组织承建”的政策，选择五里牌镇红五星村先行试点，由村集体组织承建一条投资 32 万元的通组公路，直接为村集体增收 8 万元。在试点的基础上，出台了《苏仙区村集体经济组织承建 200 万元以下小型农村公共基础设施工程管理办法》，全面消除村集体经济空白村。① 同时，在全区范围内开展工程项目摸底，建立农村 200 万元以下工程项目库，共摸底项目 606 个，涉及金额 2.1 亿元。截至 2021 年底，苏仙区有 43 个村严格按照“四自两会三公开”模式，承建道路硬化、村庄绿化、农田水利等 68 个项目，总投资 1300 多万元，可为村集体经济增收 200 万元。②

（三）聚焦精准发力，农村人居环境面貌一新

苏仙区深入推进村庄清洁行动，开展农村生活垃圾分类减量试点，积极

---

① 苏仙区乡村振兴局：《苏仙区 2021 年乡村振兴工作总结》（2022 年），打印稿。

② 苏仙区乡村振兴局：《苏仙区乡村振兴特色亮点工作》（2022 年），打印稿。

推进厕所革命、农村污水治理、美丽乡村创建等工作，农村环境整治工作得到了国家和湖南省多位领导的表扬，2021 年 7 月 7 日在全省乡村振兴推进会议上推介典型经验，并为郴州市农村人居环境整治会提供现场点。许家洞镇钟家村获评全省农村清洁行动先进单位。

作为省级乡村振兴示范创建县（市、区），苏仙区在推进农村人居环境整治过程中突出规划引领，各驻村帮扶工作队按照美丽乡村标准，坚持金山银山与绿水青山共建的原则，带领村“两委”干部全程参与村庄发展规划设计，将村宅基地、道路交通、生产发展、垃圾污水管网等人居环境整治细节内容纳入规划中，确保规划编制的实用性和可操作性。同时，为更好地推动规划设计能落地见效，驻村帮扶工作队积极走访村组党员干部和“五老”人员，征求广大群众对村庄规划的具体意见。在得到群众认可的基础上，通过成立村民理事会，积极发挥村组党员干部和“五老”人员的表率作用，带动群众参与乡村建设、空心房拆除、户厕改造等行动。

在农村人居环境整治过程中，苏仙区统筹推进垃圾治理、污水治理、厕所革命和村容提升等内容。一是打好垃圾治理“歼灭战”。在飞天山镇开展农村垃圾分类试点，和平村、清江村、高椅岭村被列为苏仙区垃圾分类减量试点村。全区已建成镇垃圾收集中转站 7 座，配置 12 吨移动式压缩垃圾箱 16 台，摆放密闭式生活垃圾收集箱 1740 个、垃圾斗车 1952 辆、室内分类垃圾桶 26. 14 万个，安排农村专职保洁人员 1740 人。农村生活垃圾处理实现了“户分类、村收集、镇转运、区处理”常态化运行，所有镇及 90%的行政村实现生活垃圾统一转运处理。位于区内的生活垃圾焚烧发电厂自 2015 年运行以来，处理农村和城区生活垃圾 60 万余吨。二是打好污水治理“持久战”。近年来，苏仙区建成乡镇污水处理厂 3 座，正在建设 3 座；建成农村污水生态处理池 106 个，正在建设 23 个。积极推进农村户厕与农村污水处理厂（站）有机对接，全区城镇污水处理率、农村生活污水处理率、农村卫生厕所普及率分别达 95. 3%、80. 0%、91. 5%，均高于郴州市平均水平。三是打好厕所革命“攻坚战”。坚持“整村推进、分类示范、以奖代补”的原则，对乡村振兴示范村“应改尽改”，其他面上村“愿改尽改”，严把厕具关、技术关、质量关、群众关，强力推行首厕过关制，确保改厕成效。近年来，完成户厕改造 10500 户、新建公厕 91 座。四是打好村容村貌提升“主攻战”。抓实乡村建设，全区 25 户及 100 人以上的自然村 100%通水泥（沥青）路，城乡公交覆盖率 100%。出台《苏仙区 2021 年农村危旧房、违占违建房整治工作方案》，发动农村党员干部带头无偿拆危拆旧、先拆后建，全面提升村容村貌，2021 年以来共拆杂拆旧 10 万余平方米。[①]

积极开展美丽乡村建设，全区 55%以上的村基本达到美丽乡村标准。[②] 2021 年，苏仙区成功创建国家级美丽乡村标准化示范村 1 个、省级美丽乡村 8 个，美丽乡村数量和创建工作力度在郴州市均排名第一。此外，苏仙区大力开展美丽庭院创建活动，32 个村大力实施“美丽庭院”创建活动，评选美丽庭院 100 家。[③]

（四）着力共建共享，农民主体地位的长效机制基本建立

在农村人居环境整治过程中，苏仙区坚持村民主体地位、尊重村民意愿，引导村民克服“等、靠、要”思想，引导村民用自己的双手建设美好家园。全面启动农村生活垃圾治理和环境卫生保洁付费机制，推进农户“门前三包”责任制，在飞天山镇开展垃圾分类减量全覆盖试点示范。推动落实农村自来水费、卫生保洁费、规范农村建房保证金“三费”收取工作，2021 年已在 32 个村（19 个示范村、13 个重点帮扶村）开展试点，2022 年将实现全区所有行政村全覆盖。实行保洁费等“三费”收取制度，促进了老百姓主体作用的发挥，转变了老百姓观念，极大提升了群众参与农村人居环境整治工作的积极性和参与程度，改变了农村环境整治“上热下冷”“党员干部带头干、百姓站在旁边看”的局面。

在实施乡村振兴战略过程中，苏仙区想方设法提升农民的内生动力，引导农民自己干，依靠群众的力量建设美丽家园，真正做到依靠群众力量、发

---

① 苏仙区乡村振兴局：《苏仙区乡村振兴特色亮点工作》（2022 年），打印稿。
② 苏仙区乡村振兴局：《苏仙区 2021 年乡村振兴工作总结》（2022 年），打印稿。
③ 苏仙区农业农村局：《苏仙区 2021 年农业农村工作总结》（2022 年），打印稿。

挥群众本领。积极引导体现农民主体作用和主动性，发挥群众智慧和力量维护美丽家园。苏仙区 8 个乡镇 116 个村在农村人居环境整治过程中，全面推进村庄清洁行动，积极组织农村村民参与“搞卫生、除垃圾、清杂物、防疫情”活动。

在乡村治理中，苏仙区全面推行“四议两公开”，实施“四会治村”工程，进一步完善村规民约，形成“四会治村”“村规民约”基层治理叠加效应，引导群众增强自我管理能力。截至 2021 年底，苏仙区 116 个村、69 个社区基层群众性自治组织“三个清单”（依法自治事项清单、依法协助政府工作事项清单、减负工作事项清单）全部落实到位，所有村（社区）完成应急能力建设任务。①

二　高质量推进乡村振兴亟待破解的现实难题

苏仙区推进乡村振兴示范创建以来，乡村振兴工作成绩显著，但对标高质量乡村振兴和农业农村现代化的要求，依然面临一系列现实难题，亟待破解。

（一）产业品牌影响力有待进一步提升

苏仙区有丰富的矿产资源、旅游资源和良好的生态环境，但传统产业仍处于产业链的低端，转型升级仍面临不少困难，新兴产业尚未形成有效支撑，旅游产业缺乏特色亮点，“绿水青山”没有变成“金山银山”。苏仙区拥有 4 个 4A 级景区，总体来看旅游资源较为丰富，但旅游开发缺乏拳头产品，没有将旅游产品形成一个体系，旅游产品淡旺季非常明显。同时，苏仙区现有旅游产品整合推广力度有限，旅游知名度还有待提升。此外，苏仙区生猪产业虽然拥有一定的产能规模，但是高附加值生猪产品缺乏，地方特色猪种挖掘和培育不足，没有形成像宁乡花猪一样的地方特色猪种，使得生猪

---

① 苏仙区乡村振兴局：《苏仙区 2021 年乡村振兴工作总结》（2022 年），打印稿。

产业无法跳出“猪周期”，产业竞争力有待进一步提升。

随着消费结构加快升级，温泉旅游已经由过去的物化享受向温泉沐浴文化体验转变，感受温泉沐浴文化逐渐成为温泉旅游的重要目的。苏仙区有丰富的温泉资源，许家洞温泉小镇位于苏仙区许家洞镇天堂村，距郴州市中心仅10公里，不但具有良好的地理优势和环境优势，更具有得天独厚的资源优势，但由于温泉资源开发缺少文化品位，与郴州市其他县市温泉产品没有形成差异化竞争，没有形成独特的竞争力。

（二）土地要素配置机制改革有待进一步深化

实施乡村振兴战略过程中，推进乡村一二三产业融合发展离不开建设用地支撑，在调研过程中发现，苏仙区集体建设用地配置机制改革有待进一步深化，尚未形成完善的农村集体经营性建设用地政策体系，导致乡村二三产业发展过程中集体经营性建设用地供给不足，影响项目落地实施，市场主体无法依托集体经营性建设用地使用权开展抵押融资。由于无法获得稳定的集体经营性建设用地使用权，市场主体对未来经营存在较多顾虑，影响其在乡村投资的信心。

（三）农村人居环境整治长效管护机制有待完善

通过努力，苏仙区农村人居环境整治取得了有目共睹的成绩，但从整体来看，苏仙区仍存在农村人居环境整治长效管护机制有待完善的问题。受观念、习惯、视野等各方面制约，苏仙区部分乡镇农村人居环境整治仍存在“政府干、群众看”的现象，群众参与意识不强、主动性不够。加上政策宣传难到位，农村群众甚至部分村组干部对这项工作不够理解，使得整治工作难以达到预期。有的乡村因资金有限，只关注了主干道路、沿街店铺的环境卫生，而忽视了偏远地方环境整治。另外，乡村垃圾分类标准不明确、农村改厕技术把握不准、污水处理能力不足等，也成为农村人居环境整治中的技术难题。部分乡镇除电力、电讯等实行有偿使用的设施有专业机构管护外，其他公共设施管理维护的责任主体不明确，也没有相应的责任考评措施，使得公共设施日常管护无人负责，对于一些损坏公共设施的行为，也很难追究当事人的责任。

（四）农业农村优先投入面临财政收支矛盾的制约

按财政部统计，苏仙区隐性债务风险等级原为红色，通过稳妥有序推进“防爆雷、退红线、减债务”，综合债务率下降到300%以内，实现退出政府债务一类预警地区的目标，成功取下了戴在苏仙区头顶上的“紧箍咒”。然而，苏仙区财政收入总量较小，新增财力不足，质量不高，收支矛盾突出，“三保”工作压力较大，政府债务包袱仍然沉重，政府性债务仍在偿债高峰期，长期的债务包袱沉重制约了乡村基础设施投资和项目推进。与此同时，一方面，随着现代化的推进，人民对高品质生活的追求越来越迫切，在农业农村优先发展的原则下，需要优先投入的乡村基础设施建设、基本公共服务、基本社会保障经费日益增长；另一方面，随着国内外宏观背景的影响，国民经济下行，导致苏仙区财政收入的数量与质量不断下降，财政的收支矛盾日益突出，严重制约着对乡村振兴的公共财政投入。

三　聚力打造乡村振兴高质量发展“示范区”基本对策

虽然苏仙区乡村振兴取得了一定成效，但受种种因素制约，与乡村振兴示范县（市、区）的要求相比，依然还存在一定的差距，优势尚未得到充分发挥。对标打造乡村振兴高质量发展“示范区”，苏仙区需努力把资源优势转变为乡村产业优势，把城区优势转变为乡村文旅优势，把平台优势转变为乡村开放优势，把交通优势转变为农产品流通优势。

（一）把资源优势转变为乡村产业优势

产业兴旺是解决农村一切问题的前提，没有兴旺的产业，乡村就会成为“空心村”，乡镇就会唱“空城计”，乡村振兴就是“空中楼阁”。苏仙区乡村资源优势明显，但由于缺乏在全国范围内有影响力的品牌，以及上中下游一体化的产业链条，乡村的资源禀赋优势没有转化为乡村产业发展优势，制约了乡村产业高质量发展。

1. 把温泉资源转变为乡村特色产业

举办苏仙区温泉文化节，通过举办温泉文化论坛、设计走进美丽乡村、“泉心泉意”康养集市、线上惠民抢票、全媒体推介等活动，全面展示郴州市苏仙区深厚的历史文化底蕴，充分展现苏仙区文化旅游的新形象。以文化创意为依托实现资源转化和活化，通过文化和旅游的深度融合赋能乡村振兴。

2. 打造苏仙区旅游拳头产品

以苏仙岭为重点，积极挖掘苏仙岭文化价值，讲好苏仙岭故事。苏仙岭的主峰海拔虽然只有 526 米，却具备很多有潜力的文化景观，相比苏仙区其他景区，此地创 5A 景区更加具有竞争力。建议郴州市引入战略投资者，加快苏仙岭景区提质改造，完善景区及周边基础设施，集中资源打造 5A 级景区，努力将其打造成为苏仙区乃至湘南地区的一张网红名片。

3. 努力把“绿水青山”变成“金山银山”

良好的生态环境下，生态观光游、森林体验游等将成为游客的新型旅游方式。苏仙区生态资源丰富，生态观光游、森林体验游具备一定的基础，建议未来继续统筹推进生态修复、绿色生产、绿色生活，做好护水、治水、用水、节水“四水”文章，打造可持续发展议程创新样板区。深入实施湘江保护与治理，持续抓好郴江河、翠江、西河、秧溪河等重点河流生态环境突出问题整治。大力推进村庄绿化，引导村民栽种果树花木，开展庭院和村庄绿化美化，建设小微公园和公共绿地。积极开展“美丽庭院”创建，营造清清爽爽、干净整洁、精致精美的乡村环境。依托优质的乡村生态环境，创新性地推出更高质量的生态观光游、森林体验游、乡村亲子游等旅游产品，同时推出更多优质有机农产品，助力农民增收。

（二）把城区优势转变为乡村文旅优势

随着经济的不断发展、生活水平的不断提高，乡村旅游越来越受到城市居民的青睐，乡村旅游享有广阔的市场前景和发展空间，苏仙区作为郴州市2个主城区之一，城镇化率超过70%，具备发展乡村旅游的市场优势，需不断创新乡村文旅产品，将城区优势变为乡村文旅优势。

1. 依托城区打造郴州市现代都市休闲农业基地

推动农业主动融入城区、服务城区、建功城区，发展以休闲农业、体验农业、观光农业为重点的现代都市农业。充分发挥城郊优势，按农游结合、特色化、差异化发展思路，引导支持现代农业园区、龙头企业、社会资本多元投入，重点发展“城郊游”“体验游”“周末游”“亲子游”等旅游产品。推进乡村旅居发展，把发展旅游民宿产业作为推动乡村振兴的重要抓手，围绕自然原生态和人文原生态，重点引进一批高端品牌民宿，加快乡村团建、乡村夜经济、休闲农场等乡村休闲旅游产业发展。

2. 擦亮文旅融合名片

启动实施“十大文旅地标”“三大文旅走廊”建设，打造粤港澳大湾区游客喜爱、全国知名的旅游目的地。挖掘和开发红、绿、蓝、古、彩“五色文化”，修缮和改造濂溪书院，传承湘昆剧曲、发展郴州话剧，擦亮“苏仙传说”“飞天寻梦”“十八福地”“爱莲兴学”“功勋铀矿”等文旅名片，让苏仙故事响彻林邑之城、传遍三湘大地。启动文旅示范带建设，向北串联许家洞、栖凤渡，打造红色文旅示范带，建设“711矿”文旅小镇、许家洞至资兴慢游观光火车线路，将“711矿”旧址打造成全国知名的红色教育基地；向南串联坳上、良田打造湘粤古色古韵示范带，保护和开发裕后街、李家大屋等湘南古色民居；向东串联飞天山、五盖山打造生态康养示范带，建设好飞天山文化旅游产业园，打造东湖缤纷之夜、高椅岭等网红打卡点。深度挖掘栖凤渡鱼粉制作技艺、吴溪尝新等非物质文化遗产，推进文化资源保护传承利用和旅游发展有机融合。

3. 培育旅游新业态

加强“旅游+”经济和旅游新业态的深度融合发展，融合生态康养、教育研学、文化体育创意产业，嵌入郴州市“莽江红·绝美湘南”世界级旅游景区走廊建设，对接大湾区、联动“红三角”。探索研学旅行、科技旅游、休闲旅游、定制旅游等新业态在文物保护、非遗传承、文艺演出中的发展模式。

（三）把平台优势转变为乡村开放优势

从发展平台来看，苏仙区叠加了郴州高新区、湖南自贸区郴州片区、综保区、跨境电商试验区、海峡两岸产业合作园区等平台优势，苏仙区需充分发挥这些平台优势，不断提升乡村地区开放范围、层次和水平。

1. 依托平台优势，进一步提升优质农产品在粤港澳的市场占有率

坚持农业发展向规模化、标准化、品牌化迈进。抓住中国（湖南）自由贸易试验区郴州片区建设契机，大力发展农产品出口基地和创汇企业，增强农产品出口创汇能力。重点加强高效出口农业示范园和供粤、供港农产品基地建设。加大对农业产业化龙头企业的扶持力度，重点发展以“湘赣红”“湘江源”蔬菜、生猪产业为重点的外向型农业。加大宣传推介力度，开展系列宣传活动，扩大品牌影响力和美誉度。推动“二品一标”优质农产品创建、农产品“身份证”制度和食用农产品溯源体系建设，进一步提高农产品质量。

2. 依托平台优势，推动加工贸易向乡村地区转移

随着我国劳动力等要素成本价格不断攀升，城市产业结构向服务业转变已经成为一种发展趋势。引导加工贸易企业向乡村地区转移，既可以为城市服务业发展提供空间，缓解城市资源环境压力，又可以有利于乡村地区人口实现家门口就业。[①] 建议苏仙区用好湖南自贸区郴州片区、综保区、跨境电商试验区、海峡两岸产业合作园区等金字招牌，充分发挥平台优势、区位优势和交通优势，推动加工贸易向乡村地区转移，促进农民就地实现就业，助力农民增收。

3. 依托平台优势，持续优化乡村营商环境

营商环境是乡村地区加快发展极为重要的竞争力。要以打造更高水平的

---

① 王晓红：《以深化开放推动城乡协调发展》，《光明日报》2016 年 4 月 13 日第 15 版。

自贸区联动片区为抓手，对标粤港澳、长三角、珠三角等发达地区，以“思想大解放、服务大提质、效率大提升、环境大优化”活动为抓手，打造办事不求人、代办暖人心、服务高效率的“苏仙服务”品牌。持续提升苏仙区乡村政务环境，推广“互联网+政务服务”，深化“一件事一次办”改革，推行“不见面审批”“容缺受理”，推动“双随机、一公开”监管常态化。开展乡村地区营商环境集中整治行动，对涉企服务敷衍塞责、执法乱作为、干预插手工程项目、利用职权搭股经商等行为“亮红灯”“零容忍”，坚决斩断破坏营商环境的一切“黑手”。

（四）把交通优势转变为农产品流通优势

农产品流通作为联结农业生产和消费的桥梁，具有衔接供需、连接城乡、引导生产、促进消费的功能。高效且安全的农产品流通离不开便捷高效的交通系统，苏仙区内外交通优势明显，应努力将交通优势转变为农产品流通优势。

1. 依托交通优势高标准建设湘南地区冷链物流基地

积极申报湖南省骨干冷链物流基地承载城市。建设一批冷链集配中心，集成整合流通加工、区域分拨、城市配送等功能，优化城市冷链设施布局。积极衔接国、省有关冷链物流规划，加快补齐短板，引导相关行业积极融入发展大局，推动冷链物流业高质量发展。实施两端冷链物流设施补短板工程，加快建成面向粤港澳大湾区的优质农产品主供基地。抓好中物现代物流枢纽产业园物流项目，完善基础设施配套，打造槐万路现代物流产业带。

2. 打造湘南地区农商联动示范区

实施农商联动发展有助于苏仙区优质农产品抢占省内外市场。建议加大苏仙区农产品流通基础设施建设投入力度，建设农商互联集配中心，补齐农产品流通短板，打通农产品生产、加工、流通和销售的全产业链。加强农产品质量管控，在线上线下联合实施“郴货出郴”“优质郴货团购团销”行动，促进农产品销售线上线下融合发展，进一步提高苏仙区优质农产品在市场上的占有率，提升优质农产品出口能力。

3. 建设湘南地区农副产品综合交易中心

在京港澳高速郴州北互通附近建设湘南地区农副产品综合交易中心，对内可解决苏仙区农副产品出村“最先一公里”问题，向外能打通郴州服务粤港澳大湾区“最后一公里”，打造农产品流通高地。加快物流信息平台和物流网络建设，鼓励农业中介组织、农户联合体、合作组织（协会）、产销地批发商、收购代理公司、农村经纪人等从事农产品营销流通活动。

参考文献

习近平：《习近平谈治国理政》（第三卷），外文出版社，2020。

中共中央、国务院：《乡村振兴战略规划（2018-2022 年）》，2018。

《中共中央、国务院关于全面推进乡村振兴加快农业农村现代化的意见》，2021 年 1 月 4 日。

张庆伟：《在中国共产党湖南省第十二次代表大会上的报告》，2021 年 11 月 25 日。

陈文胜：《论中国乡村变迁》，社会科学文献出版社，2021。

陈文胜：《推动乡村产业振兴》，《人民日报》2018 年 3 月 12 日第 7 版。

陈文胜：《农业供给侧结构性改革一个重要的突破口：推进农产品区域品牌建设》，《人民日报》2017 年 6 月 12 日。

陈文胜：《乡村振兴的资本、土地与制度逻辑》，《华中师范大学学报》（人文社会科学版）2019 年第 1 期。

张才行：《乡村振兴背景下农村青年公共文化供给路径探讨——基于湖南省苏仙区农村综合文化服务中心的调查》，《老区建设》2019 年第 22 期。

李国寅、刘永红、张贵付：《关于乡村教师缺编难题的探讨——以湖南省郴州市苏仙区为例》，《当代农村财经》2019 年第 12 期。

陆福兴：《全面乡村振兴如何开好局》，《中国乡村发现》2021 年第 4 期。

陆福兴：《全面推进乡村振兴迫切需要市场有效》，《中国乡村发现》2021 年第 2 期。

B.10

嘉禾县2022年城乡融合发展研究报告

游 斌 陈文胜*

摘 要： 嘉禾县为加速破除城乡二元结构，全面统筹城乡发展，自2010年起积极推进城乡一体化建设，经过10余年的不断探索和实践，取得了可喜成就，形成了具有湘南特点的有益经验，为湖南城乡融合发展提供了嘉禾模式。近年来，围绕经济、政治、社会、文化、生态“五位一体”推进城乡融合进入全新发展阶段，嘉禾县在新形势下推进城乡融合发展仍然面临一些新的挑战。本报告从规划引领、优化治理、深化改革、建强载体、藏富于民视角提出了进一步推进嘉禾县城乡融合发展的基本建议。

关键词： 乡村振兴 城乡融合发展 嘉禾县

嘉禾县位于郴州西南部，县域面积699平方公里，辖9镇1乡167个行政村，总人口43.8万，是全省地域面积最小、人口密度最大的县份之一。嘉禾县紧紧抓住湘南大开发的战略机遇，在交通、供水、社会保障等方面推进城乡融合发展，进行了一系列卓有成效的探索，取得了较为显著的成绩与进展。目前，嘉禾已经成为全国城乡交通运输一体化示范县、全省城乡客运一体化示范县，城乡供水一体化2017年被评为全国民生示范工程，2019年被省政府评为真抓实干突出典型。本报告在实地调查基础上，总结了嘉禾县

* 游斌，湖南师范大学中国乡村振兴研究院博士后，研究方向为城乡和区域经济发展；陈文胜，湖南师范大学中国乡村振兴研究院院长、二级教授、博士生导师，研究方向为农村经济、城乡关系、乡村治理。

在推进城乡融合发展方面取得的成就，分析了嘉禾县城乡融合发展面临的挑战，并就加快推进嘉禾县城乡融合发展提出了相应的对策建议。

一 “五位一体”推动城乡融合发展进入新阶段

近年来，嘉禾县在推进城乡融合发展过程中，始终坚持新型工业、现代农业、现代服务业“三业并举”，促进镇区、园区、景区“三区同建”，依托城乡交通和供水一体化促进城乡基本公共服务均等化，注重从经济、政治、社会、文化、生态五个方面谋篇布局、统筹推进，全面提升城乡融合水平，构建更高品质的城乡命运共同体，推动县域城乡融合发展进入新的历史方位。

（一）经济发展有力：产业融合发展基础不断稳固

产业是县域经济发展的支撑，只有产业实现高质量发展，才能进一步强化县域发展的内生动力。[①] 近年来，嘉禾城乡经济社会得到持续、健康、快速发展，经济总量持续增长，产业结构不断优化，财政实力显著增强，乡村面貌大幅改善，城乡居民收入稳步提升，为城乡融合发展奠定了坚实基础。

1. 经济增长稳中向好：高质量发展取得初步成效

近年来，嘉禾城乡经济快速增长，经济总量与财政收入都迈上新的台阶，高质量发展初步取得成效，被评为全省县域经济发展先进县、全省循环经济试点示范县和全省外贸先进县。面对新冠肺炎疫情的巨大冲击、经济结构深度调整、发展基数削减等诸多历史性的不利因素影响，全县产业转型升级步伐不断加快，主要经济指标稳中有进、稳中向好。2021 年地区生产总值达 156 亿元，财政总收入达 13 亿元，地方税占比突破 70%；政府综合债务率较 2016 年（下同）下降 50 个百分点，被评为全省隐性债务化解先进

① 刘国斌、韩宇婷：《新时代县域经济实现高质量发展的思路与对策》，《税务与经济》2019 年第 6 期。

县；城乡居民人均可支配收入分别达3.5万元、2.1万元，分别增长44.3%和50.1%；社会消费品零售总额达47.5亿元，增长110.1%；固定资产总投资达892.7亿元，累计引进项目近200个、投资总额达400亿元；金融机构存贷款余额分别达153.3亿元和90.0亿元，分别增长27.9%和167.8%。①

2. 特色产业深度融合：形成一主一特多辅产业格局

嘉禾县立足资源禀赋，大力扶持和发展本地优势产业、特色产业，积极打造以精铸为主导，温泉为特色，现代农业、商贸物流、旅游休闲等多业并举的产业发展格局，推动全县产业互促共进、深度融合，向全产业链迈进。

一是以精铸为主导发展现代装备制造业。嘉禾坚持精铸首位产业定位，大力发展精密铸件、数控机床、专用汽车等高端装备制造业，强化与大湾区、长株潭、长三角等制造业发达地区的产业配套，贯通产业链上下游。推进铸造产业转型升级，累计投入技改资金10余亿元，铸造企业由256家整合至132家，116家企业验收达标，淘汰落后产能工作被工信部纳入全国典型案例库。县内企业年产铸件达到200余万吨，占全省铸件产量的40%以上，五金产品远销欧美、非洲、东南亚等30多个国家和地区。打造全省唯一的铸锻造特色产业园，规划总面积38.99平方公里，新建标准厂房10.2万平方米，被评为省级新型工业化示范基地。积极引进国内外龙头企业，扶持有发展潜力、成长性好的创新型企业，培育引领行业发展、具有国际竞争力的跨国集团，县内有3家企业已向省股交所申请上市，圣泉3D打印、华为树根互联等项目落地嘉禾，涌现了飞恒合金、巨人机床、鼎新铸造等一大批本地知名企业。规上工业企业达163家、产值突破200亿元，培育省级以上“小巨人”企业7家、国家高新技术企业28家，高新技术产业增加值占GDP的比重达24.5%，规模工业培育等4项工作获省政府真抓实干表扬激励，“精铸小镇”入选全省十大特色工业小镇，成功申创全省县域外贸特色产业集群试点县（铸锻造）。②

① 袁章中：《嘉禾县政府工作报告》（2021年），打印稿。

② 袁章中：《嘉禾县政府工作报告》（2021年），打印稿。

二是以温泉为特色打造高端康养服务业。优先发展现代服务业，56 个服务业主要项目有序推进，农博港、联海国际商贸城、生源时代广场等投入运营，限上商贸企业达 85 家，服务业增加值年均增长 6%。成功勘探全省第一口富偏硅酸—锶温泉深井，水温常年稳定在 53℃以上，出水量达到 1 万吨/天，为邻近 2 市 7 县的唯一温泉，可形成覆盖周边 2 万平方公里 500 万人口的温泉开发市场，中温协及国内主要温泉开发投资公司前来考察洽谈，华天铸都温泉游泳馆投入运营，嘉禾温泉正以玉中温泉、都市温泉形象走向全国并成为战略投资新宠。创建九老峰国家级 3A 景区，打造“国家森林公园”“国家湿地公园”两张国字号名片以及“江南第三佛地”——普济寺，全域旅游新格局逐步形成。嘉禾伴嫁歌被列入国家级非物质文化遗产名录。大力推进“互联网+商贸流通”，惠民供销电商平台、消费扶贫运营中心投入运行，建成农村电商服务站 196 个，嘉禾荣登“2021 年中国县域电商竞争力百强榜”。县工商联、珠泉商会分别获评全国“五好”县级工商联和“四好”商会。①

三是以富硒为品牌打造地方优质农业。大力发展富硒特色产业，打造省“1223”富硒工程示范基地 8 个、“湘江源”优质农副产品示范基地 5 个，治理抛荒耕地 3.98 万亩，建设高标准农田 5.4 万亩，稳定粮食生产 31.2 万亩，种植烤烟 4.1 万亩，获评全省富硒特色农业产业县、优质农副产品供应基地示范县、全省绿色种养循环农业试点县和富硒资源保护利用示范县。创建嘉禾富硒稻、湘嘉鱼、三味辣椒、宅侯贡米等特色农业品牌，嘉禾县佳禾米业股份有限公司、亮亮豆制品加工有限公司评为高新技术企业，嘉禾稻缸酒酿造技艺成功申报省级非物质文化遗产，嘉禾倒缸酒、亮嘢豆腐被评为湖南老字号，“禾仓香”富硒米获“湖南好粮油”称号，正在申报“中国好粮油”奖，“品初心”郴州黄酒荣获湖南文旅商品大赛金奖，野香优稻种获中国农民丰收节铜奖。“三味辣椒”通过地标产品评审。新增脐橙种植面积 7800 亩、累计发展 2.8 万亩，新增辣椒规模种植面积 2500 亩，新增供港蔬

① 袁章中：《嘉禾县政府工作报告》（2021），打印稿。

菜种植面积 1200 亩，生猪存栏 44.2 万头、出栏 58.61 万头。培育千亿产业，新增农业规模企业 3 家、省级联合体 3 家。[①]

3. 集体经济发展壮大：城乡收入差距逐渐缩小

成立了县、镇、村三级主要领导负责制工作机构，制定了《嘉禾县成立农村集体经济组织并登记赋码工作实施方案》《嘉禾县农村集体经济组织成员身份确认指导意见（试行）》《嘉禾县农村产权制度改革工作实施方案》。2018 年来，全县清查核实集体资产 203329 多万元，完成身份确认 374876 人、105722 户。[②] 按照“因地制宜、科学规划、盘活三资、大力扶持、多元发展”的思路大力推进农业农村各项工作，不断发展壮大村级集体经济。加大示范社培育力度，目前为止，全县农民专业合作社达 539 户，2021 年申报省级示范农民专业合作社 2 家、市级合作社 5 家、省级示范家庭农场 6 家、市级家庭农场 10 家。制定了《嘉禾县消除村级集体经济薄弱村实施方案》《嘉禾县促进壮大村级集体经济发展的实施方案》，指导乡镇有效化解村级债务和发展壮大农村集体经济，71 个经济薄弱村已全部达标，达标率 100%。[③] 2018 年来，全县共确定省级集体经济发展项目村 15 个，每个村争取 50 万元的省市县三级资金支持。通过以点带面、以少数发展带动整体发展的做法推动村集体经济发展，全县 167 个村均成立了集体经济组织。

城乡居民收入差距日益缩小，藏富于民。通过土地流转把零星的土地集中连片、开发整合，促进了土地、资金、技术、劳动力等农业生产要素的合理流动和优化组合，实现农业产业化、规模化经营，促进现代农业的发展，提高了土地的经济效益和社会效益。如普满乡石角塘村，采用支部领导、村委管理、合作社运作的方式，对村组集体土地进行流转，2007 年，石角塘村成为全省第一个耕地流转率达 100%的行政村，2010 年 3 月成立了农村土地股份合作社，农户将承包地折成股份加入合作社。流转租金的 80%返还

---

① 中共嘉禾县委、嘉禾县人民政府：《嘉禾县乡村振兴工作情况汇报》（2021 年），打印稿。

② 嘉禾县委组织部：《嘉禾县抓党建促乡村振兴工作情况汇报》（2022 年），打印稿。

③ 嘉禾县农业农村局：《嘉禾县农业农村局 2021 年工作总结及 2022 年工作打算》（2021 年），打印稿。

给全组村民，20%留在组集体，用于公益事业建设和管理。截至本文交稿时，全村流转土地850余亩，最高的流转费用可达1200元/（亩·年），村集体经济每年增收50余万元，村民收入同步提升。①

（二）党建统领有力：城乡治理迈入现代化进程

城乡融合发展的政治基础是治理体系和治理能力现代化。近年来，嘉禾县以党建为引领，建设内强外联的乡村治理人才队伍，注重提升政治引领力、示范带动力、发展推动力、乡村治理力，扎实做好抓党建促乡村振兴工作，充分发挥村支部的战斗堡垒作用，打造乡村振兴的“党建红色引擎”，为推动乡村振兴战略提供坚强的组织保障。

1. 建强乡村振兴骨干队伍

推动乡村振兴关键靠人，嘉禾县围绕建设政治过硬、本领过硬、作风过硬的乡村振兴骨干队伍，着力选拔人才，造就了一支乡村振兴“生力军”。一是调优配强基层领导班子。实现全县178个村（社区）“一肩挑”，村“两委”成员中大专及以上文化者412人，占比38%，平均年龄40.8岁。乡镇领导班子成员，平均年龄38.5岁，大学以上学历者占比99%，两年以上乡镇工作经验110人，占比98%。二是育优训强乡村人才队伍。大力推进基层党组织骨干队伍培养工程，开展5轮村（社区）党组织书记集中培训、3轮党员干部线上培训，举办村（社区）党组织书记示范班3期，培训村（社区）党组织书记564人次，乡镇党委对村组干部兜底培训3轮以上，参加理论学习党员干部3万余人次，实现换届后村组干部培训全覆盖。推行“导师帮带制度”，建立村级后备干部人才信息库，全县共有后备力量531名，其中女性128名，35岁以下者达到306人，大专以上文化者达到227人。培育乡村工匠、职业农民、致富带头人等各类乡村适用人才3500余名。三是选优派强驻村工作队。制定《关于在乡村振兴中选派驻村第一书记和工作队的实施方案》，全县共组建乡村振兴驻村工作队46支（市派3支、

① 嘉禾县委组织部：《嘉禾县抓党建促乡村振兴工作情况汇报》（2022年），打印稿。

县派 43 支），派出工作队员 125 名（市派 9 名、县派 116 名）。其中：选派省级乡村振兴重点帮扶村驻村工作队 13 支，选派省级乡村振兴示范村驻村工作队 11 支，选派巩固脱贫攻坚成果任务较轻的已脱贫村工作队 20 支。①

2. 推进“一门式”服务和“一网式”治理

实现“一站式”服务中心全覆盖，嘉禾县 167 个行政村建成了标准化农村综合服务平台，所有村（社区）综合服务平台均只保留三块牌子，接通了电子政务外网，整合便民服务、综治工作、党群服务、计生服务、文体活动等各类基层公共服务平台，建成全县联动、部门协同、一网办理的“互联网+政务服务”体系。印发《公共服务事项目录》，梳理公共服务事项 573 项，首批 22 项村（社区）“就近办”事项全部下放，实现了老百姓公共服务“大事不出镇，小事不出村”。② 建立志愿服务队伍 400 余支，配备驻村辅警 167 名，改建公有化村卫生室 128 个、村养老设施 62 个，设立金融服务点 165 个，建成电商服务中心 167 个。③

推行“党员干部+网格化”乡村治理模式，按照“多网合一”的要求，形成以行政村为“网”，以自然村组为“格”的网格管理模式。特别是晋屏镇帅家村、盘江村党建促推乡村振兴网格化管理、普满乡雷家村的“巷长制”，是网格化管理的典型，如晋屏镇，由村党组织书记任网格长，其他村干部任网格员，村民小组长或党员任网格信息员，村辅警任网格警员，落实网格长包村、网格员包片、网格信息员包组责任制，确保工作落实不缺位。普满乡雷家村，将全村划分为 36 条巷道，推行“巷长制”管理，每条巷道由巷长、副巷长和巷道户组成。巷长、副巷长负责每条巷村民的信息宣传、卫生清洁和矛盾纠纷调处等，同时，对巷长、副巷长工作落实情况安排专门人员进行监督，形成工作闭环，村“两委”对村巷环境、群众动向等情况都实时掌握，发现问题及时解决，提升了乡村治理的成效。

坚持把做好信访维稳工作作为深化基层治理的关键，把“以人民为中

① 嘉禾县委组织部：《嘉禾县抓党建促乡村振兴工作情况汇报》（2022 年），打印稿。

② 嘉禾县委组织部：《嘉禾县抓党建促乡村振兴工作情况汇报》（2022 年），打印稿。

③ 中共嘉禾县委、嘉禾县人民政府：《嘉禾县乡村振兴工作情况汇报》（2022 年），打印稿。

心”理念贯穿信访工作始终，坚持干部下访、定期接访、用心用情处访、依法治访相结合，落实信访工作“十条规定”，实行县级领导联包信访积案重案、县委主要领导每月一调度等办法，开展“心连心面对面”干部下访解难题为民办实事活动，做到“控增量、化存量”并进，“精准化解、整体稳控”并重，“斩断非法利益、满足合法诉求”并行，打好信访维稳“攻坚战”，实现信访总量、越级访量、积案存量“三下降”。特别是对历史遗留的信访重案不回避、不推诿，依托党史学习、“为民办实事”活动，学习新时代“枫桥经验”，以“五化五到底”为要求，注重情、理、法并重和化、疏、治并用，仅 2021 年就化解息访信访重案 37 件，有力地改变了基层治理环境。2021 年嘉禾县在全省安全感民调中得分 92.93 分，比 2020 年提高 0.55 分，人民群众的获得感、幸福感、安全感不断提升。①

3. 推动各类基层党建有机融合

嘉禾县下发《关于进一步规范机关企事业单位党组织和在职党员流动党员“双报到”工作的提示》《关于在全县两新组织党支部实施互联共建工程的通知》等文件。目前全县 62 个两新组织党支部与机关、企事业单位、乡镇、村（社区）党支部结对共建；4794 名机关、企事业单位党员到金田、珠泉亭等 6 个社区进行“双报到”。全面推行党员家庭“挂牌亮户”活动，在全县 7500 余名农村党员家门挂上“党员家庭户”标识，增强农村党员的归属感和责任感，引导和激励他们在实践工作中走在前、干在前，活动已开展近 3 年，成效较好。②

（三）社会发展有策：城乡基本公共服务更均衡

城乡基础设施是城乡要素双向流动的重要载体，城乡基础设施建设一体化和建设水平均等化是城乡融合发展的重要基础。嘉禾县 2013 年建立城乡一体化“3+5”示范体系，对行廊镇、塘村镇、广发镇三镇，汪洋塘村、东

---

① 嘉禾县委组织部：《嘉禾县抓党建促乡村振兴工作情况汇报》（2022 年），打印稿。

② 嘉禾县委组织部：《嘉禾县抓党建促乡村振兴工作情况汇报》（2022 年），打印稿。

岸村、石角塘村、田干头村、荞麦塘村五村，三年投入 1.2 亿元财政专项资金建设基础设施项目，在镇村实践生产、生活、生态“三生融合”理念，为产业、文化、旅游、社区功能“四位一体”推进做出了有益探索，为镇村融合发展提供了发展方向和实践路径。

1. 城乡供水一体化让人人喝上干净卫生的自来水

近年来，嘉禾县在全省率先实施“同水源、同水质、同水价、同服务”的城乡供水一体化建设，先后投入 7.58 亿元，建成供水工程 7 处、高位水池 6 处、加压泵站 3 座，铺设输配水管道 5000 余公里，全县行政村供水覆盖率达到 100%，农村自来水普及率达到 95%，农村居民安全饮水率达到 100%，提前五年实现全面小康安全饮水目标，有效提升了人民群众的获得感、幸福感、安全感，为全省推进“城乡供水一体化、区域供水规模化、工程建管专业化”进行了有益探索，为全省乃至全国推进城乡安全饮水全覆盖打造了嘉禾范本。一是强化规划建设，形成城乡供水一体化格局。坚持“均衡利用、丰枯调剂、安全可靠、覆盖全域”的原则，以水库为源头，以水厂为枢纽，以供水管道为线，采取互联互通的方式，规划形成“两中心、五重点、三备用”的供水格局，同时按照“主管进镇、支管进村、管网达组、龙头入户”的标准，分阶段分步骤统筹推进项目建设，以县城区为核心、建制镇为中心，渐次辐射村组，实现城乡供水一体化的建设模式。二是强化建后管理，确保城乡供水智能化运营。大力推进“智慧水务”，建设完成数据采集及远程监测系统的中心控制室，实现 24 小时对管网测压点的水压、流量、水质和其他运行参数的监控、测量及统计分析。为了让农村用户能够在家门口就便捷地办理用水申报落户、缴费充值、申请维修等业务，投入使用集自动供水、自动收费、自动控制、自动计量等多种功能于一体的 IC 卡智能化水表，全面提升管理效能，实现管理专业化、调度信息化、收费智能化的供水智慧管理。三是强化全域覆盖，推动城乡供水普惠性发展。开展自来水进村入户三年“奖补”行动，按实际入户所需要经费的 50%且最多不超过 2000 元/户的金额进行奖补。实施惠民行动，农村五保户、低保户每月用水 3 吨以内可获得减免优惠，全县城乡居民的饮水安全问题得以解决。嘉禾城乡供水一体化2017年被评为全国民生示范工程，2019年被省政府评为真抓实干突出典型，2020年盘江水厂被水利部授予全国首批“农村供水规范化水厂”称号。①

2. 城乡交通运输一体化让人人乘上绿色便捷的公交车

近年来，嘉禾县按照湖南省城乡客运一体化示范县创建“一县一公司、公车公营、统筹规划、乡村全通、价格惠民”工作要求，坚持民生至上、先行先试，真抓实干，率先在全省推进城乡客运一体化示范县创建工作中取得了成效，实现了“七个100%”，即县域内镇村城乡客运覆盖率100%；25户以上自然村道路硬化率100%；城乡中学、中心小学候车站点500米内覆盖率100%；65岁以上老年人、残疾人、现役军人等5类人群乘车100%免费；新能源车占比100%；新老城区运行公交100%免费；县域内城乡客运票价100%在6元以内。②

一是夯基础、畅网络，铸牢“立体式”的交通路网体系。先后投资近60亿元，大力开展“交通大会战”“交通大建设”活动和农村公路“千百十”工程，着力打通“最后一公里”，全力织造“三纵三横”公路网，奋力构建起高速快捷的交通网络。“谋、建、管”同频共振。坚持规划引领，科学谋划“铁公机水”网网联通的立体综合交通网络。重点围绕对接嘉禾通用机场、兴永郴赣铁路、G234国道、郴州港等重大交通建设项目，积极做好项目规划、衔接、申报工作，编制完成《嘉禾县交通运输中长期发展规划》《嘉禾县城乡客运（公交）一体化专项规划》，明确建设以高速公路和干线公路为骨架，县乡公路为经脉，中心客运站、接驳换乘站、乡镇客运站（首末站）、农村客运招呼站为节点的城乡公交网络。创新公路养护机制，实现国省干线公路203公里服务外包、农村公路971公里分级承养，做到“有路必养、养必到位”。“站、场、点”同步共建。布局建设“1+7+N”站

① 张万冬：《推进城乡供水一体化　打造安全饮水全覆盖新范本》，《郴州日报》2020年11月7日第3版。

② 邓和明：《嘉禾：城乡客运一体化　打破城乡“二元”分割》，《郴州日报》2022年01月10日第2版。

场体系，“1”即以县汽车客运总站为龙头，“7”即利用闲置工班等建设7个公交首末站场，“N”即在村组设置港湾式候车亭（招呼站）340座、物流站点140个。[①]“安、洁、绿”同抓共管。结合城乡清洁行动和交通顽瘴痼疾专项整治行动，对国省干线公路、县乡村公路网实行绿化、美化、亮化建设，推进公路设施和公路管护街道化、标准化。

二是优服务、惠民生，铸牢“全域性”的城乡公交体系。嘉禾县始终恪守“办人民满意交通”宗旨，全面提升服务质量，打造便民、惠民、利民公交。“点”上求特，实现公车公营。整合市场主体，将全县3家客运企业整合为1家公交公司，投入1800万元对13条线56台挂靠车、18台合股车全额收购，率先在全省实现“一县一公司”模式，从体制上解决运营秩序混乱、企业恶性竞争、安全监管缺位的问题。“线”上求精，实现村村通。按照道路通行条件，进一步补空调控、延伸优化公交线路。合理配置车型，解决通行条件差、客流稀少的偏远村群众出行问题。城乡客运线路从2012年的13条增加到38条，其中新增“冷僻线”14条，真正实现了“乡村全通”的目标。[②]“面”上求优，打造普惠服务。对全县65岁以上老年人、一级肢残人士、盲人、现役军人、残疾退役军人等五类特殊人群实行免费乘车政策，受惠群体达4.5万人。在县城老城区和新城区之间开通2条免费线路，所有乘坐人员全免费。城乡客运一体化改造后，发车班次是改造前的160%以上，票价降低1~6元不等，最大降幅达50%，最高票价控制在6元。[③]

三是抓改革、促转型，铸牢“融合化”的交邮运输体系。通过创建城乡交通运输一体化示范县，城乡货运物流一体化、服务一体化水平明显有了质的飞跃。探索交邮融合路径。2015年5月作为四个试点县之一，嘉禾县

① 嘉禾县交通运输局：《在乡村振兴调研座谈会上的发言材料》（2022年），打印稿。

② 嘉禾县交通运输局：《创建全域公交　引领城乡融合——全省城乡客运一体化示范县成功创建工作典型案例》（2022年），打印稿。

③ 邓和明、曾龙飞：《嘉禾城乡客运一体化　通村达户千万家》，《郴州日报》2019年9月25日第1版。

受邀参与了亚洲开发银行主持的农村物流政策研究课题，进一步加快嘉禾汽车站、金田汽车站客货并举化改造，县公交公司与邮政等物流企业建立农村小件快运系统，解决了农村物流最初一公里和最后一公里问题，每年运营量达 1.1 万件。构建全覆盖的物流体系，完成农村综合服务平台、扶贫村电商综合服务点、县级电商服务中心、农村电商服务点项目建设，构建多层级、多维度、惠及面广的“供应链+物流+销售”一体化模式，真正实现了人畅其行、货畅其流，打通了各种要素流动的“最后一公里”，构建起现代城乡人流、物流网络体系，有力促进城乡经济融合发展。城乡（公交）一体化的深入实施，缩小了城乡差距，人民群众幸福感、获得感和满意度大幅提升，2021 年嘉禾县分别被交通运输部、省交通运输厅评为“全国城乡交通运输一体化示范县”“全省城乡客运一体化示范县”。

3. 城乡社会保障水平同步提升让人人享有发展红利

嘉禾县把城乡社会保障同步提升当作推进城乡融合发展的基础工程，全力将好事办好、实事办实。一是牢牢兜住民生底线。紧盯“两不愁三保障”，强化产业帮扶，向脱贫群众发放小额扶助信贷，打造产业帮扶基地 19 个，全县 28 个脱贫村实现农民专业种养合作社全覆盖，精心筛选 25 家信誉好、发展效益好的企业进行委托帮扶。全面核实家庭经济困难学生基本信息，对不能正常入学的残疾儿童实施送教上门，全面落实教育扶贫政策，全县无一例“五类”学生辍学。脱贫人口 100%参加城乡居民基本医疗保险和大病保险，2450 名四类慢病人员实现签约管理服务，脱贫人口享受起付线降低 50%、报销比例提高 5 个百分点、取消封顶线的大病保险倾斜政策。强化住房和饮水安全保障，全面鉴定“四类人员”的住房安全，确保住房安全均有保障。① 二是稳步提高低保救助标准，持续推进“两线合一”。2017 年以来，嘉禾县 5 次提高农村低保标准和特困人员供养标准，农村低保标准从 2017 年每人每月的 240 元提高到 365 元；农村特困人员分散供养标准从 2017 年每人每月的 270 元提高到 550 元，实现了低保线和脱贫线“两线合

① 中共嘉禾县委、嘉禾县人民政府：《嘉禾县乡村振兴工作情况汇报》（2022 年），打印稿。

一”，稳定实现纳入兜底保障范围的贫困人口“吃穿两不愁”。[①] 三是织密织牢社会保障网络。大力促进农村劳动力就业，公共就业服务平台实现203个自然村（社区）全覆盖；职业培训完成5946人，完成任务的195%，其中农村转移培训2631人，完成率219.3%。[②] 加大农民工工资支付保障和根治欠薪力度，保障劳动者合法权益。继续实施全民参保计划，稳步提高城乡医保、养老保险、低保、大病救助和特困供养等保障水平，加强对农村“三留守人员”、残疾人、计生特困家庭等群体的关爱服务。积极应对人口老龄化，落实三孩生育政策及配套支持措施，加快中心敬老院提质和社会养老、公办抚育机构建设，推动婴幼儿照护、养老产业协同发展，满足人们的多层次需求。

（四）城乡文化有根：乡土文化向现代文明转型

在城乡融合的过程中，只有实现了文化融合，才能形成比较稳定的社会结构。城乡文化融合发展的实质是在保持城乡文化特质差异基础之上的均衡发展，从而形成城乡文化相互支持、互为补充的和谐发展局面。嘉禾县以强化全省文明城市建设为统领，以建设新时代文明实践中心为契机，大力深化乡村群众性精神文明创建活动，推动传统文明向现代文明转型，各项工作取得明显成效。

1. 不断充实文化供给

实施公共文化服务体系提质工程，持续开展文化惠民、百姓舞台、送书送戏送电影下乡等文化活动，让人民群众共享文化改革发展成果。利用庆祝建党100周年契机，组织全县中小学校开展“学雷锋精神，谱青春新篇”“红心永向党，我是接班人”等活动，宣讲党的十九大精神、党的百年奋斗史。建成新时代文明实践所10个，新时代文明实践站188个，综合文化服务中心200个，为农家书屋配置图书25718册。[③] 全县有1个公共图书馆

---

① 嘉禾县民政局：《嘉禾县社会救助兜底保障工作总结》（2022年），打印稿。

② 中共嘉禾县委、嘉禾县人民政府：《嘉禾县乡村振兴工作情况汇报》（2022年），打印稿。

③ 中共嘉禾县委、嘉禾县人民政府：《嘉禾县乡村振兴工作情况汇报》（2022年），打印稿。

（国家三级馆）和1个文化馆（国家三级馆）。县内每个乡镇均建有综合文化站以及文化馆、图书馆分馆，村（社区）综合性文化服务中心实现全覆盖，全县公共文化设施面积118.054万平方米。全县212个公共文化设施场馆实现免费开放，截至2021年第三季度服务人次总计1008839人次，人均接受文化场馆服务次数为2.94次。全面实施全民阅读工程，大力开展群众喜闻乐见的文体活动，积极传承本地特色戏曲，扎实推进文旅志愿服务工作，2021年服务群众超过100万人次，让更多群众享受零门槛的公共文化服务。①

2. 传承发展优秀文化

推进中华优秀传统文化弘扬工程，嘉禾伴嫁歌被列入第五批国家级非物质文化遗产代表性项目名录，嘉禾倒缸酒酿造技艺入选湖南省第五批省级非物质文化遗产代表性项目。加强“国遗”伴嫁歌和“省遗”花灯戏等非物质文化遗产保护、传承与开发利用。以阵地建设为抓手，在甫口村、雷公井村分别建设省级、市级传承基地，通过组织青少年开展读书分享会、传统文化在身边、学唱伴嫁歌等活动进一步引领优秀传统文化传承。开展乡村示范创建，有1个全国文明乡镇、1个省级文明乡镇、5个市级文明乡镇、3个县级文明乡镇，县级及以上文明乡镇占比100%。共有2个全国文明村、1个省级文明村、8个市级文明村、112个县级文明村，县级及以上文明村占比73.65%。② 袁家镇小街田村深挖湘南起义旧址群——中共嘉禾南区支部活动旧址（萧克故居）红色资源，全力打造“萧克故居”旅游品牌，积极探索“党建引领+”发展模式，实行“党支部+合作社+党员+农户”模式，把党员群众组织起来推动产业发展，让“红色”成为乡村振兴的底色，不断擦亮红色美丽村庄品牌的成色，辐射带动文旅产业全面发展。自萧克故居开放以来，已吸引接待游客逾10万余人次。小街田村被评为省级乡村振兴示范村、湖南省爱国主义教育基地、湖南省全民国防教育基地、湖南省青少

① 嘉禾县文旅广体局：《乡村振兴工作情况汇报》（2021年），打印稿。

② 嘉禾县文明办：《嘉禾县2021年乡村文化振兴工作情况汇报》（2022年），打印稿。

年教育基地。[①]

3. 扎实推进移风易俗

扎实开展移风易俗，通过宣传教育、建章立制、搭建平台，引导群众改变传统红白喜事习俗，强化农村思想道德建设，村民逐步树立了“婚事新办，喜事简办，厚养薄葬，健康生活”的新风尚。一是制定政策文件。相继出台《关于持续深化精神文明教育大力倡导文明健康绿色环保生活方式的通知》（嘉文明办〔2021〕2 号）和《关于开展 2021 年“我们的节日·清明”主题活动的通知》（嘉文明办〔2021〕7 号）等文件，倡导文明祭扫，持之以恒推进移风易俗，大力弘扬勤俭节约、艰苦奋斗的传统美德。组织各村修订完善各村村规民约，发放移风易俗倡议书，发挥村民红白理事会等群众自治组织的教化约束作用，强化教育引导，倡导婚事新办、丧事简办、喜事俭办文明新风，通过移风易俗，进一步让村民养成了节约的良好习惯。二是加强舆论引导。县文明办在全县范围内报道婚事新办、丧事简办、孝亲敬老的事迹，引导树立正确婚丧观和弘扬中华孝道。利用乡镇政务场所、农村集市、村务公开栏、村村响、手绘文化墙等宣传阵地，利用创意漫画、宣传册、倡议书等形式开展舆论引导。三是加强典型引领。广泛开展典型评选活动，贯彻落实《关于开展 2021 年“寻找最美村规”活动的通知》（郴文明办〔2021〕12 号），培育、选树、宣传婚事新办、丧事简办、孝亲敬老典型，充分发挥榜样示范作用。

（五）城乡生态有质：乡村生态价值向多元转化

嘉禾县找准乡村生态发展模式，注重精准施策、分类推进，变绿水青山为金山银山，实现生态发展与经济发展协调统一，既解决乡村生态振兴的资金问题，又推动乡村生态发展。推动生产、生活、生态融合提质，塑造山水田园新风貌，让美丽乡村更具湘南韵味。

---

① 曾观锋：《小街田乡村振兴汇报材料》（2022 年），打印稿。

1. 践行绿色发展初心，强化造林绿化

2021年完成造林11300亩，完成上级下达任务的100%。完成义务植树80万株，开展城乡绿化活动20场次，建立义务植树基地18处。全面完成中幼林抚育30000亩任务。完成全县松材线病春季调查，开展了全县良种油茶苗木造林监管和林木采伐作业设计。强化森林防火，着力推行“林长制”，聘请生态防火员173人，筑牢防火防线。加强省级绿色矿山建设工作和砂石土矿专项整治工作，湘煤集团嘉禾黄牛岭煤矿等5家成功创建省级绿色矿山。[①] 征收建设征占林地植被恢复费650.37万元，严格落实全县13.3万亩国、省级生态公益林保护责任人责任，完成1067株古树名木建档立卡工作，持续开展打击破坏森林资源专项整治行动。[②]

2. 加大规划管控力度，建设美丽乡村

嘉禾县已完成县级规划大纲以及3个专项规划编制，开展了一轮空间规划初步成果汇报，启动了乡镇国土空间规划编制，国土空间规划格局进一步优化。编制好“多规合一”村庄规划，引领乡村建设，规范村民建房。“多规合一”实用性村庄规划编制有序有力推进，全面推进167个行政村村庄规划编制，截至本文交稿时，完成了91个村庄规划编制。扎实开展“三线”划定工作，划定生态保护红线面积7757公顷、永久性基本农田面积16947公顷、城镇开发边界闭合范围规模3035.29公顷，其中中心城区2249.11公顷，推动了城乡生态、经济和社会协调发展。[③] 2021年推进创建省级美丽乡村示范村2个（普满乡雷家村、白觉村），市级美丽乡村示范村3个（晋屏镇下车村、刘家村、坦坪镇石富冲村）、县级美丽乡村示范村30个。重点打造省级乡村振兴示范村11个，确定扶持省级乡村振兴重点帮扶村13个、巩固村20个，申报创建晋屏镇下车村等市级美丽乡村示范村3个，珠泉镇荫溪村申报市级特色精品认定村。[④]

① 嘉禾县自然资源局：《2021年度乡村振兴工作汇报》（2022年），打印稿。

② 中共嘉禾县委、嘉禾县人民政府：《嘉禾县乡村振兴工作情况汇报》（2022年），打印稿。

③ 嘉禾县自然资源局：《2021年度乡村振兴工作汇报》（2022年），打印稿。

④ 中共嘉禾县委、嘉禾县人民政府：《嘉禾县乡村振兴工作情况汇报》（2022年），打印稿。

3. 推进人居环境整治，改善村容村貌

加强农村环境综合治理，以农村垃圾、污水治理和村容村貌提升为主攻方向，加快农村“空心房”治理，清理整治农村建房乱象。农村卫生厕所普及率达88%，城乡垃圾收运覆盖率达100%，扶塘村等3个村入选国家森林乡村，清水村、增嘉村被评为全国文明村，晋屏镇获评全国乡村治理示范乡镇、全国“一村一品”示范村镇。完成户改厕640户，拆除旱厕1721间，建成公厕32座，农村卫生厕所普及率达90%。清理河塘沟渠557口/条、农业生产废弃物1430.3吨、村内沟渠850.8公里，拆除空心房1391间、零散房365间、危险房1226间、残垣断壁799处。布设3.8立方米的垃圾箱556个、240升垃圾桶1967个，采购垃圾收运车19台。建成城区污水处理厂2个、乡镇污水处理厂3个、农村集中污水处理设施36套，配套管网29300米，全县农村生活污水处理率达65%。[①] 持续开展“搞卫生、除垃圾、清杂物、防疫情”活动，制定了《嘉禾县开展乡村“搞卫生、除垃圾、清杂物、防疫情”活动考核办法（试行）》，全县173个行政村（社区）实现常态化保洁，制定了环境卫生保洁制度，组建了保洁队伍，聘请保洁员982名。[②]

二　嘉禾县推进城乡融合发展面临的现实挑战

城乡融合发展是一项长期而艰巨的战略，因而必须在逐渐解决问题中推进。调研发现，2021年嘉禾县在积极贯彻落实“三高四新”战略定位和使命任务、打造“一极六区”的基础上，立足县域实际，提出“十四五”时期打造“一都四县”的战略目标，其中围绕城乡融合发展，提出要打造“城乡融合示范县”。这个发展定位，符合嘉禾县小而精的现实，立足嘉禾城乡一体化建设基础，也顺应嘉禾发展趋势，应该说是正确和适宜的。在未来的建设中，机遇与挑战并存，特别要注意有效应对各种挑战。

---

① 中共嘉禾县委、嘉禾县人民政府：《嘉禾县乡村振兴工作情况汇报》（2022年），打印稿。

② 嘉禾县农业农村局：《嘉禾县农业农村局2021年工作总结及2022年工作打算》（2022年），打印稿。

（一）城乡融合发展体制机制有待升级

城乡融合发展是实现质量、效率和动力转换的过程。随着嘉禾县经济的发展、财政实力的增强，农村基本公共资源、服务基本实现了从无到有、从少到多、从低到高的历史性转变。但城乡二元体制留下的烙印比较明显，离"城乡均等"仍有存在一定差距，难以满足农村发展的客观需求。

1. 基层组织建设不平衡，服务体系不完善

一是农村基层党组织干部素质参差不齐。新一届村（社区）"两委"班子，虽然在学历、年龄结构等方面得到了优化，但本科及以上的只有49名，还是以初高中学历为主。村（社区）党组织班子中，有474名是首次担任党组织职务，占比63%，这部分村干部对农村工作了解不多、经验不足，特别是对党务工作不熟悉。全县60周岁及以上党员4247人，占比38.7%，老龄化严重，党员的先锋模范作用还不能充分发挥。个别基层党组织软弱涣散，班子缺乏凝聚力；党组织书记素质不高，致富带动能力不强，发展经济思路不开阔，胆子不够大，动力不够足，没有发挥好"领头雁"的作用。[①]二是农村基层服务平台使用效率不高。有的村综合服务平台是改建的，功能室设置不合理；有的村党员活动中心面积偏小，活动设备不全，办公环境不优；有的村干部年龄偏大或文化层次不高，对信息化办公方式不熟悉，无法熟练操作电脑、高拍仪等工具，不熟悉现代服务手段。

2. 基本公共服务不均衡，供给需求不匹配

当前阻碍农村发展的城乡二元户籍、土地等体制性障碍仍未完全消除，农村基础教育、医疗卫生和社会保障等基本公共服务依然落后于城市。目前乡村两级医疗卫生专业技术人员欠缺，有不少村卫生室工作人员是乡镇卫生院派驻的巡诊医生，给医疗服务工作带来不便和困难。乡镇中医药专业技术人员普遍缺少，不能满足群众日常看中医的需求；部分乡镇卫生院中医馆未能正常开展工作，需进一步加强适宜技术培训；县财政对中医药工作投入

---

① 嘉禾县委组织部：《嘉禾县抓党建促乡村振兴工作情况汇报》（2022年），打印稿。

少，工作开展滞后。随着城乡融合的推进，农村人口向县城和乡镇政府所在地聚集，乡村小规模学校会越来越少，直至自然消失。自 2008 年以来，对全县所有学校（含小规模学校）均进行了薄弱学校改造，至 2021 年秋季，全县仅保留 39 所村小。从 2021 年起，对小规模学校投入很慎重，在基本满足办学条件情况下，不再往小规模学校投入。对偏远小规模学校教师待遇倾斜力度不大，目前发放的人才津贴，标准为每月 300 元以下，导致偏远小规模学校岗位吸引力不大，教师工作积极性不高。①

（二）县城承载力与经济社会发展趋势不匹配

缺乏对区域经济辐射带动作用的经济增长极会严重制约区域经济的健康发展。县城作为城市之尾、农村之首，是联系城市和广大农村的特殊城镇，发挥着承上启下、连接城乡的纽带作用，在城镇体系中具有非常突出的战略地位，是农村人口市民化的主要载体、新型城镇化的重要突破口。然而，嘉禾县城公共服务供给、环境卫生设施和产业配套设施仍然存在一定缺口，综合承载力有待扩容提质。

1. 县城公共服务供给质量有待提高

公共服务关乎人民群众切身利益，也是实现人的全面发展的基础条件。目前，嘉禾县教育培训、养老托育、文旅体育等公共服务设施的数量、种类、质量，与地级及以上城市城区相比存在一定差距，制约了基本公共服务均等化的顺利推进。市政公用设施直接服务于县城居民，是影响县城宜居性的重要硬件基础。嘉禾县城的路网容量普遍不足、公共停车场建设滞后、配送投递设施覆盖面窄、老旧小区配套设施差，缺乏数字化管理平台，降低了对人口的承载力和吸引力。

2. 县城产业配套设施有待完善

县城产业集聚区内的产权交易流动、检验检测认证、研发创新平台、智能生产空间等产业配套设施，可供众多企业共用共享，具有较强的公共性和

① 嘉禾县教育局：《教育推进乡村振兴工作情况汇报》（2022 年），打印稿。

平台性。[①] 目前，嘉禾县城产业集聚区内的产业配套设施、物流平台、要素保障等方面供给不足，在一定程度上降低了县城劳动力和土地成本低的优势。不仅制约了人才、资本、技术等先进要素的流入，也提高了企业的物流成本和生产成本，从而对县城乃至县域产业竞争力和可持续发展能力产生影响。

（三）特色小镇综合功能有待培育和发展

特色小镇的建设能够有效地促进城市资本向农村流动，成为集聚产业、人才的新空间，不仅有助于形成“离土不离乡”“不离土不离乡”就地城镇化新空间载体，而且可为美丽乡村建设和实施乡村振兴战略提供新抓手，带动乡村产业发展。嘉禾县特色小镇建设取得显著进展，但是仍然存在产业协同程度较低、主题缺乏特色差异性，以及空间范围过大、项目布局分散等问题。

1. 产业协同程度较低、主题缺乏特色差异性

特色小镇的特异、特色性主要是通过产业的特色性和差异性体现。从嘉禾县的情况看，几个乡镇各有发展主题，但是总体上未能充分体现产业的特色性和差异性。一是无法从业态内容对特色小镇进行区分。一个特色小镇可能同时发展多个核心产业，或者多个特色小镇选择同一产业主题。二是在招商引资的过程中，有商即来，没有严格按照产业特色指引的要求操作，导致部分企业运作的项目与小镇的产业主题、资源禀赋存在偏差，在一定程度上削弱了小镇的特色性。三是缺乏对小镇的区位条件、所依托和服务的产业经济、发展周期的详尽规划，部分小镇未能精准分析自身的优势劣势、发展定位、建设任务、实施成效，这对特色小镇的特色产业培育和功能构建产生了影响。

2. 空间范围过大，项目布局分散

特色小镇“小而美”的形态有助于吸引社会资本，保证小镇本身形成

① 胡祖才：《提高认识　精准施策　扎实推进县城补短板强弱项取得实效》，《宏观经济管理》2020 年第 9 期。

一定规模，对单一特色产业或各类企业来说更易于管理、控制与操作。但是，有的特色小镇核心区范围不明确，缺乏相对独立的物理空间，与目前已经存在的旅游景区、产业集聚区的边界无法区分。比如精铸小镇，建设之初没有清晰界定核心区域及空间规划，项目过度分散造成工业小镇没有相对独立的核心区，各类产业项目与工业园区、与周边的乡村区域关系不明晰，导致投资分散、发展效率不高。空间范围的过大或不明确易造成小镇项目在启动前期和各阶段的资本投入存在一定的负担。部分特色小镇只是简单结合资源条件设计项目等（“拼凑组合”现象），例如将旅游景区、产业园区进行简单叠加或升级，小镇内部的功能融合性不高，项目类型多而散，缺乏集聚能力，无法形成产业协作效能和功能发展合力。

（四）土地三权分置实现形式有待实践突破

农村土地三权分置改革推进以来，在嘉禾县的实践中有效实现形式不多，需要结合不同的乡村不同的现实情况，不断探索有效的产权交易实现形式、农地融资实现形式、承包地有偿退出实现形式，以加快推进城乡融合发展。

1. 农地流转进展缓慢，三权分置改革成效不明显

家庭联产承包责任制的推行在当时极大地提升了农业产业效能，并在解决农民温饱方面做出了卓越的贡献。但随着我国社会、经济的不断发展和农业环境的变化，这种分散的、碎片化的生产方式无法形成规模经营，更无法实现机械化作业，导致农业生产成本增大、产出效率低下。一方面，将大量劳动力锚定在土地上抑制了农民投资的积极性，降低了劳动力和资本的配置效率，阻碍了劳动力流动；另一方面，提高了农地经营权流转和农业规模经营成本，抬高了城市工商资本和先进技术进入农业农村的门槛，制约了农业现代化的快速推进。近年来，嘉禾县积极贯彻落实国家土地流转政策，以推动农业适度规模经营，在部分镇村取得了明显成效，但总体上土地流转力度不够大，三权分置改革成效不明显。分散经营小农户所导致的耕地碎片化的生产方式，在较长时间内还将占主导地位，通过土地流转推进农业适度规模

经营任重道远。客观要求结合现实改革案例重新审视农地产权结构，遵循所有权构造理论，在实践层面进行创新和突破，重构适应统一生产经营方式的集体所有权权能。

2. 宅基地三权分置实现形式有待进一步探索

现行制度框架下农民虽然拥有宅基地的使用权，但是缺少处置权和收益权，限制了宅基地流转，导致农民难以获得房屋财产性收益。基于“两权分离”架构宅基地流动的封闭性导致日益凸显的权能困境，对城乡之间其他要素流动产生阻碍作用，进而抑制城乡二元经济结构转化。农民合法自建的宅基地上房屋却始终被禁锢于本集体经济组织内部流转，只能停留于最原始的住房保障价值，而其潜在的财产价值在不断的折旧中贬值。城乡居民财产性收入不断扩大是造成收入差距扩大的关键因素，而导致城乡居民财产性收入差距扩大的主要原因正是城市与农村住房的财产制度所经历的三次差异化改革，限制了在农民财产中占比越来越大的住房财产的价值实现，无法通过正常的市场流通获得住房财产性收入。在城乡要素流动性增强、要素配置方式转变的社会背景下，宅基地“三权分置”不应再单纯被视为一个农村经济问题，要在城乡融合发展进程中去探究其权能设置、功能定位及实现形式。

（五）特色农产品有待进一步产业化和品牌化

区域性公用品牌建设能够帮助特色农产品扩大市场占有率，形成稳定的消费群体，进一步提升农产品的生产经营效益。目前，嘉禾县由于农产品生产经营者意识薄弱、小规模分散化生产经营模式、农产品科技含量不高以及对品牌的营销推广力度不足，以致特色农产品品牌不多，尚未形成一批叫得响、记得住的区域性公用品牌，无法形成强劲的市场竞争力。

1. 农产品生产经营者的品牌自觉不强

嘉禾虽然有菜、米、鱼、豆制品等较多特色农产品，但生产经营者还是持有传统的生产观念，普遍认为农产品和工业品差异很大，不需要耗费资源创建品牌，收获种或养的农产品就是农业生产经营的最后一个环节。部分生产经营者虽然已经意识到区域性公用品牌能够明显提高农产品生产经营收益，但是考虑到品牌建设需要投入大量的人力、财力和时间成本，更愿意以成本更低的方式如贴牌生产来快速提升产品销量和“变现”。虽然贴牌生产模式能够在短期内提升农产品的销售额，提高生产经营者的收入水平，但由于是贴牌生产，农产品品质要符合品牌的要求，这在一定程度上导致农产品失去地方特色，客观上也会对生产经营者的自主创新能力和市场竞争力造成影响。目前，嘉禾县只有5家绿色食品企业，品牌建设存在障碍，即便创建了品牌也难以维持品牌的发展壮大，导致市场主体缺乏积极性。

2. 小规模的分散生产经营模式限制了品牌建设

目前，嘉禾县已经有一定程度的规模化农产品种养产业，但是经营形式仍然以家庭生产为主，生产规模偏小，生产布局分散。同时，这种分散的小规模家庭式的农业生产过程（比如种子选用、施肥频次、水量补充、枝叶修剪等），缺乏统一的技术标准，大多数生产经营者还是根据传统农业生产经验来安排生产，导致农产品的外观、色泽和营养等方面存在较大的差异，给农产品区域性品牌的建设造成较大障碍，影响了农产品品牌的形成。农产品生产经营者全链条经营思维有了一定提升，但是目前嘉禾农产品经过精加工、深加工走向市场的比例仍然较小，农产品的附加值尚未得到大幅提升。

3. 农产品品牌营销推广力度不够

品牌能够有效提升农产品的知名度，体现品牌的价值。强有力的品牌营销推广有助于建设一个有持久竞争力的农产品品牌，让品牌形象深入人心，从而形成品牌的知名度。[①] 目前，嘉禾县对农产品品牌的营销宣传推广与工业品相比明显不足，主要表现在因资金匮乏而导致品牌营销推广创新不够、形式比较单一、营销渠道较窄。虽然嘉禾县越来越多的农产品生产经营者通过自媒体来宣传，但总体表现水平不高，未能很好地展示产品的本质和品牌的形象，没有形成固定的销售渠道。

---

① 梁自胜：《当前农产品品牌建设存在的问题与对策》，《山西农经》2021年第13期。

三　加快嘉禾县城乡融合发展的基本对策

嘉禾要立足全境美、全面兴、全域融，以城乡融合为路径，促进城乡要素自由流动、公共资源普惠共享、生态环境全面提质，向着“宜居、智慧、绿色、人文、韧性”的城乡融合示范县进发。

（一）规划引领、一体推进，为城乡融合发展导航定向

将务实科学编制全域发展规划放在首位，通过规划进一步明确发展思路、聚焦发展重点，确立规划的引领地位，以规划统领城乡融合发展，引导全域把握好“五个坚持”工作原则，实施“践行新理念，建设新铸都”发展战略，推进“五个新”重点任务，朝着“一都四县”奋斗目标不断前进。

1. 突出全域规划的引领性

充分发挥政府科学规划的引领作用，以县域整体规划统筹全域的发展布局。高起点编制全域发展规划，并对不同层面规划综合把握、统筹安排，提高规划的整体性。既要充分考虑既有的产业布局、文化特色、环境条件，又要考虑到未来的整体发展，兼顾传承、改造、发展，实现宏观规划、局部调整、协同发展。把城乡融合发展的各种元素融入各种规划之中，遵循城乡发展规律，严格按照规划循序推进。一是按照“多规融合、部门协同、多方参与”的思路编制县域发展规划。在县域发展规划中全面贯彻城乡并重、城乡互通、城乡互联、城乡共享，切实有效地指导城乡融合发展，从而适应国土空间规划全域全要素管理的要求。二是在规划内容上充分结合政策导向，探索将“五大振兴”内容融入规划中，并向实施建设管控层面延伸。通过县域基础设施网络、公共服务及社会保障体系的均等覆盖，推动城乡之间实现空间形态“有差异”，但在基本公共服务和社会福利方面无实质“差距”的状态。

2. 强化规划实施的约束性

在推进城乡融合发展中，要不折不扣地按照规划统筹推进“生产、生

活、交通、休闲”一体化，充分体现规划的约束性和严肃性。将“建设、发展、保护、治理”有机融合，实现节约集约利用土地，营造良好生态，为未来发展留出足够空间。坚持生产节约、生活便利、生态宜居原则，明确功能定位，科学设置工业区、生活区、教育文化区、生态休闲区，完善功能配套。充分发挥嘉禾县地理优势、自然资源优势和文化资源优势，统筹推进“城乡建设、自然景观、人文景观”一体化发展，在城乡建设中融入文化基因，打造文化标志性工程，提升嘉禾品位，突出嘉禾特色。从区域和城乡一体的角度出发，注重城市与乡村的联动发展关系，以城乡融合为导向明晰乡村发展目标，在保护乡村乡愁特色的同时，令乡村生活提质增色。

（二）优化治理、净化社风，为县域发展转型提供坚实基础

基础不牢，地动山摇。要加强和改进乡村治理，进一步健全乡村治理体系，推广应用网格化管理巷长制、积分制、清单制等创新经验，深入推进乡村治理试点示范。

1. 发挥基层党组织政治功能，引领乡村塑新风

深化农家夜话活动，常态化组织党员干部深入村组与群众开展面对面谈心谈话活动，把思想政治工作做到群众心坎上，消除认识上的“疑点”，解开思想上的“疙瘩”，增强“听党话感党恩跟党走”的行动自觉。大力推进“千支示范”工程，力争167个村级党组织全部达到“五化”标准、软弱涣散党组织全部整顿出列；实施“领头雁”工程，拓宽基层选人用人思路，不断推进村干部年轻化、职业化发展。扎实开展村（社区）“两委”干部培训，推行“导师帮带”制度，提升村干部履职能力。不断激励乡村申报文明村，把“四会治村”推进落实工作、文明实践活动开展数量纳入文明村镇的考核内容，并不定时开展督查工作。发挥典型带动作用，深入开展身边好人、好媳妇好婆婆、道德模范评选活动，用身边人、身边事来教育人、影响人、感召人，使学榜样、争当榜样成为人们的精神追求和自觉行动，营造崇德向善、见贤思齐的社会氛围。

2. 以村规民约为纽带，提高乡村自治能力

推动村规民约成为乡村自治的有效载体。坚持尊重客观实际和农民主体地位，合理设定阶段性目标任务和工作重点，树牢“乡村振兴为农民而兴，乡村建设为农民而建”的理念，充分调动农民的积极性、主动性、创造性。健全村民小组会和红白理事会、道德评议会、建房理事会、卫生评议会、教育基金会等自治组织。继续推行县级领导联乡包村、机关单位结对共建、党员干部包组到户的共建共育共管共享机制，提高基层治理能力和管理效能。推进基层公共服务平台建设，完善服务功能，对部分标准不高的村级服务平台提档升级，对标公共服务（一门式）全覆盖要求，推进服务事项下放，切实解决服务群众“最后一公里”问题。

3. 推广“巷长制”治理模式，促进乡村精细化管理

加强对村两委干部和巷长的思想引导，细化网格管理划分，使村干部和巷长进一步认识到落实好“巷长制”的重要意义，在思想上和行动上认可和拥护“巷长制”网格化管理，落实好巷长“六员”职责。“巷长制”网格化管理是一项任务重、工作细的综合性管理模式，对加强乡村治理有着重要意义，必须不断完善管理和考核机制，以工作约束促进村干部和巷长工作积极性和主动性，增强巷长责任感和荣誉感，建立长效机制，取得长期效果。加强对巷长履职业务能力的培训，针对巷长的薄弱环节、工作误区进行业务培训，持续更新、拓展“巷长制”内容，优化管理模式。同时规范村两委干部对巷长的管理，形成乡对村、村对巷的层层管理，以规范有序的管理推进高效有力的工作。

（三）研判难点、深化改革，为城乡融合发展建章立制

促进农村闲置、低效利用的土地向城市流动是中国促进城乡二元经济结构转化的重要途径。亟须深化农村土地制度改革、重塑城乡土地权益关系，以保障农民公平分享土地增值收益为重点，加快建设城乡统一的土地市场。通过城乡土地要素资源的市场化配置，优化县域土地供应机制，适当提高县级建设用地指标，改善用地空间结构，优化土地资源配置，优先保证重点产

业园区和农产品加工业用地。

1. 促进土地承包经营权流转，稳定农村居民预期

从“两权分离”到“三权分置”，既是遵循生产关系须适应生产力发展需要的产权结构性调整，也是新时代发展现代农业、推进乡村振兴战略的重要抓手。在土地细碎化、农业低效化经营的困局中，“三权分置”在产权结构上明晰了农民集体、承包农户和新型经营主体之间的关系，有利于土地资源的优化配置，为适度规模经营和新型农业经营体系的构建创造了条件。要加快推进适合现代农业发展的土地流转机制，提升农业集体化规模化经营水平，推进现代生态综合农业的发展壮大。一是要完善土地承包经营权流转机制，合理确定农村土地流转期限，探索承包土地集体所有、家庭承包经营的具体实现形式，通过发展多种形式的适度规模经营提高农业竞争力。二是要建立健全扶持专业大户、家庭农场发展的政策措施，鼓励和支持承包土地向新型农业经营主体流动，引导农民通过自愿开展“互换并地”等方式降低土地碎片化和分散化，实现承包地集中经营和提高劳动生产率。三是在增加农村资本的基础上促进农村“人地分离”，促进进城务工农村劳动力能够稳定预期、稳定就业。

2. 构建宅基地“三权分置”的权利格局，实现财产性价值

宅基地是联结农村劳动力、土地和资本的关键要素，宅基地“三权分置”是促进中国城乡二元经济结构转化的重要突破口。在强化宅基地集体所有权和保障宅基地农户资格权的基础上，通过适度放活宅基地使用权，探索宅基地权能设置上的开放性，不仅能够盘活农村巨量的闲置、低效利用的土地资源，实现宅基地及其地上房屋的财产价值功能，为农村经济发展和农村劳动力流动提供动力，而且能够为城市劳动力和资本向农村流动提供土地载体。一是强化宅基地所有权。推进乡村治理体系和治理能力现代化，加强村民自治组织建设，促进集体意识回归；优化宅基地无偿分配制度，促进宅基地公平取得。二是保障宅基地资格权。兼顾城乡多元主体的差异化需求。厘清资格权的权利边界，保障农民“户有所居”；建立有偿使用制度，化解使用权与资格权不对应的矛盾。三是激活宅基地使用权。逐步扩大宅基地使

用权流转范围，增加市场的开放性和交易半径。建立宅基地使用权有偿退出机制，逐步扩大宅基地使用权流转范围，明确流转期限和对象。拓展宅基地上房屋非自住功能，促进和保障农民能够依法依规通过将宅基地及其地上房屋入市流转获得财产性收入，实现宅基地的“增值保障”功能。

（四）做强园区、壮大小镇，为城乡融合发展建强载体

产业园区和重点小镇是完善城乡空间布局结构的重要空间载体，是推动农村产业深度融合发展的重要平台，是构建城乡融合发展体制机制的先行区。嘉禾县亟须加快建设特色产业园区和特色小镇，一方面要强调产镇融合，不仅关注产业集聚，同时还关注人口的集聚以及人口和产业集聚的匹配；另一方面要紧密结合自身的特色资源、区位特点发挥出比较优势，遵循“不求其多，但求其特”的原则，在市场竞争中形成差异化的特色经济。

1. 加快建设产业园区，开拓农业现代化发展新空间

产业园区是经济发展的主战场，要以创建“五好”园区为统揽，全力推动园区高质量发展。紧紧抓住县级农业产业园，做强乡村振兴的载体，突出园区建设，全力打造财源洼地，依托产业园推进一、二、三产业的融合发展。一要推进园区协调有序发展。加快推进园区管理市场化改革，建立健全园区管理及运行机制，确保改出新成效、新气象。积极做好龙行工业园新兴铸管项目退出后续相关工作，调整完善发展规划，确保“一区两园”协调有序发展。二要强化园区基础设施建设。加快启动新一轮园区调区扩区，新建标准厂房 26 万平方米，进一步完善水、电、气、排污等配套设施建设，强化环保设施的建设和运营，不断提升园区综合承载力。加快推进“企业入园”计划，着力解决企业搬迁、土地供应、布局规划等实际问题，推进集群集聚发展。三要提高园区经济效益。坚持“以亩产论英雄”，完善园区考核评价体系，突出集约节约、质量效益，力争亩均生产总值、亩均税收年增长 15%以上，技工贸总收入达到 230 亿元，年增长 28%以上，争创省级高新区。

2. 发展壮大特色小镇，构建乡村高质量发展新平台

特色小镇的基本内涵是立足产业“特而强”、功能“聚而合”、形态“小而美”、机制“新而活”，推动创新性供给与个性化需求有效对接，打造创新创业发展平台和新型城镇化的有效载体。对于特色小镇，产业特色是其成败的关键，因此，在未来特色小镇建设过程中应进一步强化对特色小镇产业特色的评估，强调“特而强”，防止“全而弱”面面俱到式的多产业发展模式。嘉禾县应该加强“精铸小镇”建设，按照一带（沿花溪河纵贯南北的生态绿廊，是串联红色景点的重要廊道）、一核（以塘村镇区服务设施为基底，提质并完善“云平台”、接待中心、锻造产品博物馆、医疗教育等设施建设，打造区域综合服务核心）、两园（依托区位优势，打破村界，统一规划，依托现有农林产业，着力建设农业大镇，打造嘉禾农业设施示范园/田园综合体）、三街（即在提质现有集贸市场基础上，培育特色商业街区、品牌专卖街、高档商务中心的商贸街区；建设以传统锻造文化、传统美食为特色的文化创意产业街区；建设现代家庭手工锻造工艺展示和特色锻造产品定制、铸造体验街区）、四区（以省级园区的标准加快建设塘村锻/铸造集中区，推动锻造企业向锻造片区集中，铸造企业向铸造片区集中，即形成汽配精工锻造区、五金精工锻造区、机械精工铸造区、重工机械锻铸区）、多节点（依托嘉禾二中及职教中心、镇区夜市、入口节点及镇区周边尹郭、三村、清水村等乡村生态资源多元多点发展），全面落实有关扶持优惠政策，加大项目建设力度，做强做特做优这一全省特色工业小镇。同时加快培育晋屏贡米小镇、广发富硒小镇、普满金叶小镇等特色小镇建设。融入嘉禾文化，提升小镇识别度。从长远来看，建立在地方特色基础上的特色小镇更符合新型城镇化对城镇主题空间的要求。因此，打造特色小镇必须深入整合地方特色资源，注重“质”的发展。

（五）藏富于民、共同富裕，立足城乡融合发展基本取向

嘉禾县要坚持农业农村优先发展，切实让农民增产增收，改善农村人居环境，在城乡融合发展中改善和保障民生，不断提升人民群众的获得感、幸

福感和安全感，建设一个共同发展、共享发展成果，实现共同富裕的“城乡命运共同体”。

1. 提高城乡基础设施联通水平，提升公共服务资源配置效率

建构城乡命运共同体需要打破城乡之间差异化的公共性服务供给格局，有效推进城乡一体化的公共性建构。嘉禾县应在条件允许的情况下加大城市公共性资源的共享力度，尤其在就业和教育、医疗卫生等领域要逐步向农民放开，并稳步提高供给质量，使农民也能够充分享受城市的公共产品和服务，打破城乡公共资源的区隔状态，真正实现流动的公共性，建构以公共服务为载体的服务共同体。构建立体交通体系，加快 G234、S227 等公路干线建设，着力打通神农路、中华路等重要城区路段，争创“四好农村路”示范县。坚持“四水”联动，全面落实“河长制”，推进毛俊水库嘉禾灌区建设，加强盘江水库、三百蹬水库等水源地保护，着力提高城乡供水一体化品质，全力构筑现代水利“五个体系”。深入推进城乡环境综合整治，推动乡镇污水处理厂全覆盖，建好用好县垃圾焚烧发电厂，不断改善城乡生态环境。加大城区道路雨污分流、提质改造、电缆下地工程建设，提高公共停车位供给，加快老旧小区改造，加强“微建设”，提升城市品位。要大力推进农村“空心房”“空心村”改造，加大政府财政投入力度，学习借鉴先进工作经验，每个乡镇每年选择 1~2 个条件适合的村进行改造，从根本上改善农村违规建房、无序发展情况，提高农村土地资源高效利用水平。要推进农村产权交易大数据平台建设，积极推动城乡数字命运共同体建设，充分利用数字化技术实现城乡数字公共资源共建共享，弥合城乡数字鸿沟。

2. 出台配套措施，持续发展壮大村集体经济

立足县域实际，转变发展观念、盘活资源资产、探索发展方式、拓宽发展途径，更好地提升发展效益，增加集体收入。积极争取项目资金，打造一批村集体经济强村，以点带面，示范推进集体经济发展壮大。出台发展壮大村集体经济的配套措施，用活用好国、省扶持壮大村集体经济政策，持续壮大村集体经济组织；鼓励村集体组建各类服务实体，参与中小型涉农公益项目建设，拓展利益联结路径，重点推进收入 10 万元以下的村集体经济薄弱

村消除工程；探索农村产业发展新路径，鼓励依法采取多种经营模式与社会资本合作，大力发展物业经济、服务经济、资源型等经济，构建更加完善的利益联结机制，打造一批可持续、可复制的集体经济项目，全面壮大村集体经济。

3. 扎实办好社会事业，切实维护社会和谐稳定

深入推进教育评价改革试点，加快建设嘉禾七中、珠泉二完小、乡镇中心幼儿园等，促进教育优质均衡发展。持续开展“健康嘉禾”行动，深化医药卫生体制改革，建好中医院医养结合康养中心，加快人民医院分院建设，推动公立医院高质量发展。健全多层次社会保障体系，统筹推进全民参保计划，完善社会救助制度，加大对农村“三留守人员”、特困人员、残障人士等群体关爱力度。实施更加积极的就业政策，统筹解决好高校毕业生、退役军人、农村转移劳动力等重点群体就业问题。加强经济金融风险防范化解，坚决遏制新增隐性债务，确保全县政府债务风险整体可控。把信访维稳作为重要政治任务，坚持“三到位一处理”原则，全力以赴打好“无访”创建、积案“清零”、信访保障三大攻坚战，争创省级信访工作“三无”县。常态化开展扫黑除恶，加强治安突出问题整治，依法打击突出违法犯罪和新型犯罪，坚决维护人民群众生命和财产安全。守好安全底线，深入开展“六大”行动，完善应急管理和防灾减灾体制机制，开展全方位、全领域的大检查大管控大整治，坚决杜绝较大及以上事故。

参考文献

习近平：《习近平谈治国理政》（第三卷），外文出版社，2020。

中共中央、国务院：《乡村振兴战略规划（2018-2022）》，2018。

《中共中央、国务院关于全面推进乡村振兴加快农业农村现代化的意见》，《人民日报》2021 年 2 月 22 日第 1 版。

张庆伟：《在中国共产党湖南省第十二次代表大会上的报告》，2021 年 11 月 25 日。

陈文胜：《论中国乡村变迁》，社会科学文献出版社，2021。

陈文胜：《大国村庄的进路》，湖南师范大学出版社，2020。

陈文胜：《实施乡村振兴战略走城乡融合发展之路》，《求是》2018 年第 6 期。

陈文胜：《乡村振兴的资本、土地与制度逻辑》，《华中师范大学学报》（人文社会科学版）2019 年第 1 期。

陈文胜、李珊珊：《论新发展阶段全面推进乡村振兴》，《贵州社会科学》2022 年第 1 期。

陈文胜：《构建农业农村现代化新格局》，《新湘评论》2021 年第 5 期。

高帆：《中国城乡二元经济结构转化：理论阐释与实证分析》，上海三联书店，2012。

王瑞：《城乡融合发展：从马克思城乡关系理论到中国乡村振兴实践》，《中共南京市委党校学报》2022 年第 1 期。

孔祥智、谢东东：《城乡融合发展面面观：来自县域的报告》，《河北学刊》2022 年第 2 期。

谭明方、郑雨晨：《“城乡融合发展”视角的县域社会治理研究》，《南开学报》（哲学社会科学版）2021 年第 2 期。

B.11

零陵区2022年乡村振兴研究报告

陆福兴　游斌　李珺*

摘　要： 近年来，零陵区聚焦高质量推进乡村振兴，以精品农业先行区建设助推农产品供给量质同升，以文旅融合推进一二三产业协调发展，以人居环境整治推进美丽乡村建设长效机制建立，以网格化管理推进城乡共治共享格局形成，以党建引领推进农民共同富裕步伐加快。但面对现实，推进乡村振兴的挑战不少：如特色产业特而不大、多而不强；乡村旅游集聚效应和引领作用较弱；城乡基础设施一体化水平滞后；区域竞争优势不明显；城乡资源要素配置不优等。因此提出了适应消费结构变化趋势做大做强蔬菜品牌集群，发挥千年古城对乡村文旅融合的推进作用，在区域一体化进程中优化乡村建设布局，全方位深化农村改革、加快城乡融合发展，完善有效调动农民积极性的乡村治理机制等对策建议。

关键词： 乡村振兴　高质量发展　零陵区

2021年来，零陵区委、区人民政府面对百年变局和世纪疫情，着力推动经济社会稳中求进高质量发展，按照中央精神和省委、市委部署，把"三农"工作作为全年工作的重中之重，一年来，致力于抓产业、促转型，

* 陆福兴，湖南师范大学中国乡村振兴研究院教授，研究方向为农村政策法律、农业安全；游斌，湖南师范大学中国乡村振兴研究院博士后，研究方向为城乡和区域经济发展、土地经济与土地制度；李珺，湖南师范大学中国乡村振兴研究院、马克思主义学院博士研究生，研究方向为乡村文化。

经济发展质效并进。切实做好脱贫攻坚与乡村振兴有效衔接，严格落实五年过渡期和“四个不摘”要求，持续做好就业扶贫、产业扶贫、兜底保障等工作，坚决防止出现规模性返贫致贫。全面推进乡村振兴工作取得了显著成效。但是，在全面推进乡村振兴高质量发展中也存在诸多问题和挑战，要实现2022年区委经济工作会议的目标要求，进一步推进乡村振兴走在省市前列，还需进一步发力。

一 聚焦高质量推进乡村振兴取得的新成就

近年来，零陵聚焦高质量推进乡村振兴，以精品农业先行区建设助推农产品供给量质同升，以文旅融合推进三产协调发展，以人居环境整治推进美丽乡村建设长效机制建立，以网格化管理推进城乡共治共享格局形成，以党建引领推进农民共同富裕步伐加快，全力擘画农业强、农村美、农民富的乡村振兴新蓝图。

1. 以精品农业先行区建设助推农产品供给量质同升

地处潇、湘二水汇合处的零陵区，是一个典型的农业大区，青山绿水、土地肥沃，气候温暖、温差大、光照充足，非常适合水稻、柑橘、油茶、蔬菜等农作物生长。一年来，围绕区委提出的“精品农业先行区”建设的目标和要求，农业产业稳定发展，农产品供给能力不断增强，农业特色优势产业不断发展。一是全面保障粮食、生猪等重要农产品有效供给，稳住农业基本盘。2021年新增高标准农田4.86万亩，完成粮食种植面积86.25万亩，粮食产量突破36万吨，比2020年增加1.46万吨；累计出栏生猪75.27万头，完成上级计划任务的104.44%，存栏总数62.8万头，其中能繁母猪存栏6.04万头，全面完成了国家稳产保供任务。二是积极对接全省十大优势特色千亿产业发展行动和粤港澳大湾区“菜篮子”工程，围绕“猪、稻、茶、柑、菜、种”，加快打造优势特色亿元产业，形成了以“潇湘源”为龙头的现代特色农业产业园区，以零陵古村生态示范园为龙头的现代农业示范园区，邮亭圩镇被纳入“国家农业产业强镇”示范建设，珠山镇、黄田铺镇被纳入“省级农业产业强镇”示范建设，零陵区被认定为省级优质农副产品供应示范基地；通过着力加强质量兴农、品牌兴农，推动农业发展由传统农业不断向现代特色农业转型迈进。做大做强“两茶一柑一蔬”优势主导产业，打造粤港澳大湾区“菜篮子、果盘子、米袋子、肉铺子、油桶子”供应基地，在高效农业、设施农业上实现突破，不断提升亩均产值和效益，推动农民农业收入大幅增长。新增市级以上农业产业化龙头企业7家、现代农业产业园4个、“三品一标”农产品10个，规模以上农产品加工总产值突破90亿元，农业农村高质量有序推进，荣获全省农产品质量安全县（区）称号。特别是以“湘江源”品牌建设推进蔬菜特色产业发展，取得了很好的发展成效。

特色蔬菜产业龙头地位凸显。零陵区充分利用毗邻粤港澳大湾区的区位优势，把发展蔬菜产业作为全区提升乡村产业发展水平的重要抓手，将“菜篮子”列为全区农业生产的重中之重，健全“菜篮子”区长负责制，制定出台了《零陵区乡村振兴产业发展规划》。2021年全区播种蔬菜面积35.51万亩，完成计划面积的100%；食用菌累计生产1.1万吨，完成任务的100%。[①] 全年新增高品质蔬菜栽培设施面积0.6万亩，建设标准钢架自喷式大棚6100个、水泥钢管架大棚1200多个、竹本结构大棚21000多个。新增粤港澳“菜篮子”基地5家，累计完成粤港澳大湾区“菜篮子”生产认定基地12个。建成农业标准化生产示范基地59个，建成潇湘源、雨田农业等全区现代农业产业园41个（其中省级示范园8个，市级示范园10个），市级以上农业产业化龙头企业发展到32家；新增规模以上农产品加工企业3家，累计达30家，全区规模以上农产品加工总产值达到90余亿元，[②] 创建农业品牌商标86个。通过采取办点示范、连片规模种植、对种植大户以奖代补等办法，零陵区的绿色“菜园子”逐渐成为引领农民增收的主导产

① 零陵区农业农村局：《零陵区农业农村局2021年工作总结及2022年工作谋划》（2022年），打印稿。

② 中共永州市零陵区委、永州市零陵区人民政府：《关于2021年推进实施乡村振兴战略进展的情况报告》（2022年），打印稿。

业。通过做大做强特色农业产业，“湘江源”区域公用品牌、“永州之野”公用品牌价值提升，零陵蔬菜产品的市场竞争力和粤港澳大湾区“菜篮子”质量不断强化。

蔬菜产业特色村镇集群发展。零陵区加大与山东田立芳农业发展有限公司等合作，引进1个投资5000万元以上的蔬菜产业项目，着力推动蔬菜种植示范园区发展，重点打造菱角塘、珠山、凼底、富家桥4个千亩蔬菜示范片，每个乡镇打造1个连片200亩以上的蔬菜基地。[①] 全区形成了以乡镇为片区、以村庄为核心的蔬菜产业集聚发展示范带（区），蔬菜产业规模化集聚化发展态势快速形成。全区以香零山村为地理标志品牌，立足当地资源，瞄准蔬菜市场，充分利用香零山的全省无公害蔬菜基地品牌，做大蔬菜产业、做优蔬菜品质，集中打造“香零山·我的菜”等品牌。香零山村蔬菜播种面积达4000亩，拥有高标准大棚1100余个，蔬菜年产量1000万公斤，总产值达2700万元。2021年新建标准化自动喷灌式反季蔬菜大棚90多个，蔬菜复种面积2000余亩，种植品种达到140多个，全村蔬菜年订单在2000吨左右，2021年村民收入增长15%左右，村级集体经济收入突破40万元，[②] 有800余吨大棚优质蔬菜转运直销粤港澳市场。现在香零山村的蔬菜不仅成为永州蔬菜的名片，它种植的一些经济效益高、畅销对路的高档蔬菜可以直销粤港澳市场，而且还成为粤港澳大湾区市场的畅销货，该村被评定为粤港澳大湾区菜篮子生产基地。

2. 以文旅融合推进一二三产业协调发展

作为湖南四大历史文化名城之一的永州市零陵区，是一座具有两千多年历史的文明古城，拥有悠久的历史文化和丰富的旅游资源。零陵区现有文物古迹330处，其中“国保”单位8处9地，“省保”单位8处，零陵渔鼓入列国家“非遗”名录，零陵花鼓戏入列省级“非遗”名录，柳子街入选国

① 杨万里、唐涛、雷艮辉：《零陵：做大做优粤港澳“菜篮子”基地》，《永州日报》2022年3月21日第1版。

② 万珂铭、杨万里、陈斌：《香零山：开启美丽乡村新征程》，《永州日报》2022年1月28日第1版。

家首批历史文化街区。近年来，零陵区按照“以文塑旅、以旅彰文、文生旅融合”的发展思路，大抓项目、大干旅游，全面建设“文化旅游名城”，成功创建湖南省全域旅游示范区，年均接待游客量突破600万人次。特别是，随着“零陵古城”溪街开街运营，柳子街获评省级旅游休闲街区，画眉山红色文化园创建3A级景区，“千年打卡胜地”新名片让零陵更有文化魅力，以此为龙头引领，充分挖掘各乡镇（街道）旅游资源优势，全力打造全域旅游产业链，从而带动一二三产业协调发展。

地方特色文化与乡村旅游加速融合。为打响文旅品牌，进一步挖掘新业态、培育新动能，零陵区把当地柳文化、怀素文化、仙姑文化等丰富厚重的地域文化，深度融合到景观设计、场景打造、产品研发、服务管理等各方面，优化提升零陵古城、东山景区、萍洲书院等历史文化热门旅游景点的主题塑造、灯光设计、园林绿化等业态组合，从空间规模、业态特点、服务特色上改造升级九井十八巷、柳子街、杨梓塘路等有历史、人气、景致的特色街区，加快产业集聚、形成特色品牌，为零陵文化经济的持续发光发热提供有力支撑。零陵区近年来先后投入超过100亿元，建造和修缮零陵古城、周家大院、仙姑故里等景区，实施城乡绿化、美化、亮化、净化工程。同时，按照“一乡一品”“一村一景”要求，零陵区将发展全域旅游与全区美丽乡村建设、古村落保护、农村人居环境整治和乡村振兴共同推进，按照统一规划、统一修缮、“修旧如旧”的原则，对100余处古桥、古路、古街、古巷、古亭、古景、古院落进行“抢救式”修复、修缮和保护。2020年，全区游客数达619.43万人次，旅游收入达51.6亿元，相较5年前分别增长84%和162%。[①]

乡村旅游带动一二三产业发展动能增强。要进一步提升东山景区区域文化附加值、挖掘零陵历史文化价值、更好地促进农文旅融合发展。除定期举办民俗庙会外，每逢节假日，都会举办大型文艺盛事，并且邀请专业表演团

① 王楠：《湖南永州零陵古城：盘活文旅产业解码带富秘诀》，《中国城市报》2021年7月5日第11版。

队，把各具特色的舞台剧、零陵渔鼓等艺术，以群众喜闻乐见的方式传播出去，以活动带动乡村农产品消费。同时，通过“吃住行游购娱”旅游要素的打造，着力引进、培育了特色餐饮、风味小吃、文创产品、娱乐休闲等乡村旅游业态，全面满足游客需求，吸纳了200余商家，创旅游收入近亿元。以当地民宿发展为例，数据显示，2021年“五一”小长假期间，古城共迎来了21万游客，民宿和酒店宾客爆满。刚营业半年的花美时民宿，在旅游淡季入住率仍能高达80%，“五一”小长假期间则每天满客。还有全国美丽休闲旅游乡村香零山村，有自行车俱乐部赛道、赏花栈道、休闲垂钓、荷花池、生态果园、水上乐园等休闲观光旅游景观地30余处。利用风光美景和厚重的农耕文化、龙舟文化、香草文化，建环村自行车道、猪栏咖啡屋、钓鱼池、观赏大棚、农耕文化体验场，并引进外商投资建设乡村烟雨生态度假项目，着力发展乡村旅游，打造零陵城区后花园，吸引广大市民和外地游客来参观、度假、旅游、休闲，成为网红打卡地，带动群众致富。据悉，香零山村高峰期日接待游客超万人次，仅旅游这一项，为村民增收300多万元。

3. 以人居环境整治推进美丽乡村建设长效机制建立

习近平总书记指出：“要持续开展农村人居环境整治行动，打造美丽乡村，为老百姓留住鸟语花香田园风光。”① 零陵区统筹推进农村人居环境整治，深入实施“五清五化五改”行动，被评为“全国村庄清洁行动先进县区”，同时在顶层设计上以建立长效机制为重点，走出了一条具有零陵特色的美丽乡村建设之路。

美丽乡村建设长效机制不断完善和创新。零陵区按照“区委主导、政府主责、乡村主抓、部门主帮、群众主体”的五主机制，强化多元参与治理、联点包户创建，上下联动、统筹推进，明确各级各部门的工作职责，一级抓一级，级级发力，开展“十百千万”（十镇先行、百村引领、千组示

---

① 《习近平在全国生态环境保护大会上强调　坚决打好污染防治攻坚战　推动生态文明建设迈上新台阶》，《人民日报》2018年5月20日第1版。

范、万家美丽）工程，示范镇整域推进美丽乡村建设，2021 年创建省级精品村 1 个、省级美丽乡村 3 个、市级美丽乡村 4 个，以全域推进的“公转”带动全民参与的“自转”。“统筹+众筹”，千方百计美乡村。探索“区财资金补一点、镇财资金挤一点、帮联部门贴一点、乡贤能人捐一点、群众自筹一点”的“五点投入”机制，多渠道筹措资金。近年来，区级统筹资金 2 亿多元，吸引社会资本投入 6 亿多元用于农村人居环境整治，农作物秸秆利用率达 87.18%，建成乡镇污水处理厂 9 个，农村生活污水得到治理的建制村比例达 25%，农村通组道路、饮水安全实现全覆盖。[①] 如香零山村先后多方投入 900 多万元，新增绿化面积 13000 多平方米，栽种各类景观苗木 2800 余棵，帮助农户新建水冲式无害化厕所 186 个，新建 3 个生态休闲广场，高标准、高规格建起面积达 200 余亩的荷花园和休闲中心，安装太阳能路灯和各类景观灯 200 余盏，建成具有地方特色的自行车赛道 2.8 公里、观光及赏花栈道 1800 余米，建成生态停车场 3 个，完成了 6.5 公里长组户村级公路“窄改宽、白改黑”提质改造。在此基础上，村里建起图书室、党员活动室、村卫生门诊室，将过去的猪栏通过墙绘艺术改造为猪栏咖啡。[②]

乡村人居环境治理措施有力、实效明显。坚持全域抓整治整顿，从大处着眼、小处着手，人居环境整治的效果显著，农村人居环境整治工作荣获 2021 年湖南省政府真抓实干督查激励。一是“小整治”美化“大环境”。以城乡环卫一体化建设为抓手，全域开展农村垃圾治理行动，区财政每年投入资金 2110.75 万元，购买社会服务，拨付专项经费 1023 万元，聘请村级保洁员 1608 名，按照“户分类、村收集、乡转运、区处理”模式，试行村民垃圾收集缴费制度。目前，行政村均实现生活垃圾收集、转运市场化运营、无害化处理。二是“小厕所”改善“大民生”。严格落实“五统一”要求，坚持整镇整村连片推进、改厕治污一体实施。实行“首厕过关制”、改厕总承包制、人员持证上岗制等制度，将改厕质量抓细抓牢。建立区、

---

① 赵立平：《推动农村人居环境提档提效提质》，《湖南工作》2021 年第 12 期。

② 万珂铭、杨万里、陈斌：《香零山：开启美丽乡村新征程》，《永州日报》2022 年 1 月 28 日第 2 版。

乡、村三级农村改厕质量监管体系，实行“镇干部包村、村干部包片”责任制，确保后续管护到位。截至 2021 年全区农村累计改厕 4.59 万余户，农村卫生厕所普及率达 96.7%，乡村旅游精品线路景点公厕覆盖率 100%，顺利实施改厕尾水及生活污水治理试点工作，群众满意度达到 98%。三是“小清理”带来“大变化”。坚持“精心规划、精致建设、精细管理、精美呈现”，大力推进“三清一改”，生活垃圾集中处理实现全覆盖，畜禽粪污资源化利用率 91%，[①] 累计清理陈年垃圾 10.2 万吨，清理疏通河道沟渠 1032 公里，清除农业生产废弃物 3.15 万吨，拆除“空心房”75 万平方米，全区村庄绿化覆盖率达到 40%，广大农村实现了由昔日“脏乱差”到今日“净绿美”的转变。[②]

切实关爱农村老人。零陵农村不仅空心化，更是严重老龄化，大多数村里超过 2/3 是 60 岁以上的老年人，他们在情感上需要关爱，生活上需要帮助，思想上需要交流。出台农村老年互助扶持政策，扶持农村老人在党支部领导下互相抱团结社、守望相助，让“老有所乐、老有所学、老有所为、老有所依”，解决乡村治理的难点，疏通农民群众的痛点，减轻基层政府对老年人管理方面的压力，减轻年轻人的负担，促进农村地区和谐稳定。一是构建基本架构。建立老年支部，老年支部由村支部的领导，德高望重的老党员任老年支部书记。二是构建基本队伍。成立村级老年互助社，老年支部书记任社长。基本队伍由身体硬朗的老党员，热心公益的老农民，退休在乡的老干部、老教师、老工人组成。互助社可分为日常照料组、走访关爱组、新风倡导组、调解维权组、文体活动组等。三是开展基本活动。将全村划分为 3~5 个片区，或将 60 人左右的老年人归为一个小组，开展日常照料、走访关爱、矛盾调解和文体活动，加强老年人之间的情感交流。四是建立基本制度。如走访关爱、矛盾调处、结对帮扶制度等。五是落实基本保障。可以采取“五点投入”，即“政策补一点、区乡财政挤一点、集体经济出一点、新

① 中共永州市零陵区委、永州市零陵区人民政府：《关于 2021 年推进实施乡村振兴战略进展的情况报告》（2022 年），打印稿。

② 赵立平：《推动农村人居环境提档提效提质》，《湖南工作》2021 年第 12 期。

乡贤捐一点、老人子女负担一点”，以保障老年互助社基本的经费需求、开展老年互助的评先评优的经济或物质奖励、日常活动的支出等。

4. 以网格化管理推进城乡共治共享格局形成

党的十九大报告明确提出，“打造共建共治共享的社会治理格局”，[①] 近年来，零陵区以开展市域社会治理现代化、乡村治理体系建设两个“国字号”试点为契机，创新实施“137”治理模式：即坚持“一个引领”，在网格建党支部、楼栋建党小组；突出“三项创新”，开好党务村务民主协商监督月例会、打造网格化服务管理升级版、织密群防群治防护网；抓实网格化服务管理等七项特色工作。[②] 通过示范引领，突出群众主体地位，大力推动形成城乡共治共享新格局。

网格化管理激发共建共管内生动力。依托现代化信息技术的快速发展，网格化管理日益成为提升治理效率与质量的新型社会治理模式。近年来，零陵区全面推行“区主导、镇负责、村为主”的网格化自治模式，同时构建“党员干部全上阵、网格人员全发动、居民群众全参与”的“三位一体”社情民意收集体系，全时段、全方位、全覆盖开展走访、登记、巡查、整改等工作，将网格服务的触角延伸到每个角落。城乡实行网格化管理后，乡镇办事处开设网格化管理服务热线，24 小时不间断接受网格员的信息上报和群众的政策咨询、服务受理、投诉建议，将收集到的信息、待办事项全部录入电脑，按照“登记-分解-督促-销号-反馈”的工作流程，及时将任务分解到相关责任人，定期跟踪督办，将“受理时间、所属网格、反映人、责任人员、办理期限、办理结果、满意程度”等重要信息形成台账，定期通过电子屏幕、手机短信等向广大群众公布，并作为年终网格化管理量化考核的重要依据。一年来，全区 500 多名网格员为民办实事 1 万余件，解决排查出来的小隐患等“五小”问题 300 多个，化解疑难信访案件 50 多件，逐步实

① 习近平：《决胜全面建成小康社会　夺取新时代中国特色社会主义伟大胜利——在中国共产党第十九次全国代表大会上的报告》，人民出版社，2017。

② 戴勤、刘跃兵、张穆宸、周耀军：《古城新风拂面来——零陵区创新城乡社会治理体系见闻》，《湖南日报》2021 年 11 月 1 日第 5 版。

现了“小事调解不出网格，大事化解不出村社”的工作格局。创新实施党务村务民主协商监督月例会，强化“一事一议”，由村民自主监督、自我参会，推行量化积分管理，严格兑现奖惩措施，畅通群众参与渠道。同时针对外出人口较多的实际，在全市率先启用月例会网络线上直播、线下回播模式，拓宽群众参与渠道，依托阿里云开通“钉铃铃，享零陵”平台，通过该平台召开月例会，协商讨论党务村务重要事项。会后公开问题清单、会议纪要等，并建立“你钉我办”平台，对问题办理情况，群众可随时在平台查看、督促，真正实现基层共建共治共享。2021 年民主商议村级事项 1899 件，否决 106 件，协调处理矛盾纠纷 932 起，[①] 群众参与村集体事务的积极性明显增强。月例会两次入选《反腐倡廉蓝皮书》，2021 年入选全国社会治理创新和平安创建案例。

多措并举化解矛盾，实现共治共享。零陵区把全区划分成 1135 个网格，[②] 在网格建立党支部、楼栋建立党小组，要求党员亮身份、做表率、践承诺，义务服务群众，为群众办实事、好事。发挥老干部、老党员、老骨干、老教师、老退伍军人、新乡贤等“五老一新”作用，带领村民配合乡镇开展市场专项整治 106 次，整治摊点乱摆 260 处，清理私拉乱接线缆 102 处，形成了“大家的事大家一起办”的良好氛围。为及时将矛盾纠纷化解在萌芽状态，大力探索群防群治，整合村干部、辅警、治安积极分子、义警、新乡贤等多方力量，在村（社区）组建治保会、“好邻居”、平安志愿者等群防群治队伍，发展治保会人员 5000 余名、平安志愿者 8 万多人。还组建 334 支“好邻居”调解队伍，学习新时代枫桥经验，开展治安巡逻、法治宣传、矛盾调处等工作。2021 年共调处纠纷 3367 件，成功率达 99. 14%。[③] 如水口山镇不断创新干部服务管理模式，结合农村地域实际，将

① 戴勤、刘跃兵、张穆宸、周耀军：《古城新风拂面来——零陵区创新城乡社会治理体系见闻》，《湖南日报》2021 年 11 月 1 日第 5 版。

② 戴勤、刘跃兵、张穆宸、周耀军：《古城新风拂面来——零陵区创新城乡社会治理体系见闻》，《湖南日报》2021 年 11 月 1 日第 5 版。

③ 戴勤、刘跃兵、张穆宸、周耀军：《古城新风拂面来——零陵区创新城乡社会治理体系见闻》，《湖南日报》2021 年 11 月 1 日第 5 版。

全镇 384 个村民小组调整为 117 个基础网格,[①] 真正形成“农村半小时服务圈”，进一步缩小了干部执行范围、进一步明确了干部执行责任。

5. 以党建引领推进农民共同富裕步伐加快

共同富裕是社会主义的本质要求，是人民群众的共同期盼；通过党建引领共同富裕，是扎实推进共同富裕的重要途径。一年来，零陵区坚持党建引领，认真落实全面从严治党要求，深入开展党史学习教育活动，隆重举行庆祝建党 100 周年系列活动，在全市率先完成区乡村三级换届，创新开展“五讲五比”活动，重拳整治干部作风和营商环境突出问题。继续加强农村党组织政治能力和业务能力建设，力戒形式主义、官僚主义，建立作风优、能干事、过得硬的乡村振兴工作队伍。扎实推进乡村党群服务中心建设，提供“一站式”便民服务，以农民美好生活为目标，切实做到服务群众“零”距离，让农民共同富裕、共享发展成果。

党建引领乡村振兴，创新共同致富机制。全区严格落实“三级书记”一起抓，建立区、乡、村三级书记抓乡村振兴的组织架构，成立区委实施乡村振兴战略领导小组，领导小组下设“一室七组”；各乡镇街道、行业部门相应成立了乡村振兴领导机构，健全工作体系，常态化推进乡村振兴工作。开展新一轮驻村帮扶，全区派出 187 名区直单位优秀干部，组成 62 个驻村工作队，对脱贫村、重点帮扶村、示范创建村、红色美丽乡村开展驻村帮扶，加强对帮扶村的党建，强化党建引导村民参与乡村建设，特别是通过加强结对帮扶，对脱贫不稳定户、边缘易致贫户、突发严重困难户每户进行引导帮扶，激发了脱贫户发展积极性，强化了困难群众共同富裕的信心。

培育出一批共同致富村镇典型。这一年，零陵区在乡村党建引领上交出了一份“对党绝对忠诚”的政治答卷，培育出一大批共同致富的乡镇和行政村。调研发现，南津渡街道坚持把加强基层党组织建设作为推动高质量发展的着力点，最大限度地发挥党在基层组织中的战斗堡垒作用。完成了 8 个

① 陈志华、罗先忠、任佳勇：《零陵创新网格化管理体系》，《永州日报》2015 年 6 月 11 日第 1 版。

村级活动场所的修缮提升，全力推进民生实事建设，解决机耕道维修、水库加固、沟渠清淤等问题 40 个。加强综治中心建设，构建了配合密切、运转顺畅、简约高效的基层治理体系；不断强化民生保障工作，群众幸福感不断增强。充分利用农村闲置资源，推动 3 个村流转土地 1500 亩，发展特色种养殖业，扩大大棚蔬菜种植 200 亩，做大做强乡村旅游。石山脚街道井塘尾村通过资源开发、投资合作、自主经营，有效地盘活了农村集体资产，带动了农村集体经济发展。出租石场收取租金 10 万元，流转村集体土地 300 亩租金收入 7. 5 万元。投资 50 万元办石场，在石垅口水库养殖鲜鱼纯收益每年超过 15 万元。企业每年支持村级公益事业建设超过 6 万元。香零山村充分发挥党员带头示范作用，通过筹资、集资、招商引资和向上争取项目等方式，筹集资金投入民生事业，构筑村级综合性服务配套网，以村委会为中心建成了 5 个相对集中的居民点，使居民生活与自然环境相协调，全面提升了村庄品位。全村村组道路硬化率 100%，“三清”到组率 100%，“五改”到户率 98%，农户安全饮水普及率 100%，绿地绿化率达到 65%，① 700 平方米的村级活动中心党员活动室、村民活动室、老年人活动室、村级卫生服务室、电教站、电商服务站、农家书屋等“四室两站一屋”建成运行。随着香零山村基础设施建设的完善，乡村旅游业不断发展，村集体经济不断壮大，村支部的公信力、号召力进一步增强，乡亲们感到共同富裕有奔头。通过建设零陵研学基地，年旅游人数 15. 6 万人次，旅游收入 256 万元，每年为村级集体经济增收 10. 5 万元，为村民人均增收 2000 元；2021 年村集体经营性收入突破 110 万元，村民纯收入 2. 5 万元。②

二　面对现实，推进乡村振兴需要破解的难题

全面乡村振兴是一项长期而艰巨的系统工程，工作纷繁复杂任务重，实

① 罗先忠、冯政、周礼江：《香零山村：勇当乡村振兴排头兵》，《永州日报》2022 年 4 月 1 日第 2 版。

② 罗先忠、冯政、周礼江：《香零山村：勇当乡村振兴排头兵》，《永州日报》2022 年 4 月 1 日第 2 版。

现全面乡村振兴的高质量发展目标，零陵区还存在诸多的现实困难和挑战。

1. 特色产业特而不大、多而不强

特色产业是零陵区乡村振兴的重要支柱，也是农民增收的重要依托。零陵区以供粤港澳蔬菜为龙头，打造“两茶一柑一蔬”的特色产业体系，取得了显著的成效。但整体来说，零陵区农业产业发展还缺乏全区一盘棋的顶层设计，还没有充分发挥自身的地域资源优势，区域产业结构不优，产品结构还难以适应当前消费结构变化的需求。一是特色产业不大。当前，零陵区形成了“两茶一柑一蔬”的区域性优势主导产业，而且“菜篮子、果盘子、米袋子、肉铺子、油桶子”供应基地全面开花，但特色产业还存在特而不大的问题。全区“两茶一柑一蔬”的特色产业体系中，“两茶”不多、水果数量不足、蔬菜总量不大。2021 年零陵区水稻种植达 86.25 万亩，而蔬菜只有 35.51 万亩，同年永州市有蔬菜种植面积 300 多万亩，零陵区只有蔬菜产业 35.51 万亩，占比不到全市蔬菜产业面积的 11.8%。相对于全省来说，零陵区的茶、果、蔬菜占比都非常少，没有数量上的规模优势。同时，零陵区“两茶”、水果、蔬菜等多元发展的特色产业态势，导致了任何一种特色产业要做大都受到土地资源的限制。二是特色产业不强。零陵区特色产业发展尽管特色明显，但是特色产业还不是强势产业。从整个农业产业来说，零陵区最强势的传统的农业产业还是粮食和生猪，零陵区是全省粮食生产先进县/区，是全国生猪调出大县/区，蔬菜等特色产业还没有成为主导产业，还不能够主导区域产业发展。从比较优势来看，零陵区特色产业相比其他县区，也没有强大的优势；2021 年全区省级农业产业化龙头企业只有 5 家，但冷水滩区同年的省级农业产业化龙头企业就有 17 家、区省级品牌商标 10 个，冷水滩区有国家级蔬菜产业园，其冷链物流设施更先进。三是特色产业链条短，农民增收力度不大。现有的特色农业产品大多还是初级农产品，加工提精的很少，仓储、冷链、物流、电商等环节不多，仅在一、二产业徘徊，且多在一产。尤其是保鲜仓藏稀缺，鲜特农产无法扩大生产。农民发展农业特色产业时持有传统观念，无论是种粮大户、家庭农场等新型农业经营主体，还是农民专业合作社和农业企业，都没有形成整体的产业链，多以单打独斗为主，产品粗糙单一，缺乏精深加工，售后服务跟不上，产业就业力度不大，常年用工不多；农业龙头企业对周边的农民群众带动力不足，农民增收仍然以外出打工收入为主。农民单个进入市场的力量单薄，抵御市场风险的能力小，缺乏强烈的产业化意识，热心于自己的小打小闹，怕承担市场化、产业化的风险。这对零陵区特色产业做大做强产生了许多阻碍。

2. 乡村旅游集聚效应和引领作用较弱

零陵区历史文化底蕴深厚，最大的优势是文生旅资源，最好的发展出路是可以在文生旅融合发展上做文章。零陵区 A 级旅游景区已达 6 处。其中 4A 级旅游景区 2 处，为柳宗元文化旅游区和东山景区；3A 级旅游景区 4 处，为萍洲书院、周家大院、异蛇世界和画眉山红色文化园。近年来，零陵的文化旅游持续升温，乡村旅游中出现了许多可圈可点的旅游胜地和网红打卡地。但总体而言，零陵的旅游无论城乡，都还没有形成强势发展的气候，实质上还是不温不火，旅游人气不旺、旅游总体收入占比很小。特别是乡村旅游，围绕地域文化和乡村功能做文章的少，乡村旅游的集聚效应和引领作用较弱。从游客数量看，旅游人气仅是“数字上的人气”，“统计数据”大于“有口皆碑”；从景区运营看，大部分景区仍由政府“唱独角戏”，表面光鲜亮丽，实则亏损运营、平台托底，农民参与经营的很少；从旅游消费看，吃喝玩乐“千城一面”，并无“特别的卖点”，游客吸引不来、留不下，跟千年历史文化名城的地位还不匹配。[①] 之所以造成如上问题，一是旅游与文化结合还不紧密。文化是旅游的灵魂，旅游最根本的依托是文化。零陵区乡村旅游没有结合好自己千年古城独特的文化资源和优质的生态环境去运作，有些模仿借鉴外地的模式，缺少本土独特的生态优势和自身深厚的文化基因，最终使人觉得似曾相识而没有创新，文化、生态和旅游“两张皮”。二是乡村旅游产品区分度不高。乡村旅游是零陵区乡村振兴、产业融合发展的动力，但与大多数地方一样，乡村旅游的特色还不足，与周边县区的区分

① 赵立平：《在区委经济工作会议上的讲话》（2022 年），打印稿。

度不是很高。特别是零陵区与同处一城的冷水滩区，出于历史原因，地域特征相似，生态条件相同，历史文化重叠交叉，乡村旅游没有形成各自有区分度的特色旅游产品，两者存在较严重的同质竞争，零陵区还没有形成自己的竞争优势。例如，就历史名人怀素这一方面，两个区就相互“争吵”，同一名人同时出现在两个区的简介中，在文化上区分度不够，也导致在乡村旅游产品设计上的区分度不高。三是乡村旅游没有形成完整产业链条。旅游是一个产生综合效应的产业，只有把旅游与农业产业结合起来，才能充分发挥旅游推动产业融合发展的功能。零陵区当前的乡村旅游资源多但整合不足，产业链接不强，乡村旅游的综合发展引领能力不充分，综合效应没有体现出来。零陵区 A 级旅游景点不少，但全区旅游景点没有形成龙头引领和互联互通的核心景区，吃住行游购娱等产业链接不紧，特别是与农业产业的链接不活，旅游产品与旅游服务还不完善，乡村旅游没有整合成强大的产业资源，旅游带动乡村融合发展的动力和效应有待进一步提升。

3. 城乡基础设施一体化水平滞后

基础设施是一个地方发展的前提条件。在全面乡村振兴中，必须加快基础设施城乡一体化，夯实城乡融合发展的基础，充分发挥以城带乡的效应。零陵区作为永州市中心城区，城区的基础设施条件较好，当前交通区位也不断改善，但从乡村振兴城乡融合发展的要求看，城乡基础设施一体化水平不高，城乡共享基础设施和公共服务不足。一是乡村基础设施普遍落后于城区。尽管近几年乡村基础设施得到了较大改善，但水、电、路、汽、房等方面与城市相比质量仍然不高，服务不完善的问题仍然突出。如自来水水质保障不强，供给水平不高，维修服务质量不优；乡村用电只能满足于生活，容量不足、设备老化，用电安全等问题远多于城市；乡村道路尽管通畅，但维修条件普遍不如城区，有些地方还很窄很陡，有些道路弯曲盘旋安全性低；乡村的大部分地方还是用传统的煤和柴做燃料，没有管道煤气，罐装的煤气安全隐患很多；乡村住房的质量不高，住房的使用率低，对住房质量安全问题管理不严，特别是乡村物流等基础设施短缺严重，等等。因此，乡村基础设施相比城市差距还较大，亟须加快推进基础设施城乡一体化，提升城乡互联互通、共建共享的水平。二是村庄之间一体化发展水平参差不齐。乡村经济发达的村庄基础设施较好，城乡一体化水平较高，乡村生产生活也比较方便；但是，乡村经济落后地区村庄基础设施相对较差，不同村庄之间的差距还比较大。不仅城乡之间基础设施的差距大，而且村庄之间的差距也不小，基础设施不完善，发展就会慢，这是一种恶性的循环，长此以往将影响乡村之间的平衡发展，导致整个乡村共同富裕的推进受到阻碍。三是城乡公共基础设施差距仍然较大。零陵区经过脱贫攻坚和近两年全面推进乡村振兴后，乡村老百姓上学难、看病难、就业难、住房难、出行难等公共服务问题已基本得到解决，但是乡村公共服务的水平和能力与市区比差距较大，城乡公共服务一体化水平还不高。当前，很多老百姓为了子女读书而进入城区，为了看病经常不得不上市区，提高了生存成本，闲置了乡村资源，影响了城乡融合发展。因此，要实现高质量发展，就必须让老百姓幼有善育、学有优教、劳有厚得、病有良医、老有颐养、住有宜居、弱有众扶。而实现这一梦想，关键是加快城乡一体化融合发展的进程。

4. 区域竞争优势不明显

零陵区具有千年历史，在永州市的两个区中，零陵区尽管在区位上具有重要地位，但经济总量、发展质量、产业规模等与冷水滩区相比，并没有明显的优势，有的方面不如冷水滩区，有的还落后于其他县市。2022 年区委经济工作报告指出：零陵的经济总量、财政收入在全省、全市的比重有所下降，与冷水滩、祁阳的差距逐渐拉大，比道县、东安的优势越来越小。[①] 由此可以看出，零陵区在永州市的首位度还不够，区域首位优势不明显。具体表现在：一是人口集聚力不足。从人口的吸引力来看，2020 年零陵区的常住人口数少于户籍人口数，说明本区外出人口不少，人口仍是净流出，折射了零陵区的本土人口集聚力不大。事实上，目前零陵城区的体量、容量、能量依旧不大，经济发展水平也低于冷水滩区，在同一个城市的两区竞争中，零陵区的首位度、辐射力、带动力还不够强，还不是永州市的第一区，要走

① 赵立平：《在区委经济工作会议上的讲话》（2022 年），打印稿。

出永州、走向全省，零陵区还必须加速发展。二是发展特色不明显。零陵区的“两茶一柑一蔬”与全市的“两茶一柑一蔬一药”特色产业趋同，因而永州市和零陵区在产业结构上有很多相似，导致零陵区与全市各县区的产业特色也不明显，存在同质竞争的问题。同时，零陵区乡村旅游的品牌没有强烈的区分度，区域间的差异化竞争优势没有形成，带动二、三产业特色发展的整体优势没有形成。未来零陵区与相邻县区差异化发展的任务还很重，必须打造自己的竞争优势才能在竞争中胜出，这也是零陵区今后发展面对的重大课题。三是城区带动乡村发展能力有待提升。零陵是永州市中心城区，其乡村振兴的重点是城乡融合发展，最主要的任务是发挥以城带乡的作用，壮大城区实力，带动乡村发展。当前，零陵区城乡融合发展进程不快，城市发展还面临着“三多三少”的问题：即：城市建设搞得多，常态长效管得少；大包大揽多、借势借力少，借助社会资本参与城市开发建设远远不够；融“小”抓得多、融“大”抓得少，带动力强的片区开发、产业龙头项目少。[①] 对于零陵区来说，乡村振兴必须加快城乡融合发展，提升城区的首位度，强化城区的辐射力，增强城区支撑乡村振兴的带动力。

5. 城乡资源要素配置不优

乡村振兴的关键是资源要素的支撑，如果乡村缺乏资源要素，或者资源要素配置不优，乡村振兴就只是一个美丽的梦想。当前，零陵区城乡之间的资源要素配置不优，城乡差别较大。主要表现在：一是城乡资源要素不平衡凸显。在市场经济下，资源要素流动必然遵循市场规律。当前，零陵区资源要素集聚在城区，乡村资源要素短缺严重，资源要素分布城乡不平衡状态明显。如资本人才技术等资源要素，集聚在城区，城区相对过剩而乡村短缺严重，但土地资源城区紧张、乡村相对过剩，资源要素的优化配置矛盾明显存在。二是乡村资源要素吸引力不强。城乡基础设施与公共服务的不平衡，导致乡村基础环境条件差，进而吸引资源要素的能力很弱。因此，乡村技术、资金、人才、信息、市场、渠道等专门资源短缺严重，制约了乡村产业发

---

① 赵立平：《在区委经济工作会议上的讲话》（2022 年），打印稿。

展。当前，资源要素下乡村即使三请四催也难下乡，有的下了乡村也留不住，关键的一点是乡村的生存发展条件不如城市，乡村资源要素本身的配置效率低、难以优化。三是乡村资源要素配置能力差。除了乡村发展环境、基础设施与公共服务不足外，乡村主体大多文化素质较低、勇气不足、进取不力，意识理念比较落后，乡村产业发展的专业素养不高，缺乏相应的战略眼光、专业资源；乡村产业发展的融资机制不完善，金融服务体系不健全，乡村产业项目建设的资金不足，乡村产业融资非常困难；乡村产业发展的激励机制、保障机制等有待进一步完善，也是导致乡村资源要素优化配置能力差的重要因素。

三　走在前列，推进乡村振兴的基本对策

按照零陵区委提出的“推动乡村振兴走在前列”的目标，需要从以下几个方面着力。

1. 适应消费结构变化趋势，做大做强蔬菜品牌集群

随着中国工业化、城镇化的快速推进和城乡居民生活水平不断提高，国内的农产品消费进入整体结构转型期，消费范围不断拓宽，质量要求不断提高，个性化、多样化特点日益突出，消费选择从侧重农产品数量转向侧重安全、质量、花色、品种、品牌、品质和特色，综合了特定自然因素和人文因素的区域地标产品越来越受到市场的青睐。[①] 2022 年的湖南省委一号文件要求：实施品牌提升计划，提升湖南农产品的知名度和美誉度，使“中国粮·湖南饭”成为湖南“三农”工作的“金名片”。零陵区应该主动适应消费结构变化趋势，继续坚持把蔬菜产业作为提升乡村产业发展水平的重要抓手，强化蔬菜品牌集群建设，用好蔬菜直供港澳优势，做强大湾区“菜篮子”。

---

① 陈文胜：《论中国农业供给侧结构性改革的着力点——以区域地标品牌为战略调整农业结构》，《农村经济》2016 年 11 期。

（1）有序引导规模化经营。全面落实“菜篮子”工程建设，对蔬菜基地进行提质改造，提高蔬菜品质和产能。当前，农业发展方式正在发生历史性变化，千家万户的分散生产加快向适度规模经营转变。积极推进特色蔬菜基地建设，引进推广新品种、新技术、新设备，加强“互联网+”在农业生产上的应用，用现代设施、装备、技术手段武装农业，大力发展高附加值、高品质的农产品，促进蔬菜产业现代化、标准化、规模化发展。一方面，对现有的以香零山为中心的蔬菜基地进行提质改造，提高蔬菜品质和产能；另一方面，增加蔬菜基地数量，发展以南津渡街道、接履桥街道、凼底乡、富家桥镇、菱角塘镇、珠山镇等乡镇（街道）为重点的蔬菜基地，形成具有影响力的蔬菜品牌集群。

（2）加快推进社会化服务。全面提升零陵区农业社会化服务水平，紧扣“办点示范、为机育秧、大户购机、技术指导”等关键环节，建立健全区、乡（镇）、村三级农事综合服务中心，全面提升农机化率。把农民能干的、愿意干的，留给农民；不愿意干的、干不了的，干起来不划算的，交给服务组织。进一步健全服务市场、规范服务行为、探索服务机制、完善支持政策，扶持一批规模化、规范化和专业化的农业社会化服务组织，实现专项服务标准化、综合服务全程化，不断提高全区蔬菜生产全程机械化作业率。整合农资农机、农艺农技、市场信息、人才资金等各类生产要素和服务主体，试点打造农业全产业链综合服务中心，探索建立全产业链全程社会化服务体系。推动服务方式从单一环节向“一站式”转变，引导社会化服务组织以产业化思维着力做实做深产、供、销、服务各个环节，探索在延伸产业链中提升产业效率，助力蔬菜品牌集群建设。

（3）不断完善信息化管理。农业信息化是现代农业发展的必由之路，是走质量兴农、绿色发展之路的重要支撑，也是零陵区做大做强蔬菜品牌集群的首要选择。继续推动农业管理水平的提高，全面应用农产品质量追溯系统、重大疫病监控系统、农作物病虫监测系统，继续开展粤港澳大湾区“菜篮子”认证基地视频溯源提质改造，完善重点水域智慧渔政电子监控系统，逐步实现农业行政监管自动化。一方面，完善农业信息化基础设施建设和通信设施，同时提升网速，提高网络传输能力，充分发挥网络优势；另一方面，建立完备的农业信息化服务体系，提供公益、便民的农产品供求信息发布等各项信息服务。

（4）着力推行绿色化发展。绿色发展是农业现代化的底线，零陵区应继续开展重金属污染耕地修复治理与农业面源污染治理，采用安装杀虫灯、黄板，性诱剂、生物农药，低毒低残留高效农药、种植绿肥、秸秆还田、施用有机肥等措施减少农药、化肥的使用。对农药、化肥包装袋（瓶）、农膜等废弃物进行及时的回收和无害化处理，控制或减少农业生产活动对耕地造成新的污染。大力推进农业废弃物资源化利用，提高畜禽粪污资源化利用率。推广秸秆还田和农膜再利用，提高农作物秸秆综合利用率和农膜回收率。

（5）加快农业品牌化打造。坚持“打造大基地、引领大产业、促进大发展”，围绕“山上油茶柑橘、山下粮食蔬菜、林间多种经济、水中优质水产、江岸观光采摘”发展思路，精准规划、精耕细作、精心培育，深入推进农业“百千万”工程和“六大强农”行动，重点抓好“乡村振兴十大行动”，以打造蔬菜品牌集群为抓手，做精做优“香零山·我的菜”“天惠油茶”“菱角塘供港蔬菜”“夏阳甜美沃柑”等特色品牌，推动油茶、柑橘、蔬菜等优势产业提质增效。

2. 发挥千年古城对乡村文旅融合的推进作用

聚焦打造文化旅游名城，推动文生旅融合发展走在前列。文化旅游是引领零陵区经济社会高质量发展的一面旗帜，也是为乡村振兴赋能的重要抓手。抓住全市综合交通“十大工程”建设的有利机遇，做大做强文生旅产业，舞活零陵古城龙头，形成“古色、绿色、红色”色彩纷呈的全域旅游新格局，充分发挥千年古城对乡村文旅融合的推进作用。

（1）充分挖掘乡村聚落的文化价值。以零陵的历史传承为脉络，精心保护历史文化遗产、历史街区、名人故居，切实挖掘潇湘文化、柳文化、红色文化等传统特色与时代价值，唤醒沉睡千年的文化瑰宝，实现乡村生产生活体系的资源化利用与旅游化开发。在满足乡村居民美好生活需求的同时进行景观营造与旅游产品设计。让源远流长的潇湘文化“潮”起来，让记载于史籍文献的文化“走”出来，让湮没于历史尘埃的文化遗存“活”起来，实现在开发中保护，在利用中传承创新农耕文化。

（2）强化生态价值在文旅融合中的作用。旅游观光体验性以及旅游者的康养需求驱动乡村产业生态化发展。文旅融合能够有效助推乡村振兴生态宜居目标的实现。[①] 推进“零陵古城”项目后续建设，整合提升东山景区、香零烟雨、周家大院、画眉山红色文化园等景点能级，力争再创建 1~2 个 A 级景区，推进零陵古城创建国家文化旅游融合发展示范景区，让历史街区见人见物见生活，精心打造“烟雨潇湘百里生态走廊”。旅游业的市场属性与资源依赖对乡村生态环境提出了更高的要求，更高层次的文旅融合形态不仅有利于促进乡村自然生态环境的改善，也有利于实现乡村人文生态环境的提升。

（3）推进乡村文旅融合，带动综合发展。推进全域融合，充分发挥文旅产业的乘数效应，以文旅休闲为突破口，提升乡村基础设施水平，促进文旅与其他产业融合发展，打造特色产业集群。疫情防控常态化时代，慢旅游已成为旅游发展的新趋势。要打造“慢生活来零陵”品牌，大力实施“七来”行动，谋划实施一批文旅、商旅、城旅、农旅综合体，着力抓好星级酒店、特色民宿、通景公路、旅游专班、水上游线、景区停车场、旅游厕所等配套建设，提升“吃住行游购娱”服务水平，让游客在零陵慢下来、留下来、住下来。

3. 在区域一体化进程中优化乡村建设布局

坚持“乡村振兴为农民而兴、乡村建设为农民而建”，整合项目资金，精准发力，里子面子并重，深入实施乡村建设行动，统筹抓好农村“厕所革命”、农村人居环境整治提升、乡村规划、乡村基础建设等。

（1）加强规划，实施管控，提升“品质”之美。统筹区域城镇和村庄

---

① 龙井然、杜姗姗等：《文旅融合导向下的乡村振兴发展机制与模式》，《经济地理》2021 年第 7 期。

规划建设，科学布局乡村生产生活生态空间，分类推进村庄规划的编制与实施，实现村庄“多规合一”规划编制全覆盖。突出乡村建设，因地制宜打造一批“矿区型、城郊型、文旅型、生态型”美丽乡村、美丽村落（片区），把 G322、G207、永连公路沿线三条区域经济发展带打造成乡村振兴示范带。启动实施农村人居环境整治提升五年行动，持续深化开展村庄清洁行动，继续推进无害化卫生厕所改造，全面推行“首厕过关制”和质量总承包制，全面推行“户分类、村收集、镇转运、区处理”的垃圾收运处理体系，加快推进生活污水处理，全面启动农村黑臭水体排查整治，抓好“五水共治”，推进村庄绿化美化亮化建设，提升乡村宜居水平。加大美丽乡村创建力度，启动实施“百村引领、千组示范、万家美丽”示范工程，在全区打造永连公路沿线乡村振兴示范片及一批美丽乡村。

（2）强化县域城乡融合，彰显“协调”之美。坚持“向北联城”不动摇，按照市里“七同”要求，聚焦“滨江新城”主战场，加快湘江东路（零陵段）、康养新城等联城项目建设，开启融城“加速度”。统筹推进城乡“六网”建设，重点抓好“培塑中心城区辐射带动力十大行动”，做大规模、做强经济、做优功能，着力提升零陵城市的首位度。围绕“一核三带三园”区域经济发展格局，加快布局发展一批特色产业，打造一批文旅强镇、工业强镇、农业强镇和特色小镇。聚焦打造生态宜居新城，推动城乡提质走在前列。按照市委市政府“全面提升中心城区首位度”的要求，对标成立高规格的“一核”建设领导小组，科学谋划城市成长坐标，致力打造文化文明、融合融通、宜居宜业的生态新城。

（3）突出生态环境保护，绘就“绿色”之美。全面贯彻习近平生态文明思想，坚定不移走生态优先、绿色发展之路，巩固提升国家和省生态文明建设示范区成果。紧跟国家“双碳”政策步伐，坚持先立后破、通盘考虑，加快调整产业结构，坚决遏制“两高”项目盲目发展，依法依规淘汰落后产能，争取林业“碳汇”试点。打好蓝天碧水净土保卫战，统筹推进大气污染联防联控联治、山水林田湖草治理、矿区综合治理、“十年禁渔”等重大任务，做实“河、湖、林长制”，坚决守护好“欸乃一声山水绿”的美好家园！

4. 全方位深化农村改革，加快城乡融合发展

紧扣改革创新，充分激发乡村发展活力。推进要素市场化改革成为扩大国内需求的关键，通过发挥市场机制在城乡要素配置中的决定性作用，促进要素双向流动、高频配置和高效增值，保障要素可以按照产业功能在城市和农村之间流动和集聚，从而加快县域城乡融合发展。

（1）深化乡村人才使用与培养改革。进一步加强人才培训、引进和孵化，搭建人才孵化平台，提供人才支撑，增强发展后劲。一方面，创新城乡人才合作交流机制，鼓励掌握科学的、先进的农业知识和经验的城市劳动力向农村流动，从而快速提高农村部门的劳动生产率，加快农业现代化发展。积极跟外地的零陵籍乡贤对接，讲好乡村故事，借力乡贤的智识、见识和财识，让人气回升、资金回流、项目回村、人才回归。另一方面，构建城市要素参与乡村振兴的渠道和平台，畅通城市劳动力回流的渠道，建立城市劳动力回流的激励机制，支持农村劳动力返乡就业和创业、大学生回乡创业，充分发挥新乡贤的城乡纽带作用。出台积极的财政政策吸引大学生返乡创业，出台政策鼓励各部门专业人才结对帮扶适宜的村庄兴办产业。

（2）深化乡村振兴资金投入改革。充分利用建行、农行、农商行参与乡村振兴的积极性，推进县域信用体系建设，优化投资环境，完善担保体系，引导金融资金投入乡村振兴建设，强化特色产业发展的造血功能。设立农业产业发展专项资金，财政每年预算安排农业产业发展专项资金，用于支持优势特色产业发展、企业培育、品牌创建、基地建设、技术支撑、市场开拓等方面的补助和奖励。提升集体经济自我投入能力。加大资金扶持力度，通过有效整合村集体、村民入股等资金，指导、扶持其盘活集体资产、兴办农业基地和农产品加工项目，形成稳定的村级集体经济收入来源；加强政策扶持，引导支农、乡村振兴、产业等各类项目向村级集体经济发展项目适度倾斜；通过落实完善财税减免优惠、土地优先安排等利于农村集体经济发展的各项优惠政策，形成资金、信息、技术等各类资源的叠加效应，增强“输血”功能，持续为壮大村集体经济提供保障。

（3）深化农村土地制度改革。以保障农民公平分享土地增值收益为重

点，加快建设城乡统一的土地市场。赋予集体土地和国有土地同等的占有、使用、收益和处分权，将土地规划和用途管制作为唯一的市场准入制度，在符合规划和用途的前提下，保障集体土地与国有土地依法享有平等流动的权利、平等分享土地增值收益的权利。一是促进土地承包经营权流转，加快农村劳动力流出。完善土地承包经营权流转机制，合理确定农村土地流转期限，探索承包土地集体所有、家庭承包经营的具体实现形式，通过发展多种形式的适度规模经营提高农业竞争力。二是探索宅基地“三权分置”的实现形式。在强化宅基地集体所有权和保障宅基地农户资格权的基础上，通过适度放活宅基地使用权，探索宅基地权能设置上的开放性，不仅能够盘活农村巨量的闲置、低效利用的土地资源，实现宅基地及其地上房屋的财产价值功能，为农村经济发展和农村劳动力流动提供动力，而且能够为城市劳动力和资本向农村流动提供土地载体。

5. 完善有效调动农民积极性的乡村治理机制

只有把“以人民为中心”这一最具基础性、广泛性的社会发展落实到乡村振兴的农民主体地位上来，广大农民群众才能真正成为中国乡村振兴的主体，才能全面激发农民的主体积极性、形成乡村的内生动力。[①] 零陵区应该持续加强农村基层组织建设和精神文明建设，传承优秀文化，深入推进移风易俗，建立健全党组织领导下有效调动农民积极性的乡村治理体系。

（1）完善党员包户“137”模式，发挥基层党组织的战斗堡垒作用。零陵区通过“137”治理模式，提升了党建引领基层治理意识和服务水平，打通了服务群众“最后一公里”。下一步要完善“137”工作开展考评机制，利用党务村务民主协商监督月例会，通过听群众说法、看现场实效、开展民主测评，进行党员包户“全方位”效果评估，总结经验、发现不足，表彰先进、鞭策后进。实行每季度一评估，评议结果通过村（社）党务公开栏和“钉铃铃，享零陵”平台“线上线下”公示公开。对评分较低的党员，给予提醒约谈或诫勉谈话；对评分较高、表现优异的，予以适当物质奖励和

① 陈文胜、李珊珊：《论新发展阶段全面推进乡村振兴》，《贵州社会科学》2022 年第 1 期。

精神奖励，并将其作为党员评先评优、培养后备干部的重要依据。

（2）完善“村务党务监督月例会”常态化机制，发挥群众民主监督作用。零陵区应该注重从议题广泛化、监督具体化、公示制度化等维度，进一步深化党务村务民主协商监督月例会制度，完善乡村自治建设执行机制。以严管资金、严抓项目、严肃纪律、严查案件“四严”为手段，发动村民主动参与乡村振兴事务管理，强化群众民主监督和乡村振兴领域监督执纪，助力全面实施乡村振兴战略。巩固拓展党务村务民主协商监督月例会“云直播”平台，通过月例会网络线上直播、线下回播模式，拓宽群众参与渠道。

（3）切实推行“积分加减制”，激发乡村治理内生动力。零陵区应该切实推行“积分加减制”，对农民群众日常生产生活行为和参与村务情况进行量化积分，并给予相应精神鼓励、物质奖励或行为约束。一是坚持因地制宜，充分尊重农民意愿，积分标准由村民自行商议确定，不宜对辖区内积分评定规定得过于细致。二是充分利用信息化手段，在提高积分评定过程透明度的同时，降低积分评定成本，减轻基层组织工作负担。三是避免唯积分论，理性对待积分制的边界，防止积分制无节制地泛化，积分评定标准再细致也难以覆盖乡村生活的每一个细节，这就要求清醒地认识到积分评定是为了乡村振兴，避免出现一切只为了积分、对不涉及积分的事务不管不问的现象。

参考文献

习近平：《习近平谈治国理政》（第三卷），外文出版社，2020。

习近平：《在中国共产党第十九次全国代表大会上的报告》，2017 年 10 月 18 日。

中共中央、国务院：《乡村振兴战略规划（2018-2022 年）》，2018。

《中共中央国务院关于全面推进乡村振兴加快农业农村现代化的意见》，2021 年 1 月 4 日。

张庆伟：《在中国共产党湖南省第十二次代表大会上的报告》，2021 年 11 月 25 日。

毛伟明：《政府工作报告》，2022 年 1 月 17 日。

赵立平：《推动农村人居环境提档提效提质》载《湖南工作》2021年第12期。

陈文胜：《论道大国“三农”》，中国农业出版社，2021。

陈文胜：《论中国乡村变迁》，社会科学文献出版社，2021。

陈文胜：《实施乡村振兴战略走城乡融合发展之路》，《求是》2018年第6期。

陈文胜：《推动乡村产业振兴》，《人民日报》2018年3月12日。

陈文胜：《农业供给侧结构性改革：中国农业发展的战略转型》，《求是》2017年第3期。

陈文胜：《乡村振兴战略目标下农业供给侧结构性改革研究》，《江西社会科学》2019年第12期。

陈文胜、李珊珊：《论新发展阶段全面推进乡村振兴》，《贵州社会科学》2022年第1期。

陆福兴：《做好乡村振兴这篇大文章》，《新湘评论》2021年第2期。

陆福兴：《加大地方品种保护　打造农产品湘字号品牌》，《湖南日报》2020年12月31日第23版。

B.12

江永县2022年乡村振兴研究报告

李珺　陈文胜*

摘　要： 江永县立足生态资源优势、瑶乡文化特色，围绕农业高质高效、农村宜居宜业、农民富裕富足的总目标，大力推进特色农业高质高效发展，以文化赋能美丽乡村建设，积极创新基层治理，走出了符合县情的乡村振兴发展新路子。但是，全面推进乡村振兴面临着顶层设计战略性实效性不强、优质特色产品效益发挥不好、电商产业融合发展不足、特色文化区域核心竞争力不够、城乡治理有待标准化和规范化等问题和挑战。着眼推进全县农业农村现代化，江永需要进一步摆脱脱贫攻坚的惯性思维，以规划设计引领城乡风貌与布局，推进特色品牌分类向中、高端化发展，促进电商与农村社会化服务融合发展，不拘一格打破乡村人才瓶颈，以文化品牌增添乡村建设成色，以屋场村民小组为单元夯实乡村振兴基层。

关键词： 乡村振兴　特色农业　特色文化　江永县

永州市江永县位于湖南省西南边陲，地处湘桂粤三省交界之地，全县总面积1629.15平方公里，少数民族聚居区占全县总面积的87%，以瑶族为主的少数民族人口占全县总人口的63.2%，森林覆盖率达63.8%，常年空气

* 李珺，湖南师范大学中国乡村振兴研究院、马克思主义学院博士研究生，研究方向为乡村文化；陈文胜，湖南师范大学中国乡村振兴研究院院长、二级教授、博士生导师，研究方向为农村经济、城乡关系、乡村治理。

质量优良率 100%。江永人文景观奇特，以千古之谜——女书、千年古村——上甘棠、瑶族故地——千家峒为主要内容的“三千文化”声名远播；自然资源得天独厚，名优特产丰富，香柚、香芋、香姜、香米、香菇合称“江永五香”，久享盛名，被誉为“中国香柚之乡”和“中国香芋之乡”。

一 江永县全面推进乡村振兴取得三大成效

江永立足乡村振兴战略总要求，围绕农业高质高效、农村宜居宜业、农民富裕富足的总目标，持续推动脱贫攻坚与乡村振兴有效衔接，在推进农业农村现代化上发力，让特色农业更强、乡村建设更美、乡村治理更加有效，走出一条具有江永特色的农业农村现代化道路。

（一）特色农业领跑农业高质高效发展

江永境内光照充足、雨量充沛、无霜期长、土壤肥沃，自然条件优越，素有“潇湘天府”、“天然温室”和“长江以南名优蔬菜最佳发展地带”之美称。近几年来，江永大力发展特色农业，根据市场需要发展订单农业，农业结构调整迈出较大步伐。以香柚、香芋、香姜为主的香型农业持续健康发展，在粗石江镇建成以“江永香柚”为主的特色水果产业发展带，在上江圩镇建成以“江永香姜”为主的产业带，全面构建起“一镇一业”和“一村一品”产业发展格局。[①] 完成粤港澳大湾区“菜篮子”供应基地备案 28 个，备案种植面积近 8 万亩，常年稳定出口创汇 6 亿元以上[②]，占全省供应总量的 40%以上[③]。

1. 育主体，共建共享共推特色产业纵深发展

既要加快培育新型经营主体，又要扶持带动小农户发展，是中国特色农

---

① 中共江永县委、江永县人民政府：《江永县乡村振兴工作情况汇报》（2022 年），打印稿。

② 江永县人民政府：《江永县政府工作报告》（2021 年），打印稿。

③ 江永县农业农村局：《江永县全面推进乡村振兴战略调研座谈会发言材料》（2022 年），打印稿。

业现代化的现实选择。江永大力发挥龙头企业、农民合作社和家庭农场等新型农业经营主体的带动作用，以共享为核心，以富裕农民为目标，建立小农户和新型经营主体的利益联结机制，从而推进特色农业产业纵深发展。

培育新型农业经营主体方面，江永注重培强企业，发展新型经营主体。出台专项扶持政策，新建一批“家庭农场”“乡村振兴车间”“乡村工厂”，培育出 1 家国家级、2 家省级、6 家市级的农业产业龙头企业，发展 33 家规模涉农加工企业、3165 家农民合作社和家庭农场，大批村民实现“足不出村、就地致富”，2020 年被评为省级家庭农场示范县①。如源口瑶族乡农民合作社共有 56 家，培育省级农民合作示范社 1 家，县级重点扶持农民合作社 2 家。通过农民合作社带动村民发展特色产业，现有规模较大的茂源特色农产品加工厂、七工岭马蹄种植基地、小古漯村菌子厂、白象岗生猪养殖基地等合作社发展产业项目，其中芋头、红薯、柑橘等农产品年加工量 1200 吨，年产值 4500 万元，马蹄、平菇等特色农产品年产量 570 吨，年产值 1800 余万元，带动生猪规模养殖户 45 户，年出栏 72000 头，年产值约 2.3 亿元②。夏层铺镇培育以江永丰农蔬菜种植合作社和水田继辉农业合作社为主的年产值 5000 万元以上的农产品加工厂 3 家，以永明灯饰厂为主的年产值 1000 万元以上的企业 4 家。马蹄村新建 1 家农产品加工厂，预计年产值约 8000 万元。③

规模经营方面，“十三五”期间，江永稳定以香型优质稻为主的粮食种植面积 30 万亩以上，总产值 5.2 亿元以上④。高标准建成供粤港澳大湾区“菜篮子”基地 17 家，其中下界头供港澳蔬菜基地规划打造区域连片 5000 亩高端的示范基地，带动种植面积 5000 亩以上。供粤港澳大湾区水果标准化生产基地 6 家，万亩香芋产业标准化生产基地 4 个，1000 亩以上连片基

① 唐德荣：《弹好“五根琴弦”奏响乡村振兴强音》，《农民日报》2022 年 1 月 20 日第3 版。

② 源口瑶族乡：《源口瑶族乡推进乡村振兴战略工作纪实》（2022 年），打印稿。

③ 中共夏层铺镇委员会：《奏响乡村振兴冲锋号，谱写富民强镇新篇章》（2022 年），打印稿。

④ 江永县农业农村局：《江永县全面推进乡村振兴战略调研座谈会发言材料》（2022 年），打印稿。

地21个。[1] 加快提升土地流转效率，如粗石江镇推动各村积极开展土地流转，将土地集中到一部分种植技术较高的人手中，扩大户均种植面积；同时推动各村开发荒地，扩大香柚种植总面积，提倡各村将集体土地和开发的荒地集中出租给种植大户，扩大种植规模，并推动村集体经济发展。竹桂村近两年共清理出香柚林十余亩及荒地五十余亩，其中五十余亩荒地已种植最新品种香柚苗，预计后续可为竹桂村每年提供集体收入15万元。松柏瑶族乡实施"保老扩新"策略，在保住现有种植大户、传统种植地块和烟叶产量的基础上，在新的地块建设示范基地，全面提升烤烟产量和质量，推动烤烟产业发展，力争2022年烟叶产量突破10000担。

利益共享方面，支持鼓励龙头企业、合作社、家庭农场与小农户联合经营，抱团发展，建立互促互利互补的利益联结机制，新增省级产业化联合体3家，联结小农户10000户以上，户均增收2500元以上。[2] 如粗石江镇鼓励合作社经营，探索企业运营型和能力带动型利益联结机制。督促各村发动种植大户及种植技术较好的农户运营合作社，合作社内部按照香柚种植标准，统一种植技术、化肥采购施用、摘果洗果、包装销售，香柚销售完毕后，再按照各自技术、土地、投入进行利润分配。目前粗石江镇9个乡村共有合作社32个，自有香柚品牌10家。邓士超投资3100万元，创立水果品牌润龙果业，合作社共种植果树1160亩，带动207户农民户均年增收1.5万元。云雾山香柚专业合作社共管理果园3000余亩，带动农户300多人务工就业，人均务工收入6000余元。[3] 桃川镇采取"村集体+企业+农户"的模式率先在所城村建立了土特产合作社和冷库、洗果场基地，村集体经济收入每年增加28万元，提供就业岗位40余个；在邑口村打造了村办企业—邑口腐竹厂，提供就业岗位20个，每年为村集体经济增加收入20万元；在大地坪村建立了冷库、洗果场基地，提供就业岗位40个，每年为村集体经济增加收

① 中共江永县委、江永县人民政府：《江永县乡村振兴工作情况汇报》（2022年），打印稿。

② 江永县农业农村局：《江永县全面推进乡村振兴战略调研座谈会发言材料》（2022年），打印稿。

③ 粗石江镇人民政府：《香柚大发展　乡村大振兴》（2022年），打印稿。

入 20 万元以上，全镇已脱贫户人均年收入在 13000 元左右。[①]

2. 延链条，厚植科技因子，不断提高农业风险抵御能力

农业科技创新是现代农业发展的重要支撑，依靠科技创新可以提升农产品质量和附加价值，增强农业抗风险能力，从而提升核心竞争力。江永在特色农业生产中厚植“科技因子”，秉承全产业链理念，实现规范化、标准化生产，激发特色农业发展的活力，为乡村振兴提供实实在在的驱动力。“十三五”期间，高新技术企业从 0 发展到 6 家，共有 3 个项目入列永州市重大科技创新项目，湖南蔬益园食品有限公司“农产品精深加工工程技术研究中心”成为江永县第一家市级工程技术研究中心[②]。新建冷藏容量 1.8 万吨的富硒果蔬加工出口冷链物流园 1 个[③]，率先在全市构建起“上有万吨仓储冷链物流中心，下有千吨产地小冷库、田头小仓储”的完整配送供应链，一次性吞吐农产品总量达 20 万吨以上，可满足至少 15 万亩蔬菜基地仓储需求。[④]

制定种植标准，提高农产品质量。粗石江镇联合橘柚专家和种植大户，协商制定《绿色食品　江永香柚生产技术规程》（HNZ073-2014）等生产标准，实现规模化、规范化生产，保障香柚质量。种植标准包括柚苗培育、化肥施用、点花授粉、虫害防护、香柚采摘、产品检测等从柚树种植到香柚挂果采摘检测全流程。通过制定香柚种植标准，保障了粗石江香柚质量的稳定性，一定程度上解决了现存的万家香柚万家味的问题，统一品质的优质香柚，使得粗石江香柚越来越受到外来客商的青睐。目前，90%的香柚种植大户和 40%的香柚种植户按照粗石江镇制定的香柚标准进行种植，大大提高了香柚挂果率、成活率和柚果质量。[⑤] 大力开展农业面源污染治理和节肥节药行动，同时推动产后增值，引进大中型智能水果分级设备，创新香柚低碳

① 桃川镇：《桃川镇乡村振兴工作情况汇报》（2022 年），打印稿。
② 江永县人民政府：《江永县政府工作报告》（2021 年 10 月 21 日），打印稿。
③ 唐德荣：《在县委经济工作会议上的讲话》（2021 年），打印稿。
④ 江永县农业农村局：《江永县全面推进乡村振兴战略调研座谈会发言材料》（2022 年），打印稿。
⑤ 粗石江镇人民政府：《香柚大发展　乡村大振兴》（2022 年），打印稿。

减污加工贮运技术，实施“一果一重六像六糖”的品质与安全快速无损检测、智能化分级，实现香柚产地商品化处理和保鲜物流。

延伸产业链条，提高风险抵御能力。江永2021年完成特色农产品加工产值达82.59亿元以上，保持了优势特色农产品加工能力全市领先，[①] 实现了从单一的种植销售到集育苗种植、洗选分级、品牌包装、产品加工、线上线下销售的江永特色农产品全产业链发展之路。如粗石江镇大力鼓励合作社、乡村能人对香柚进行附加产品研发，探究香柚多种利用方式，如将香柚小果、次果、疏落果制作成柚子茶，将柚子皮制作成药材，柚皮糖、柚子皮混合柚子果肉、蜂蜜制作成蜂蜜柚子茶酱等，并借此开办香柚加工厂，通过加工来提高香柚附加值，实现了变废为宝、生态发展，目前，全镇共有17家香柚系列产品加工厂。

3.促品牌，“江永五香”金字招牌影响力持续提升

农业发展的关键所在，即走品牌化路线，农产品品牌化是未来农业发展的必然要求。江永在“永州之野”区域公共品牌建设基础之上，量身打造“江永五香”金字品牌，以“打品牌、创特色、扩影响、增效益”为目标，发挥“江永五香”品牌效应，大力实施特香农产品“统一品牌、统一品质、统一包装”行动，2021年新增入驻“永州之野”公用品牌管理经营主体13家。大力推进“满天星”农产品防伪溯源项目建设，实现江永名优特产来源可追溯。目前，培育“三品一标”地理标志农产品认证23个，注册商标2个，省著名商标9个，地理标志农产品认证数位居全省前列[②]；打造出“瑶味道”“瑶家人”等“土字号”“乡字号”品牌50余个，备受市场青睐[③]。

以分级销售打造高端品牌。粗石江镇创新销售思路，鼓励农户通过洗选分级，将香柚按照糖分含量、重量、品相分为不同等级，并以不同价格和渠

---

① 江永县农业农村局：《江永县全面推进乡村振兴战略调研座谈会发言材料》（2022年），打印稿。

② 中共江永县委、江永县人民政府：《江永县乡村振兴工作情况汇报》（2022年），打印稿。

③ 唐德荣：《弹好“五根琴弦”奏响乡村振兴强音》，《农民日报》2022年1月20日第3版。

道进行销售。其中，将优质老树香柚通过精包装打造成高端礼赠产品，并通过媒体宣传来提高粗石江香柚名气，而对常规香柚则仍是常规集散式销售或线上网店成袋式销售。2021 年香柚销售季，粗石江镇通过精包装销售出 1.8~2.2 斤单果重、下树糖分超过 14%的优质香柚礼盒 10 余万盒，单盒包括四枚或六枚优选香柚，销售额近千万元，平均售价超过普通香柚 250%，极大提高了粗石江香柚的名气，打响了精品香柚高端产品成功销售的第一枪。①

农旅融合提升品牌溢价。江永以农业发展为主体，通过文化、旅游等推动农产品价值走高，拓宽销售市场。如被评为 AAA 级旅游景区的粗石江镇云雾山香柚产业园是推动江永香柚产业转型升级建设的集生产示范、科研科普、休闲观光于一体的现代农业综合示范园。连续三年在云雾山景区举办香柚节和香柚产销对接会，打响香柚品牌名气，显著提高了香柚售价，2021 年香柚节举办前后，香柚销售价格一路上扬，粗石江香柚平均售价提高了近 20%，让村民增产又增收。源口瑶族乡积极推进现代农业休闲观光园建设。在香米稻田修建步行观光道，开辟游客专属体验区，建立香米科技博物馆，在香米生长期间，提升香米稻田利用率，在香米稻田发展青蛙、泥鳅、龟原生态混合养殖产业，着力打造集原生环境保护、休闲观光、乡村旅游体验、科普教育、生态农业示范于一体的香米稻田公园。兰溪瑶族乡全力打造龙头品牌“勾蓝瑶寨”，逐步构建文旅发展勾蓝瑶寨、生态养生石盘寨、传统村落占半乡、农旅融合香花井的旅游小镇格局，发展了旅游、水果、蔬菜、烤烟“四大产业”，采用“能人带动、抱团发展、电商驱动”等方式发展第三产业，2021 年销售农产品 490 万元，逐步形成了农文旅融合产业发展新格局。

农村电商助力品牌口碑。江永建立起县、乡、村三级电商网络，基于“电商企业+合作社+村+农户”方式，全县已有电商企业 223 家，网店、微店、乡村驿站 2700 余个，农户开设网店超过 500 个。古宅村、和兴村等 10

---

① 粗石江镇人民政府：《香柚大发展　乡村大振兴》（2022 年），打印稿。

余个村均有10人以上的电商创业团队，每年销售农产品近千万元。[①] 举办系列直播带货活动，引领产品资源进行商品转化，提升以“江永五香”为主的香型农产品品牌效应。探索校地企直播电商实质合作，湖南科技学院江永校地合作直播电商实训基地建设完成设计和设备配置；与湖南未来智慧社区公司签订乡村直播小站建设运营协议，探索在江永建设30个直播小站，培育农村短视频、直播人才。建设了一批公共直播间，出台奖励政策，吸引网红落户江永，培育“网红经济”，越来越多“新农人”涌现、活跃在田间地头，手机成为新农具，直播带货者成为远近闻名的“网红”，全县通过电商直播带货销售各类农特产品达2.18亿元，创响一批“农字号”“土字号”“乡字号”特色品牌。

（二）特色文化赋能美丽乡村建设

习近平总书记明确指出，乡村文明是中华民族文明史的主体，耕读文明是我们的软实力。[②] 如果没有乡村文化的繁荣发展，就难以实现乡村振兴的伟大使命。江永立足“三千”文化深厚的文化底蕴，突出瑶族文化、女书文化和古村民俗文化特色，深入推动江永传统文化的挖掘和传承，用特色文化赋能美丽乡村建设，留住“乡愁”。目前，已建成30多个美丽乡村，千家峒瑶族乡被评为“全国首批民族乡村振兴示范单位”，兰溪瑶族乡被列为首批省级民族乡村振兴试点单位，源口瑶族乡荣获湖南省“生态文明建设”示范乡镇称号；10余个村荣获全国乡村重点旅游村、中国少数民族特色村寨、中国美丽休闲乡村、全国民主法治示范村等荣誉，18个村入选中国传统村名录[③]。

1. 增进乡愁韵味，以保护与美化相结合推动乡村旧貌换新颜

村庄经自然发展和漫长演化后，形成了各具特色的禀赋与优势；不能大拆大建、简单套用城市建设标准对村庄“推倒重来”。江永始终立足自然人

① 中共江永县委、江永县人民政府：《江永县乡村振兴工作情况汇报》（2022年），打印稿。

② 《十八大以来重要文献选编（上）》，中央文献出版社，2014，第605页。

③ 唐德荣：《弹好“五根琴弦”奏响乡村振兴强音》，《农民日报》2022年1月20日第3版。

文资源禀赋，坚持做好科学规划，合理布局乡村生产、生活、生态空间，顶层设计乡村发展的整体风貌，彰显江永特色。注重“女书+”“瑶族+”“生态+”“特色产业+”等元素协调融合，重点做好古村落、乡村振兴示范创建村、交通要道、城乡主城区、旅游景点等村庄规划编制，因地制宜对全县村（社区）进行新一轮科学规划，尤其抓好了高家村、白马村等 30 多个村庄规划设计和刘家庄、勾蓝瑶美丽乡村风貌改造设计，让农区变景区、产品变商品。同时突出地域特色，注重保护“乡村元素”、协调“自然元素”、增强“现代元素”，避免千篇一律、百村一面①。如中国历史文化名村勾蓝瑶寨通过美丽乡村建设，实施乡村风貌改造，成了远近闻名的旅游村，2021 年完成 15 公里旅游通道拓宽和白改黑，实现了景区、景点环行连接；科学制定《勾蓝瑶寨活态博物馆文旅融合创新发展建设方案》，实施了瑶寨交通通畅、水系整理、村庄绿化、三线下地、亮化音响、古建维修等十大工程，塑造江永文化新品牌。如今，美丽乡村建设在江永全县乡镇遍地开花。

江永十分注重保护传统村落，坚持因地制宜、因村施策，突出个性和特色，既统一标准，又彰显特色，保留了乡村风貌，留住了田园乡愁。在美丽乡村建设过程中贯彻“六不六多”的建设原则，即不推山、不填塘、不砍树、不搞村里的宽马路、不过多使用水泥钢筋、不在门前屋后搞过度硬化；多依山就势、多因地制宜、多做庭院菜地、多搞村庄绿化、多用乡土材料、多搞地方特色建筑。如千年古村上甘棠村，保留有一大批具有历史文化价值的古屋、古树、古道、古物，坚持保护优先的原则，严格按照规划进行保护式利用，实现聚落保存、古屋重生、闲置空间再利用，最大限度保留古建筑的原汁原味，为传统村落保护和利用探索新路子。村里还成立了村民监督委员会和村民理事会，充分调动村民保护古建筑的积极性，一旦古建筑被破坏或出现险情，村民们都会及时上报，第一时间组织抢救保护。

江永实施改善基础设施项目 300 余个，所有农村路网、水网、电网全面改造升级。自来水工程入村全覆盖，行政村通水泥路达 100%，城乡公交实

① 中共江永县委、江永县人民政府：《江永县乡村振兴工作情况汇报》（2022 年），打印稿。

现一体化，农村出行难、供水难、用电难等问题得到解决。加快推进4G、5G基站建设，行政村“村村通”光纤宽带，通信水平全面提升①。持续加强人居环境整治，大力推进“厕所革命”，完成农村改（新）建户厕933户、公厕16座。新建4个农村生活垃圾处理中心，全县城乡生活垃圾收集、处理实现全覆盖②。如邑口村通过开展常态化“十清行动”，形成“户户为阵地、人人都参与”的人居环境整治局面，全面推进“五化”，各村级道路实行“路长制”，古树名木一律挂牌保护，行政村社道路、院落间实现100%安装路灯，因地制宜选择760栋民居进行提质改造，全村呈现干净、整洁、有序、和谐新村貌，被评为全省2021年村庄清洁行动先进村。③。

2. 立足“三千文化”底蕴，文化惠民为农民送上“文化套餐”

深厚的文化底蕴，可以为特色文化产品的开发提供丰富多彩的“源头”。江永立足女书文化、知青文化、忠孝廉洁文化、瑶族文化等历史文化资源，深入实施文化振兴工程，依托“八馆八队八会”志愿服务平台和队伍，开发出一批文化产品、文艺节目、文化活动，成立农民文化宣传队，培育出50余支文艺队伍④，定期开展文化下乡和洗泥节、跳庙节、斗牛节、赶鸟节等特色民俗文化活动，春节期间全县各乡镇自发组织篮球赛，自发筹办“村级晚会”，为村民送上系列“文化套餐”。

不仅着眼于“送文化”，江永更着眼于“种文化”，培养大批“乡土艺术家”，不定期到社区、农村进行业务培训辅导，培养了一批业余文艺骨干。通过培训，带动了各类群众文化活动的开展，激发了农村文化活力，群众的精神文化生活变得更加充实丰富。在松柏瑶族乡有一批能演能唱的“傩戏”班子，每到重大节假日都会自发组织、自编自导节目。源口瑶族乡组建了“草根文化宣讲团”，成立了12个乡风文明义务宣传队，在传统节日期间，以晚会评比、比赛等形式，大力宣传社会主义核心价值观，营造良

① 唐德荣：《弹好“五根琴弦”奏响乡村振兴强音》，《农民日报》2022年1月20日第3版。

② 何德波：《江永县政府工作报告》（2021年10月），打印稿。

③ 中共江永县委、江永县人民政府：《江永县乡村振兴工作情况汇报》（2022年），打印稿。

④ 唐德荣：《弹好“五根琴弦”奏响乡村振兴强音》，《农民日报》2022年1月20日第3版。

好的乡风民风。通过制定《江永县群众文艺团队扶持奖励办法（试行）》《江永县文学艺术创作奖励办法（试行）》《江永县非物质文化遗产代表性传承人考核评估奖励方案》，充分激发广大文艺工作者和文艺爱好者的创作热情，督促和激励非遗传承人积极开展传承活动。如千家峒瑶族乡发动群众建立瑶族文艺队，确保“盘王节”“长鼓舞”“瑶族蝴蝶歌”等国家非物质文化遗产能代代相传，文艺队每年都会参加县乡组织的盘王节、农民丰收节等庆典节目表演，持续增强民俗文化影响力；率先在全县建立了第一个村级党建公园和红色文化教育馆，被列入全县的党员教育基地、廉政教育基地，每年到村开展革命传统教育达百余批次上千人次。民族文化品牌经过包装打造的《梦回千家峒》《做客瑶绣坊》等节目成为一大特色文化标签，吸引了成千上万的瑶族子孙到千家峒寻根祭祖，每年盘王节盛典也吸引了大批游客。

3. 提升乡村灵气，传承民俗文化塑造文明新风

在保护乡土建筑和历史景观的同时，江永还注重挖掘乡村文化内涵，重视散落在乡村的大量历史记忆、宗教传衍、地方方言、乡规民约、祖训家规、生产方式等非物质文化遗产的保护和挖掘，复活传统民间故事，传承地方戏曲、手工制作、乡间小吃、传统习俗等民间文化。

活化民俗风情，创新传承方式。利用“女书”生态博物馆、上甘棠博物馆、勾蓝瑶寨活态博物馆、千家峒瑶族博物馆等载体，利用各单位“道德讲堂”、女书园“女书讲堂”、千家峒“瑶绣坊”、上甘棠“家学讲堂”等传统文化传播阵地，搭建一批文化传播平台；积极整合利用女书习俗、斗牛节、结拜姐妹、洗泥宴、盘王节等大节庆活动及文化旅游系列活动，把当地独具特色的民俗文化，活化创作为舞台表演节目，女书史诗剧《八角花开》、勾蓝瑶寨《洗泥宴》、千家峒《瑶绣纺》等富有浓郁文化特色，保留文化原真性的民俗演出，雅俗共赏，吸引了大量的县内外游客来江永旅游。[①] 全年共举办和参加非遗展示活动达 13 次，其中县内共举办非遗展示

---

① 陈健林、汤海妍：《江永民俗文化体验游受追捧》，《永州日报》2020 年 10 月 9 日第 1 版。

活动 5 次，布置展台展示江永县文旅非遗产品 60 余件。[①] 源口瑶族乡保存有《扶灵瑶统记》和《盘王书》等瑶族历史典籍，保留有首家大院、禅山大寺、文丰塔等省、市保护文物，传承有千人会、耍春牛、舞龙狮、赶庙会、打油茶、唱山歌等民族习俗。

弘扬传统美德，营造文明乡风。江永深入开展文明乡风、良好家风、淳朴民风“三风”建设，“除陋习、树新风”“十星级文明户”评选活动，涵养出好民风、好乡风。每年大力表彰评选一批“十星级文明户”“道德文明先锋”“五好家庭”，不断发挥榜样引领作用。创新开办 10 余个“合约食堂”，为村民宴席节约开支[②]。在上甘棠村处处可以感受到祖祖辈辈流传下来的淳朴民风，“忠孝廉节”石刻、“祖训十条”碑指引着今天的上甘棠村人奋发向上，学习中华民族的传统美德。每到春节前后，上甘棠的村民们都会在街头巷尾舞起“春牛”。村里老人还将当地多年流传下来的、讲述做人道德修养的“81 个他字歌”整理记录下来，打印成册，在年轻村民中传播推广。桃川镇各村结合实际，分别建设了文化广场、文化戏台、文化长廊、文化专栏、篮球场、乒乓球场等文化娱乐设施，并巧妙设置廉洁景观、对联、警局、故事等，让群众在休闲娱乐中潜移默化地接受廉洁文化。经常性举办廉洁论坛、廉洁书画比赛，还开辟了“忠孝学堂”，每周邀请“五老”对村民群众进行授课，老教师、老乡贤、老党员将他们守信尚德的事迹向村民传扬。

（三）特色治理激活共同富裕活力

乡村治理是国家治理的基石，也是乡村振兴的基础。江永创新夯实基层社会治理，在乡镇社会治理和基层公共服务上精准发力，用心用情解决好群众的操心事、烦心事、揪心事，人民群众的获得感、幸福感、安全感和满意度不断提升，呈现一片多点开花、活力十足的特色治理新景象，获得全国

① 江永县文化旅游广电体育局：《江永县文化旅游广电体育局关于 2021 年实施乡村振兴工作情况汇报》（2022 年），打印稿。

② 唐德荣：《弹好“五根琴弦”奏响乡村振兴强音》，《农民日报》2022 年 1 月 20 日第 3 版。

“2020 年社会治理创新典范县”称号。

1. 创新工作体制机制，精准筑牢基层治理之基

近年来，江永县积极发展新时代“枫桥经验”，探索矛盾纠纷多元化解工作机制，不断创新调解方法，充分发挥传统文化在矛盾纠纷化解中的积极作用，及时、就地解决群众合理诉求。在江永县上江圩镇浦尾村的“女书文化”、瑶族聚居地兰溪瑶族乡勾蓝瑶村的“洗泥节”、千年古村上甘棠村的“忠孝廉节”等蕴含丰富的“和美风尚”文化底蕴的村，形成了具有江永特色的“民俗创意”调解法，在村规民约中规定村民之间应和睦相处，以邻为友、以和为贵。村、居之内的纠纷矛盾，首先由村、居自行调处，做到矛盾不出村，问题不上交。目前江永 112 个村（社区）均配备人民调解员，运用教育、协商、疏导等方法解决群众诉求，对 1392 起矛盾纠纷案件当事人进行普法，涉及调解金额 2040. 3 万元，辐射普法 6000 多人①。如兰溪瑶族乡勾蓝瑶村村级人民调解办公室设置静心室，摆放了牛角梳，牛角是瑶族团结一家的象征；梳子的寓意是通过梳理头绪，冷静头脑，理清思路，再大的矛盾都能梳理化解。通过调解委员会的成员以及“五老”义务调解员队伍，筑起矛盾化解“第一道防线”，凡被依法处罚或违反村规民约的村民，在本年度不得参与评获“先进文明户”“五好家庭户”等荣誉称号，并与村里旅游公司年终分红相挂钩。对多次引起矛盾纠纷的村民，为其在矛盾纠纷排查调处表册上标以卡通形象“牛魔王”“铁扇公主”，不仅受道德谴责，还受到相应的处罚，从而达到村民自我约束的目的，化烦为祥，提高了村民自我约束自觉性，及时将矛盾纠纷化解在了萌芽状态，化解在了最基层。2021 年，勾蓝瑶村被命名为第二批全国乡村治理示范村，其乡村治理经验在全国推广。

江永充分发挥好党员、两代表一委员、“五老”、新乡贤和志愿者作用，全县各村（居）全面建立“四会”，即乡贤参事议事协会、邻里纠纷调解协

---

① 冯柳、蒋键：《江永：“民俗创意”调解法激发社会治理的“大智慧”》，https：//baijiahao. baidu. com/s？id=1716874962719457713&wfr=spider&for=pc，最后检索时间：2021 年 11 月 19 日。

会、志愿服务协会、乡风文明理事协会，引导村（居）民进行自我管理、自我教育、自我约束，把矛盾纠纷化解在萌芽状态。“村民自治工作试点村”千年古村夏层铺镇上甘棠村自古以“忠孝廉节”精神传家，以教化为本。结合古训，上甘棠村选择传承古制：在村委会遴选的德高望重的退休老干部、老党员、老教师中，村民大会选举出13人成立乡贤会，调解邻里矛盾，督导村风建设。新冠肺炎疫情防控期间，在村内，乡贤会配合村委宣传防控知识，做村民的思想工作；在村口，乡贤会成立3人一组的值班队巡回值守。与乡贤会相辅相成的是县司法局、乡镇司法所、村支两委创立的信访法律“580”志愿服务协会。协会会长由各村村支书兼任，会员主动进社区、村组为信访人提供法律咨询服务，耐心引导民众正确解决问题，大大提高了村民的守法意识。他们依法解决实际困难，疏解民意。

创新基层服务“235”模式，实现村民服务不出村。江永高标准建成112个集便民、文体、农业、医养等于一体的农村综合服务平台，创新“建好两个中心、推行三大机制、做优五大服务”的“235”基层治理模式，实现“一门式”“一件事一次办”覆盖镇村，“一件事一次办”办件量、办结率，“帮代办”均排名全市第一，村民“足不出村”可享受优质服务，打通了联系服务群众“最后一公里”。上一年，结合“我为群众办实事”实践活动，为基层群众办理各类实事3万余件。还重点建设“一村一辅警”工作服务平台，聘用人才协助采集各项警务基础信息，协助开展各类治安工作，与兼职网格员一起处理证件业务。将“互联网+社会治理”向村一级延伸，探索打造共建共治共享的社会治理格局。

江永还推行乡镇干部“三联四问”工作法，即乡镇领导联村、乡镇干部联组、党员干部联户，问民意、问发展、问困难、问成效。① 如桃川镇形成了“枫桥经验”与平安创建相结合的“12345”社会治理新模式，即完善一份村规民约，织密视频防控和邻里守望网，组建镇村两级法制宣传、风险

---

① 欧文君：《江永三级联动推动新时代“枫桥经验”落地》，《永州日报》2021年12月13日第1版。

防控、纠纷调处队，优化“四会”，强化人员联控、信访联席、风险联排、问题联治、平安联创，第一时间把信访问题和矛盾纠纷化解在源头。同时高要求制定考核机制。建立常态化督查调研机制，经常性组织调研和暗访，并将落实乡镇社会治理和基层公共服务工作情况作为考察领导干部担当作为的重要指标，纳入县直单位和乡镇绩效考核、领导班子和领导干部年度考核、政治建设考察、基层党建述职评议考核等重要内容，压紧压实责任，切实以责任落实倒逼工作落地。[①]

2. 加强农村基层党组织建设，提高农民获得感、幸福感

基层党建与基层治理的目标是一致的、途径是统一的。江永在推进社会治理重心下移的过程中，不断完善基层党组织建设、优化基层党组织架构，增强其工作效能、扩大其覆盖范围、发挥其传统优势，不断筑牢基层战斗堡垒，更加精准地为群众排忧解难，乡村治理水平持续提升。

狠抓“三大工程”。一是深入实施挂点示范工程，推行“三级书记”抓振兴，制定县级领导挂点联系党建制度，加大对乡村振兴的考核权重，将其工作实绩作为考核党员干部的重要依据。乡镇换届中，一批优秀干部进入乡镇班子，乡镇党委班子抓乡村振兴整体能力全面提升。通过多种方式，推动全县党员干部在乡村振兴主战场建功立业。二是深入实施固本强基工程。加强村支两委班子建设，采取选派大学生村官、外村交流、县乡直派、社会公开选拔等方式选优配强村支两委班子，村级换届中，一批新型经营主体领头人进入村社“两委”班子，村级组织带头人平均年龄较上届降低 10 岁，致富能手占比超过 50%。抓好村支两委干部培训，落实“四类人员”政策，做好农村党员发展培育。三是深入实施党员先锋工程。通过深入开展“两学一做”“不忘初心，牢记使命”主题教育、党史学习教育等活动，充分发挥村支两委党员干部带头示范作用，引导党员自愿认领治安巡逻岗、卫生保洁岗、志愿服务岗等岗位。如源口瑶族乡作为全县试点乡镇率先完成了村“两委”换届工作，选举产生了 70 名村“两委”干部；自主打造“支部主

① 蒋家龙、陈华良：《江永构建基层社会治理新格局》，《永州日报》2021 年 1 月 16 日第 3 版。

题党日”新模式，联合县委组织部、各村社区党组织共同开展了“支部共建、乡村振兴、美化村庄”党员在行动、“认清黑恶势力、主动检举揭发”、汇聚党群力量，共谋源口发展“乡村振兴、党员先行”庆七一建党 100 周年、“人居环境整治、党员在行动”等多个活动，党员群众累计参与 5000 人次，党员群众干事创业的积极性不断提高[①]。桃川镇邑口村实行网格化管理模式，建立三级网格，村委成员包片区，组长包组，党员包户，负责帮包区域环境卫生整治。同时，实行定期评比，将评比结果与村干部绩效工资报酬挂钩，每月召开评比会，制作特色“户牌”，将家庭卫生状况好坏直接反映出来，将女主人、党员、小组长身份等关键元素亮出来，实现“比起来、干起来、亮出来”。

党群联建筑阵地。探索建立乡村党建联盟，派出县直机关党员干部担任乡村振兴专员，建强乡村振兴驻村工作队，打造出一批“党建文化走廊”“党员服务驿站”，建成 30 余个村级党建示范点。近年来，以“党建长廊”为阵地，举办联欢会、茶话会、座谈会等 2000 余场次，发动 2.4 万人次为乡村振兴建言献策，带动 10 余万人次参与乡村治理，全县形成“乡村振兴、党群共建”新气象[②]。其中勾蓝瑶寨注重发挥村支两委的示范带头作用，村支两委带领党员组长带头解放思想，转变作风，破解难题，构筑了强有力的核心堡垒；通过党员带头、群众志愿参与模式，高标准推进“美生态”“育乡风”“强治理”行动，实现村容村貌绿化、美化、净化。

3. 坚决守住防止返贫底线，突出保障社会民生

习近平总书记强调，坚持以人民为中心的发展思想，在高质量发展中促进共同富裕[③]。让脱贫群众不返贫、守住不发生规模性返贫的底线，是贯彻以人民为中心发展思想的内在要求，也是实现共同富裕的底线要求。江永以“钉钉子”精神抓实抓细防止返贫监测与帮扶工作，切实有效巩固脱贫攻坚

---

① 源口瑶族乡：《源口瑶族乡推进乡村振兴战略工作纪实》（2022 年），打印稿。

② 唐德荣：《弹好“五根琴弦”奏响乡村振兴强音》，《农民日报》2022 年 1 月 20 日第 3 版。

③ 《习近平主持召开中央财经委员会第十次会议强调　在高质量发展中促进共同富裕　统筹做好重大金融风险防范化解工作》，载《人民日报》2021 年 8 月 18 日第 1 版。

成果。

强化责任，健全完善工作机制。制定了《江永县关于实现巩固拓展脱贫攻坚成果同乡村振兴有效衔接实施意见》等，确定了18个乡村振兴重点帮扶村、20个乡村振兴示范创建村，在所有行政村均派驻了工作队。建立健全巩固拓展脱贫攻坚成果明察暗访、调度推进、定期通报、分类考核等机制，对巩固拓展脱贫攻坚成果和乡村振兴工作开展专项督查。

守牢底线，巩固脱贫攻坚成果。一是全面落实防返贫动态监测机制。重点排查解决农户不知道不会报、摸排走过场搞形式、信息不共享预警难等问题，提高监测的及时性、全面性和精准度。如潇浦镇制定下发《关于防止返贫致贫动态监测和帮扶的实施方案》《潇浦镇防返贫监测与帮扶管理平台使用管理办法（试行）》等文件，成立镇防止返贫致贫动态监测和帮扶工作领导小组，持续完善防止返贫动态监测和帮扶机制，实行“周统计、月通报、季调度、半年小结、年度总结”，常态化、全方位跟踪掌握易返贫致贫人口生产生活情况，做到早发现、早干预、早帮扶，镇、村监测员实现全覆盖。2021年，共处理省防返贫与监测平台上的6979条疑似风险点预警，其中包括教育风险—失学辍学3769条，就业风险1162条，收入风险153条，大病风险206条，教育风险—无学籍号72条，教育资助未发放85条，慢病签约服务16条，1516条政策未落实问题[①]。二是巩固“两不愁三保障”成果。义务教育方面，深入开展“三帮一”劝返复学行动，全面落实教育资助等政策，确保所有适龄未成年人完成九年义务教育。基本医疗方面，继续落实慢病家庭医生签约服务，持续巩固提升县乡村三级医疗服务水平；加大医疗救助力度，坚决防止因病返贫致贫。住房安全方面，按照“人不住危房、危房不住人”原则，深入开展农村危房改造和农房抗震改造，确保群众住房安全有保障。饮水安全方面，强化农村饮水安全排查，提升保障水平，建立健全长效管护机制；高度重视季节性缺水问题，提前制定预案，及时采取针对性措施，保障好群众的饮水安全。兜底保障方面，做到“应保

① 潇浦镇人民政府：《2021年潇浦镇乡村振兴情况汇报》（2022年），打印稿。

尽保、应助尽助”，加强农村低收入人口监测，分层分类实施社会救助，继续落实好综合社会保障政策，坚决防止因疫因灾基本生活无保障的极端案例发生。如桃川镇2021年开展了3次“两不愁三保障”回头看，对全镇农户开展全覆盖排查，未发现存在“两不愁三保障”问题；持续推动政策落实，2021年新增贷款25户；雨露计划已开展到位；慢性病签约692户，新农合新农保都已保障到位；对农村脱贫人口及监测对象住房进行动态监测，每年鉴定一次住房安全，根据摸排情况，目前未发现住房存在安全隐患的情况[①]。

二　江永县乡村振兴面临的五大挑战

近年来，江永全力打造精细农业，全域推进乡村振兴，全面巩固脱贫成果，全方位改善人民生活品质，农业农村发展取得了重要进展。同时也要看到，江永在向乡村振兴全面推进的新发展阶段仍然面临着五大挑战，亟须引起高度重视。

（一）乡村振兴顶层设计战略性实效性有待加强

随着脱贫攻坚取得胜利，我国将全面推进乡村振兴，这是“三农”工作重心的一次历史性转移。原本集“老少边穷”于一身的江永县，经过长期努力，2017年底就提前实现了脱贫摘帽，打赢了脱贫攻坚战；同时积极探索脱贫攻坚与乡村振兴相衔接，取得了一些成绩。但在顶层设计层面，始终还未走出脱贫攻坚的路径依赖，没有找到好的抓手来全力推进乡村振兴，乡村振兴的顶层设计有待进一步提升。

虽然国家乡村振兴战略顶层设计已经出台，但国家、省、市、县乡村振兴机构连续调整，中央、省一级没有像脱贫攻坚一样有明确硬性政策出台，三定方案尚未出台、机构职能未明确，因此江永县在推进乡村振兴工作中出

① 桃川镇人民政府：《桃川镇乡村振兴工作情况汇报》（2022年），打印稿。

现一定的观望性和被动性，基层开展乡村振兴工作重点不突出、针对性不强。特别是进入全面乡村振兴后，江永对脱贫村派出了乡村振兴帮扶工作队，但部分工作队或乡镇干部的思想观念还停留在脱贫攻坚阶段，有些工作队就是脱贫攻坚帮扶队的简单重复，组织形式、工作内容、管理方式等没有根据乡村振兴的新要求转型；一些村在政策上没有及时制定补充性、延续性的乡村振兴衔接政策或者乡村振兴的具体政策，有的还是沿用以前脱贫攻坚的政策，没有把精准帮扶政策对接到乡村振兴上来，全面乡村振兴的政策没有效“接”上。

（二）优质特色产品实现了高质但有待高效

江永各地按照“一镇一业、一村一品”要求打造了一批优质特色产业，打响了品牌名气；但由于乡村特色产业发展规模有限，普遍存在项目散、规模小、实力弱的现象，品质分化严重，参差不一的农产品品质，阻碍品牌的进一步提质升级和农产品高效益的实现。除此之外，农业发展基础设施落后，抵御自然灾害能力不强，农产品受霜冻、旱涝等自然灾害的影响较大。如2020年的霜冻以及2021年的旱情，使得江永部分地区柑橘和芋头产业损失极大，亟须进一步加强农业基础设施建设，提升抗灾减灾综合水平。以粗石江镇香柚产业为例，全镇90%的家庭都种植香柚，但户均土地极其有限，过大比例的小规模种植意味着种植技术、养护标准不统一，进而导致粗石江香柚品质分化严重，种植技术好的农户香柚售价甚至可达普通农户的2倍以上，参差不一的香柚品质也极大地阻碍了粗石江香柚的品牌形成和名气传播。目前粗石江香柚95%以上都以原果形式售出，香柚产业单一、加工产业实力薄弱，纯粹的香柚产业抵御天气变化等风险能力较差。

另外，三次产业结构的不合理也制约着优质农产品向高效转型，产业结构较为单一，产业融合不够，农业和水果种植业所占比重太高，二、三产业发展严重滞后，产业链条短、业态不丰满、产品附加值低，产业结构亟待优化。特别是缺乏农产品深加工精加工，产出效益不明显，品牌效益有待进一步提升。产品与市场对接方面也有待加强，部分水果和农副产品销售方式落后，销售渠道单一，虽有许多特色优质产品，但由于销路不畅，以家庭手工作坊自产自销为主。

（三）电商产业有待进一步融合发展

近年来，江永的特色电商正加速赋能乡村产业振兴，其电商品牌已经初具影响力。但在快速发展中也面临一些亟待破解的难题：受人才不足、基建滞后、供应链不成熟等问题制约，部分乡镇电商产业有待进一步融合发展，产业化水平有待进一步提升。

一是人才瓶颈。电商发展需要专业人才，而县城在吸引人才方面缺乏优势，即便开出高薪，人才也很难长期留下。因此，当地花大力气培育本地人才，但直播电商人才培训资源匮乏、难以引进市场上的优质培训资源等问题也直接制约着电商产业发展。二是物流瓶颈。城村最先一公里物流不畅，物流成本过高。江永多数地区县乡级的物流体系已经基本建立，然而农产品的鲜活性决定于采摘后必须进行预冷、清洗、分级、加工、包装等一系列操作，而不同农产品要求的储存温度不一样，从而使得农产品流通打通"最先一公里"的难度较大。部分地区仓储物流发展滞后，一些乡镇没有配套建设冷链仓储物流，大量农产品均无法进行长期储存，这制约农产品上行。三是供应链瓶颈。直播电商的基础环节即农产品供应链若不成熟，会制约直播电商、网红经济的做大。网红主播再有口才，消费者最终关心的还是商品质量、价格、物流速度，背后考验的仍是供应链能力，特别是对于农产品而言。传统农产品供应链存在参与者众多、流通环节层级较多且层层加码、供应链节点的衔接不通畅等问题；目前江永农产品电商供应链建设仍处于起步阶段，农产品标准化程度还不高、商品化率不足会给农产品上行带来较大困难，因此亟待培育和完善新型农产品电商供应链，实现农产品的稳定供给。

（四）特色文化区域核心竞争力有待提升

江永县地处南岭瑶族文化旅游"金三角"，历史悠久，文化积淀深厚，依托以“三千文化”为主的文化资源，可讲好江永故事，打造具有江永地域特色的文化品牌。虽然有很好的文化资源与基础，但江永文化的核心竞争力还需进一步打磨，特色文化有待进一步提升为区域竞争的软实力。

打造区域竞争力，必须深入挖掘传统文化内涵，提升文化软实力。当前江永的特色文化资源更多是和旅游产业结合在一起的，文旅融合当然很重要，这也是把历史变景点、实现文化经济价值的最快路径。但作为一座千年历史文化名城，不能只想着怎样包装旅游产品、多赚些门票费。旅游者大规模来访，不可避免会使当地文化呈现商品化趋势，反而容易失去文化原有吸引力。因此要提升区域竞争的软实力应该从文化规划而不是从旅游规划做起。若停留在对传统文化外在物质形态的保护、满足于旅游餐饮，往往会忽略对文化本质的思考。江永要在整合推广和开发利用传统特色文化的基础上，更加注重创新与开放，在推动经济高质量发展的同时，将文化建设摆到更加突出的位置，让文化“软实力”真正成为经济发展的“硬支撑”。

（五）城乡治理有待标准化和规范化

城乡治理的逻辑起点在人，必须坚持保障和实现人的全面发展，把最大限度激发农民参与作为根本出发点。江永的城乡治理有特色、有活力、有成效，但在实施乡村振兴战略过程中，依靠的主要力量仍然是乡村两级干部和部分党员，农民群众的主体地位仍未凸显；标准化和规范化程度明显不够，小至道路两旁的垃圾分类，大到村庄规划、交通布局，由于没有接地气、可操作、可推广的细化标准，往往存在随意性强、科学性不足等问题。

作为社会治理的最基础构成，城乡治理是直接面对老百姓的“最后一公里”，但是从目前来看，江永城乡基层治理工作主要还是通过最简单的“人管人”来实现的，有时会出现社情民意掌握不准、问题处置反应不快等问题。近年来江永信息化建设不断发展，智能化将是带动城乡治理标准化的有效途径。在大数据日渐普及的情况下，必须积极推动把数据转变成城乡治理能力，实现从“经验治理”转向“规范治理”。如何探索出一条以科技为支撑的现代基层城乡治理模式，推动传统城乡治理向城乡治理标准化转型，成为江永需要思考的一大问题。

三　江永县推进乡村振兴的七大建议

江永以争创“全国乡村振兴先进县”为抓手，在全面推进乡村振兴已经取得重要进展的关键时期，要进一步全面构建农业农村现代化的新发展格局，必须摆脱脱贫攻坚的惯性思维、以规划设计引领城乡风貌与布局、促进特色品牌逐步分类向中高端化发展、推进电商与农村社会化服务融合发展、不拘一格打破乡村人才瓶颈、以文化品牌点亮美丽乡村建设行动、以屋场村民小组为单元实现由量变到质变。

（一）摆脱脱贫攻坚的惯性思维

没有脱贫攻坚，就没有乡村振兴；乡村不振兴，脱贫攻坚就不可能巩固。乡村振兴与脱贫攻坚的基础起点不同、问题重点不同、工作对象不同、目标任务不同，必然在工作的政策制度、部署策略、方法步骤、措施手段上也要有所差异，工作的整体格局、工作机制需要创新。乡村振兴不是对脱贫攻坚简单的延续，而是崭新的发展布局，需要重新谋划、重新部署、更新工作思路、努力实践创造。因此，江永要进一步解放思想，发扬创新精神，摆脱脱贫攻坚的惯性思维，紧扣实际与形势新变化，开创乡村振兴新格局。

比如在产业振兴层面，要摆脱之前脱贫攻坚时期的产业扶贫思路即多集中在农业领域的单一产业、局限于一产农业的兴旺，一二三产要同时兴旺、融合发展，才是真正的产业兴旺；必须构建好更加完善的利益联结机制，最大限度带动当地农民就业致富。在组织振兴层面，乡村的有效治理仅靠政府是远远不够的，应充分发挥市场和社会的力量，给市场和社会更多的自由度和主动权，最重要的是要激发农民群众的内生动力，破除“等靠要”思想。在文化振兴层面，脱贫攻坚主要是解决物质生活的保障问题，但乡村振兴既要抓好物质生活富裕还要抓好精神生活富裕，文化建设是一个长期工程，需要久久为功，不可能像脱贫攻坚时期解决“两不愁三保障”一样用几年时间就可以完成，需要循序渐进。

（二）以规划设计引领城乡风貌与布局

习近平总书记明确指出，规划科学是最大的效益，规划失误是最大的浪费，规划折腾是最大的忌讳[①]。江永文化底蕴深厚，尤其要把规划放在首要位置，根据乡村发展的客观规律，因地制宜、因村施策对城乡风貌与布局进行统筹安排和科学规划，从而加强城乡风貌整体管控。

准确把握长远发展目标与方向。好的规划是面向未来，而不仅仅着眼当前。对江永县的整个区域人口向哪里集中，中心村、特色小镇怎么布局都要深入研究；村庄内统筹布局生活空间、生产空间、生态空间，尤其是镇容镇貌、村容村貌要有一个统一的规划，这些都需要建立在可持续发展的基础上，不能为了阶段性工作目标迷失了未来的战略远景。江永要立足自然资源禀赋，充分发掘特色历史文化，在保护乡村自然风貌和挖掘乡村人文资源的基础上，顶层设计乡村发展的整体风貌，形成布局合理、成片成景的乡村发展形态。

建立乡村规划的正面清单和负面清单。要明确乡村规划中需要大力提倡鼓励支持的正面清单（如推荐的建筑风格与设计）和限制禁止的负面清单（不提倡的建筑风格与设计），什么样的建筑风貌、民居风格更能彰显江永特色地域文化？什么样的建筑环境与乡镇整体风貌不协调？通过强制性和引导性相结合，强化规划对城乡风貌与布局的有效规范和引导作用。

突出农民主体地位。在“规划什么”“谁来规划”“怎么规划”的问题上，不能是政府意志的单一化与行政化，城乡风貌与布局全部由政府投钱来打造也是不可能的；应让农民充分参与规划和实施的全过程，确保以规划为引领的城乡风貌是服从农民需要、交由农民决定的。

---

① 《习近平在北京考察工作时强调．立足优势，深化改革，勇于开拓，在建设首善之区上不断取得新成绩》，载《人民日报》2014 年 2 月 27 日第 1 版。

（三）特色品牌逐步分类向中、高端发展

江永以农业立县，以“五香”特色农业强县。近年来，香型特色农业产业规模不断壮大，质量和品牌知名度不断提升。江永要抢抓产业发展机遇，推动特色品牌逐步分类向高端化发展，真正让“五香”产品带富江永百姓。

农产品不同于工业品，具有突出的地域特质，不能无限制地扩大规模，否则会造成供大于求、价格效益大幅度滑坡。为了获得更高经济效益，特色农产品关键是要推进由数量增长向质量提升的转变，走高端化发展之路；因为物以稀为贵，“又少又贵”是人们对高端农产品最深刻的印象；特色农产品是独特的稀缺资源，只有通过逐步分类找准自己的差异化定位，才能破解同质化竞争困境、提高农产品市场竞争力。

品牌细分由消费市场的分层决定，当前中国的社会阶层已经出现高、中、低端的消费分化，如果将农产品分五个等级：特级、一级、二级、三级、次品，经过筛选、品质最佳的高端农产品卖出最高的价格，就可以满足特定消费群体的高端消费需求，从而使农产品生产满足市场的需要。虽然不可能马上将江永全部品牌进行分类，但是可以逐步推广，如粗石江镇的江永香柚已经迈出了分级销售的第一步，将香柚按照糖分含量、重量、品相分为不同等级，并以不同价格进行销售。其中，优质老树香柚通过精包装被打造成高端礼赠产品，平均售价超过普通香柚 250%①。

（四）推进电商与农村社会化服务融合发展

实践表明，农户家庭经营加上完备的社会化服务，更符合我国的国情农情，农业社会化服务已成为实现小农户和现代农业有机衔接的基本途径。江永的电商产业有良好的基础，要进一步完善农村电子商务公共服务体系，搭建农村电子商务平台，大力支持农民专业合作社、家庭农场、种养大户等经营主体发展应用电子商务，推进电商与农村社会化服务融合发展。

---

① 粗石江镇人民政府：《香柚大发展　乡村大振兴》（2022 年），打印稿。

要按照“政府引导、企业主导、市场运作、多方联动”的原则，建成一批商业模式新、创新能力强、发展潜力大的农业电子商务企业，或着力打造以农资供应为核心，集农技服务、物流配送、农产品购销等服务于一体的现代农业综合服务电子商务平台，专注做好产品的商品化、商品的品牌化运营，实现线上线下融合发展，零距离对接服务广大种植大户、专业合作社、家庭农场等“新农人”。积极推动县域物流资源整合，致力于城乡村快递一体化运营，制定快递集中分拣、集中配送和配套的引导政策，打通直播电商物流的最先一公里。培育电商带头人，创造良好的电商服务环境，倒逼传统农业加快向现代农业转型升级，通过网络平台拓展市场，形成产、供、销紧密衔接的产业链。以政策引导、人才培训、农村电商、集聚发展、融合发展为重点，加快推进电子商务进农村全覆盖。

（五）不拘一格打破乡村人才瓶颈

人才是推动乡村振兴的第一资源。江永在推进乡村人才振兴中，要树立正确的用人导向，唯才是举，打破身份、年龄、学历等条条框框，不拘一格引进使用人才，破除人才选用制度瓶颈，破解人才这个乡村振兴中最突出的短板问题。

不搞年龄门槛“一刀切”。简单地将年龄划线作为乡村人才的“硬指标”，是把一大批“懂农业、爱农村、爱农民”的优秀人才拒于门外，导致本来人才稀缺的乡村形成人才浪费的怪状。比如浙江已经启动乡贤“领头雁”工程，探索由已退休乡贤担任村“第一书记”，扎根一线开展乡村振兴的实践，赋予乡贤更大平台，充分激发人才的示范引领作用。

不搞学历门槛“一刀切”。千里马常有，而伯乐不常有。打破学历资历限制有利于扩大人才选用的范围，激发人才活力，尤其是技能型人才。农村最重要的是实用性人才，要能够全心全意为农民服务、解决当下乡村振兴实践中具体问题，如一些“田秀才”“土专家”具有丰富的生产实践经验。要加强对本土人才全方位、个性化的培训，构建人才激励机制和渠道，不断增强乡土人才的身份认同感，从而让他们带动一片、示范一方。

（六）以文化品牌点亮美丽乡村建设活动

江永瑶族文化、女书文化和古村民俗文化特色鲜明、亮点纷呈，要进一步强化文化品牌建设，把打造乡村文化品牌作为美丽乡村建设提档升级的主要抓手，把“物”的建设提升到“人”的建设，实现“物”美向“人”美的转变，让百姓“望得见山、看得见水、记得住乡愁”。

将文化融入生态。青山绿水是乡愁的载体，乡村不仅要满足人们对天蓝、地绿、山清水秀等美好生态产品的需要，还要满足人们对传统文化、乡愁等美好精神产品的需要，因此要将文化融入生态美景之中，彰显江永乡村的文化与生态特色。

以文化留住传统。根据各村的历史背景、民风民俗、地域风情等实际情况，紧紧围绕江永“三千文化”特色，把不同的文化元素融入乡村建设中来，保护当地传统乡村景观文化，着力打造一村一品、一村一景、一村一韵的文化建设格局。

用文化激活精神。文化不仅包括物质层面，还包括精神、价值观层面；江永要持续激发乡土传统文化活力，不断丰富村民精神文化生活，形成风清气正、向上向善的舆论导向；同时强化村规民约对不文明行为的有效约束，让不良风气失去根基，让乡村文化不只是简单的唱唱跳跳，而真正起到“以文化人”的作用，使好习惯、好风尚、好家风蔚然成风。

（七）以屋场村民小组为单元夯实振兴基础

乡村振兴是一项事关农村长远发展的战略目标，是一个长期工程。尤其在面对宏观经济下行、财政压力不断增大的挑战下，江永要坚持村民自管自治的原则，以示范屋场、示范村民小组为单元整体推动乡村振兴，实现由量变到质变。

改观念，从“要我建”到“我要建”。要广泛调动农民群众建设美好家园的积极性，充分凝聚乡贤、村民等内生力量，助力示范屋场、示范村民小组建设。乡村振兴不应该是整齐划一，而应姹紫嫣红、百花齐放。各屋场、各村民小组要充分发挥农民的主体作用和首创精神，因为问题的解决，往往不是等上级政策设计出来的，更多是来自基层实践探索，要善于总结基层的实践智慧。

抓重点，从“屋场村民小组”到“整村整镇推进”。一个个示范屋场、示范村民小组就是一面面旗帜，比如通过打造一个示范屋场、美化亮化一个村民小组，树立榜样，发挥示范作用，可以带动全村的环境整治工作。只有集中力量把示范屋场、示范村民小组打造好，才能以点带面，纵深推进，全面实现农业强、农村美、农民富。

参考文献

习近平：《习近平谈治国理政》（第三卷），外文出版社，2020。

习近平：《在全国脱贫攻坚总结表彰大会上的讲话》，《人民日报》2021 年 2 月 26 日第 2 版。

中共中央、国务院：《乡村振兴战略规划（2018-2022 年）》，2018。

《中共中央国务院关于全面推进乡村振兴加快农业农村现代化的意见》，2021 年 1 月 4 日。

张庆伟：《在中国共产党湖南省第十二次代表大会上的报告》，2021 年 11 月 25 日。

张庆伟：《以实干实绩推动“三农”工作取得新进展》，《新湘评论》2022 年第 5 期。

毛伟明：《政府工作报告》，2022 年 1 月 17 日。

唐德荣：《弹好“五根琴弦”奏响乡村振兴强音》，《农民日报》2022 年 1 月 20 日第 3 版。

陈文胜：《论中国乡村变迁》，社会科学文献出版社，2021。

陈文胜：《大国村庄的进路》，湖南师大出版社，2020。

陈文胜：《实施乡村振兴战略走城乡融合发展之路》，《求是》2018 年第 6 期。

陈文胜：《补齐农村人居环境短板》，《人民日报》2019 年 9 月 10 日。

陈文胜：《推动乡村产业振兴》，《人民日报》2018 年 3 月 12 日。

陆福兴：《做好乡村振兴这篇大文章》，《新湘评论》2021 年第 2 期。

陆福兴：《加大地方品种保护 打造农产品湘字号品牌》，《湖南日报》2020 年 12 月 31 日第 23 版。

B.13

新化县2022年乡村振兴研究报告

陆福兴*

摘　要： 作为历史上湖南省贫困人口最多的县，新化从脱贫县起步，深入推进县域城乡融合发展，巩固拓展脱贫攻坚成果与全面乡村振兴有机衔接，推动县域乡村振兴取得了明显成效。全县牢牢守住脱贫底线，深入巩固脱贫攻坚成果，以发展生态经济实现绿水青山变成金山银山，以文旅产业兴旺促进产业融合、促进农民增收，县城经济社会发展辐射带动能力明显增强，乡村治理形成积分制等成功案例，人民群众参与乡村振兴的内生动力显著提升。但是，新化县依然面临发展基础弱、经济总量小、主导产业支撑高质量发展能力不足、防范返贫致贫风险任务重、基础设施与公共服务短板多、人才短缺体制机制创新难等挑战。为推动全县乡村振兴实现新的发展，新化应当进一步增强和激活市场消费潜力，着力以规划引导产业区域布局，进一步做大做强主导产业，大力创新人才培养使用机制，因地制宜推进多元化发展，加快补齐农民社会保障短板，全面激发农民主体活力。

关键词： 乡村振兴　县域发展　新化县

新化县地处湘中偏西，资水中游、雪峰山东部，总人口152万人，是湖南人口第一大县；也是千年古县，北宋熙宁五年（1072年）建县，至今

* 陆福兴，湖南师范大学中国乡村振兴研究院教授，研究方向为农村政策法律、农业安全。

950 年；曾经是国家级贫困县，脱贫前贫困人口达 17.8 万人。近年来，全县集中精力坚决打赢脱贫攻坚战，经济社会稳步发展，2019 年成功摘掉贫困县帽子。当前，全县基础设施和公共服务明显改善，境内高铁、高速纵横交错，民用机场已规划选址，交通区位条件得到明显改善，发展潜力正在不断增强，贫困县正向后劲足、潜力大的发展快县迈进。

一　全省大县摆脱贫困、推进乡村振兴成效显著

新化县历史上是一个面积大、资源多的县域，世界锑都和产煤大市冷水江就是从新化县分离出来独立成市的。受地理条件制约，新化县主要由水淹库区、高寒山区、石灰岩区干旱区组成，覆盖全县 90%的乡镇和 95%的国土面积，它们也曾是新化的三大贫困带，曾有一段时间新化县一直是全省最大的国贫县和全国最大的移民后扶县。近年来，新化县坚持以习近平总书记精准扶贫思想理念为指引，全力打赢脱贫攻坚战，实现了脱贫摘帽。新化从脱贫县起步，深入推进县域城乡融合发展，巩固拓展脱贫攻坚成果与全面乡村振兴有机衔接，推动县域乡村振兴取得了明显成效。

（一）牢牢守住脱贫底线，全面巩固脱贫攻坚成果

2019 年底新化如期脱贫摘帽后，县委、县政府奋力将巩固拓展脱贫攻坚成果与乡村振兴有效衔接，2021 年初，被确定为湖南省 13 个乡村振兴重点帮扶县之一。一年多以来，全县坚守脱贫底线，严格落实“四个不摘”的要求，坚持以人民为中心，大力弘扬脱贫攻坚精神，深入推进巩固拓展脱贫攻坚成果同乡村振兴有效衔接各项工作。

1.“三个确保”衔接有效

确保工作体系只强不弱。推动制定了有效衔接的领导机制、调度机制、督查机制和考评激励机制等四个试行机制和新化县月度工作奖评办法，在月度讲评重点工作内容中，把巩固拓展脱贫攻坚成果同乡村振兴有效衔接作为重点，推行月督查、月调度、月讲评工作方法。确保工作力量只增不减。在

不减弱帮扶力量的前提下，重新调整了工作队长和队员并对301个村派驻第一书记和工作队，实现对脱贫易地搬迁村、集中安置村、重点帮扶村、示范创建村等各类村派驻全覆盖。确保工作保障只升不降。出台《关于实现巩固拓展脱贫攻坚成果同乡村振兴有效衔接的实施方案》《新化县“十四五”巩固拓展脱贫攻坚成果同乡村振兴有效衔接规划》等有关文件，完善顶层设计，推动今后五年从集中资源支持脱贫攻坚的阶段，向巩固拓展脱贫攻坚成果与全面乡村振兴转型，用乡村振兴巩固拓展脱贫攻坚成果，切实保持今年和今后五年主要帮扶政策总体稳定。

2. “三个到位”严防返贫

返贫排查到位。组织乡村干部定期对全县所有农户进行地毯式排查走访，切实做到“早发现、早干预、早帮扶”。帮扶纳入到位。及时核实各类风险预警信息，按照“农户申请、入户核实、村（居）评议公示、乡镇（街道）审核、县级比对审定”的程序，截至2021年12月20日，全县共确定监测对象10223户18128人。帮扶措施到位。统筹整合乡镇和驻村帮扶后盾单位干部力量，对监测对象结对帮扶全覆盖，建立了帮扶台账，按照“缺什么补什么”的原则，制定落实针对性帮扶措施，做到“应帮尽帮”。

3. “五个保障”巩固拓展成果

抓实义务教育保障。通过采取“三帮一”劝返复学、“送教上门”等针对性措施，确保失学辍学问题动态清零。抓实基本医疗保障。将特困人员、低保对象、脱贫人口、边缘户、重度残疾人等21万困难群体全部纳入了医疗保障范围，实现了困难群众应保尽保。抓实住房安全保障。对全县所有农房进行全覆盖核验和排查，对监测对象全部开展住房安全性鉴定并及时消除风险。抓实饮水安全保障。整合农村供水保障建设资金1210万元，实施巩固提升工程164处，巩固和新增农村自来水受益人口416814人。抓实易扶搬迁保障。紧紧围绕易扶群众“稳得住、有就业、能致富”，继续坚持“1+3+X”易扶建设模式（即1层门面+3层住宅+产业配套，实现搬迁群众楼上住房、楼下就业），投入资金4000余万元，坚持党建引领，加强搬迁安置点基层党组织建设，全面完善搬迁安置点基础设施和公共服务设施建设，增强搬迁群众归属感。加强产业就业帮扶，实现有劳动能力和就业意愿搬迁群众产业就业全覆盖。

（二）大力发展林下经济，推动绿水青山变金山银山

新化森林覆盖率 54.92%，林业用地面积 324.6 万亩，是国家重点生态功能区、全省重点林区县、首批“国家全域旅游示范区”创建单位、全国休闲农业与乡村旅游示范县、全国森林旅游示范县、国家林下经济示范基地县、中国黄精之乡、湖南省首批省级林下经济发展重点县。新化坚持绿色发展理念，大力发展生态经济，不断推动生态资源转化为生态价值，在保护绿色青山的同时实现了经济社会稳步发展。

1. 生态经济成为发展新引擎

近年来，新化县委、县政府坚持生态保护和发展相结合，把发展林业经济作为推进产业扶贫和乡村振兴行动的重要抓手，为做好巩固拓展脱贫攻坚成果同乡村振兴有效衔接工作开拓新动能。2020 年，全县林业总产值达 130 亿元。据统计，目前全县从事林下经济的经营主体约 450 家，全县林下经济作物总面积达 69.3 万亩，从业人员 36 万人，发展农民合作社 3024 家、家庭农场 812 家，市级以上农业产业化龙头企业发展到 38 家，经营利用面积达 139.5 万亩。全县建成了中药材批发市场、林下经济电商产业园、鑫泰农贸市场等一批农特产品交易市场。“新化红茶”“新化黄精”等 7 个品牌成为国家地理标志证明商标，“两品一标”有效个数达 40 个。[①] 全县基本形成了林下种植、林下养殖、林下产品采集加工、森林景观利用四大生态经济产业发展类型。其中林下种植正成为新化生态经济产业中最主要的发展模式，至今全县林下经济种植面积 39.8 万亩，年产值可达 12.35 亿元。

2. 黄精产业引跑全国

新化县把黄精作为发展林下经济的核心品种，国家林学会授予了新化“黄精之乡”的称号，“一亩林万元钱”的黄精成为新化在全省打得响的林

---

① 新化县林业局：《新化县林业产业发展情况汇报》（2021 年），打印稿。

下经济重点产业。新化县坚持开展产学研用结合，培育形成了一批区域化、标准化、规模化的中药材种植育苗示范基地，一批规模化生产黄精的加工企业和种植基地逐渐形成，如颐朴源、绿源农林和天龙山农林等，新化县也成为全省黄精种植基地县；获得多花黄精种苗繁育、栽培、加工等发明专利3项，开发了九制黄精等系列新产品。大力推进品牌化建设，通过“首届中国林下生态黄精产业发展研讨会暨第二届九九黄精文化节”等活动，已建成中国黄精集散中心，开设黄精新产品体验馆和营销中心，加快推进黄精产业链品牌发展。2018年，“新化黄精”获得国家地理标志证明商标，为黄精发展拿下了第一块里程碑；2019年，中国林学会又授予新化县“中国黄精之乡”称号。目前，全县黄精种植面积达到了5万亩，总产值达6.5亿元。

3. 红茶产业特色崛起

新化红茶历史悠久，近年来县委、县政府实施“两基（粮食、生猪）两特（新化红茶、新化黄精）”农业产业战略，把新化红茶当作两个重点特色产业之一，全力支持红茶发展，全县茶园种植面积达到了8.9万亩，年产茶叶5000吨，现有茶叶加工企业25家、省级龙头企业5家、专业合作社135个，注册茶叶品牌56个，其中红茶品牌33个。目前创建渠江薄片、天鹏生态园、青文农业、紫金茶叶科技、天门香寒茶和月光红茶叶6个省级特色产业园，有真味农业、小桂林茶业、雅寒茶业、国仲茶业、欣博语洁农业等企业，被纳入了湖南省五彩湘茶优势产业集群，全县茶叶企业全部纳入农产品“身份证”和追溯体系平台管理，实行线上线下交易和一品一码赋码标识，新化红茶被省茶叶产业协会授予“湖红之源”的称号。大力推进茶叶产业创新，新化县与省茶叶研究所签订了5年合作协议，先后制订《新化县红茶产品质量标准》《生态茶园建设标准》《茶叶清洁化加工厂建设标准》等。聘请中科院院士刘仲华教授为新化县首席专家顾问。

4. 林木经济多元发展成趋势

在突出黄精和红茶等“两特”发展的同时，加快推进传统林木经济的转型发展，形成了“两特多元”发展的趋势。一是木材加工转型升级。木材是新化传统手工业发展的基础，全县共有木材加工经营单位220家，其中年产值2000万元以上的3家，全县木材加工企业产值在500万元左右的有新光木业公司等10家，木材加工从业人员达1.2万余人，年产值达到5亿元以上。2019年伟星竹木成功创建竹木加工省级示范林业特色产业园。二是楠竹产业实现增收。新化县现有竹林面积44.38万亩，立竹总量7570万株，楠竹面积和蓄积量均在全省前列。新一届的县委政府高度重视竹产业的发展，将竹产业作为新化乡村产业振兴的富民工程来抓，出台了《中共新化县委　新化县人民政府关于推进竹产业高质量发展的实施意见》，重点对竹产业发展中资源培育、基础设施建设、市场建设、品牌创建、企业技改、技术培训、宣传推广等方面予以支持，推动楠竹产业成为重要的富民产业。三是油茶提质升级。油茶产业是新化脱贫攻坚三大支柱农业产业（油茶、中药材、茶叶）之一，当前正在着力推进油茶的种植（低改）、产地初加工、精深加工及市场流通体系的全产业链培育发展。新化县对种植和低改农户给予每亩1500元、800元专项补贴，切实调动了广大林农积极性和主动性，激发了全县油茶产业发展的内生动力。全县现有油茶经营主体185家，油茶林总面积为25万亩，年可产茶油825吨，年产值为2.1亿元。①

（三）以文旅兴旺引导乡村产业融合，农民收入水平明显提升

新化山川秀美，风光旖旎，文化底蕴深刻，近年来，新化文旅产业发展迅速，取得了很好的富民效应。

1. 全域布局文旅融合

全力打造“一心・一带・两翼・四片区”的全域旅游产业空间布局，“一心”即建设以县城为中心的全县游客集散中心。“一带”即建设资江观光休闲带。“两翼”即重点建设紫鹊界梯田-龙湾湿地-大熊山、紫鹊界梯田-奉家桃花源-天门旅游线。“四片区”：西部片区以紫鹊界梯田、奉家康养小镇、古桃花源、渠江源、雅天门景区、红二军团司令部旧址、杨氏宗祠、刘氏宗祠为重点，形成以梯田大地艺术体验、稻作文化体验、梯田观光

① 新化县林业局：《新化县林业产业发展情况汇报》（2021年），打印稿。

度假、遗产研学、康养度假、乡村休闲等产品为主体的梯田观光休闲、农耕文化体验旅游区；北部片区即以大熊山、梅山龙宫、龙湾湿地公园、陈天华旧居、成仿吾旧居、罗盛教故居、方鼎英故居、陈正湘故居、西团书院为重点，形成以蚩尤文化感悟、森林康养、湿地观光、溶洞科考等为主题的森林湖泊度假文化旅游区；东部片区即以油溪桥村、油溪河漂流、梅山大峡谷、龙潭风雨桥、车田江水库等为重点，形成以峡谷观光、峡谷运动、地质科普等产品为主的峡谷探险文化旅游区；南部片区即以三联峒、檀山排、文田砚、桐凤山、半山旅游区、文昌阁等为重点，形成以城市近郊休闲为主要市场的乡村文化旅游休闲体验区。

2. 项目建设强力推进

先后出台了《新化县关于加快休闲农业与乡村旅游发展的实施意见》《新化县加快旅游业发展奖励实施细则（试行）》《新化县旅游家庭旅馆基本标准（试行）》《新化县旅游精品（特色）民宿基本标准（试行）》等项目建设支持政策。举全县之力强力推进项目建设，不断完善乡村旅游基础设施，仅2020年就完成投资15亿元，推动县文化旅游重点项目16个，统筹财政资金2600万元，扶持68个村开展乡村旅游项目建设，其中完成了11个小型游客服务中心、22处旅游厕所、4个自驾车营地、11个旅游停车场、21处游步道、23个观景亭以及100多处大小标识标牌等项目建设，全年开展乡村旅游从业人员培训450余人次，[①] 通过项目建设进一步夯实了乡村旅游发展基础，增强了全县乡村旅游发展后劲。

3. 文旅产业品牌凸显

通过大力发展乡村旅游、推进文旅融合，全县共创建国家4A级旅游景区4个，国家3A级景区4个，新化被授予的各类相关荣誉称号有：“全国休闲农业与乡村旅游示范县”“中国最具魅力文化旅游百强县”“中国梅山文化艺术之乡”“湖南省全域旅游示范区”等。已基本形成大熊山的蚩尤文化、上梅镇的千年古城与梅山文化、水车镇的梯田观光体验和农耕文化、奉

① 新化县文体广旅局：《大力发展乡村旅游，推进文旅深度融合》（2021年），打印稿。

家镇的茶旅融合、吉庆镇“湘中花镇”、天门乡的中国易学园、圳上镇的红色文化、荣华乡龙湾湿地公园、温塘镇的亲水峡谷等主题鲜明的九大乡村旅游品牌，乡村旅游的品牌影响力日益增强。

4. 产业兴旺，惠民富县

为实现文旅产业惠民，全县全力推进“一镇一特色”“一村一品”建设，采取“景区带村”“能人带户”“合作社+农户”“公司+农户”等方式，引导群众直接或间接参与乡村旅游产业发展，进一步拓宽了群众增收渠道。2020 年，全县旅游接待人次 1219. 37 万人次，旅游综合收入 103. 71 亿元，发展三星级以上乡村旅游区（点）74 家，旅游接待床位数 2. 8 万余张，新增就业岗位 2 万个。目前，全县文旅从业人员达 6 万余人，其中返乡创业人员达 4200 余人，为乡村振兴注入了新的活力。2021 年，一至三季度共接待国内外旅游者 1509. 12 万人次，实现旅游综合收入 134. 29 亿元,[①] 有力地巩固了脱贫成果，全面推进了乡村振兴、农民增收。

（四）县城带动乡村经济发展能力突出，城乡融合明显提速

新化县以县城为中心布局和推进产业融合、城乡互动，县城的带动和辐射作用日益明显，县域城乡融合发展能力不断增强。

1. 县城工业园区发展能力日渐增强

完成了格林美塑木材料循环产业园、特种陶瓷产业园二期建设，新增标准化厂房 75 万平方米，建成园区污水处理厂，完善了园区水、电、路等基础设施，建立了中科院老专家技术服务中心、中国特种陶瓷产品检验检测中心新化分中心、省级企业技术服务中心、省级先进陶瓷产业服务中心等公共平台。建成省级、市级企业研发中心 3 个，入园企业达到 97 家，高新技术企业达到 38 家，高新技术总产值达到 105 亿元、占工业总产值的比重达到 31. 8%；园区工业总产值达到 138 亿元、占工业总产值的比重达到 41. 8%；新建了新印科技等一批龙头企业和文印耗材生产线，引回文印企业 358 家，

① 新化县文旅广体局：《大力发展乡村旅游　推进文旅深度融合》（2021 年），打印稿。

文印本土产值达到68亿元，新化文印成为全省首个县级千亿产值产业；先进陶瓷总产值达到170亿元，新化电子陶瓷产业被列入全省20个战略性新兴产业和17个先进制造业产业集群之一。新化县成为省级创新型县示范创建单位，实现了新化经济开发区向省级高新技术区的蜕变，园区综合竞争能力排名大湘西地区前3位。

2. 县城现代服务业规模质量同步提升

引进了光大银行等金融机构，完成了星龙村镇银行组建，县内银行机构从8家发展到11家，金融业税收从1.3亿元增长到2.1亿元，金融竞争力进入全省前9；建立了文旅（上市）小镇平台，引进了43家上市、拟上市企业和6家三类500强企业，年新增税收2.5亿元以上。电商产业园建成运营，电商销售额达到35亿元，其中农产品电商销售额突破6.3亿元①，成功创建为全国电子商务进农村综合示范县。围绕先进陶瓷、新化文印、新化红茶、新化黄精等广泛开展贸促活动，品牌影响力大力提升，开放型经济发展迈出新步伐；房地产业、仓储物流、梅山饮食业等快速发展，新化正在成长为湘中地区的商旅旺地。

3. 城乡交通网络融合发展明显加速

龙琅高速、娄底大道、大熊山连接线建成通车，完成了紫鹊界连接线、吉白公路、石冷公路提质改造，启动了官新高速、新新高速、金温公路建设，娄底春田机场建设已获中国民航局批复，常新高速前期工作有序推进，全县公路通车里程突破一万公里，实现了全县范围内25户（100人）以上所有自然村通水泥路，承东启西、通南达北、内通外畅的大交通格局基本形成，城乡交流障碍不断消除，县城日渐成为农民商业消费中心。

4. 城镇基础设施承载能力明显提高

完成了白沙洲路、城西防洪堤、天华南路人防工程、北塔公园、新园路、县城二水厂应急水源、生活垃圾焚烧发电厂、疾控中心整体搬迁、公安

① 左志锋：《开启新征程　建功新时代 奋力开创县域经济高质量发展新局面》（2021年），打印稿。

业务用房、强制隔离戒毒所等的建设，城东防洪堤三期、北塔大桥即将竣工，跨越资江的大桥达到 9 座，极大地拓展了城乡融合发展空间；“一江两岸”城市建设迅猛发展，建成一大批高品质商住小区，有效构建了多层次住房保障体系；洋溪、水车、奉家、白溪、琅塘、西河、温塘等特色城镇建设有序推进，城镇功能和承载能力不断提升，全县城镇化率由 31.7%提高到 39.7%；城市管理水平不断提升，成功通过了省级文明城市和卫生县城复核验收。

（五）创新积分制等乡村治理模式，有效激发乡村内生动力

新化县委、县政府高度重视推进基层治理创新，探索形成了一批乡村治理的典型，激发了乡村治理的内生动力。

1. 油溪桥村积分制治理成为全国案例

油溪桥村原本是一个资源贫乏的贫困村，通过发挥党建引领作用、创新推行“积分制”管理，充分调动了村民的主体积极性。2018 年，油溪桥的“积分制管理”经验入选“全国首批乡村治理典型案例”，这一经验被农业农村部向全国推广。油溪桥村创造性推出“积分制”新型管理模式，推动村庄自治迈向精细化、科学化、现代化。制定出台《积分制管理细则》，积分制把出工出力、责任义务、产业经营、诚实守信、家庭美德等村民生产生活各类表现全面量化，设立奖励量化的指标 35 项、处罚量化的指标 41 项，根据指标对逐人逐户实行积分动态管理。实行“一事一记录、一月一公开、半年一评比、一年一考核”，村委会坚持考核到岗、量分到户、打分到人，将积分高低与产业收益挂钩、与干部绩效挂钩、与评优推选挂钩、与物质奖励挂钩，汇聚起全村上下争相比筹劳、比产业、比贡献、比担当的蓬勃活力，真正实现村庄治理从“粗放”到“精细”、从“被动”到“自愿”的转变，积分制的推行实现了全村公益用地零征收、零矛盾、建设项目零劳动力。2007～2017 年村民自筹、全村累计义务筹工 76000 余个，政府财政累计投入仅 403 万元，创造了全村近 1 亿元的资源资产，成功创建为“全国文明村”。

2. 西河镇“垃圾治理农户付费”经验成为全省典型

西河镇实行垃圾治理农户付费制度改革，在稳定保证财政投入环境整治的前提下，实行全域农户付费等多元化筹资筹力机制，在环境治理中取得了成功经验。几年来，全镇农户付费已超过 1000 万元，其农户付费环境治理的经验被全省推广，为各地探索多元化环境治理投入机制提供了可资参考的模式和案例。

3. 乡村治理创新实践遍地开花

新化县油溪桥村通过积分制进行评优评奖及集体经济收益分红，有力地推进了村民自律与自治；西河镇的“垃圾治理农户付费”让农户参与，把社区公共卫生事务变成自家的事情，极大限度地调动了农民的积极性，激发了乡村振兴的内生动力。油溪桥村的“积分制”和西河镇的“垃圾治理农户付费”改革，还带动了周边及全县一大批乡村治理创新，仅油溪桥村所在的吉庆镇，乡村治理改革取得成效的就有 5 个行政村。新化县乡村治理改革以农民为主体，引导农民主动参与乡村治理，充分调动了农民的主体积极性，有效激发了乡村发展内生动力。

二　摆脱贫困后全面推进乡村振兴面临诸多挑战

新化县作为湖南贫困人口最多的县，尽管实现了脱贫摘帽、全面小康，但是在基础弱、底子薄的情况下推进全面乡村振兴是新化的客观现实，当前全县经济社会发展的困难和问题仍然不少，全面乡村振兴还面临诸多挑战。

（一）经济总量小、发展基础弱，人口大县共同富裕压力大

新化县作为人口大县，不仅县域经济总量不大，而且乡村人口有 110 多万人，乡村地广人多，刚刚脱贫的人口多，许多还在贫困线上徘徊，发展基础不稳固，在全面小康基础上实现共同富裕的压力很大。当前，新化人均 GDP 尚不足全国人均水平的一半；县域财政仍然是“吃饭财

政”，财政增收赶不上刚性支出的持续攀升，收支矛盾比较突出。县域发展的大项目储备和引进不足，有效投资增长乏力，支撑重大项目的要素保障、服务保障还不够强，科技创新支撑能力偏弱。必须下大力气推动经济总量与速度都同步快速增长，才能不断夯实人口大县共同富裕的经济基础。

（二）主导产业实力不足、品牌较少，支撑高质量发展能力不足

主导产业的实力决定了县域发展的竞争力，主导产业的品牌影响力是县域发展的核心竞争力。新化县目前主导产业已经初现端倪，但是主导产业的规模小、实力不强；全县产业结构明显不优，产业层次与发达县相比仍然较低，领军企业和“专精特新”企业偏少。新化先进陶瓷产业链为全省 17 个先进制造业产业链之一，新化文印成为全省的千亿产业链之一，文化旅游方面新化县一度跻身全省特色县域经济重点县，同时，新化红茶、新化黄精、白溪豆腐成为国家地理标志产品，但这些产业，都还在培育发展之中，存在总体规模不大、产业链条不长、科技含量偏低、产品附加值不高等问题，引领和支撑人口大县县域经济发展的能力还有待加强。工业园区的总体承载能力还不强，创新创业孵化平台、科技研发平台、服务平台等还没有完全建立起来，功能还不齐全，还存在土地集约利用水平、产出投资比偏低的现象。同时，文印特色小镇还在建设之中，水暖卫浴特陶小镇、水车梯田文旅小镇、白溪豆腐产业园、农产品精深加工产业园等还没有很好地发挥产业引导与承载作用。特别是农业龙头企业规模小，有些产业尽管形成了一些品牌，但品牌影响力不大，整体竞争力不强，辐射带动能力弱，农民专业合作社服务层次低，与农户利益联结不紧密，贫困群众持续增收困难。由此可以看出，要实现高质量发展，新化的产业还面临着强主导、调结构、优平台、显特色等多元挑战。

（三）脱贫大县巩固脱贫成果难，防范返贫致贫风险任务重

新化县作为全省最大的脱贫县，拥有脱贫人口 53754 户 178237 人。脱

贫人口基数大，对脱贫群众稳定就业和易地搬迁后续扶持还需持续发力，对因病因灾因突发事故等造成的返贫致贫风险需及时有效应对。目前仍有监测对象 10222 户 18130 人，占比高达 10.17%，脱贫人口中有 30%以上是因病致贫、因病返贫，[①] 不少人还丧失了劳动能力，这些监测对象随时都面临返贫的风险，要全面巩固好脱贫成效，还存在巨大的资金缺口和资源支撑缺口。因此，在全面乡村振兴中，巩固拓展脱贫攻坚成果的任务还很重，脱贫攻坚与乡村振兴有效衔接的难度还不小。

（四）基础设施与公共服务短板多，政府财政投入困难大

对照乡村振兴的总体要求，全县还存在基础设施建设相对落后，农村村组公路通行能力还需巩固提升，农村水、电、讯等基础设施还需升级改造等问题。全县整体公共服务水平不高，公共服务供给还不平衡、不充分，城市治理、社会治理还有待加强，教育医疗、文化体育等领域状况与群众需求还有很大差距，发展还不够协调。健康、养老等公共服务设施不完善，特别是污水、垃圾处理不配套，历史遗留欠账较多，农村人居环境整治压力较大。新化县财政主要依赖于转移支付，加之脱贫攻坚欠债较多，县域政府财政投入基础设施和公共服务的能力明显不足。

（五）人才短缺与体制机制创新难，内生动力激发难度大

人才短缺是当前乡村振兴的普遍问题，但是新化人口基数大，需要的人才总量大，人才短缺的总数更大。新化贫困县的县情与实力，对高层次人才的吸引力不大，产业集聚优秀人才的能力不强。目前，农村人口向城镇转移趋势仍在增强，农村空心化、老龄化问题比较严重，乡村人才短缺更加明显，特别是大部分受过高水平教育、年轻的人才都不愿留在农村发展，推进乡村振兴的专业技术人才极为缺乏。同时，现有人才的思想观念陈旧，创新

① 新化县委、县人民政府：《新化县巩固拓展脱贫攻坚成果同乡村振兴有效衔接工作汇报》（2022 年），打印稿。

意识不强也制约新化乡村人才发展。此外，少数干部纪律意识、担当意识不强，营商环境仍不优、办事效率仍不高等，影响了吸引人才的环境优化。要推进乡村人才振兴，充分发挥人才的内生动力作用，改善人才生存创业的软件和硬件环境还存在较大的难度。

三　巩固脱贫攻坚成果、全面推进乡村振兴的基本对策

对照新化县乡村振兴的问题与挑战，新化县当前的重点工作是将巩固拓展脱贫攻坚成果与乡村振兴有效衔接，进一步发展的具体对策如下。

（一）挖掘人口大县潜力，激发内需驱动力

在双循环的新格局中新化县内循环有优势。新化有 152 万人口，其中，城镇口约 60 万人，较大的人口基数，既是新化发展的难题同时也是新化崛起的优势。新化的进一步发展需要突出人口大县的消费优势，全力挖掘内需潜力，形成发展的新动能。

立足人口大县挖内需潜力。扩大内需是县域发展形成“双循环”格局的主要抓手，新化县把实施扩大内需战略同深化供给侧结构性改革、改善人民生活品质有机结合起来，落实上级关于刺激居民消费的一系列政策措施，紧盯本县居民需求，加强消费品质量监管，保护消费者合法权益，刺激消费回补和释放潜力，立足人口大县消费优势进一步扩大县域内循环，进一步挖掘县域内需潜力。

加快消费提档升级扩内需。充分发挥新化人口基数大的优势和县域资源特色，大力促进消费升级，提升传统消费，培育新型消费，扩大节假日消费，适当增加公共消费，持续促进餐饮住宿、文化体育、健康养老、家政服务等生活性服务业消费提质扩容，提档升级汽车、家电、家居等实物消费，支持“小店经济”“平台经济”“网红经济”等各类消费新业态新模式发展，切实增强消费对经济发展的基础性作用。全力推进新化“快递进村”工程，加快布局农村物流的快递网点，吸引各物流快递企业进入乡

村，支持“多站合一”的乡镇客货邮综合服务站建设，有条件的村加快发展“一点多能”的村级寄递物流综合服务点，加快促进农村客货邮融合发展。

集中打造县城商业综合体盘活内需。要站在满足人民美好生活需求的高度，加强消费平台建设，支持大型流通企业在县城或中心镇发展供应链，降低农产品的流通费用，支持供销合作社提升县域流通服务网络建设水平，强化乡村农产品物流能力，建设县域集采集配中心，提升县城商业集散交流能力，吸引人气和凝聚人群，重点建设好上梅古镇、北塔文旅新区仿古街等城市消费地标，促进形成一批人气旺、特色强、有文化底蕴的县域商业中心，引导县域内部需求可持续集聚发展。

（二）优化区域分工布局，强化规划引导力

规划是发展的基础，特别是乡村振兴更要突出规划引领，强化规划对区域和产业发展的引导力，通过规划引导优化城乡区域分工布局。

做好城乡一体化乡村振兴规划。坚持将新型城镇化与乡村振兴一体化谋划建设，统筹城镇和村庄空间布局，促进城乡空间互补、协调产业空间发展，充分彰显农业大县、人口大县、资源大县城乡融合新优势，实现城镇规划与乡村振兴规划的融合。科学确定乡村振兴村庄分类，加大梅山文化传统村落集中连片保护利用力度，保护特色文化村寨，对有价值的老屋老建筑实施“拯救老屋行动”。

推进城乡区域规划和产业规划有机融合。科学布局城乡区域发展，结合城乡产业布局做好整体布局，实现区域规划与产业发展实际相融合。要聚焦建设中等城市规划，紧扣“一心一区、一带三轴多点”城镇化格局，着力完善功能、提升品质。有序推进高新区、北塔文旅新区、上梅古镇、枫林片区等的产城融合、产教融合，推进一批特色产业小镇建设，为城乡居民创造更多就业场所、创业空间和休闲健身场地。突出乡村产业特色，形成一批特色明显的“一村一品”“一乡一特”产业区域与村镇，构建区域分工明确、产业布局合理的全县发展新格局。

超前谋划城乡融合发展新空间。进一步拓展县域新产业、形成新业态，以宜居、宜业、宜游为方向，推进特色小镇“三生”“三态”建设，使其成为统筹城乡进步、带动乡村转型的空间载体。主动迎接“高铁航空时代”，精心谋划新化南站、春田机场区块建设，建成“两纵两横”高速路网及县域旅游环线，推动城乡公路提质，打造“一主三副”交通枢纽，全面建成内外通畅、方便快捷的“湖南中西部综合交通枢纽”，为全县城乡融合发展拓展新空间和激发新动能。

（三）做大做强主导产业，拓展主导产业带动力

产业旺才能县域强。新化县全面乡村振兴必须把产业发展摆在首位，以主导产业引领带动，一体推进城乡融合协同发展，坚持以扩充投资、扩张规模、拓展链条为主要方向，加速推进主导产业集群、集约发展，形成全面乡村振兴的现代产业支撑体系。

以电陶文印为核心做大做强工商产业。积极支持电子陶瓷产业链纵向延伸和横向整合，强化园区建设，全力构建空间相对集中、产业分工明确、产业链条完整、产品特色鲜明、配套服务完善、集聚优势明显的产业生态，形成支撑县域经济发展的第一主导产业和县域农民工就业的带动产业。加快以中国文印之都建设推进新化文印产业特色发展，努力推动新化文印从“新化再制造”向“新化制造”华丽蜕变；构筑集复印机制造与再制造、文印耗材生产、文印设备租赁、文印终端服务于一体的全产业链集聚集散中心，进一步推进文印产业创新提质与转型发展，把文印产业打造成为特色富民主导产业。

以“两基两特”为抓手做好农业产业。以粮食和生猪为农业发展基础，继续推进新化红茶和新化黄精“两特”发展，使其形成乡村产业兴旺的主导产业和富民产业。坚持以基地为依托。推动茶叶、黄精等中药材产业片区建设，持续推进奉家、天门万亩产茶乡镇，槎溪镇、古台山万亩黄精基地建设，切实促进“一村一品”“一乡一业”特色产业乡镇（村）建设。坚持以龙头企业为牵引。大力推进农产品精深加工，培育一批带动能力强的龙头

企业，通过资源整合、外引内联、联强联大，组建大型企业集团，引领全县特色农业产业发展的方向。坚持做大做优农产品品牌。结合农产品地理标志，突出抓“三品一标”的建设，巩固国家农产品质量安全县创建成果，抓好品牌宣传与营销，组织参与或举办展会活动，大力提升特色农产品的知名度与影响力，形成一批影响力大的知名品牌农产品。坚持做畅做强农产品物流。抓好农产品市场体系建设、农产品线上线下销售，大力发展农产品电子商务交易，加快农产品冷链物流体系建设，加速农产品流通，形成一批全市或全省的特色农产品的集散市场，打造全国的黄精集散地和交易市场。坚持推进智慧农业发展。顺应数字化发展趋势，着眼解决乡村实际问题，推进数字农业建设，加快推进数字乡村基础设施建设，加快乡村数字化试点示范，拓展农业产业和农产品销售大数据应用场景。

以文旅提质为重点推进产业城乡融合。聚焦“文旅提质增效”，持续优化“一心·一带·两翼·四片区”总体布局，启动县城全域旅游综合服务中心建设，加快推进紫鹊界5A级景区创建工作，完善梅山龙宫、大熊山、古桃花源等主要景区基础设施，加快实施紫鹊界康养小镇、梅山大峡谷等一批标志性旅游提质项目，加快旅游景点组团发展，推进乡村文旅产业融合发展。推进乡村旅游富民活动，支持农民直接经营或参与经营的乡村民宿、农家乐特色村（点）发展，支持农民在乡村旅游中取得实惠。把梅山文化的独特功能与文旅产业城乡融合和一二三产业融合的功能结合起来，推进工业产业与农业产业的链接与相互促进，形成新化梅山文化特色的城乡融合发展产业体系，进而推动城乡融合发展。

（四）创新人才培养使用机制，增强创新创业吸引力

突破人才短缺的瓶颈，一方面要加大人才培养和引进的力度，增加人才的增量；另一方面，也要不拘一格用人才，充分发挥好现有存量人才的作用，做到人尽其才。

抓创新人才培养引进机制。要始终把创新型、技术型人才培养和引进作为一项重大的发展工程来抓，加大科技领军人才、创新团队和青年科技人才

培养引进力度。鼓励企业与高校、科研院所深化技术合作，推进关键技术集中攻关；加快引进建设一批研发中心、技术实训基地和成果转化基地，推进创新链与产业链、资金链深度融合。

突出本土人才的培养培训。新化是传统农业大县，其农业产业有许多传统人才，要结合本县人才和资源情况，培养乡村规划、设计、建设、经营管理的专业人才，结合乡村人才需求培养乡土技能与文化人才。加大对本土人才的使用力度，让土专家、田秀才到重要的岗位，发挥特长和本土优势，为农业生产服务和地方建设做出贡献。加快高素质农民培育进程，提升农民与现代农业的素质融合度，着力实施“头雁”项目，加快乡村产业振兴带头人培育，开展乡村振兴青春建功行动和乡村振兴巾帼行动，关注各类农民的素质提升，激发乡村各类人才的发展积极性。此外，要注重培养地方传统技艺和文化传承人才，鼓励优秀乡村匠人、手艺传承人、地方文化文艺人带徒传艺，培养继承人。

探索人才使用手段和途径创新。创新体制机制，优化人才配置和使用，充分发挥乡土人才的作用。要大胆让现有人才通过进修、培训增强能力，不要拘泥于学历、职称、年龄等的限制。在选人用人上要突破陈旧的条条框框，做到唯才是用，任人唯贤，用历史的眼光对待人才，调动人才创业就业的积极性。对于县内急需的城市技术人才，探索柔性引进制度，不必为我所有，只要为我所用就行。落实艰苦边远地区基层事业单位公开招聘倾斜政策，对乡村教师、乡镇基层专业技术人员实施“定向评价、定向使用”的职称评聘改革，对乡村中高级专业技术岗位实行总量控制、比例单列。①

优化人才创新创业环境。全面深化“放管服”改革，加速推进“跨域通办”“掌上好办”、7×24 小时不打烊“随时办”，确保“一件事一次办”，深化实施政务服务“好差评”制度，坚决杜绝“体外循环”“多头办理”。

① 中共中央、国务院：《关于做好 2022 年全面推进乡村振兴重点工作的意见》，《人民日报》2022 年 2 月 23 日第 1 版。

深化商事登记制度改革，推进“证照分离”“多证合一”，全力压减企业办理证照、办税、开户等程序和时间。完善县乡村三级一体化政务服务体系，启动市民服务中心建设，实现基层公共服务“一门式”全覆盖。加强社会信用体系建设，强化事中事后监管，推动“双随机、一公开”覆盖更多领域，全面实施重点产业、重点企业保护制度和入园执法检查登记备案制度，全面提升行政执法的规范性和透明度。

（五）推进多元化发展，因地制宜展示乡村魅力

新化地域广阔、文化多元、资源禀赋各异，要突出各自特色，发挥地域群众的智慧和能力，实现多元和特色发展。

立足资源特色打造一批特色文化村。充分利用新化的梅山文化特色，形成一批“武术文化村”“豆腐风情村”“茶叶特色村”“古桃花源村”“易经文化村”“古民居村”“水酒产业村”“文印特色村”“湿地公园村”等众多特色产业和文化乡村。

立足产业特色打造一批特色产业村镇集群。把“一村一品”做强做大，对有条件的产业鼓励村级联合发展，进一步强化产业集群导向，不断擦亮新化红茶和新化黄精两大金字招牌，加强产业集中区和产业带建设，加快启动农产品深加工产业园、供销冷链物流园、白溪豆腐产业园、楠竹产业园、移民产业园建设，完成新化红茶产业省级示范片、荆竹生态园茶旅融合项目建设，加快推进新化黄精全产业链综合开发、药旅融合等的建设发展，培育一批以特色产业为核心的特色村镇集群。支持中心镇产业发展，对具备条件的乡镇鼓励其发展专业化中小微企业集聚区，以集团化推动重点村发展乡村作坊、家庭工场。

推进数字乡村建设，培育一批特色农产品销售村。加快数字乡村建设步伐，实施“数商兴农”工程，巩固拓展电子商务进农村示范县成果，实施供销合作社培育壮大工程，培育更多区域公共品牌，支持村镇结合特色农产品发展电子商务，推进电商、邮政、供销社融合发展，促进农副产品直播带货规范健康发展，形成一批特色农产品的电子商务和抖音等短视频销售集散

地，打造一批产品与产地结合的专业化销售村镇。

创建一批特色人群引领村庄。支持市民下乡、能人回乡、新商还乡、企业兴乡，推动“资本下乡”，建设一批由特色人群引领发展的村庄，通过人员流动、资源互换，释放出农村发展巨大潜力，充分发挥社会资本的支持带动作用。

（六）补齐农民社会保障短板，提升共同富裕社会合力

补齐农民社会保障短板，可以解除农民发展的后顾之忧，提高创业就业致富能力。加强普惠性、基础性、兜底性民生建设，提升社会保障质量，推动基本公共服务供给由注重机构行政区域覆盖向注重常住人口服务覆盖转变。

建设普惠民生的社会保障网络。牢固树立“优质、均衡、共享”理念，着力促进城乡基本公共服务均等化，建立健全广覆盖、多层次的社会保障和救助体系，加强对弱势群体的关怀，减轻农民社会保障缴费负担，全面提升全民保障水平和服务能力。加强基本公共服务县域统筹，扎实推进城乡学校共同体建设，加快城乡教育均衡发展；深入推进紧密型县域医疗卫生共同体建设，利用信息化技术改造提升乡村医院，实现农村基层定点医疗机构医保信息化，用好老百姓的社保基金，加强医疗保障基金监管；提升县级敬老院失能照护能力和乡镇敬老院集中供养水平，引导居家养老以老年人为中心，加强乡镇养老便民服务和社会工作服务，加快村级综合服务设施工程建设。健全分层分类的社会救助体系，完善空巢老人、留守儿童、残疾人、未成年人关爱保护工作网络。①

强化民生保障环境建设。深化平安新化、健康新化建设，提升安全生产、综治维稳、食品安全、公共卫生、法治建设等治理能力，更有成效地促进人民生活更加安全、便捷，为加快迈入共同富裕营造民生发展环境。

---

① 中共中央、国务院：《关于做好 2022 年全面推进乡村振兴重点工作的意见》，《人民日报》2022 年 2 月 23 日第 1 版。

完善制度保障，激发共同富裕信心。改革和完善农村集体所有制，坚持底线思维，发挥社会主义制度办大事的优势，挖掘村级资源优势，充分利用村级集体资产、资源、资金和生态、旅游、人文等优势资源，完善利益联结机制，发展壮大村级集体经济，引导农民自愿参与经营管理，确保农民集体资产发展权益，激发农民共同富裕的信心和自觉性。

（七）探索主体地位实现机制，激发农民主体活力

创新三治融合的乡村治理，强化农民乡村振兴的主体地位，强化农民权益法律保障，是乡村振兴的内驱力来源。

强化基层党建对农民参与乡村振兴的引领作用。完善基层治理，充分发挥党的领导和引领作用，利用“院落会议”“恳谈会”“屋场会”等形式，畅通农民群众的表达机制，借鉴“上梅红”志愿者做法引导志愿者下乡村宣传党的各项方针政策，加大党的农村政策在基层落地落实力度，调动农民主体参与积极性和主动性，激发农民乡村振兴的主体自觉性。2022 年，新化县将引导农民积极参与以乡村建设、乡村发展和乡村治理为重点的乡村振兴示范创建行动，全县计划建设 10 个乡村振兴示范村、100 个秀美屋场、1500 个美丽庭院，以点带面、点面结合，推动乡村振兴全面铺开。

因地制宜推广油溪桥积分制，提升农民自治能力。结合各地实际创新乡村治理，防止模式化和简单照搬照抄“积分制”等治理模式，因地制宜引导农民参与积分制自治，引导农民制定可操作性、切实际、得民心的村规民约，防止村民自治的形式主义，最大限度引导农民参与乡村治理，尊重农民的主体积极性，构建基层党组织和政府工作人员与农民相互信任的干群关系，减少治理中的矛盾纠纷，消除农民的抵制情绪，最大限度节约治理成本。

推进三治融合，引导农民群众自主创新。全面推行村级党务、村务、财务公开制度，充分调动村民群众参与乡村建设、乡村治理积极性，进一步健全自治、法治、德治相结合的乡村治理体系。加强村级组织依法自治事项、

依法协助政府工作事项等清单制管理，规范村级组织机构牌子和证明事项，强化乡村依法治理，推行村级基础信息统计“一张表”制度，减轻村级组织负担①。充分依靠人民群众的基层智慧，形成各地农民群众喜闻乐见、简单可操作的各种基层自治组织和民主管理社会组织，鼓励农民首创精神，开展村级议事协商创新试点，确保农民乡村振兴的主体作用的充分发挥。

参考文献

习近平：《习近平谈治国理政》（第三卷），外文出版社，2020。

中共中央、国务院：《乡村振兴战略规划（2018-2022年）》，2018。

中共中央、国务院：《关于做好2022年全面推进乡村振兴重点工作的意见》，《人民日报》2022年2月23日第1版。

张庆伟：《在中国共产党湖南省第十二次代表大会上的报告》，2021年11月25日。

张庆伟：《以实干实绩推动“三农”工作取得新进展》，《新湘评论》2022年第5期。

毛伟明：《以产业项目的大建设支撑“三高四新”战略大落实》，《新湘评论》2021年第10期。

邹文辉：《努力闯出高质量发展新路子》，《新湘评论》2021年第23期。

陈文胜：《大国村庄的进路》，湖南师范大学出版社，2020。

陈文胜、李珊珊：《论新发展阶段全面推进乡村振兴》，《贵州社会科学》2022年第1期。

陈文胜：《构建农业农村现代化新格局》，《新湘评论》2021年第5期。

陆福兴：《大国种业安全之维》，中国农业出版社，2022。

陆福兴：《做好乡村振兴这篇大文章》，《新湘评论》2021年第2期。

陆福兴：《加大地方品种保护　打造农产品湘字号品牌》，《湖南日报》2020年12月31日第23版。

① 中共中央、国务院：《关于做好2022年全面推进乡村振兴重点工作的意见》，《人民日报》2022年2月23日第1版。

镇村篇

County Reports

B.14
益阳市赫山区天成垸村餐饮业调研报告

曹 倩　陈文胜*

摘　要： 乡村餐饮业是传统服务业的重要组成部分，其发展的质量和状况间接反映了乡村服务业的发展质量。本文梳理了益阳市赫山区天成垸村餐饮业的发展情况，分析其在发展进程中面临的困境及原因，对湖南省乡村餐饮业的发展提出对策和建议：乡村餐饮业发展需系统整合乡村餐饮资源，合理规划发展方向；利用信息化平台，推进数字化转型；深刻剖析消费需求，牢牢把握市场动向；促进休闲农业发展，促进休闲农业+餐饮共同发展。

关键词： 乡村振兴　乡村餐饮业　产业融合　天成垸村

---

* 曹倩，湖南师范大学中国乡村振兴研究院、马克思主义学院硕士研究生，主要研究方向为乡村经济；陈文胜，湖南师范大学中国乡村振兴研究院院长、二级教授、博士生导师，研究方向为农村经济、城乡关系、乡村治理。

天成垸村坐落于湖南省益阳市赫山区，由原天成垸村与腰铺子村于2016年合村而来。该村交通四通八达，南边通过226乡道连接536国道，西边由罗溪路通往市区，东边则由双车道通往兰溪、八字哨等镇，离市区、邻镇兰溪镇仅10分钟车程。全村人口近7000人，耕地面积3200亩，村里有粮食种植大户、养殖大户，种养殖规模最高达上百亩。村民人均年收入3万元，略高于赫山区人均年收入。两年来村内有服装加工、电子厂及物流厂，解决本村村民100多人就业问题。

一　天成垸村餐饮业发展现状

天成垸村是被称为“中国辛德勒”的国际正义人士何凤山的故乡，2021年村级综合服务中心开业，业务涉及农产品上行、工业品下乡、农村金融保险等综合服务。综合服务中心还修建了何凤山故里艺术馆，吸引了不少游客前来参观。综合服务中心不仅解决了当地部分村民就业问题，还提供了休闲、健身、幼儿托管等服务功能。

根据国家统计局数据，2019年累计全国餐饮业经营总收入为5886.58亿元，同比增长17.79%。随着中国居民收入的增长、新型城镇化水平和乡村发展水平的提高，大众化餐饮需求的增长和升级为餐饮业提供了强劲的内生动力。[①] 天成垸村共有饭店10余家，规模最大时，该村新塘组几乎家家都开了饭店，以家庭为单位进行生产经营。天成垸村餐饮业的繁荣不是由单一原因引起的，其背后有着多重因素的综合作用。例如：交通便利、成本低、拥有固定消费群及当地村民消费观念的转变等。

固定消费群主要是邻村米香村大米加工厂的消费者，是天成垸村餐饮业得以萌芽的关键因素。天成垸村餐饮业发展规模随着米香村大米加工业的发展而壮大。米香村现有大米加工厂39家、糠厂6家。其一，米香村大米加工厂厂长需宴客时，优先选择距离近的天成垸村饭店进行消费，这类消费群

① 于干千、赵京桥：《新时代中国餐饮业的特征与趋势》，《商业经济研究》2019年第3期。

体出手大方，且由于常有酒水需要，单笔消费额度高；其二，大米加工厂司机、工人，他们在当地属于“中高收入”群体，在跑完长途或下夜班时，选择来天成垸村各饭店就餐，此类人群属于常客。

成本低是天成垸餐饮业得以发展壮大的重要原因，相较于城镇同类餐馆，其启动资金低，因此能吸引更多人投资开店。成本低首先体现在所有餐馆都是基于店老板自建房屋略加装修而成，因此能省下高昂的租金；同时，由于自建房的特殊性，餐馆可以就地打井取水，故能节省自来水费。其次，可以自给或低价采购同村其他村民种植的应季蔬菜，鸡鸭鱼肉采购可与本村或邻村养殖大户取得联系后进行，每斤价格较之城镇餐馆采购价基本低 2~8 元。

相对丰富的低价格菜品吸引了城镇居民前来就餐，四通八达的公路成为连接天成垸村和城镇的桥梁。同时，天成垸村自身文化产业及周边村落特色产业的发展也对提高城镇居民消费意愿提供了重要动力，包括钓鱼、特色水果采摘、汽修、加油等。城镇居民前来消费不仅能满足用餐需求，也能满足其他休闲娱乐等需要。

村民消费观念随着收入的增加而改变，天成垸村近 7000 人口，人均年收入 3 万元，高于赫山区人均年收入。因此，相对其他村落而言，天成垸村村民更显富裕富足，外出就餐的需求也相对更高。且饭店老板都是本村居民，若有人需举办生日宴、升学宴等喜宴，基本会选择本村饭店。

二　天成垸村餐饮业发展困境

随着消费结构升级，村民对外出用餐接受度提高，与此同时，便利的交通也促使本村及周边村庄的消费者流向城区餐厅。加之同村同类餐厅存在竞争激烈、经营模式单一等问题，导致天成垸村餐饮业的发展面临诸多困境。

（一）营业特色不足，差异化程度小

于餐饮业而言，欲从众多饭店中脱颖而出，经营出特色是关键。而特色

一词，不仅是要在菜系上与其他饭店有突出的对比，体现出“人无我有，人有我精”的专业特点；还需在环境氛围、装修装饰上展现独特的风格，加深消费者印象；最后，餐厅取名也在吸引顾客消费的影响因素中起着十分重要的作用，好的名字是抓人眼球的重要因素。

菜品不亮眼，难以同城市丰富菜系竞争。就菜系而言，天成垸村除却一家“鸭霸王”店之外，均是家常湘菜，无其他特色饭店，无法在口味上吸引消费者。对比城市饭店的菜系丰富，天成垸村的餐饮业在菜系上没有突出特色。天成垸村及周边村庄距益阳市城区交通便利，101 路公交车可直达赫山商业步行街，303 路公交车可直达万达广场，自驾至城区仅需 10 分钟。天成垸村餐饮尚未发展新业态，西餐、连锁经营企业、中式快餐等餐饮消费形式未出现。因此，对比城市菜系丰富、口味独特的饭店，天成垸村餐饮业没有做到“人无我有”，许多消费流失至城区。

装修特色不鲜明，同村饭店间的差异未体现。在自建房楼下开设大厅充当饭店大厅固然是一件成本极低的事情，但天成垸村各饭店在装修上没有结合自身定位，显示出千篇一律的装修风格。因此，没有足够的宣传点扩大受众群，前期只能依靠各饭店老板的人脉招揽顾客，这种吸引顾客的方式在后期经营中将难以为继。

取名方式单调，未与本店特色结合。天成垸村各饭店均以自家老板名字或昵称命名，例如美群饭店、建国饭店、小华饭店、凤英饭店等，对于不熟悉这些老板的消费者而言，难以产生消费的兴趣。两公里外罗溪路路边的卧龙土菜馆、三回头原味馆，在取名上更胜一筹，不仅让人印象深刻，又与本店特色相结合。笔者在调研中也发现，这两家饭店的人气比天成垸村多数饭店旺。

（二）经营模式单一，收入来源单一

餐饮业数字化发展是适应数字经济及数字社会发展的重要趋势。近年来，餐饮服务供需匹配效率在互联网服务平台的推动下得到了极大提升，互联网餐饮外卖迅速发展，成为餐饮业实现收入增长的重要动力。舒尔茨曾提出，增加农民收入可通过增加收入流的方式实现，天成垸村的收入流却是单

一的，不利于可持续发展。

经营模式单一，未与数字时代接轨。天成垸村餐饮业明显滞后于数字时代的发展，其经营模式仍是传统的到店消费模式。但同村及邻村消费者的生活方式、就餐习惯却发生了变化，愿意尝试新型就餐方式，例如电话订餐、外卖送餐等。

条件利用不充分，消费需求向外转移。天成垸村拥有优越的地理环境却没有合理利用，忽视了潜在的早餐需求。一方面，忽视了众多幼儿园幼儿家长及中学生的早餐需求。天成垸村位于兰溪镇与市中心的中间点，村东头是一家幼儿园，西头是天成垸中学。在调研中发现，送小朋友上学后需要去市里工作的家长有购买早餐的需求，同时天成垸中学不提供早餐，近七百学生中有四成需在外用餐。如此庞大的早餐需求，却没有被沿街饭店满足。另一方面，村镇上班族的早餐需求未被满足。天成垸村是兰溪镇通往市区主干道的中间点，兰溪镇至天成垸村沿途有大小 8 个村庄，这些村庄中多数上班族的早餐都在离天成垸村两公里外的罗溪路口解决。然而罗溪路口停车购买早餐的人过多，导致本就是市区入口的罗溪路在早高峰时水泄不通。若能对兰溪镇至天成垸村的早餐需求加以分流，则支撑天成垸村餐饮业发展的基础将更加牢固。

品牌意识不强，附加产品效益低。餐饮业的附加产品包括特色农产品、自制烟熏肉、干腊肉、风干肉、土鸡等产品，或是特殊单品诸如鸭霸王、卤味等。然则仅凤英饭店一家提供鸭霸王这一附加产品。于上游产品而言，特色原材料未成为销售产品，这与村里的勇哥钓鱼岛形成鲜明对比，勇哥钓鱼岛不仅能提供休闲钓鱼服务，还开设勇哥食府作为钓鱼人士的就餐地，同时售卖鱼和有机蔬菜。于下游产品而言，未开发特色产品进行售卖，例如，特色腊鱼腊肉、牙签肉、风干肉等，这些是当地人过春节时必备的食物，餐馆却未抓住卖点。

（三）产业联动性弱，结构失衡严重

2022 年中央一号文件指出，要持续推进农村一二三产业融合发展，餐饮

业作为天成垸村的第三产业，与本村其他产业之间的联动性不强。特色农业、休闲农业和观光农业发展滞后，与服务业融合程度较低。同时，在消费定位上呈现结构失衡的特点，高、中、低端消费场所定位不清晰、区分不明显。

自我定位不清晰，缺乏高档消费场所。随着时代的变化，饱腹、宴客不再是当地村民外出就餐的主要原因。经调研发现，“更高规格”的用餐是当地人外出就餐的重要原因，然而天成垸村餐饮业在档次等级上布局失衡，高档消费场所稀缺，相较于城市富丽堂皇的装修及宾至如归的服务，消费者对天成垸村餐饮的好感度更低。

产业化建设薄弱，三产尚未融合发展。具体表现在：其一，与本村叶家宗祠的文化产业未建立有效联系，叶家宗祠丧葬婚娶等活动的承办，没有与任何一家餐馆产生合作关系；其二，没有提供幼儿园、中小学素质活动开展的空间及方向，城市许多餐厅会定期举办中小学生素质活动，如小厨师体验等，天成垸村餐饮业在学生素质活动开展方面的基础为零；其三，与本村种养殖业未产生深度合作，仅停留在种养殖户为其提供原材料的基础上，此外二者之间不能进行优势互补、相互宣传。因此，天成垸村餐饮业要增添发展动力，应持续推进农村一二三产业融合发展。

与休闲娱乐的结合不充分，餐饮新业态发展势头不足。天成垸村餐饮业要吸引城市居民来村内消费，最需要体现出本村餐饮业的优势特点。这个优势更多地体现在与休闲农业、休闲旅游一体的农家乐上面，如城市居民下村体验种菜、采摘蔬菜水果等，或休闲娱乐如钓鱼、观景、划船等。天成垸村待开发的休闲场所众多，若能在后续开发过程中，与餐饮业有机结合，则二者可相互促进、共同发展。

三　破解乡村餐饮业发展瓶颈的建议

（一）系统整合乡村餐饮资源，合理规划发展方向

每个乡村都有其自身的特色饮食产品或文化，需要政府指导开展系统梳

理，将乡村特色文化、风俗习惯、独特饮食作为乡村餐饮资源进行挖掘开发并整理分类。抓住乡村振兴战略实施的时机，促进乡村餐饮业向纵深方向发展。

首先，在政府层面对乡村餐饮资源进行分析、进行精准定位。政府支持与主导下的资源系统研究工作是餐饮旅游资源向旅游产品有效转化的基础。[①] 从微观层面而言，村庄餐饮资源各有特色、资源丰富程度不一；从宏观角度而言，本村、本镇、本市规划不一，其发展方向也有所不同。因此，政府应该对特色饮食、文化及习俗等进行深度剖析，以此确定乡村餐饮发展方向。对餐饮资源进行合理定位，例如，村庄餐饮店铺数量的确定、消费档次的分级、三产融合的方向等。

其次，对现有乡村餐饮资源展开梳理，在分类评价基础上建立特色餐饮资源库。对已定位的乡村餐饮资源，在分类整理的基础上做好顶层设计，避免特色不突出、差异化不明显，从而导致同质竞争激烈的局面。同时，在整理归类好的特色餐饮资源的基础上，进一步开展产业间的协调联动及产业链的升级调整。例如，与休闲农业、特色旅游、红色文化、伟人故里、加工制造业深入融合，做到相互促进、共同发展。

最后，将本地文化与特色餐饮产品相融合，让每个招牌产品的背后都有故事可挖掘，更加充实特色餐饮资源库。做好“美食+习俗+文化”的配套建设，打造更丰富的文化氛围，用故事吸引人、用美食留住人、用文化感染人。同时，政府相关部门做好宣传工作，利用新媒体等渠道开展专题宣传和营销。

（二）利用信息化平台，推进数字化转型

鼓励科技与服务业深度融合，以高新技术改造传统服务业，不断提升服务业全要素生产率是服务业高质量发展的主要任务。[②] 鼓励乡村餐饮服务与

---

① 朱宝莉：《民族村寨旅游扶贫研究》，西南民族大学博士学位论文，2019。

② 刘奕、夏杰长：《推动中国服务业高质量发展：主要任务与政策建议》，《国际贸易》2018年第8期。

信息技术深度、全面融合，实现乡村餐饮服务数字化目标，既是构建数字生活的版图，也是提升产业整体效能的工作内容。

一方面，加快乡村餐饮企业线上发展，提升其线上运营水平。数字时代乡村居民消费需求日趋多元，乡村餐饮企业利用线上平台，如美团、饿了么、大众点评等满足消费者多元的餐饮服务需求，这有利于提升乡村餐饮供需匹配水平，在了解消费者意愿的基础上，合理选择配餐时间，提升供给能力和水平。

另一方面，利用信息技术助力乡村餐饮业同农业、制造业之间跨行业、跨部门对话融合，以市场需求为依托，引导其在生产领域实现“数字化”变革，推动生产方式创新。服务机器人、厨师机器人、智能识别、线上点菜等科技应用，不仅可提高就餐效率与服务质量，摆脱传统意义上对乡村餐饮业“脏、乱、差”的评价；同时还能制造卖点，拉动消费者消费意愿。

（三）深刻剖析消费需求，牢牢把握市场动向

乡村餐饮业的发展中，消费者的需求是第一位的，因此，乡村餐饮业的发展需要动态分析消费需求、满足及引导消费者喜好。首先要保证菜品质量这一餐饮企业生产发展的根基。对于乡村餐饮而言，要做到在同村、同片区中体现“人无我有、人有我精”的特点，尽量避免同质竞争。吸引顾客前来消费，不仅要在价格与菜量上做文章，更要重视菜品的创新性、口味的独特性，以此维持顾客的新鲜感、增加回头客。

其次，定位清晰，尽量满足不同消费者的消费需求。对于乡村餐饮而言，既要“接地气”，又要“高大上”。一方面，对店面进行二次装修，分区域设立包厢，区分不同消费需求的顾客，避免双方产生心理落差；另一方面，对菜单重新编辑，设定不同套餐以满足不同档次的消费需求，同时在餐厅取名及菜品取名上与本店特色相结合，给消费者留下深刻印象。

最后，提高乡村餐饮服务质量。以海底捞和茶颜悦色作为餐饮业服务质量样本展开学习，对餐饮服务人员及经营管理人员进行有效的服务培训。同

时在信息化平台的助力下，将培训系统化、常规化，建设一支有较高服务技能及较强服务意识的高质量餐饮服务队伍，从整体上提高乡村餐饮服务质量。

（四）促进休闲农业+餐饮共同发展

对于近郊乡村而言，有些农村没有独特的自然景观吸引城市居民前来游玩，可以将休闲农业与餐饮业结合发展，促进现代农业、旅游业与餐饮业的融合发展，提高农产品的附加值。

一方面，利用农业景观资源及优质农产品促进旅游业健康发展，筑牢乡村餐饮业发展的基石。根据消费者需求提供有机水果及蔬菜、特色腊味、风干肉、卤菜等产品，在提升游客休闲观光满意度的同时，增加收入渠道，提升农副产品附加值。

另一方面，提高创新能力，丰富休闲农业游玩项目，推动乡村农业休闲旅游创新发展。在设计游玩项目时，将文化与生态相结合，以生态休闲作为开发载体，促进休闲农业的健康发展。同时，将休闲农业游玩项目与本地餐饮相结合，例如，将游客采摘的蔬菜、钓到的鱼、捉到的鸡鸭等做成菜端上餐桌，提高游客参与度的同时增加了游客成就感。

四　结论

天成垸村餐饮业发展过程中面临的困境，也是同类村庄餐饮业面临的共同问题，这类村庄面临难以吸引外来游客、餐厅仍以传统经营模式为主、专业人才不足、无长远规划等问题。在信息化飞速发展的时代，把握住时代发展的脉络，抓住市场时机，牢牢把握消费者需求动向，是乡村餐饮业可持续发展的推力。同时，在立足本村特色的基础上，促进三产协调联动发展是餐饮业可持续发展的核心动力，也是促进本村产业间有机结合、提高村民收入的重要途径。随着消费结构升级、城镇协调发展进程的加快，乡村餐饮业大有可为。

参考文献

中共中央、国务院：《关于做好2022年全面推进乡村振兴重点工作的意见》，《人民日报》2022年2月23日第1版。

陈文胜：《论道大国“三农”》，中国农业出版社，2021。

陈文胜：《推动乡村产业振兴》，《人民日报》2018年3月12日。

陈文胜：《构建农业农村现代化新格局》，《新湘评论》2021年第5期。

陈文胜、李珊珊：《论新发展阶段全面推进乡村振兴》，《贵州社会科学》2022年第1期。

徐宗喜：《乡村振兴关键是产业振兴》，《人民日报》2021年2月3日第7版。

B.15
益阳市资阳区长春镇李家坪村农民增收调研报告

王 淼　瞿理铜*

摘　要： 本文选取益阳市资阳区长春镇李家坪村村民作为调研样本，根据李家坪村的实际情况，围绕如何进一步提高李家坪村村民的收入问题，对乡村振兴重点帮扶村——李家坪村进行实地考察和走访调查，对李家坪村的基本村情、村民收入、产业等情况进行了考察，了解李家坪村村民增加收入所面临的一系列难题及原因，并对促进李家坪村村民增加收入提出相关建议：发展壮大集体经济、加快构建高素质农民教育培训体系、加大引进专业技术人才力度等。

关键词： 乡村振兴　农民增收　益阳市

乡村振兴，农民生活富裕是关键，收入是保障美好物质生活的基础。习近平总书记在安徽凤阳县小岗村主持召开农村改革座谈会时强调：中国要强，农业必须强；中国要美，农村必须美；中国要富，农民必须富。“增加农民收入是‘三农’工作的中心任务”。检验农村工作实效的一个重要尺度，就是看农民的钱袋子鼓起来没有。要构建促进农民持续较快增收的长效政策机制，通过发展农村经济、组织农民外出务工经商、增加农民财产性收

---

* 王淼，湖南师范大学中国乡村振兴研究院、马克思主义学院硕士研究生，主要研究方向为美丽宜居村庄建设；瞿理铜，湖南师范大学中国乡村振兴研究院副教授，主要研究方向为土地经济与土地政策、区域发展与城乡规划。

入等多种途径增加农民收入，不断缩小城乡居民收入差距，让广大农民尽快富裕起来[①]。“农业农村农民工作，说一千、道一万，增加农民收入是关键。要充分尊重广大农民意愿，调动广大农民积极性、主动性、创造性，把广大农民对美好生活的向往化为推动乡村振兴的动力，把维护广大农民根本利益、促进广大农民共同富裕作为出发点和落脚点”。因此，收入是农民作为乡村主体是否参与及如何参与乡村振兴的重要动力。本次调研的村庄湖南省益阳市资阳区长春镇李家坪村是乡村振兴重点帮扶村，研究其村民增收具有重要现实意义。

一　李家坪村概况

从2005年成为益阳市人民政府重点扶持的小康示范村到2020年被评为市级美丽乡村，再到2021年被省、市定为乡村振兴重点帮扶村，李家坪村的发展一直得到了领导和各职能部门的大力支持和肯定，李家坪村享受的相关政策扶持十分有利于李家坪村建设。李家坪村地处长春镇东北侧，毗邻黄家湖、南门湖，气候宜人，风景优美；共有耕地1264亩，旱地380亩，辖20个村民小组，共有党员63人、村干部3人，全村硬化道路4.7公里。该村总户数740户，总人数2296人，按家庭代际标准统计，以三代为主，从家庭人数看，以三人户和四人户的核心家庭为主，具有较典型的现代化家庭结构的特征；劳动力765人，外出务工劳动力483人。在精准扶贫政策下，李家坪村经济情况有所改善，脱贫户57户，脱贫人数147人，2021年农民人均可支配收入15100元，2021年村集体经济收入6万元，主要来源于土地租金。该村企业主要有辣八方辣椒厂、环保木炭厂、金鸡生态渔村等，均属于私人性质。李家坪村传统农业以水稻种植为主，特色产业有茶叶、柑橘和养殖业等；全村果园面积3000亩左右，占村域土地面积的60.5%，果园树种以柑橘为主，有少量核桃、樟树。[②]

---

① 《论坚持全面深化改革》，中央文献出版社，2018。

② 数据由李家坪村村委会提供。

二　李家坪村村民增加收入面临的困境及原因

李家坪村村民收入主要来源于工资性收入、家庭经营性收入、财产性收入和转移性收入。经调查统计（见图1），工资性人均收入9664元是村民收入的主要渠道，占总收入的64%，其中家庭经营性收入人均4077元是村民收入的第二来源，占比27%，转移性收入占比5%，财产性收入占比4%。根据《中国统计年鉴2021》的数据，全国农村居民人均可支配收入17131.5元，湖南省农村居民人均可支配收入为16213.2元，益阳市农村居民人均可支配收入为15169元，李家坪村村民人均可支配收入低于全国农村居民人均可支配收入2031.5元，低于湖南省农村居民人均可支配收入1113.2元，低于益阳市农村居民人均可支配收入69元。与全国、全省的农村居民人均可支配收入相比，差距较大。

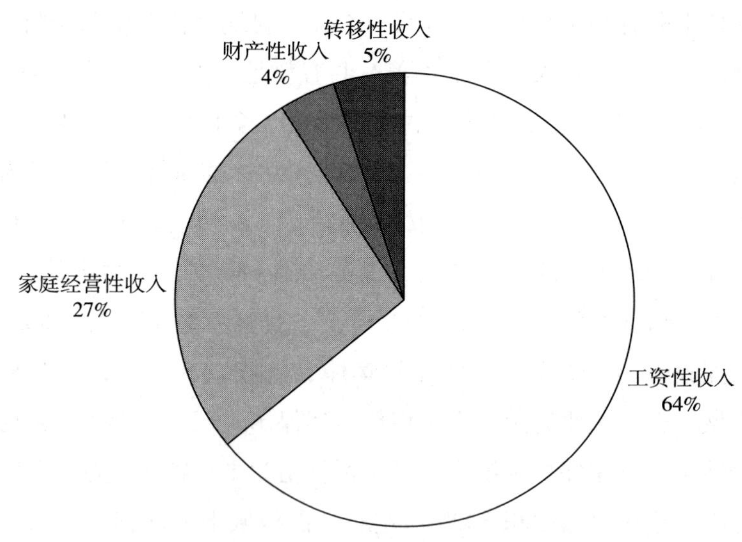

图1　李家坪村村民人均收入情况

（一）农业发展后劲不足，家庭经营收益占比较小

在发展农业自然条件比较好的情况下，李家坪村家庭经营性收入不高的主要原因有两点：农产品生产成本增加和销售模式单一。家庭经营性收入的高低主要由农产品的产量、价格及销量决定。一方面，种子、农药、化肥等农资价格上涨幅度较大，增加了农业生产的成本，农民从事农业生产利润微薄甚至亏本，导致务农的积极性直接下降，李家坪村出现土地撂荒现象。另一方面，由于李家坪村村民合作意识较弱，所以生产模式和销售模式一般为农户各自经营，生产和销售规模较小，导致产品价格提不起价、效益低。另外，农产品的销售方式仍以传统实体销售为主，网络销售几乎为零。传统销售方式限制了李家坪村农产品的销量，导致在市场上竞争力不足，甚至逐渐被市场埋没。难以利用互联网平台的原因有：一是村民文化水平低，缺乏互联网知识。二是农产品批发市场等基础设施建设滞后，物流规模小，运载工具载量小。三是村民缺乏特色农业品牌建设和品牌营销意识，这也会影响农产品的销量。农产品收入的升降直接影响李家坪村村民家庭经营性收入的高低。

（二）村民文化水平不高，创收能力不强

通过走访调查，李家坪村大部分村民文化水平都比较低，创收能力不强。全村劳动力 765 人，外出务工劳动力 483 人，留村劳动力 282 人，在留村劳动力中小学文化程度有 203 人，占 72%，初中文化 62 人，占 22%。外出务工的劳动力大部分也只是初中、高中毕业，有本科文凭的只有 15 人。

受文化程度的影响和所掌握技能的局限，李家坪村村民对国家出台的一系列惠农政策不了解，对国家的政策不能自行进行解读，不能顺应国家的惠农政策去发展本地的经济。另外，因为待遇不高，李家坪驻村的农技人员较少、对农民培训工作不重视，使得李家坪村实用人才培训缺乏整体规划，培训工作比较无序，不能帮助村民更好地提高自身的技术水平。人才的缺乏使

得村民致富的能力无法得到提升。不管是留村工作的农民还是选择外出务工的农民都只能从事技术要求较低的工作，劳动力的就业面十分窄且收入不高。

选择外出务工的农民，大部分还是选择在益阳市工作。益阳市整体的工资待遇并不高，再加上自身能力有限，在单位不能从事核心工作，外出务工的村民一般都从事保洁、保安之类的工作，工资性收入不高。即使选择在北上广深工作的村民，也只能从事流水线上的工作。

（三）农民财产性收入低，增长速度缓慢

李家坪村共有耕地 1264 亩，气候温暖宜人，四季分明，雨量充沛，属于亚热带大陆性季风气候，适合多种作物生长。北靠黄家湖，南临南门湖，村内有大小水塘 40 余处。水资源丰富，独特地理条件下的生态和气候构成了相对独立的山水相生环境，山绿天蓝水清，自然生态优势突出。近年来，李家坪村村民的财产性收入有所增加，这一方面得益于农村土地制度改革，顺应农民保留土地承包权、流转土地经营权的意愿，将土地承包经营权分为承包权和经营权，实行所有权、承包权、经营权分置并行，着力推进农业现代化，是继家庭联产承包责任制后农村改革又一重大制度创新。土地财产权利的完善和经营权流转，使外出务工的村民可以将闲置的房屋及土地转租出去，增加了李家坪村村民土地租金收入。另一方面得益于农村集体产权制度改革，通过逐步解决村集体资产产权归属不清晰、责权不明确、保护不严格等问题①，盘活李家坪村各类集体资产，激活李家坪村各类生产要素潜能，赋予了李家坪村村民增加财产性收入的可能性。与此同时，虽然李家坪村村民人均财产性收入与上年的 500 元相比有所增加，但是增长的幅度十分小。这主要是因为李家坪村的土地租金较低且集体资产较为薄弱，目前，李家坪村流转土地的面积占所有耕地的 7.9%，比例比较低，土地流转的年收入仅有 6000 元，相对来说李家坪村村民财产性收入还有很大的提升空间。

---

① 张红宇：《新常态下的农民收入问题》，《农业经济问题》2015 年第 5 期。

三　相关建议

李家坪村村民人均可支配收入低于全省、全市的原因有很多，只有做到具体问题具体分析，才能创新完善农民的增收方式，在短时间内尽快缩小与全市、全省平均水平的差距。

（一）改良产品，优化组织，多渠道推广农产品，促进农民经营性收入增长

首先，必须坚持农产品“优供、增效”，以深化农业供给侧结构性改革为主线，走高质量农业发展之路，突出农业优质化、特色化、品牌化，从而带动农产品的销量。柑橘是李家坪村的支柱产业，要根据市场的要求进一步对柑橘进行改良，提升柑橘产量和口感，打造李家坪村柑橘特色品牌。

其次，要积极发展农村新型经济合作组织，坚持“人民至上”的原则，充分尊重农民的意愿。把小农户尽可能地组织起来，实现抱团发展，降低经营成本，加大扶持力度，设立理事长。由理事长负责，通过多种途径，多方位对接，充分利用生鲜超市、电商平台等销售渠道。尽可能把农产品销售出去，避免农产品滞销。帮助小农户解决面临的现实问题，引导他们通过共同使用农业机械设备、开展合作营销等方法发展合作经营。同时，也要不断完善不同主体间的利益分配机制。当合作经营组织发展到一定规模时，还可以引导村民共同创办涉农企业。在确保农产品安全优质前提下，发展农产品精、深加工，实现农业和加工业的衔接，延长农业产业链条。

最后，村委会要坚持统筹规划，加强基层网点建设，通过搭建网络直播平台，邀请网红流量明星宣传农产品，提高知名度。加强资源共建共享，健全物流体系。同时，村民还可以充分利用快手、抖音等短视频平台，以优质的服务和农产品吸引城市居民下乡选购，通过口碑相传、老客户介绍新客户，提高农产品销量。通过不断加快新型经营主体的发展和完善新型经营体系，增加农民发展农业的收入。

（二）为构建高素质农民教育培训体系提供智力保障，提高农民工资性收入

2019年《中国共产党农村工作条例》首次提出要培养一支有文化、懂技术、善经营、会管理的高素质农民队伍，造就更多的乡土人才。农民是新农村建设的主体力量，掌握科学技术、提高综合素质，对提高农民收入可起到决定性的作用。

基于李家坪村村民整体文化水平不高的实际情况，要提高村民的收入，一是要整合当地的学习资源，邀请“三农”专家来村授课，把国家出台的一系列惠农政策讲透彻，对广大农民进行现代农业技术、市场营销、法律知识等方面的培训，增强其就业能力。二是要进一步加大人才引进的力度，提升乡村人才引领力，优化人才结构，与当地的高校、职业学校建立合作关系，建设乡村振兴技能人才培养基地。使村民随时有人问、有地学，树牢终身学习的意识，在理论学习和实践学习中，进一步提高自己的种植技能和综合素质。三是要进一步提高农村九年制义务教育的教育质量，切实提高学校管理人员的综合素质，引进德才兼备的老师进入学校的管理层，采取相关的措施提高教师的专业化水平，充分利用各种社会资源，改善农村九年制义务教育的办学条件，进一步提高农民子女的文化知识水平。四是要进一步发展县域经济，完善以县和镇为中心的产业布局，充分利用当地龙头企业的作用，带动更多的农民就业。

（三）发展壮大集体经济，保障农民财产性收入稳步增长

农村集体产权制度改革对增加农民财产性收入的意义显而易见。根据农村发展的具体情况，要想增加村民财产性收入必须发展壮大集体经济。

一是通过财政对村集体的投入发展集体经济，国家财政要继续加大对“三农”的综合扶持力度，确保财政对“三农”的投入逐年增加。二是通过股份合作的方式发展集体经济，建立畅通的资源变资产、农民变股东的渠道。农村可以成立村庄乡贤委员会，以回忆乡愁等方式吸引成功人士回乡助

力乡村振兴，新乡贤是村庄的增量行动者①。允许新乡贤以管理或技术入股，村民可以利用土地入股，把闲置的土地充分利用起来，发展规模经营，提高劳动生产率及土地产出率。三是鼓励以农民经营权入股的方式发展集体经济，完善城乡统一的建设用地市场流转制度，对以村集体形式占有的土地、果园、池塘等资源性资产与空置的房屋、设备等经营性资产进行盘点，并以这些资产出资，吸引当地的村民以土地经营权入股。四是充分利用当地的生态优势、区位优势及国家的惠农强农政策，吸引城市资本下乡投资。发展农村混合所有制经济，在周转集体资源资产的过程中促进农民财产性收入的提高。

参考文献

《论坚持全面深化改革》，中央文献出版社，2018。

张红宇：《新常态下的农民收入问题》，《农业经济问题》2015 年第 5 期。

陈文胜：《围绕痛点难点发力促农民增收》，《经济日报》2020 年 7 月 13 日。

孔新峰、齐高龙：《推进新乡贤融入农村基层治理的思考》，《北京行政学院学报》2022 年第 1 期。

① 孔新峰、齐高龙：《推进新乡贤融入农村基层治理的思考》，《北京行政学院学报》2022 年第 1 期。

B.16
常德市鼎城区双桥坪镇兴国寺村乡村治理调研报告

朱烨　陈文胜*

摘　要： 推进乡村治理体系和治理能力现代化是实施乡村振兴的重要内容，随着乡村治理实践的推进，常德市鼎城区双桥坪镇兴国寺村采取党组织引领乡村治理、新乡贤助力乡村治理、“自治、德治、法治”的三治模式，创新了乡村治理模式。但在乡村治理过程中也存在基层党组织能力薄弱，村干部工作队伍不够完善，人口老龄化、农村空心化问题严重，基础设施不够完善，自治、法治、德治在乡村治理中力量有所欠缺等问题。需要依照乡村治理的目标和原则，通过加强基层党组织能力建设、完善村干部组织体系建设、完善就业政策、加快基础设施建设、健全“三治融合”的乡村治理体系，来解决乡村治理中存在的问题，实现乡村治理现代化。

关键词： 乡村振兴　乡村治理　三治融合　兴国寺村

全面推进乡村振兴以乡村治理为总抓手，将乡村治理有效作为推进乡村振兴的重要内容。当前乡村社会正处于推进乡村振兴的关键时期，传统乡村社会中的管理形式已经无法适应现阶段乡村社会的发展，推进乡村治理现代

* 朱烨，湖南师范大学中国乡村振兴研究院、马克思主义学院硕士研究生，研究方向为乡村治理；陈文胜，湖南师范大学中国乡村振兴研究院院长、二级教授、博士生导师，研究方向为农村经济、城乡关系、乡村治理。

化，实现乡村治理有效，是当前推进乡村振兴的迫切需求。通过对湖南省常德市鼎城区双桥坪镇兴国寺村乡村治理的调研，了解到该村自开展乡村振兴以来，走出了一条独特的乡村治理道路，积累了相关经验，同时，在乡村治理的过程中也存在一些问题，本文分析了出现问题的原因，并给出了一些可行性建议。

一　乡村治理的实践经验

全面推进乡村振兴以来，湖南省常德市鼎城区双桥坪镇兴国寺村围绕农业高质高效、乡村宜居宜业、农民富裕富足的目标，努力推动乡村振兴工作，推进乡村治理体系和治理能力现代化，走出了一条特色的乡村治理之路。

（一）党组织引领乡村治理

村级党委是乡村治理的主体，引领着各治理主体推动乡村治理，在乡村治理中发挥着重要的作用。一是村级民主讨论推动村级事务科学决策，村“两委”明确每位村干部的分工，定期召开例会，集中谈论村级各项事务，谈论后公布在村级微信公众平台，召集村民集体谈论分析相关事务，实行“听取、商议、决策、评议”的民主机制，各项事务在党的领导下，在群众的积极参与中依次推进。二是推行党员联系村民制度，村级党组织召开党组织会议，对党员落实法律法规政策宣讲、维护村级社会稳定、带领村民发家致富提出了相关要求。推行党员联系群众以来，累计帮助村民解决各种问题矛盾上百个，村级社会和谐稳定发展，同时组织党员、有威信的长者以及热心村级事务的村民组成村民理事会，既发挥了党引领乡村治理的核心作用，也调动村民参加村级事务的积极性。三是村级党组织通过每个月举办的“主题党日”活动，提升党组织能力建设，定期开展党的政策文件、党章学习，重温入党誓词，强化村级党组织党员的党性教育。同时开展党员轮流谈话活动，增强党组织内部的凝聚力。

（二）“自治、德治、法治”的三治模式推动乡村治理

通过“自治、德治、法治”的三治融合模式，增强基层治理的活力，最大限度激发各治理主体参与乡村治理的积极性。一是村民自治模式得到创新，形成了“村级党组织+新乡贤+志愿组织+村规民约”的村级自治组织的新模式，由村级党组织引领，积极学习、执行上级政策文件，充分发挥新乡贤、志愿者的积极性，号召全体村民积极参与，利用村规民约治理乡村，推动乡村治理有序化。二是以德治村的模式得到创新，创建了“新时代道德大讲堂”，号召党员定期组织学习党的政策文件、学习中华传统美德、学习核心价值观，使得新时代精神文明建设深入人心。同时还邀请老党员、老干部、高校专家开展党性教育，让党性深入每一位党员的心中，激发党员在乡村治理中发挥积极作用。三是推动法治治理乡村模式得到创新，无论是房屋改造还是其他，都坚持以法律为基础，按照法律制度办事，同时在解决纠纷方面，采取“动之以情，晓之以法”的解决方法，在基层各组织下化解纠纷。

（三）新乡贤助力乡村治理

随着大量的人口涌入城市，乡村治理主体日益缺乏，在乡村振兴中，乡贤返乡，成为乡村治理主体的补充，推动着乡村治理现代化。一是新乡贤推动解决基本的民生问题，乡村治理需要其他的组织力量加入，由本村退休的村干部、退休的教师、老党员等自愿组成的志愿队伍，根据村民的需求，反馈村级一些问题，同时调节村民之间的矛盾纠纷，服务村民，作为“两委”力量的补充力量，创造出了“挨家挨户走访”的工作方法，推动解决基本的民生问题，得到村民的一致认同，使得乡村治理取得了良好的效果。二是新乡贤推动乡村振兴建设，最近几年，通过资金、政策吸引大学生回家创业，利用地理位置优势，大量种植莲藕，通过产业加工，莲藕成为该村的特色产业，回家创业的大学生，利用互联网，将莲藕农产品推广到外地，推动村民发家致富。三是新乡贤推动乡村和谐建设，在市场经济的条件下，村民很容易出现精神空虚、思想利益化、价值观歪曲的问题，攀比心理、炫富心理、奢侈浪费在乡村社会中趋于常态化。该村创办了新时代大讲堂，邀请一些退休的教师，弘扬社会主义核心价值观，引导村民净化思想，重建乡村的道德伦理秩序，推动乡村社会和谐发展。

二　乡村治理工作中存在的问题

尽管双桥坪镇兴国寺村在推进乡村治理体系和治理能力现代化的工作中，积累了丰富的实践经验，但也存在一些问题，进入全面推进乡村振兴的新阶段，该村要重视这些问题，扎实推行乡村治理体系和治理能力现代化。

（一）基层党组织能力薄弱

基层党组织是实施乡村振兴战略、推进乡村治理体系和治理能力现代化的重要力量。一是该村党员年龄偏大，70%的党员年龄在45岁以上，这部分年龄偏大的老党员，难以适应新时代党组织工作以及乡村治理工作的要求，造成党组织能力减弱。二是该村党员文化素质水平较低，只有5%的党员具有专科及以上的学历，拥有高中及中专学历的也只占25%，大部分的党员只有初中文化水平，其中，拥有大专及以上学历的党员多数是在高校入党的，毕业后党组织关系再转回村级，这部分党员多数外出打工，流动性极强，很少参加村级党组织活动，以致基层党组织能力减弱。三是该村部分党员党性素质低下，党员意识淡薄，在市场经济的影响下，部分党员的价值观发生了变化，从“为人民服务”转变为向“钱”看，不能充分发挥党员先锋模范作用，难以达到新时代对党员工作的要求，导致村级党组织能力减弱。四是党员的选拔机制和监督机制不够成熟，使得村级党组织素质能力不高，造成村级党组织能力减弱。

造成基层党组织能力薄弱的原因在于该村党组织凝聚力下降。第一，该村党支部难以吸引优秀的村民加入党组织，有文化、有学识的村民在外地打工，选择党员的空间狭小，党支部选来选去就是那几个人，转入本村的青年党员，多数在外，脱离组织生活。第二，该村收入来源较少，村级党组织的活动经费并没有纳入村级财政经费预算，没有经费请专家来村上党课，组织一次党员政治学习，村级党委有心无力。第三，该村“三会一课”的政治学习流于形式，内容单一，缺乏创造性。基于以上原因该村党组织凝聚力下降，基层党组织能力薄弱，基层党组织能力的提升是推进乡村治理体系和治理能力现代化的关键，必须提升基层党组织的能力，发挥其先锋模范带头作用。

（二）村干部组织体系不健全

村民委员会是推进村级自我管理、自我监督、自我服务的主体，是实施乡村振兴战略、推进乡村治理体系和治理能力现代化的核心力量。该村存在的问题，一是村干部年龄结构不平衡，该村77%的村干部年龄在45岁以上，村干部年龄偏大、结构老化，思想落后、缺乏创新精神、主观能动性不强。多数村干部处理事务的方式方法难以适应新时代国家发展和国家政策的要求，在工作中求稳，不懂得变通，造成村组织能力减弱。二是村干部文化水平不高，只有一位村干部是大专学历，大多数村干部只有初中文化水平，难以理解国家政策的含义要求，以致出现对国家政策学习不到位、宣传不到位的现象，使得一些群众难以理解上级政策文件。村干部文化素质不高，在新技术的推广、提供便民服务方面，多数村干部不会使用电脑和办公软件，办事效率不高，不能按时完成村组织交办的任务。三是村干部工资待遇不高，该村村干部每个月工资约在1500~2000元，故村干部这一职位难以吸引优秀的人才，多数有学历、有能力的村民觉得村干部工资较低，并且村干部事务繁多，他们宁愿外出打工，也不愿意在家打工。还有些村干部，因工资难以养家糊口，在外兼职，以致村组织能力减弱。

另外，村民委员会的服务意识不高。第一，村干部服务意识淡薄，随着社会的发展，村委会管理者变为服务者，该村大部分的村干部并未完成这一转变，还是从管理者的角度看问题、办事情。第二，村干部干劲不足，该村的大部分村干部以蜻蜓点水的模式完成自己的工作，对于工作后续需要处理的事情做得不够细致，而且有些村干部忙于自己的事情，而忽视服务村民的工作。第三，村级资金短缺，村干部往往只注重花费多少，而忽视服务质量的提升。村委服务意识不强，造成村干部工作不够完善，村干部工作的完善对推进乡村治理体系和治理能力现代化具有重要作用，必须强化村干部工作队伍，发挥其主体作用。

（三）人口老龄化、农村空心化问题严重

青壮年是推动振兴乡村、实现乡村治理能力和治理体系现代化的主干力量，虽然随着国家政策的支持，返乡就业的人数越来越多，但该村的主要劳动力还是在城市，造成了人口老龄化和农村空心化现象。一是该村经济收入主要来源于该村青壮年在城市务工所挣的收入，该村很多人在常德市经济开发区工作挣钱，把小孩、老人留在家里，使得该村空心化问题日趋严重，导致该村“一村一品”产业缺乏劳动力和相关的技术人才，阻碍了乡村振兴的步伐。二是农村党员和村委的干部来自本村村民，该村人口老龄化、农村空心化问题严重，导致村干部人选出现后继无人的现象，农村中有学识、有能力的人大多数选择在城市务工，村干部的选拔余地越来越小，农村留守的大多数是老弱病残村民，村级党组织和村委干部老龄化问题严重。三是人口老龄化、农村空心化问题加大了乡村治理的难度，在推进乡村振兴过程中，新农村建设、乡风文明建设找不到能力突出的人选，往往由有能力的村干部一一推进，影响了办事的效率，给乡村治理工作带来了一定的难度。

（四）基础设施落后

俗话说要致富先修路，实施乡村振兴战略、推进乡村治理体系和治理能力现代化也一样，要先完善基础设施。该村在国家政策的支持下，在改善村级水利设施、推进网络电视入户、完善农村卫生公共服务、普及农村义务教育等方面取得了巨大的发展，但与城市相比，还存在较大的差距。在城市，交通四通八达、医疗有保障，有优质的教育资源、整洁的环境等，这些都是

乡村无法比拟的。该村虽然修通了通往市区的道路，但并不是到每家每户都有水泥道路，这影响了村民生活水平的提高。虽然上级部门会开展一些送书下乡、送影下乡、送教下乡等活动，但多数村民还是以看电视、打牌作为主要文化活动，村公共服务不足，村民文化生活不丰富。

基础设施不够完善的原因在于对村级基础设施和公共服务投入不足。村级基础设施比较落后，需要大量资金投入村级基础设施建设、提高公共服务治理，该村得到的资金不足以支撑公共服务和基础设施的建设。公共服务的缺乏和基层设施的不完善，使得许多村民在城市工作、生活，影响乡村治理体系和治理能力现代化的推进。

（五）自治、法治、德治在乡村治理中作用发挥不够

推进自治、法治、德治三治融合发展是实施乡村振兴战略、推进乡村治理体系和治理能力现代化的路径，虽然该村在推进三治融合方面取得了一些成绩，但也存在一些问题。一是村民对自治参与度不高，村民是村级自治的主体，由于该村村民的文化素质不高，大多数村民自我管理、自我监督、自我服务的意识不强，他们觉得村级治理是上级政府或者是村干部的事情，因此村民对很多事情并不感兴趣。二是法治推进缺乏后劲，该村虽然在房屋改造、解决村民矛盾纠纷中运用法治思维方式，但在实践过程中，村民法治意识淡薄，对法律责任、法律程序等方面认识不够，使得法治推进缺乏后劲。三是德治效能不高，该村虽然创办了大讲堂，旨在通过宣讲优秀传统文化、新时代新思想达到治理目的，但在实践过程中主要依靠党员、村干部的力量去引领，村民学习主动性不强，以致道德文化学习不够深入，德治有待加强。

三　改进和提升乡村治理水平的基本对策

推行乡村治理体系和治理能力现代化是一个系统性工程，为应对挑战、改进和提升乡村治理中存在的问题，应加强基层党组织能力建设、完善村干

部工作队伍建设、完善就业政策、缓解人口老龄化问题、加快基础设施建设、健全“三治融合”的乡村治理体系。

（一）加强基层党组织能力建设

全面推进乡村振兴，关键在党，要解决基层党组织能力薄弱的问题，必须加强基层党组织能力建设，提高基层党组织领导农村工作的能力和水平。一是对基层党组织领导班子进行优化，基层党组织的乡村治理的主体，需要对基层党组织的领导班子进行培育、教育和管理，改变基层领导班子老龄化现象，增强基层党组织的凝聚力和号召力。二是强化基层党组织党员队伍建设，通过发展村里有文化有能力的青年成为党员，强化基层党组织党员队伍，增强党组织活力，同时安排党员参加镇里的党员培训、教育，提高党员的文化素养和办事能力。三是加强对基层党组织的监督管理，成立村民小组理事会，对村级党组织的各项事务进行监督，杜绝党员腐败现象，提高党组织的活力。

（二）完善村干部组织体系建设

乡村振兴最紧要的是人才振兴，要强化乡村振兴人才队伍支撑。一是提高村干部的工资待遇，村干部工资太低，多数村干部把村级事务当作副业，以致效率低下，将村干部的工资与学历、能力挂钩，提高工资待遇，吸引青年回乡，投身乡村振兴，提高办事效率。二是提高村干部的文化水平，定期开展村干部培训，学习党的方针政策和习近平新时代中国特色社会主义思想，提高村干部的服务意识和大局意识，同时，建立村干部学习教育的长效机制，定期开展办公技能培训，提高村干部的工作效率。三是完善村干部的考核激励机制，对村干部工作进行考核评优，强化村干部的服务意识，提高村干部的办事能力，同时，组成村民理事会对村干部进行监督，促使村级事务公开，使得村干部的权力在阳光下运行。

（三）完善就业政策，缓解人口老龄化问题

乡村空心化、人口老龄化问题是阻碍乡村振兴的绊脚石，要解决乡村空

心化、人口老龄化问题，必须完善就业政策。一是引导乡村劳动力就近就地就业创业，定期开展乡村劳动力技能培训和教育，提升乡村劳动力的就业技能，同时推动本村农业产业化，吸引企业投资，建立现代化农业园，增加就业机会。二是鼓励大学生、退伍军人等有学识的群体返乡就业创业，提高乡村劳动力的文化素质，加大就业创业服务保障力度，给返乡就业创业的群体提供就业培训、失业保险等，带动人口回流。三是强化政策供给，建立健全就业创业补贴政策、创业失败援助政策、援企稳岗政策，同时建立大学生、退伍军人等群体返乡就业创业服务站，使得返乡创业就业人员在该地享受国家返乡就业创业的扶持政策。通过完善就业政策，吸引本村村民回乡就业创业，来解决乡村空心化、人口老龄化问题，改善本村人口结构。

（四）着力推进基础设施建设

农业农村基础设施和公共服务是推进乡村振兴的强力支撑，要解决好基础设施不完善的问题，必须加快基础设施建设。一是加快推进乡村农业基础设施和交通基础设施优化升级，解决好乡村农田水利基础设施的问题，提高农业的综合生产能力，加快对道路设施的修缮和整改，“确保乡村生产生活的基础设施配套”，提高村民的幸福、安全指数，解决村民出行难的问题。二是进一步完善乡村的医疗、教育、养老等方面的社会保障制度，加强对乡村卫生室的建设，统筹医疗保险管理，解决村民看病难的问题；加强对村级学校的建设，给予困难家庭救助，解决本村教育问题；修建养老院，对本村没有子女且丧失劳动力的老人提供帮助，解决养老问题。三是加大乡村社会救助和农村社会福利投入，确保将保障性收入分配到需要的村民手中，把符合条件的农村留守老人纳入低保范围，提高村民的幸福指数。

（五）健全“三治融合”的乡村治理体系

健全“自治、法治、德治”相结合的乡村治理体系，是推进乡村振兴的重要举措，解决好自治、法治、德治在乡村治理中力量有所欠缺的问题，必须健全“三治融合”的乡村治理体系。一是通过乡村治理多主体的参与，提高自治水平，建立民主选举、民主决策、民主管理、民主监督的常态化机制，提高村民民主参与度，同时，加大宣传力度，“丰富村民议事协商形式，保障村里的事情由村民说了算”，让更多的主体参与乡村治理，提高乡村治理的自治水平。二是强化法治化建设，抓住《乡村振兴促进法》出台的契机，将乡村治理的成功经验制度化，促进法治建设，同时，在执法司法方面，应坚持公平正义，改变村民不信法的状况，维护村民的合法权益；也要培养村民的法治意识，提高村民的法治思维和法律素养。三是加强思想道德建设，大力推广优秀传统文化，宣传本村的村规、优秀的家风，强化村民的文化归属感，提升道德的号召力，同时，加强道德宣扬，举办和谐家庭、好人好事的评选活动，弘扬社会正能量，提高德治水平。

参考文献

《中国共产党第十九届中央委员会第五次全体会议汇编》，人民出版社，2021。

习近平：《习近平谈治国理政》（第三卷），中央文献出版社，2020。

陈文胜：《论中国乡村变迁》，社会科学文献出版社，2021。

陈文胜主编《湖南乡村振兴报告（2021）》，社会科学文献出版社，2021。

陈文胜：《以“三治”完善乡村治理》，《人民日报》2018 年 3 月 2 日。

陈文胜：《农民主体地位与乡村治理现代化》，《湖北民族大学学报》（哲学社会科学版）2020 年第 1 期。

B.17

娄底市经开区澄清村社区化调研报告

胡 勇　陈文胜*

摘　要： 在城市化过程中，位于城市郊区的农村也随着城市范围的不断拓展而逐渐融入城市发展过程之中。伴随着征地拆迁，澄清村也随之易地搬迁，建成了一个新的社区，从原本的自然村变成一个社区，发生了很大变化，但也面临着诸如缺乏经济支柱产业、村集体的归属感弱、优秀人才流失、传统文化缺乏传承、生态环境污染、干部队伍建设不足等问题，对居民的生产生活带来不利影响。需要加大力度发展服务型新产业、吸引人才回乡发展、搭建有效文化传承平台、加强生态环境整治、加强基层组织建设，凝聚合力，共同促进村庄的发展。

关键词： 征地拆迁　村改社区　娄底市

娄底市经济技术开发区涟滨办事处下辖的澄清村位于涟水河及其支流的交汇处，沿河分布，呈一个狭长的带状，与娄底市区隔河相望。澄清村既不属于典型意义上的贫困村范畴，也不属于特别富裕的村庄，只是湖南省中部丘陵地区的一个普通村庄，却是城市化过程中拆迁新建村的一个典型代表。

---

* 胡勇，湖南师范大学中国乡村振兴研究院、马克思主义学院硕士研究生，研究方向为乡村文化；陈文胜，湖南师范大学中国乡村振兴研究院院长、二级教授、博士生导师，研究方向为农村经济、城乡关系、乡村治理。

一　澄清村基本情况概述

澄清村总人口 1586 人，分为 15 个村民小组，共 521 户，常住人口约 1300 余人，其中 60 岁及以上老人 217 人，16~59 岁的青壮年人口 900 余人，16 岁以下青少年儿童 120 余人；外出务工人员大约 200 余人。澄清村共有党员 82 人，其中正式党员 80 人，预备党员 2 人，村干部 7 人加上 1 位政务代办员共 8 人。据村委会曾秘书介绍，澄清村原本占地面积 20 余平方公里，山清水秀，良田千亩，但征地拆迁后，耕地面积仅为 200 余亩，林地约 100 亩，水塘 10 余个。村集体账户上的剩余资产 700 万~800 万元，但每年村委会的支出将近 60 万~80 万元，其中村民医保补贴 40 余万元，村干部工资及退休干部补贴 20 余万元，村庄道路维护及环境整治 10 万元左右，由于村集体收入除了经开区固定的财政拨款 25 万元和一部分集体土地征收后的补偿款外，几乎没有额外的财产收入，现在基本上处于入不敷出的状态。

二　澄清村征地拆迁及村转社区始末

澄清村原本是一个山清水秀的传统村落。因为澄清村地处湖南省中部，处于亚热带季风区，并且村庄沿着涟水河呈狭长的带状分布，在每年夏季的时候，季风会带来特别多的降雨，因此河水特别容易泛滥成灾。洪水很容易波及河边上的澄清村，造成重大的人员财产损失。20 世纪 70 年代人民公社时期，公社领导曾组织村民修建了一条沿河的河堤，西连澄清村沙田组，东接澄清村福家组，绵延约 2 公里，基本上把半个村庄都包围了起来，在河堤内形成了一大片肥沃的农田。

2003 年，在娄底市委市政府的高度重视和大力支持下，娄底市经济技术开发区正式挂牌成立，开始大规模招商引资和征地拆迁。经开区下辖大埠桥和涟滨两个办事处，区划管理面积 72. 8 平方公里，人口 5 万，暂定开发

规划面积 42 平方公里。澄清村属于涟滨办事处的下级管辖村，因此也一并划入了经开区的行政范围。由此澄清村开始转为澄清社区，山清水秀的传统农村也慢慢变成了尘土飞扬的建设工地。有些工厂直接建在涟水河的上游地区，因为当时的生态环境监管并不严，很多工业废水直接排进了涟水河中，导致河水污染严重，河水一度是绿色的，河里的鱼虾也基本上灭绝了，因此下游以渔为生的村民不得不另寻出路。

2005 年，一条连接娄底城区南北的主干道吉星路开始动工修建。由于吉星路在规划中正好从澄清社区横穿而过，澄清社区的部分山地、林地、耕地和部分居民的民房在征地拆迁的范围之内。2009 年，湖南华菱钢铁股份有限公司和安赛乐米塔尔公司合作成立华菱安赛乐米塔尔汽车板有限公司（以下简称 VAMA 公司），作为国家发改委和商务部共同批准的主要投资项目落地娄底市经开区，公司注册资本为 40.1472 亿元。同年，VAMA 公司启动第一批征地拆迁，高桥和澄清社区的大部分土地（约 1400 亩）都处于 VAMA 公司的征地范围之内。第一批征地拆迁的农民是按照每平方米 680 元的方案补偿，虽然补偿款不多但是也有人均几十万元。突然富裕的农民还不知道怎么花钱，很多人被高利息诱惑，借给了同村搞房地产的几个包工头。因为当时那些刚征地的村民想着反正现在拆迁款也建不了房，不如借给同村的或者附近的工厂吃利息，殊不知这里面埋下了很大的一个隐患。

拆迁的农民是有相应的宅基地分配的，每人 45 平方米，经开区管委会成立了“安置办”等专门部门，在距离原村不远的地方划出了一块土地作为征地农民的安置基地，相当于就近搬迁了。因为靠近吉星路，所以安置小区命名为吉星安置小区，村民根据抽签结果来决定自己家宅基地的位置。按照规划，吉星安置小区总规划面积 10 万平方米，可以为 400 余户村民提供宅基地保障，容纳 2000 余人。在安置基地中心还规划有一个农贸市场和一个公共服务设施场地，未来澄清社区和九仑社区的居委会也会在安置基地建设办公楼，方便就近为社区居民服务。

2013 年，VAMA 公司为扩大产能，开始了第二批征地拆迁。第二批拆迁的居民是没有宅基地分配的，直接按照每人 18 万的人头费和每平方米

800 元的价格征地。开发区希望居民能够用拆迁款去购买市区商品房，一来解决居民安置问题，二来为城区经济做贡献。同年，吉星安置小区正式动工，开展土地平整和地基建设，2015 年完成基地交付，第一批征地拆迁的居民得以在安置基地上建设自己的新房屋。

三　澄清村转社区后面临的问题

调研发现，澄清村转社区后，其推进可持续发展面临着以下几个基本问题。

（一）没有经济支柱产业，缺乏政策支持引导

征地拆迁后，社区的耕地面积严重缩水，居民平均每人只有约 1/4 亩土地，而且比较分散，原本颇具规模的蔬菜种植业遭到很大程度的影响。不少居民向居委会反映，征地拆迁之后，虽然手里有钱了，但是没有了赖以生存的土地，也就失去了很大一部分的经营性收入，加上自建房屋，花去很大一部分的积蓄。社区居民从农村进入了社区，从红砖房住进了钢筋水泥的楼房，完成了身份的转变，但是没有了收入来源。他们要么种蔬菜勉强养活自己，要么依靠出租住房获得一些财产性收入，要么就只能外出务工了。外出务工的基本上在城里买了房，就很少回到这个位于城郊的安置小区了，原因在于：附近没有学校，也没有医疗资源。由于缺乏产业的支撑，社区居民的收入受到了很大的影响，能外出打工的就想办法去城里打工，留下来的基本上是以农为生的中老年人。

安置小区政策支撑也发生了变化。虽然居委会的账户上有几百万元的集体财产，但是这个钱只能躺在账户里面。居委会的曾秘书这样说："这个钱连存在银行里吃利息都不行，只能用于居委会固定用途，如医保补贴或者修路，这个资金就没有盘活，只能减少，而不能增加了。同时，由于澄清由村转社区，原本很多自然村能享受到的政策待遇，社区都不能享受到了。就算想把社区里一些空地作为建设用地也不行，不给你这个指标，想有点作用也不行。"

（二）村集体归属感减弱，优秀人才流失严重

由于原本的自然村基本上已经被征收了大部分土地，许多居民都搬进了新建的安置基地，但也还有小部分人依然留在了原村旧址的老屋中。没拆迁的居民很羡慕已经拆迁的居民，认为他们过上了真正“社区居民”也就是城里人的生活，不仅获得了大量的拆迁款，而且还有自建的楼房住。这样就容易产生居民之间的矛盾，弱化了原本的村集体感。

已经拆迁的居民也有自己的苦处。首先，征地拆迁后就没有耕地了，吃的蔬菜、大米都得花钱买。其次，虽然是住在新楼房里，但得交水电费，而且比较贵，自身又没有更多收入来源，只能想着社区剩下的地能早点被征收完，再给大家分钱。

吉星安置基地不是只有澄清社区的居民，还有旁边的九仑社区的大部分居民也搬迁到此，旁边的几个村如西坪村、高车村也有部分村民入住。因此吉星安置小区作为一个征地拆迁后建设的小区，是由好几个村的村民组合形成的，也算是一种合村并居了。本来自己村内的村民大多数互相认识，是一个熟人社会，“我们大家都是熟人，打个招呼就是了，还用得着多说吗？”①但是合村并居后，社区内很多人并不熟悉，互相之间的矛盾和事情也就多了起来。

社区人才流失也比较严重。当一个社区干部一个月就两千元多一点的工资，对于上有老、下有小的人来说，这点钱是不够的。再加上有关规定，村干部必须是1985年后出生的，而且得有大学本科学历，这个年龄和学历的要求也卡住了很多年富力强的中年人想要为社区做贡献的想法。而有大学学历的年轻人肯定还是想要在城市中发展的，毕竟城市里有更多的就业岗位、更好的教育资源和医疗资源。

（三）传统文化传承乏力，精神文明建设不足

随着经济社会的发展，澄清村的样貌发生了翻天覆地的变化，原本的土

① 费孝通：《乡土中国》，长江文艺出版社，2019年，第8页。

砖房已经消失殆尽，基本上都是两三层的红砖房了，整个社区的土砖房只剩下了三四户，而且基本上都处于闲置状态，长期无人居住，离危房不远了。唯一一户保存比较完好的土砖房还是人民公社时期公社的社址所在，现在是一位独居的老奶奶在里面居住，也没有精力去修补这老房子了。

村里原本的古树、古井、石桥、祖坟等，除了祖坟迁出去了，其他的都随着征地拆迁一并掩埋在了厚厚的红土之下。中国人是十分安土重迁的，正如费孝通所说："从基层上看去，中国社会是乡土性的。"① 祖坟本来就是人们思念的寄托，随着祖坟的迁出，原本每年清明的祭祖也改去其他地方祭拜，村民们原本对于故乡的思念也随着转移了。

村里唯一的历史古迹是清光绪二十五年至二十六年修建的澄清塔，该塔为八方三层砖石空心塔，塔高约 12 米，塔基为石砌方台，顶为盔顶攒尖，上置葫芦形塔刹，盖小青瓦，造型挺拔，有较高的历史艺术价值，1995 年 7 月，娄底市人民政府将该塔列为市级文物保护单位。虽然被列为文物保护单位，但是没有拨款维修，经年累月之下，澄清塔也变得破旧不堪了。

澄清村变成了社区，很多的传统习俗也随着消失了。原本过年过节村里家家户户都是锣鼓喧天、鞭炮齐鸣，现在成为社区之后，燃放鞭炮被禁止了，过年过节时的那种传统味道消失了。

（四）生态环境有待进一步改善，需更加重视资源保护

随着征地拆迁，澄清村原本的林地被推平变成了工业工地，村里的大部分耕地也被征收，用于 VAMA 公司的厂房建设，导致蔬菜种植规模锐减，居民的家庭经营性收入也随之减少了。由于经开区引进的大多数企业都是重工业，很多工业废水排放进了涟水河之中，对下游渔业资源造成了极大的破坏。原本山清水秀的澄清村，现在山被推平了，水被污染了，居民用水基本上只能依靠自来水厂供水。

---

① 费孝通：《乡土中国》，长江文艺出版社，2019 年，第 4 页。

随着澄清村由村转变为社区，生活垃圾也与日俱增。因为没有很好的垃圾处理方法，除了部分垃圾被填埋外，很多垃圾被随意丢弃在了马路边上。有些居民会将垃圾进行焚烧，焚烧后产生的废气和废渣容易造成空气污染，影响居民的身体健康。原本不少居民会养鸡养鸭，部分家庭还承包或自建了养鱼池塘，形成了一个消化餐厨垃圾的绿色化的农业生产链条。[①] 但是由村转为社区之后，没有地方饲养家禽，因此餐厨垃圾只能一倒了之，不仅造成了粮食的浪费，而且也污染了社区生活环境。因为农家肥减少，蔬菜、稻谷的种植只能大量使用化肥，这不仅使得土地肥力下降，而且容易造成土壤污染。

（五）基础组织建设需加强，工作队伍能力需提升

澄清村原本的村干部基本上是本村上了年纪的老干部，对村里的人和事都熟悉，而且在村委会时间比较久，积攒了很高的人望，而且为人公正，因此才能服众，所以村里的大事小事都会在村委会解决。

现在澄清村由村转变为了社区，村委会变成了居委会，原本的村干部也都退休了，换上了一批新的年轻干部。虽然这些干部学历大多在高中以上，年纪也不大，有些也去外面的大城市见过世面，但是他们对于社区的事务并没有原来的村干部那么熟悉，一些干部对社区到底有多少居民、住在哪、都做些什么是不清楚的。

笔者曾在2021年的时候作为社区的政务代办员在居委会工作过三个月，发现对社区工作最了解的并不是居委会主任和党支部书记而是社区的秘书，因为社区很多事情都是秘书在处理。本来居委会作为一个基层自治组织，是为社区居民服务的，但是现在居委会服务水平还有待提升。年轻的社区干部，都是上有老下有小的，不可能把全部精力放在社区事务上面，他们有自己的副业要做，基本上常驻社区的就是政务员和秘书了。

---

① 郑渝川：《治理农村环境污染有待大手笔》，《中国青年报》2016年3月20日。

四　确保澄清社区可持续发展的基本对策

为了破解上述几个问题，实现高质量发展、高效能治理、高品质生活，澄清社区需要从以下几个方面着力。

（一）依托国家级开发区，发展服务型新产业

现在经济技术开发区已经提升为国家级经济技术开发区，据开发区管委会官网介绍，截至 2019 年底，园区入驻各类工商企业 2337 家，其中世界 500 强企业 12 家、知名上市公司 10 家、央企大集团 8 家，规模以上工业企业 152 家。2019 年，园区规模工业增加值同比增长 7. 3%，规模工业总产值同比增长 5. 04%，固定资产投资同比增长 12%，产业投资同比增长 18%，新增规模工业企业 19 家，新增高新技术企业 6 家，高新技术产业增加值增长 13. 53%，完成财政总收入 27. 05 亿元，增长 10. 1%。[①] 各类规模企业的入驻在一定程度上解决了当地的就业问题。澄清社区就有毕业的大学生进入 VAMA 公司工作，薪资待遇还不错，在家门口实现了就业。

除此之外，社区里有很多中年妇女也在企业里找到了诸如环卫保洁一类的工作。虽然工资不高，但是胜在方便、离家近，搞完卫生后可以回家处理家务，一举两得。此外，还有保安的工作，适合中年男性。现在经开区里有两千多家企业，普通居民想要找一份工作相对比较简单。澄清社区 16～59 岁的青壮年人口将近 900 人，完全可以在居委会的组织下成立自己的物业管理公司，将社区内的闲散人员组织起来，为园区内的企业提供安保和环卫等服务。

同时也可以按照群众自愿、风险共同承担、按股分红的原则，对原集体资产进行整合，成立一个公司，完善公司的章程，由居民和参股股民选举社区公司董事会成员和监事会人员，负责公司的具体运营，确保村民原有利益

① 数据来自娄底市经济技术开发区管委会官网。

只增不减，切实维护好广大群众的切身利益。

2022 年中央一号文件明确指出，要促进农民就地就近就业创业。鼓励发展共享用工、多渠道灵活就业，规范发展新就业形态，培育发展家政服务、物流配送、养老托育等生活性服务业。推进返乡入乡创业园建设，落实各项扶持政策。大力开展适合农民工就业的技能培训和新职业新业态培训。[①] 中央的政策就是鼓励征地拆迁后的农民能够就地就近解决工作问题。

（二）增加居民人均收入，吸引人才回乡发展

乡村振兴最重要的就是“人、地、钱”，有人才能振兴，有地才能发展，有钱才有出路。社区想要发展也不例外，只有不断增加居民的人均收入，社区才会不断有新鲜血液注入，原本离家在外务工的人才有可能回到家乡发展，为振兴家乡做贡献。

社区服务业的发展就是一个很好的契机，不仅可以整合社区的闲置劳动人口，而且可以吸引有能力的人回乡投资发展，经开区也出台了相关的政策鼓励回乡发展创业。随着诸多企业落地经开区，来经开区务工的人也越来越多。吉星安置小区因为毗邻 VAMA 公司这家大型汽车板生产加工企业，也因此获得了良好的区位优势，很多 VAMA 公司的员工选择就近在安置小区内租房，增加了居民的收入。

安置小区的房子都是居民的自建房，一楼是门面，随着社区外来人口的增加，门面房可以租出去。有些用来经营超市，还有理发店、快递驿站、饭店、仓库，还有些小公司因为租金便宜，选择把公司设在了小区内。很多居民见小区内人口越来越多，就在自家楼下开了小餐馆或者小超市，也吸引了一些在外的人才回乡创业发展，例如最火的社区团购和带货直播也在小区内发展起来。

---

① 中共中央、国务院：《关于做好 2022 年全面推进乡村振兴重点工作的意见》，《人民日报》2022 年 2 月 23 日第 1 版。

（三）创新精神文明建设，搭建有效展示平台

传统村落转变为现代化社区后，很多传统文化的载体会消失，很多农村的文化习俗也会渐渐改变。乡村要振兴，文化必须振兴，文化自信更重要的是乡土文化自信。社区应该加大对文物保护的力度，比如对澄清塔的保护，澄清村的澄清二字据说就是来自澄清塔，对村里的古树、古井、古道也应该加大保护力度。

2022 年中央一号文件提出，要探索统筹推动城乡精神文明融合发展的具体方式，完善全国文明村镇测评体系。整合文化惠民活动资源，支持农民自发组织开展村歌、“村晚”、广场舞、趣味运动会等体现农耕农趣农味的文化体育活动。近年来，娄底市加大力度建设精神文明城市和卫生文明城市，社区可以抓住这个机会，把创建精神文明实践和传承优秀传统文化结合起来。加强对农耕文化的传承保护，推进非物质文化遗产和重要农业文化遗产的保护利用。①

社区可以依托微信群、公众号、抖音等新媒体平台开展文化宣传教育活动，在弘扬和践行社会主义核心价值观的同时宣传优秀传统文化，比如对于居民喜爱的花鼓戏、大鼓队、舞龙舞狮等，可以由社区和居民共同出资，在社区组建自己的文化服务队，在节假日进行演出，一来丰富居民的文化生活，二来有演出费用，可用于增加居民收入。

（四）加强生态环境整治，保护现有生态资源

良好的生态环境是实现中华民族永续发展的内在要求，有助于增进民生福祉。生态兴则文明兴，生态衰则文明衰。习近平总书记提出：“像保护眼睛一样保护生态环境，像对待生命一样对待生态环境。”② 保护生态环境最

---

① 中共中央、国务院：《关于做好 2022 年全面推进乡村振兴重点工作的意见》，《人民日报》2022 年 2 月 23 日第 1 版。

② 《习近平在云南考察工作时强调：坚决打好扶贫开发攻坚战　加快民族地区经济社会发展》，《人民日报》2015 年 1 月 22 日第 1 版。

重要的是要树立保护环境的理念，在生活、生产的过程中不断践行，做到知行合一。

社区在征地拆迁后所剩的耕地、林地、鱼塘已经不多了，要更加珍惜这些原生态的资源，加强生态环境整治。开发区已经开始重视整治环境污染这个问题，在澄清社区的边上修建了一个涉重金属工厂废水处理厂，将废水处理后再排放。社区的生活垃圾也由一个专门的环保公司进行统一处理，在社区的各个出入口都有垃圾箱，每天都会有垃圾车进行转运。

保护环境的理念也可以和精神文明建设活动结合起来，可利用微信群、文化墙、宣传页等形式对社区居民进行环保理念的宣传，同时居委会也可以组织居民成立环卫队，聘请社区一些无事可做的妇女进行保洁。虽然每月工资只有两三千元，但是在自己社区里面进行环境整治，这对参与环卫的居民、社区、居委会来说可谓三赢。其实维护环境卫生主要还是要做到垃圾减量，让居民自发减少一次性塑料制品的使用，平时养成节约用水用电的习惯，身体力行爱护环境。

（五）加强基层组织建设，强化领导负责制度

党的基层组织是党的全部工作和战斗力的基础，是落实党的路线方针政策和各项工作任务的战斗堡垒。加强基层组织建设，关系到党的执政基础，关系到全面建成社会主义现代化国家的发展进程。

做好撤村建居工作，要把握社区党组织建设这个核心。选贤任能，不唯学历，不唯年龄，要选准配强党支部书记，把居民真正认可、高度赞扬的人选到领导岗位上来，同时要加强对党的基层组织进行“网格化”管理，及时有效汇报社区民意。以党的基层组织建设带动社区集体经济组织、社区自治组织、文化组织、社会组织及其他各类组织建设。要抓住群众资产处置这个关键，尤其是在征地拆迁的地区，要出台完善的分配方案，核清社区集体资产，界定居民和社区的产权，确权到人。要突出社区服务管理这个重点，利用“互联网+政务”系统，建立健全新型社区管理和服务体系，努力做到小事不出社区，大事不出街道，能一次性办完的事情，就不让群众跑第二

次。要加强社区基础设施建设，实现医疗卫生、社会救助、健身娱乐、便民服务全覆盖，提高服务群众水平。

加强基层组织建设，要继续落实党建工作职责制。社区党支部是社区的政治领导核心，对各类社区组织和社区总体工作实施政治领导，要强化领导负责制。上级党委应该加强和社区党支部的沟通和联系，完善社区党支部的监督管理制度，对做得好的社区党支部要及时表彰；对做得不好的提出批评建议。要扩大基层民主，落实“一事一议制度”，让社区居民能积极加入社区议事之中，加强对议事的协商和沟通，强化对社区领导的权力监督。

参考文献

费孝通：《乡土中国》，长江文艺出版社，2019。

中共中央、国务院：《关于全面推进乡村振兴加快农业农村现代化的意见》，《人民日报》2021 年 2 月 22 日第 1 版。

中共中央：《关于党的百年奋斗重大成就和历史经验的决议》，《人民日报》2021 年 11 月 17 日第 1 版。

陈文胜主编《湖南乡村振兴报告（2021）》，社会科学文献出版社，2021。

陈文胜：《论中国乡村变迁》，社会科学文献出版社，2021。

陈文胜：《补齐农村人居环境短板》，《人民日报》2019 年 9 月 10 日。

陈文胜：《合乡并村改革切忌大跃进》，《光明日报》2015 年 12 月 27 日。

陈文胜：《城镇化进程中乡村变迁的现实逻辑》，《江淮论坛》2019 年第 2 期。

陈文胜：《农村改革有底线》，《半月谈（内部版）》2020 年第 8 期。

郑渝川：《治理农村环境污染有待大手笔》，《中国青年报》2016 年 3 月 20 日。

B.18
邵阳县下花桥镇农村老年人才调研报告

罗俊祺　张新洲　向韵璇　龚　曦*

摘　要： 乡风文明是乡村振兴的灵魂和保障。当前中西部农村一定程度上存在的人情攀比、赌博迷信、彩礼横行等不良风气是乡风文明建设的薄弱点之一。充分发挥政治立场坚定、工作经验丰富、社会影响广泛、在群众中具有威信的农村老年人才在乡风文明建设中的独特作用，对于加强基层治理，以乡风文明助推乡村振兴具有重要意义。乡风文明建设视域下构建农村老年人才作用发挥机制，要从四个方面入手：发挥老党员的先锋模范作用，营造学习氛围，增强社员黏性；村（社区）组织应完善组织运行机制，发挥基层党组织战斗堡垒作用，善用“乡愁”感知赋能；社会要齐心构建老年人才“聚宝盆”，营造良好参与“新环境”；政府应加大经济“涉老”扶持力度，改善农村人居环境。

关键词： 农村老年人才　乡风文明　花桥镇

2021年中央一号文件强调，要加强新时代农村精神文明建设，推动形成文明乡风、良好家风、淳朴民风。乡风文明建设是最深沉、最持久、最基础的力量，是乡村振兴建设的保障。当前我国中西部部分地区存在的人情泛

* 罗俊祺，湖南师范大学2020级会展经济与管理专业本科生；张新洲，湖南师范大学2021级社会学专业硕士研究生；向韵璇，湖南师范大学2019级新闻学专业本科生；龚曦，讲师，湖南师范大学旅游学院团委书记。

滥、彩礼横行、无序竞争、消费攀比等不良风气①，一定程度上制约了乡风文明建设推进，成为基层治理的薄弱点之一。改革开放以来，我国中西部农村形成了以代际分工为基础、半耕半工的社会结构，大量农村青壮年劳动力外流，老年人占据农村常住人口的近半数，引导广大农村老年人深刻理解、大力支持乡村振兴工作至关重要。

《中共中央国务院关于加强新时代老龄工作的意见》指出："要引导老年人以志愿服务形式积极参与基层民主监督、移风易俗、民事调解、文教卫生等活动。发挥老年人在家庭教育、家风传承等方面的积极作用。"② 人生阅历丰富、社会影响力大的老年人才成为乡村振兴的一大主力。老年人在农村熟人社会经验丰富、有威望。习近平总书记强调广大老干部、老战士、老专家、老教师、老模范等离退休老同志是党和国家的宝贵财富，是加强青少年思想政治工作的重要力量。充分发挥农村老年人才在乡风文明建设中的独特作用，对于加强基层治理、以乡风文明助推乡村振兴具有重要意义。

那么，哪些因素是影响农村老年人才有效深入参与乡风文明建设的因素？如何有效促进农村老年人才在乡风文明建设中发挥有效作用？基于以上问题，笔者以湖南省邵阳市邵阳县下花桥镇老年人才为样本，通过问卷调查、深度访谈等方式，全面剖析影响农村老年人才在乡风文明建设中发挥作用的因素，从社会支持理论的视角提出促进老年人才作用发挥的机制对策。

一　下花桥镇老年人才参与乡风文明建设的现实情况

（一）参与积极性较高，但实际影响有限

调研数据显示，对乡风文明建设较少了解和不了解的分别仅占 17.2%、2.00%。从社会支持理论的社区角度分析，在老年协会、离退休干部党支部

① 贺雪峰：《大国之基》，东方出版社，2020，第 109 页。

② 《中共中央国务院关于加强新时代老龄工作的意见》，2021 年 11 月 18 日。

等组织的支撑下，有近百名老年人才加入了红白理事会等群团组织，下花桥镇乡风文明建设工作有着坚实且广泛的群众基础。此外，当地老年人才自愿参与的占 40.40%，愿意有偿参与的占 20.20%；在政策鼓励下愿意参与的占 31.50%，而不愿意参与的仅占 7.90%。从社会支持理论的个人视角分析，作为土生土长的乡村人，老年人才对于家乡有着深厚的情感，衰老并不意味着不需要在村庄社会中体面生活，他们仍需适度参与乡风文明建设。但下花桥镇老年人才影响力有限，老年协会的许多活动常因资金受限而难以开展。

总而言之，在老年协会、关工委等组织引领下，下花桥镇老年人才参与乡风文明建设积极性较强，虽取得一定成效但实际影响有限。

（二）在移风易俗、隔代教育等乡风文明建设中发挥了重要作用

经多重响应数据分析，当地老年人才在乡风文明建设中最显著的作用表现在移风易俗方面，响应占比为 90.10%，在 203 份问卷数据中个案数达 183 份，随后是隔代教育和环境保护。

首先，移风易俗方面有明显改观，从“薄养厚葬”到“厚养薄葬”。下花桥镇各个村都成立了红白理事会，一有红白喜事，协会成员第一时间前往当事人家中，了解详细情况，宣传禁止铺张浪费等相关政策和规定。下花桥镇村民李先生说道：“我们有村规民约章程的，现在办红白喜事一般限制在 3 万块钱以内，不能大操大办。以前花 10 多万的都有，现在提倡节约，把旧俗改掉，移风易俗。”

其次，在隔代教育方面作用明显。由于青壮年劳动力外流，留守儿童居多，老年群体是家庭教育主力军。下花桥镇离退休干部刘先生谈道：“你们来之前，我们已经多次开了隔代教育宣讲会，我们是全县第一个做的，我们知道隔代教育很重要。”下花桥镇老年协会蒋先生对此指出，“和政府政策相配套，在我们老年协会参与下，隔代教育第一阶段的任务基本已经完成，现在主要是向精细化和全面化发展。”

最后，在环境卫生方面也有一定作用。老年群团组织走访不能理解相关

工作的“顽固”老人，劝说他们支持村委工作、及时上交卫生费。下花桥镇岩门村村“两委”周先生说：“每个村都安排了卫生员，老年人才做卫生员，定期检查，户户检查，一周检查一次。”下花桥镇离退休干部刘女士强调：“根据村里面的经济条件没有什么福利的，都是一些自愿的，前一阵子我们的老年协会成员顶着大太阳帮我们收卫生费。”

（三）面临资金匮乏、人才短缺、性别差异大等困难

数据显示，有23.20%的共产党员表示愿意有偿参与，18.70%的群众也表示愿意有偿参与。无论是共产党员还是群众，仍有不少人希望得到资金支持，有资金支持可以号召更多人参与。

访谈得知，活动经费来源少、资金匮乏制约着老年人才在乡风文明建设中发挥作用。据悉，该地群团组织经费主要来源于会员缴纳的会费，还有少量政府下拨资金及社会各界支持，除日常开支外，开展其他活动往往需自掏腰包。

此外，人才紧缺是影响其作用发挥的又一难题。数据显示，受过初中以上教育的老年人占比仅35.40%，而从事农牧业的老年人占比超过40.68%。农村基层组织的主体是受教育程度低的务农人士，在乡风文明建设中能真正发挥作用的老年人才并不多，且老年协会会员也只是参与政策宣传讲座等活动，并未参与乡风文明建设实际行动，会使用现代办公工具的更是屈指可数。

不仅如此，当地老年人才参与乡风文明建设个体性别差异较大。当地男性社会参与意愿与能力均高于女性，女性更愿意在家庭中承担角色，未参与群团组织的妇女占比达59.00%，参与老年协会的占比仅为29.50%。在访谈过程中，下花桥镇近90%的女性坦言不喜欢在正式场合说话，不了解相关的政策法规，只愿意在非正式场合闲谈。在老年协会等组织领导班子中，女性老年人才仅占十分之一。

在传统社会的性别分工中，女性承担家庭责任，其社会支持网络由亲属邻里组成。照顾家庭、承担家务被视为女性的天职和本分，而男性则属于公

众领域，如在外工作、参与政治生活等。“男主外、女主内”的格局让女性被限制在家庭日常生活中。

值得说明的是，当地参与乡风文明建设的老年人才身体素质整体情况较好，身体健康的老年人才参与乡风文明建设的积极性与贡献大于身体有恙的老年人才。他们对于自身身体健康较为重视，会通过开展一系列集体活动或者务农等行为来锻炼身体。拥有良好身体素质与健康状况是积极投身乡风文明建设、发挥老年人才“余热”的前提。

二　影响下花桥镇老年人才在乡风文明建设中作用发挥的主要因素

鉴于上述下花桥镇老年人才参与乡风文明建设现状，团队通过问卷调查、深度访谈，从政治素养、社会交往能力、文字和口头表达能力等五大能力素养出发，对当地乡风文明建设中老年人才作用发挥与机制构建的影响因素进行综合分析。通过数据分析得知，五种能力素养的影响力依次递减，政治素养能力排序第一，响应百分比为53.20%。

（一）政治素养

政治素养能力最为重要。在当地乡风文明建设中发挥重要作用的老年协会等群团组织成员多因具备良好的政治素养而具有较强社会影响力和威望。现结合调研数据及文献资料，基于社会支持论的视角，从政治面貌、从业经历、政治品质三个方面进行分析。

1. 政治面貌

政治面貌影响老年人才参与乡风文明建设的积极性和认知水平。相较于普通群众，老党员参与乡风文明建设的积极性和认知水平较高。在不同“政治面貌”和“主观上是否愿意参加乡风文明建设”关系分析中，党员参与意愿为普通群众的两倍。岩门村村“两委”唐先生提道：“我们这里主要的群团组织（起作用），像老协会、红白喜事会等，这些组织负责人都是老党员。”可见当地老年人中，党员的思想素养普遍高于一般群众，老党员更愿意奉献，为家乡的乡风文明建设做贡献。

2. 从业经历

在从业经历方面，担任过生产队队长、支部书记等职务的受访者，具有较高的政治素养。从业经历使他们具有丰富的实践经验，并积累了广泛的社会支持网络。下花桥镇老年协会唐先生谈道：“在村里多年的退休支部书记、老教师和老干部都是村里的老年人才，也是我们老年协会的骨干。”下花桥镇离退休干部刘先生认为：“在宣传工作上，不仅要身体好，有文化，还要有一定的工作经验，这样人家才会听你话。”职场经历和在工作中锻炼出的专业技能在潜移默化中影响着农村老年人才参与乡风文明建设，对其政治心理和政治行为发生了长期稳定的内在作用。通常教师、公务员等从事涉及公共利益职业的人，社会责任感与使命感更强。

3. 政治品质

当问及“您觉得老年人才应该具备什么样的社会责任感?”时，有近70%的受访者认为“愿意主动为乡村建设贡献力量”最为重要。下花桥镇老年协会刘先生指出：“这都是我们自愿的，一有新政策、新工作，我们就马上去做。”老年人才为党工作、受党教育多年，对党有着深厚的感情，政治立场坚定、工作经验丰富、群众基础深厚，拥有较高的政治素养和社会责任感，他们自愿参与当地经济、文化等各项建设，调节邻里纠纷与社会矛盾。作为生于此、长于此的主体，其早已将血肉情感与当地融为一体，守望着乡村发展，继续发挥“余热”。

（二）社会交往能力

社会交往能力是个体在特定的社会情境中，通过恰当的方式，实现适宜社会目标，并产生对个体及社会发展有积极意义的结果的能力。从社会支持理论发展维度分析，农村老年人才个人社会交往能力应一定程度上影响着其话语权。针对该问题的调查，仅2.00%的人认为此项能力不重要。现结合调研数据及文献资料，基于社会支持理论的视角，从社会地位、社会支持网络两方面进行分析。

1. 社会地位

社会地位指的是个体在一定社会关系体系中所处的位置，反映了个体与社会整体的关系及在与社会整体互动关系中的社会身份。下花桥镇岩门村村“两委”孟先生指出：“我们的老年协会和红白理事会一般都由退休党员干部和家族里说话有分量的族长担任。”以中国共产党党员为代表的拥有话语权、威望等个人魅力的老年人才，因拥有或更易获得有利的社会地位而在乡风文明建设中具有突出作用。

2. 社会支持网络

社会支持网络指由个人之间的接触所构成的关系网，通过这些关系网，个人得以维持其身份，并获得情绪、服务、信息等支持。来自家庭、社会、组织等方面的因素通过影响农村老年人才的社会支持网络，进而影响其参与乡风文明建设的积极性与有效性。下花桥镇岩门村村“两委”雷女士提道：“村里有些老年人比较顽固，我们又是刚刚来这里工作，处理某些问题时常有困难，像协会会长、退休干部这些比较有威望、有人脉资源的老年人才能劝导、开导他们。”数据显示，老年人在老年协会工作的占比为34.00%，在离退休党支部的占比为4.40%，在其他群团组织占9.90%，而未参与工作的占51.7%。在当地老年人才参与乡风文明建设发挥作用主要依靠老年协会等群团组织的背景下，仍有一大部分老年人才未参与其中。

综上，从社会支持理论的个人和社会两个视角分析，社会交往能力通过影响农村老年人才的社会地位与社会支持网络，进而影响其在乡风文明建设中作用的发挥。

（三）文字和口头表达能力

文字表达能力强调语言使用能力。口头表达能力是指用口头语言来表达自己的思想、情感，以达到与人交流目的的一种能力。针对该问题的调查，仅有3.90%受访者选择“不重要”。以下结合相关数据及资料，从教育经历和工作经历两方面进行分析。

1. 教育经历

受教育程度高低是影响文字和口头表达能力的重要因素。在访谈的过程中，当被问及“您如何看待教育经历对老年人才文字和口头表达能力的影响?”时，大部分受访者都明确表示，二者成正相关关系。下花桥镇老年协会蒋先生认为：“那些拥有良好教育背景，从事正规工作的老年人，更能接受党的教育，在乡风文明建设中发光发热。”可见，受教育程度的高低对于老年人才的文字和口头表达能力有较大影响，老年人才受教育程度越高，他们的文字和口头表达能力就越强，更愿意主动参与乡风文明建设，在隔代教育、移风易俗等乡风文明工作中发挥“余热”。

2. 工作经历

文字和口头表达能力另一方面体现在个人的工作经历中，大多数受访者曾从事教师、医生、公务员等工作。下花桥镇老年协会唐先生道：“在村里很多事情的解决中，老年人才都发挥着重要的作用。比如在村里当了几十年支部书记的退休人员，还有退休回来的老教师与老干部，这些都是村里老年人才的组成成分。”长期的工作经历，使他们拥有较强的文字和口头表达能力。调查数据显示，未参与工作的老年人才了解乡风文明建设的仅占7.60%。教育经历、工作经历很大程度上影响老年人才的文字和口头表达能力。

（四）组织协调能力

组织协调能力指根据工作任务，对资源进行分配，同时在控制、激励和协调群体活动过程，实现组织目标的能力。针对该问题的调查，有47.30%的受访对象选择“非常重要”，选择“比较重要”的有30.50%，选择“一般重要”的有15.30%，仅有6.90%的受访对象选择“较不重要”。在组织协调过程中，控制、激励和协调群体活动过程需借助老年人才的关系网络，这些工作与老年人才与群众的联系、个人的人脉资源等密切相关。下花桥镇村民周先生认为：“老年人才要能和群众打成一片，和群众拥坐在一块，融入群众。”结合访谈资料和相关文献进行分析得知，社会人际关系影响组织

协调能力主要体现在个人人脉、话语权等方面上。与群众和睦相处，有利于提高组织协调能力，减少老年人才在乡风文明建设中作用发挥的阻力。

（五）认知能力

认知能力即对信息的处理能力，主要包括专注力、记忆力等，其共同内核为思考能力。针对该问题的调查，有35.46%的受访者选择“非常重要”，选择“比较重要”的有40.36%，选择“一般重要”的有21.18%，选择“较不重要”的仅3.00%。下花桥镇岩门村村“两委”杨女士说：“在处理乡风文明相关事务时，我们会遇到很多阻力，比如很多老人不听劝告，我们就想办法，让思想开放的老人去帮忙劝导。”结合访谈资料和相关文献进行分析得知，认知能力是农村老年人才在乡风文明建设中作用发挥的重要影响因素之一，优秀的判断力和遇事冷静的处事方式在处理乡风文明建设事务上十分重要。

总之，政治素养、社会交往等五大因素相互影响，是现阶段影响农村老年人才在乡风文明建设中作用发挥与机制构建的“五大突破口”。

三　为农村老年人才参与乡风文明建设做好保障工作的建议

针对“五大突破口”，本文将依据社会支持理论，从个人、社区、社会、政府四个层面，提出对策，进一步完善下花桥镇“老年协会+”模式，以离退休干部党支部为引领、老年协会为核心，形成可复制、可推广、规范与科学兼备的“1+1+N”乡风文明建设新模式（如图1所示）。

（一）个人：党员模范树新风，乡贤新派映初心

“退休不忘本，离岗不褪色”的精神是中国共产党不忘初心、牢记使命的体现。老党员是乡风文明建设中不可忽视的力量，他们可组织开展如红色论坛、隔代教育等一系列活动，协助政府、村“两委”开展相关工作；同

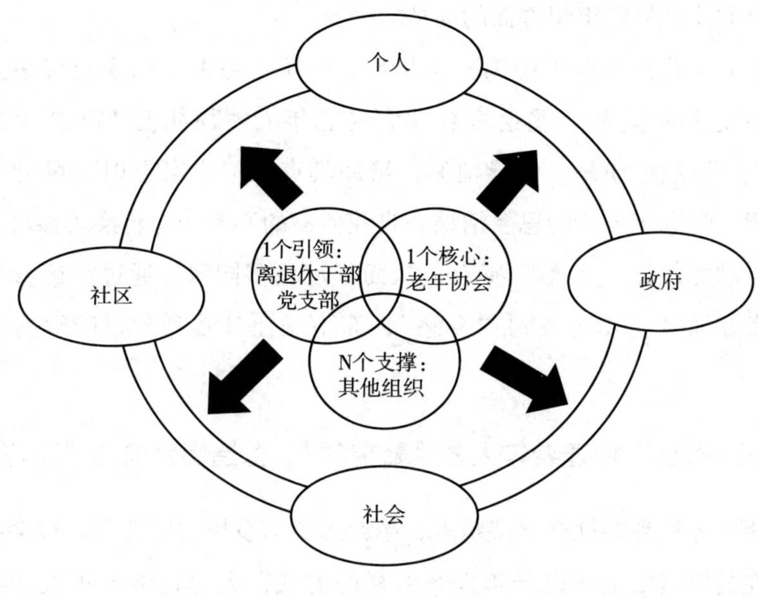

图1 “1+1+N”模式

时，可在社区定期开展读书、联谊会，营造良好学习氛围。根据社会支持理论可知，老年群体一旦形成自主学习氛围，其个体在心理认知和参与社会建设等方面就会全面提升，进而有效提升其被赋权之后的增能效果。

农村老年人才作为新乡贤的一分子，应积极投身民俗保护、传承优良家风等地方文化事业，例如：参与公益志愿活动，借助自身文化底蕴深厚、生活阅历丰富的优势，梳理宗亲资料，讲好家族故事。同时，通过与族人共同的溯源活动，凝聚建设向心力，吸引更多有“返家乡，筑梦乡”初心的青年才子投身乡村振兴。

（二）社区：共建村级治理机制，善用“乡愁”感知赋能

农村基层党组织是乡风文明建设的主心骨，要完善当地老年群团组织运行的机制，充分发挥基层党组织在其中的引导作用。可通过民主协商形成解决问题、服务高效的村级治理机制，化解难点和痛点，激发内生动力。同时，应健全党委领导、政府负责、公众参与、法治保障的现代治理体制，加

强对老年群体在社区组织方面的支持。

费孝通在著作《乡土中国》中指出，中国人习惯于以亲疏有序为原则建立人际交往网络。[①] 一些返家乡的农村老年人才往往需要社会使命的赋能。我们可以通过激励、引导他们，帮助其克服“小家意识”可能带来的消极思想，将老年人才的思乡情结、自我使命的心理动力转换成参与建设的强大精神动力，借“乡愁”感召，从而带动更多同辈。通过社区参与，帮助年长者在新乡村真正找到“乡愁”，而不是让其看到乡村破败的景象而发愁。

（三）社会：构建老年人才“聚宝盆”，营造良好参与“新环境”

老年人才得到的社会支持越多，越愿意参与乡风文明建设。社会各界可以通过在县级报纸上开设老年人才专栏的方式，大力宣传老年人才突出事迹，也可以在老年大学、党史学习会等场所发动农村老年人积极参与乡村建设，鼓励积极老龄化。乡村振兴，农民是主体，人才是关键，社会各界应加强构建“人才”聚宝盆，加大农村老年人才存量，加强“适老化”教育。[②]

群众参与是乡风文明建设有效的重要保障。通过新闻报道等媒介，强化有关老年人才的正面宣传，以减少大众对老年人才、男女性别的偏见。积极倡导村庄参与精神，鼓励村民尤其是妇女共同参与环境整治、疫情防控等常规工作，营造共建共享的社会氛围。

（四）政府：加强经济“涉老”扶持，改善农村人居环境

地方政府要加大经济上的“涉老”倾斜力度，保障原有老年协会的活动经费，尝试构建“以社会集体经济发展收益与社会捐助为基础，政府补贴为辅”的新型组织资金收入模式。同时，应加强对农村非物质文化遗产再发展的经济支持，推动农村老年文化产业发展，助力其品牌建设。

---

① 费孝通：《乡土中国》，青岛出版社，2019，第23页。

② 21世纪经济报道等：《中国乡村振兴之路白皮书（2021）》，2021，第60页。

同时，政府应营造适老生存环境。从积极老龄观的角度看：第一，政府可以吸纳和培养有丰富工作经验的老年人才，并为其提供良好的政治环境；第二，老年人才具有社会话语权优势，应将有资历的农村老年人才纳入乡村干部培训规划；第三，为农村老人提供其需要的精神寄托和文化生活，而非老百姓不需要的许多“工程”。

总之，在新时代全面推进乡村振兴战略和人口老龄化趋势增长的大背景下，应从个人、社区、社会、政府四个方面共同努力，协同构建其在乡风文明建设中作用发挥机制。“莫道桑榆晚，为霞尚满天”，社会各界应以积极老龄观对待农村老年人才，通过给予其实现个人价值的社会支持网络，让他们在乡风文明建设中继续“老有所为，发挥余热”。

参考文献

陈文胜：《大国村庄的进路》，湖南师范大学出版社，2020。

陈文胜：《以“三治”完善乡村治理》，《人民日报》2018 年 3 月 2 日。

汪杰贵：《村庄治理现代化进程中农民自组织公共参与逻辑与进路》，《农业经济问题》2020 年第 4 期。

张向东、李晓群：《整合与分立：中国农村基层治理的单元组合研究》，《华中师范大学学报》（人文社会科学版）2020 年第 1 期。

胡湛、彭希哲：《对人口老龄化的再认识及政策思考》，《中国特色社会主义研究》2019 年第 5 期。

王辉、宋敏：《老年人参与和乡村治理有效：理论建构与实践机制》，《农业经济问题》2021 年第 5 期。

孙明扬：《中国农村的“老人农业”及其社会功能》，《南京农业大学学报》（社会科学版）2020 年第 3 期。

B.19

浏阳市文家市镇红色文旅调研报告

曹雯芳　毛思怡　彭　珊　陆福兴*

摘　要：　在建党 100 周年背景下，乡村红色文旅成为经济发展“新蓝海”。湖南省文家市镇通过深挖文化内涵、拓展产业链条、联通镇馆司村、参与区域合作、干部对口支持等做法得到巨大收益，成为全省乡村振兴示范区，并入选“湖南省首批十大特色文旅小镇”。同时，文家市镇的红色文旅也存在着文化传播不足、文旅融合较浅、经济要素缺失、招商融资困难、宣传方式传统、人才力量短缺的问题。政府、企业、民众需要共同努力，从内容主题、产业设计、传播营销、基层建设、人才队伍等方面建设红色力量，探寻红色文旅的开发利用路径，最终让红色文旅成为推动乡村振兴的重要力量。

关键词：　乡村振兴　红色文旅　文旅融合　文家市镇

2021 年是中国共产党建党一百周年，为推进红色文化宣传、献礼建党百年，各地纷纷推出各类红色纪念与庆祝活动，其中近年来兴起的以红色文旅为形式的活动受到各地重视和群众喜爱。红色文旅带动各地遗留的红色文化资源重新受到重视与关注，并达到历史新高度，一跃成为建党百年大背景下中国最具活力与发展前景的旅游形态。2021 年 6 月，习近平总书记提出

* 曹雯芳、毛思怡、彭珊均系湖南师范大学新闻与传播学院 2020 级本科生；陆福兴，湖南师范大学中国乡村振兴研究院教授，研究方向为农村政策法律、农业安全。

了“用好红色资源，赓续红色血脉”的观点。[①] 挖掘红色资源，特别是利用好潜藏在农村地区的红色资源，不仅是赓续红色血脉，为建党百年献上贺礼，更是为乡村振兴注入新活力，开辟乡村增收与持续发展的新途径。

本次调研地选取的是浏阳市的文家市镇。从红色文化与资源层面来看，这座地处湘赣边界的红色小镇，因为秋收起义与中国革命结下了深缘。作为秋收起义会师圣地，这里红色资源丰富、红色底蕴深厚，保存有秋收起义文家市会师旧址、里仁学校等国家级和省级重点文物保护单位。近年来，文家市镇重建和新修了秋收起义纪念馆与秋收起义广场，正在大力做好红色研培、红色文创和红色乡村这三篇文章，逐渐探索出一条以“红色文旅”带动乡村振兴的新路径。

因此，将文家市镇作为调研对象有利于本次调研活动的展开，即能够有效观察红色文化资源何以转化为经济发展动能，助力乡村经济发展，并探究该种新型发展模式如何持续运转、发挥最大经济效能，最后通过调研给出相应思考与建议。

一　文家市镇红色文旅发展现状

从文家市镇经济发展现状来看，近些年来，文家市镇已经成为湖南省首个“亿元乡镇”，有着“浏阳财税第一镇”之称。该镇居民凭借着“敢想敢干、用心用情”的精神，利用红色底蕴，背靠乡村依托，将该镇打造成远近闻名的红色旅游基地与乡村振兴示范区。

（一）文旅建设现状

1. 红色资源丰富，建设历史悠久

1927 年 9 月 19 日，毛泽东率秋收起义部队会师文家市，在里仁学校召

① 习近平：《用好红色资源　赓续红色血脉　努力创造无愧于历史和人民的新业绩》，《求是》2021 年第 19 期。

开了前敌委员会，在此开辟了农村包围城市的正确道路。作为秋收起义会师圣地，文家市镇共拥有4A级景区秋收起义文家市会师起义纪念馆1个，秋收起义文家市会师旧址等全国重点文物保护单位2处，杨勇故居、文家市大捷遗址等省级文物保护单位5处，是秋收起义“一线九馆”最重要的节点城镇和湘赣边红色旅游的中转站。

凭借红色资源数量多、历史长、意义深的三大优势，文家市以红色文旅为发展定位，以红色文化为发展基底，力求在保护、盘活当地的红色遗址、红色文物等历史资源的同时带动乡镇经济增长。早在1974年，文家市镇就正式对外开放秋收起义会师遗址，1977年又设立了秋收起义文家市会师纪念馆，2017年再次进行规划修整，红色发展底蕴深厚。具体数据见表1。

表1　文家市镇主要红色文旅资源名录

所在地区	级别	名称
浏阳市文家市镇	4A级景区	秋收起义文家市会师起义纪念馆
	全国重点文物保护单位	秋收起义文家市会师旧址、谭嗣同故居
	省级文物保护单位	杨勇故居 文家市大捷遗址 毛泽东青年时代活动旧址——陈家老屋 秋收起义文家市会师旧址（增补点——彭家大屋） 秋收起义文家市会师旧址（增补点——积谷仓）

2. 观光项目为主，体验项目起步

从红色文旅资源开发利用的形式来看，文家市镇的红色文旅产业主要是以红色遗址为中心的景区建设。据《长沙晚报》报道，2019年文家市游客接待量达256万人次。[①] 而在秋收起义纪念馆的官方网站上显示：新馆正式对外开放后，日均接待游客达6500人次，[②] 年总游客数约为237万人次。在

① 胡兆红：《红色旅游赋彩锦绣潇湘》，《长沙晚报》，2020年11月14日。

② 《秋收起义纪念馆景区简介》，秋收起义纪念园官网，http：//www.qsqyhsjng.com/jqgk/jianjie/，最后检索时间：2022年4月16日。

文家市镇目前开设的红色文旅形式中，传统的观光项目占据着绝对主导地位。

为改善当地文旅发展局面，文家市镇近年也开始尝试开展交互性的体验项目，增强游客参与感，以加强红色旅游区黏性。2019~2020 年，文家市镇在秋收起义纪念馆的基础上，逐步开发出红旅营研学基地、民兵训练基地、红色体验拓展微基地等一批红色研学体验项目，接待学生逾 2 万人次。①

在承接乡村方面，文家市镇以屋场运营为核心战略，以“体验游”为项目方向，发展出了乡村研学基地、体验式展馆与实践式课堂等形式。目前文家市镇已建设里仁屋场、大江屋场、沙溪屋场三大代表。其中新发村的大江屋场预计将在下半年初步完工。据悉，大江屋场开放后将开展游学项目，联动当地村民自办民宿，为当地创造切实经济效益。

3. 建设党史高地，教育价值为先

秋收起义革命文化是文家市镇独特的红色标志。文家市镇的红色文旅作为依托革命文化和党史记忆发展的旅游形式，把党史的教育价值放在首位，在整合当地文化资源的基础上开发特色项目。文家市镇紧跟建党百年的红色资源保护、开发热潮，借力国家的重点支持和宣传，在落实现有党史教育建设方面，文家市镇结合理论与实践，一面致力党教精品课程开发设计，在挖掘红色文化内涵的基础上，寓情于景、寓教于学，创造性开发了《文家市的抉择》《小石头砸烂大水缸》等互动式精品课程，② 扎根历史研究与理论探索的沃土，收集专业学者论文编成图书《红源》；一面着手建设红色研学旅行基地、秋收起义干部学院，推进党史教育融入社会各界。此外，在本地干部、居民党史教育方面，文家市镇以“农家书屋”“党史微课堂”等形式开讲党史故事，学习党史精神，利用多种载体促进党史教育深入开展。通过获评湖南省干部党性教育基地与湖南省级研学旅行基地，文家市镇成功打造出了“辐射浏阳，面向全省”的党史教育品牌。

---

① 张玲：《湖南省浏阳市文家市镇：湘赣边小镇的红色乡村振兴之路》，《中国文化报》2021 年 4 月 13 日。

② 周波：《文家市镇：深耕红色文化，传承革命精神》，《新湘评论》2020 年第 24 期，第 51~52 页。

（二）文旅消费现状

消费者是旅游的主体，是文旅发展的推力，是项目建设的核心。本文将以消费者为主要对象，分析文家市镇红色文旅的发展现状。

1. 消费人员来源广，干部学生成主力

从整体来看，文家市镇的红色文旅项目有不同年龄、不同政治面貌、不同职业的消费者，游客覆盖范围广、类型多，说明文家市镇的红色文旅对不同的群体都存在一定的吸引力。值得注意的是，在具体的年龄结构情况中，30 岁以下的年轻游客占比仅 41%，这说明文家市镇的红色文旅形式对当代年轻人吸引力相对较弱，导致年轻人消费动机不足，红色文旅难以充分发挥其在年轻群体中的引导和教育作用。具体数据见图 1、图 2。

结合线下考察情况来看，文家市镇红色文旅目前散客数量较少，主要的消费群体是党政机关干部和学生，旅游形式多为单位的党建活动和学校的研学活动。具体调查数据见表 2。

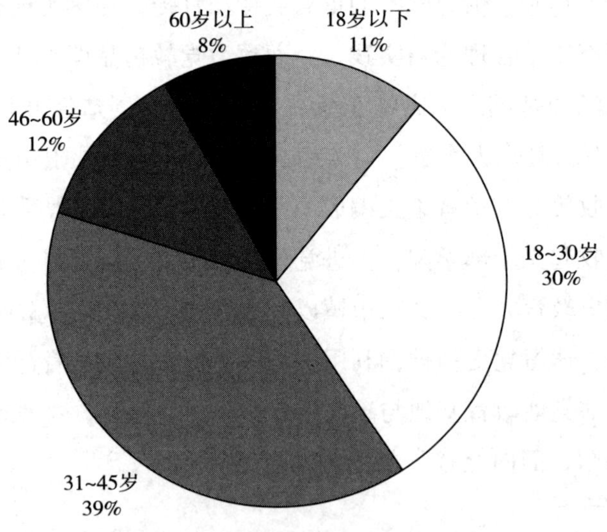

图 1　文家市镇游客年龄情况调查

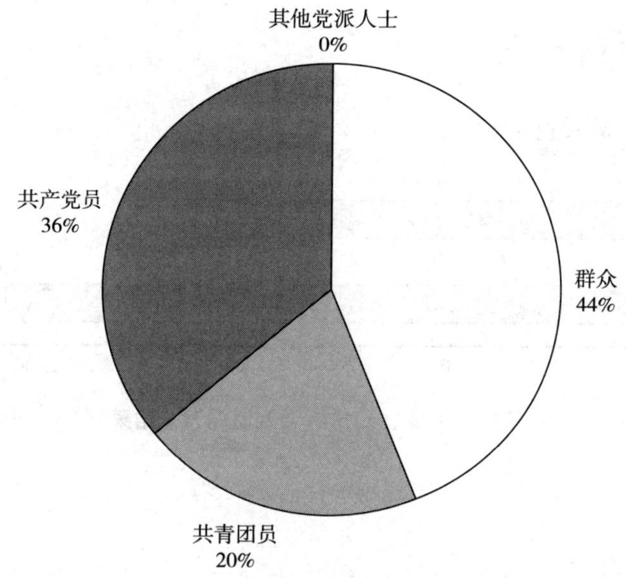

图 2　文家市镇游客政治面貌情况调查

表 2　文家市镇游客职业情况调查结果

游客职业	党政机关/事业单位干部	专业技术人员（如老师等）	商业服务业人员	个体经营者	农民	学生	已退休/无业者	其他
人数	18	8	5	5	6	13	3	6
占比(%)	28.1	12.5	7.8	7.8	9.4	20.3	4.7	9.4

2. 消费端动力不足，时间短、数目少

消费是拉动经济增长的第一动力。游客的消费情况直接影响着旅游行业的收益情况。经线下调查，受访的 64 名游客中，表示自己在文家市镇的旅行时间不超过 1 天的游客有 54 名，占比达 84%；表示自己的消费预算在 200~500 元区间的游客有 44 名，占比达 69%。这两项数据表明，文家市镇的大部分游客消费预算和停留时间都处于较低水平，说明虽然目前红色文旅的发展对文家市镇的经济发展有一定帮助，但限于消费端动力不足，作为以红色文旅为发展定位的小镇，红色产业给文家市镇带来的经济效益仍然有待提高。具体调查数据见图 3、图 4。

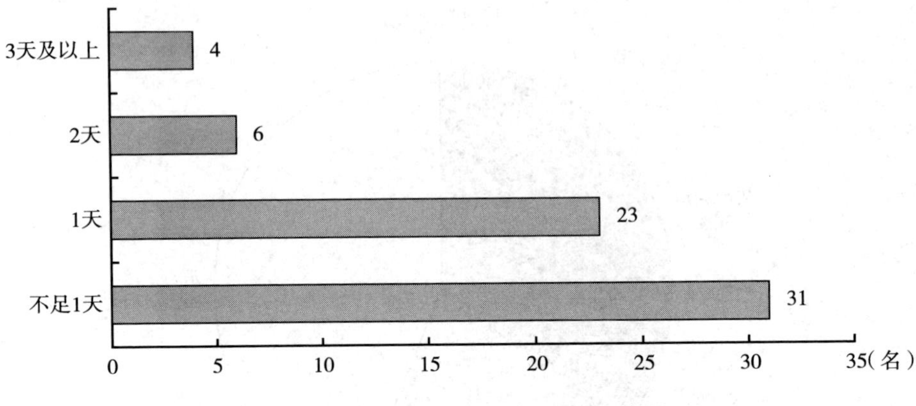

图 3　文家市镇游客消费时间调查结果

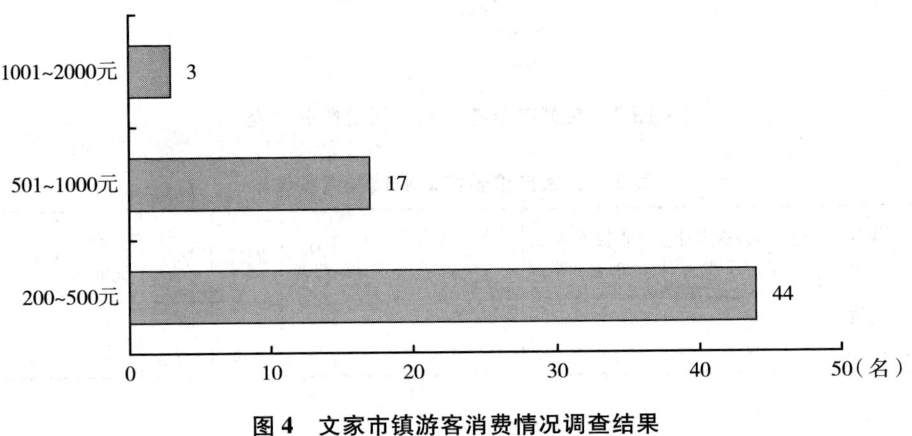

图 4　文家市镇游客消费情况调查结果

3. 消费者认可度高，研学项目占榜首

在消费者反馈部分，我们主要从消费者的整体感受、项目评价、重游意愿三个方面进行调查。在获取的 64 份样本中，仅有 4 人认为目前文家市镇红色文旅形式比较单调；25 人认为可以接受，其中有 23 人表示愿意再次体验或推荐文家市镇的红色文旅；35 人对目前的文旅形式表示满意或很满意，并且全部表示愿意再次体验或向他人推荐。这说明目前文家市镇的文旅项目设计基本达到了游客需求，在落地实践方面也收获了一定的市场认可度。具体调查数据见图 5。

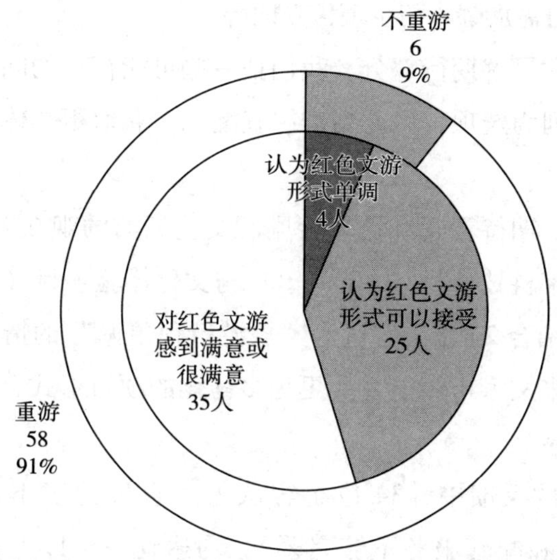

图 5　文家市镇红色文旅消费者项目评价、重游意愿调查结果

在具体的项目喜好中，文家市镇重点发展的秋收起义纪念馆和精品党课宣讲分别得到 43 票、38 票，远远领先其他项目，说明文家市镇把握住了发展方向，因地制宜打造红色研学项目，将红色资源转化为“红色经济”。具体调查数据见图 6。

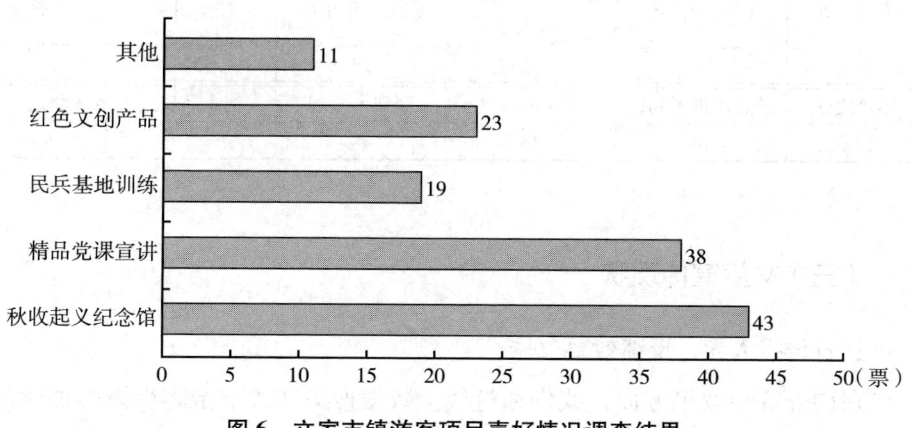

图 6　文家市镇游客项目喜好情况调查结果

4. 宣传和服务需加强，衍生项目受期待

在寻找问题和了解期待部分，我们把一些可能存在的问题和市场上不同的红色文旅形式列为选项，以此精准寻找漏洞，获取更具体、更具针对性的建议。

游客反馈中，期待看到红色舞台剧、文艺汇演的观众有 33 个，超过样本数量一半，数字科技项目（AR、VR）与文化体验项目（剧本杀、主题公园）紧随其后，结合 24 位游客认为“旅游行程单调”的情况，说明大多数游客还是希望未来文家市镇能发展更为多样化的项目形式，增强艺术、数字气息，提升参与感。

在关于不足的反馈中，34 位游客认为“宣传力度不够”，32 位游客选择“基础设施和配套服务不够完善”，均达到一半以上，说明文家市镇在基层建设和文旅宣传方面仍有待提高。具体调查数据见表 3。

表 3 文家市镇游客反馈的未来期待与不足之处调查结果

单位：个，位

项目形式	红色舞台剧、文艺汇演	数字科技项目（AR、VR）	文化体验项目（剧本杀、主题公园）	影视资料	其他
数量	33	28	24	18	7
不足之处	宣传力度不够	基础设施和配套服务不够完善	旅游行程单调	缺少讲解	参与感差
数量	34	32	24	22	15
不足之处	景点保护不到位	文化内容差	消费不合理	纪念品较差	其他
数量	14	14	4	2	5

（三）文旅宣传现状

1. 宣传投入大，反馈效果欠佳

在调查宣传效果方面，我们通过线上数据搜集和线下游客反馈两种途径综合得出结论。为了解文家市镇文旅宣传现状，调研组抓取网络数据，以“浏阳市文家市”为关键词，搜集到资讯 310 篇。以红色文旅、乡村振兴相关内容为重点的报道共70篇，从报道刊载平台来看，《湖南日报》《潇湘晨报》等湖南省内媒体占据其主流，多篇报道被腾讯新闻、澎湃新闻、搜狐网等全国范围资讯类媒体平台转载，整体宣传呈现一种向外扩张的趋势。从数量看来，近年文家市镇红色文旅相关报道明显增加，并于2021年4月10日获得央视《新闻联播》时长1分20秒的推介，文家市镇红色文旅线上影响力有切实提升。

而根据线下问卷结果，在旅游原因调查中，仅有10%的被调查者选择“当地的大力宣传”，证明当地的宣传效果并不理想，虽然有大范围、多层次的新闻推送与媒体宣传，但难以凭此带动消费者，宣传投入与反馈效果之间有较大出入。具体调查数据见图7。

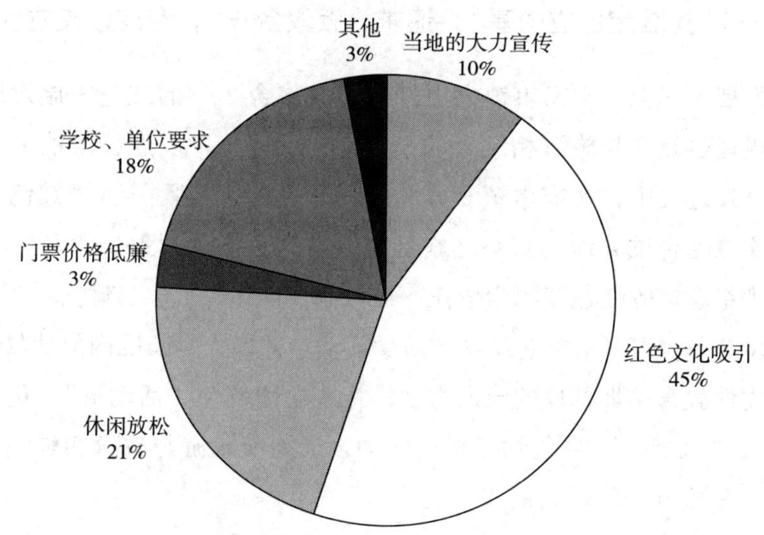

图7　文家市镇游客旅游原因调查结果

2. 宣传渠道冗杂，新媒体参与度不足

调研小组将宣传渠道细分为9大类别。根据线下游客问卷结果，9大渠道均有人选择，且最大人数差距不超过10人，说明整个文家市镇的文旅宣传覆盖面广、渠道众多，但缺少宣传的重点和针对性，整体力量较为分散。而根据线上调查，文家市镇在抖音、快手等新型短视频平台均没有宣传内容投放；微信公众号“红边城文家市”也在2019年停止运营，所有宣传信息均转入浏阳市融媒体中心。而根据调查结果，综合性的新媒体平台“微浏阳”和“浏阳文旅”都只有间断的零散报道，未能展现文家市镇的综合面貌，缺乏持续性的宣传效果，受众对文家市镇的了解仍然较为片面。

二　文家市镇红色文旅发展的基本经验

通过对文家市镇利用红色文旅推动乡村振兴的实践路径进行探究和分析，我们归纳得出以下五点经验，可供其他类似地区加以借鉴。

（一）“找准定位立根基”：追求“旅教合一”，专注以文立业

在发展形式上，文家市镇大力打造“教旅合一”的红色文旅发展新态势，积极通过教育与旅游相结合的模式，寻求传统发展途径上的突破与创新。在开发过程中，文家市镇充分利用现有资源，紧紧围绕“红色文化主阵地、文旅融合试验地、初心之旅目的地”这一发展思路，以秋收起义文家市会师纪念馆等红色资源为依托，与各地教育部门、学校建立联系，组织学生、事业单位等开展红色游学与研学活动。并加大对园区内部秋收起义干部学院党性教育培训基地的建设力度，打造党性教育“活动链”，包括开展初心之旅“八个一”主题党日系列活动，最终使旅游与教育相辅相成，逐步实现“教旅合一”的目的。

为提升本地红色文旅的吸引力，增强其在全国文旅市场中的不可替代性，文家市镇始终坚持“以文立业”，着重关注文旅发展中的文化部分，深入挖掘红色文化资源所蕴含的内涵与特色，力求实现红色旅游与红色文化的协同发展。文家市镇将特色基地、文创产品作为当代红色资源被创新的主要载体或途径，不断推出具有历史与时代意义的产品与项目，并通过人们喜闻乐见的形式加以展现，如文创产品中的“文家市的秋收”“红色情书”系列，红旅营研学基地开设的研学、打靶、团建等体验项目，极具红色文化底

蕴与地域特色，受到众多游客的欢迎与喜爱。文家市镇以“文”为核心，激发了红色文旅中源源不断的再生力。

（二）“掌握重点强经济”：深耕地区优势，带动相关产业

文家市镇利用红色文化资源优势，带动当地相关产业发展，促进全域产业扩面提质、加速繁荣。针对现状，文家市镇政府以创建“国家全域旅游示范区”和“国家 5A 级旅游景区”为目标展开规划与建设，着力提高本地区景点的旅游质量。同时突出地区红色旅游特色，加快构建“以主城区为枢纽，以浏阳河为主轴，以大围山绿色旅游板块和‘胡耀邦故里-秋收起义纪念园’红色旅游板块为双翼”的大旅游格局；① 利用地区特色带动相关产业，如辖区内的 4 处全国重点文物保护单位、14 处秋收起义关联遗址，带动了 31 家文旅企业的发展，为 3500 人提供相关经营服务的职位。

文家市镇红色文旅的带动效应，还体现在其他相关产业上，如文家市镇新型村级集体经济合作基地之一的文创商店“文家市的秋收”，其推出的“百姓粮、红军餐”系列产品就是与乡村振兴战略高度关联的结果。文创商店通过线上与线下相结合的模式，销售来自各村的农副产品，帮助村民拓宽销售途径，增加销售量与销售额；文家市镇通过“一村一品”的模式，将特色农产品融入红色文创的产品开发中，优化农业产业结构，如大成红薯基地被打造成千亩规模，实现真正的从无到有，以及沙溪鲜花基地种植面积实现翻番，去年一年内千亩红薯、十万余只黑山羊、万余斤土蜂蜜等产品销售一空，为农业产业增收 260 多万元。② 文家市镇把握地域文化优势，带动地区特色产业，盘活乡村闲置资源，加快农村生产力的转化，为乡村振兴创造新动力。

① 陈郁琳：《浏阳争创“国家全域旅游示范区”》，《浏阳日报》2018 年 1 月 5 日。

② 张玲：《湖南省浏阳市文家市镇：湘赣边小镇的红色乡村振兴之路》，《中国文化报》2021 年 4 月 13 日。

（三）“打通壁垒提效率”：整合全局资源，实现四方联动

为适应经济发展进入新时期，文家市镇整合全局资源，建立“镇-馆-司-村”深度融合的机制，实现景区建设和城镇发展的统筹协调、一体分工。文家市镇红色景区面积大、辐射范围广，依据该优势，在城市园区面貌上，文家市镇逐步形成了以秋收起义纪念广场为中心点、发散联通周围各乡镇生活园区的扇形格局。全局资源的整合有利于各主体间实现联动与合作，文家市镇政府、秋收起义纪念馆与浏阳市文化旅游产业发展有限公司签约，共建秋收园区，打破上层单位壁垒，提升建设效率与质量；同时深入基层，把特色农产品融入红色文创，通过“一村一品”的形式吸纳农村生产力量，延伸产业链条。

面对全局资源的整合，文家市镇致力于改变松散、无组织的结构，实现统一指挥、联动反应。文家市镇以“乡村大景区，旅游全链条”的建设思路为引领，整合产业资源，设计精品线路，把广阔的乡村作为承接游客的后盾，充分发挥乡村潜能。通过镇、馆、司、村之间的精准对接，文家市镇将来自红色文旅、优势产业中的“活水”引流到基层乡村地区。

（四）“深入市场乘东风”：强化区域合作，融入品牌蓝海

区域合作是文家市镇发展规划中的重点之一。文家市镇通过整合周边城镇的红色资源，寻求“1+1>2”的合作出路；加强与湘赣边红色文旅线路的互联互通、客源互送、市场互促、共治共享，联合中和镇胡耀邦故居共同推进国家级5A景区的申报工作，以建设全省一流红色景区为目标，共同打造湘赣边最强红色旅游板块；联合中和镇、澄潭江镇等共建“湖南最美乡村公路”——荷文公路，打造连接秋收起义会师纪念馆和胡耀邦故居的“红色专线”，实现从单一的红色景点到红色大景区的转变。文家市镇通过加强与周围区域在文旅板块上的合作，提升自身影响力，促进自我完善；联合其他区域，在基础设施完善方面发力，打通“红色专线”的“最后一公里”。

在区域合作加强的同时也应关注自身实力的强化，按照“一镇一景一

品”的发展思路，文家市镇将重点放在红色品牌的打造上。保证质量是打响品牌的关键，在品牌打造的过程中，文家市镇专注于对产品的精心打磨与质量保障；同时，深入挖掘文旅品牌背后的内涵，发挥红色优势，以红色文创与红旅研学为特色，擦亮“秋收”品牌，融入红色文旅的品牌蓝海。

（五）“科学引领带头行”：培养模范先行，干部对口帮扶

以先进模范的自身实例作为示范，为当地居民百姓的生产生活转变做出榜样。文家市镇目前着力打造党建“文市红”的品牌，凝聚千名党员干部，力求开创“社会稳、活力强、环境优”的基层治理局面。全镇以“党建+微网格”为工作抓手，扶持当地手工匠人，带动基层群众参与红色乡村建设，如群众孙立平的庭院被评选为“十大最美庭院”，成为“一点带一片”的示范，促进乡村居住环境的改善。

文家市镇夯实当地红色人才基础，力求建立一支业务精、能力强、素质高的干部队伍，且地方干部的调任以专业才能为先，根据当地特色进行对口帮扶与建设。如正在建设“大江屋场”项目的文家市镇新发村，其驻村干部原任职于长沙市文旅广电局，现负责该村的乡村振兴工作开展。该名干部根据当地乡村特色，规划建设农村研学基地，并在研学基础上开展其他体验类乡村旅游项目。此外，在工作过程中他善于与当地村民沟通，以带动农村经济为发展目标，充分调动村民的就业积极性，利用村民家中闲置资源，进行经济效益的转化；同时设置考评的方式，激励村民提高民宿的经营质量。

三　文家市镇红色文旅发展存在的基本问题

根据调研发现，文家市镇红色文旅可持续发展需要有效破解以下几个基本问题。

（一）文化传播不足，乡域共识缺失

红色文旅是文化和旅游的融合，文化是灵魂与核心。作为整个文家市镇

最为核心的文旅项目，秋收起义纪念馆主要是陈列式的旅游景区，其信息载体多为静态的文字和图片，内容仍然只是对革命史料的直白式复述。馆内虽然配有专业讲解员，但因其人数有限、时间不定，主要为规模较大的党建团体服务。在模板化的解说和观光式的体验中，游客缺少真正的文化熏陶，也就难以得到深度了解与延伸思考。

在湖南省文化和旅游厅发布的《2019 年湖南省十大特色文旅小镇》中，文家市镇成为唯一得到官方认证的红色文旅小镇。[①] 但从线下的考察情况来看，红色文旅这一标识暂时还是停留在上层规划的阶段，尚未真正地深入乡镇布局。一方面，文家市镇的开发建设没有完全展现革命特色，红色文化的辐射范围局限在景区内部，与乡镇风貌略显隔离，更缺少与辖区村庄的联系。另一方面，大多数本土居民对当地的革命历史没有深入了解，红色文化未能真正融入乡土文化。红色文化共识缺失，红色乡村地基不牢，是文家市镇下一步发展必须解决的问题。

（二）文旅融合较浅，产品形式单调

文旅融合，旅游是实现形式。目前文家市镇虽然成功创建了 4A 级景区，但整个景区内旅游项目较少，大多数游客只能接触秋收起义纪念馆、杨勇故居等观光项目。红旅营研学基地、民兵训练场等文化体验式项目基本仅在大型活动日或有大规模团体预约时才对外开放。旅行体验力度不足，游客对信息的接收就会长期处于被动状态，对文旅的好感度自然会下降。从线下问卷结果来看，绝大多数游客的停留时间都在 1 天以内，这也恰恰说明了秋收起义纪念园现阶段并无法满足游客休闲游、深度游、体验游的需求，文旅融合仍然有待加深。

在文创产品设计上，根据官方发布的数据，秋收纪念园目前共有三个系列 136 种文创产品。但从实地考察的情况来看，文创商店销售情况并不理

---

① 湖南省人民政府：《2019 年湖南省十大特色文旅小镇》，湖南省人民政府门户网站，2019 年 10 月 27 日，http：//www. hunan. gov. cn/topic/xzdy/tsxz/201910/t20191027_ 10491308. html，最后检索时间：2022 年 4 月 16 日。

想。一是纪念品商城布局不佳，而馆内又未设置相关的指引标识和宣传资料；二是商店规模较小，产品数量并未达到官方发布的136种，且产品思路较为单一。虽然开发了线上小程序，但在知名度方面仍有较大提升空间。

（三）经济要素缺失，产业升级滞后

在乡村振兴战略中，产业振兴是乡村振兴的物质基础，是乡村振兴的关键所在。目前文家市镇秋收起义纪念园附近仅有一家红米饭农庄，整个镇区没有较为完善的饮食供应系统；住宿方面，在官方的数据推荐中，仅有4家达到一定标准的宾馆，客房数量在30间左右，在节假日高峰期，无法满足大量的游客团体的需求。另外，整个秋收起义纪念园内，商铺数量少且多为居民生活商店，特色产品店与文创商店都缺少吸引力，红色文化产业链较短，对经济和农民增收的贡献极小。

在产业结构方面，文家市镇是传统的烟花名镇，尽管烟花产业发展日渐式微，但因其仍有一定效益，当地居民熟悉其制作和售卖的流程，不愿意放弃烟花产业。经济力量集中在传统产业上，新兴红色文旅企业尚未得到居民和企业的认同，产业结构升级滞后势必会成为文家市镇实现乡村振兴的重大阻碍。

（四）资金力量薄弱，招商融资困难

从数据调查的情况来看，文家市镇的主要建设资金来自政府部门。秋收起义文家市会师纪念馆2021年年初收入预算数和支出预算数均为945.14万元，文家市镇政府2021年年初一般公共预算拨款较去年增加71.55万元，这些资金主要都投入在秋收起义干部学院党性教育培训基地的筹备建设中。[①] 政府公共资金在文家市镇红色文旅的建设中占据绝对主导地位。

同时，由于红色文旅有较强的公共教育性质，景区收费相对较低，周边

---

① 秋收起义文家市会师纪念馆：《秋收起义文家市会师纪念馆2021年度部门预算说明》，浏阳市人民政府官网，2021年4月1日，wzt/czj39/lyczyjsgk7/bmyjs9662/qsqywjshsjng/202104/t20210401_ 9860455. html，最后检索时间：2022年4月16日。

建设项目有一定内容门槛，导致企业投资收益耗费周期较长，经济效益不高，缺乏对社会资金的吸引力，招商融资困难成为文家市镇红色文旅发展的一大阻碍。

（五）宣传模式传统，营销效果不佳

从线上调研数据来看，文家市镇的整体宣传基本依靠传统的新闻报道，传播媒介也基本是电视、报纸等传统媒介。通过网页搜索，我们发现文家市镇曾在 2020 年拍摄过一部纪录片投放在优酷视频，也在 2021 年参与过全国 50 家媒体联合推出的“理想照耀中国”系列报道和澎湃新闻《建党百年 初心之路》全媒体报道。尽管内容质量较高，但基本是标准化的新闻报道，缺少与同类内容的区分度。同时，这些内容的投放渠道较为单一，集中在专业类的新闻 App 和网页新闻中，旅游消费类 App 与用户活跃度较高的新媒体平台则鲜有投放，受众局限性较大，活跃度较低。

根据文家市镇游客来源调查，零散游客基本都来自浏阳本地，党建团体也局限在省内，鲜有省外游客。地域来源的单一性也印证了目前文家市镇宣传滞后、营销不佳的问题。

（六）人才力量短缺，居民思想阻碍

根据线下调查情况，尽管文家市镇有一定数量的中青年群体，但整体学历水平不高，智力支持力量薄弱。在人才支持方面，文家市镇虽然采用了人才对口帮扶制度，但上级干部人数有限，知识青年下乡意愿低，当地仍有大量村委干部没有经过专业的培训，也缺乏具体的执行经验，人才力量明显不足。

在落地执行方面，大量村民对“红色文旅”仍然处在概念不明的状态。尽管不少居民表示愿意支持红色文旅小镇的发展，但在未见明显红利的情况下，不少村民对红色文旅这样的新型产业还是存在一定的抵触情绪。在组建人才队伍与推动项目落地的过程中，居民主观能动性的缺失是红色文旅产业发展面临的一大难题。

四　进一步推动文家市镇红色文旅发展的对策

在研究发展路径方面，我们设置了一份线上调查问卷，从消费者的角度出发提出红色文旅的进一步发展路径，并结合当地实际情况，提出有效与乡村振兴对接的方式。

（一）内容主题层面

1. 深挖文化内涵，保持内容为王

红色文化旅游，文化内容始终排在第一位。文家市镇拥有秋收起义起点的光荣革命历史，并拥有“文家市决策”“小石头砸烂大水缸”等众多革命故事。文旅发展中任何产品形式都需要寻求文化的支撑。“打铁还需自身硬”，针对目前文化传播较浅的问题，文家市镇首先需要对当地秋收起义的历史做更深入的研究与延伸，传承文化基因。除了从宏观角度进行总结外，更需要回归历史的血肉，寻找重大历史事件背后鲜活的革命故事和人物形象。在夯实自身文化底蕴的基础上，通过口述讲解、创意演绎、互动场景、数字再现等创新式转化，盘活内容载体，以求打破文化学习停留在表层的僵局，提升内容吸收的效率与深度。

2. 加强共识培育，深入乡域布局

文家市镇定位为省级红色文旅小镇，想要打响红色品牌，不能只依靠景区建设，更重要的是实现从红色圣地走入红色乡村，让红色文化与乡土文化交互融合。推动红色文旅发展一方面需要加强对当地居民的宣传教育，可以通过文化讲习、知识竞赛等方式培养当地居民的红色素养，建立起文家市镇人民的独特红色标识。另一方面，在城乡规划建设上，红色规划不能局限于纪念园景区，更需要注重镇馆间的融合，在乡村景观层面体现红色气息。

3. 发展功能内容，拓展主题定位

任何的旅游形式都需要实现其功能。教育性是红色文旅最重要的功能定位，文家市镇可以以红色研培训作为首要发展方向。同时，旅游的核心在于主题功能定位的实现，在屋场建设方面，需要以红色乡村为基石，同时大力发展消费、休闲、生活、度假等功能主题，打造文家市镇的旅游综合体。

（二）产业设计层面

1. 创新产品形式，拓宽与拓深并重

文家市镇有大量丰富的红色文化资源，但目前整体的开发思路仍然较为简单。目前大部分民众已不再满足于简单的参观学习，而是期待能更贴近红色文旅，增强自己的参与感和体验感。红色文旅的发展不能只靠单调的讲解与学习，更需要旅游与文化的双向互动，从静态变为动态，调动游客的主动性。例如，在文家市镇创办红色主题公园，通过演绎红色舞台剧、设置红色剧本杀、角色扮演等形式为游客提供更多选择，拓宽受众面，实现“休闲旅游”与“学习充实”的一箭双雕。

同时，根据线上调查，不同的年龄群体对文旅形式有着不同的偏好，中老年群体更喜欢观赏性较强的文艺演出、纪念馆等文旅形式；青年群体则更加喜好参与感较强的体验类项目。在拓宽之外，还需要懂得拓深，增强发展战略的针对性与侧重性。一方面可以立足于本地主要的发展战略，利用当地特色优势，有重点地开发文旅产品；另一方面，旅游地也需要针对不同的受众群体，有导向地建设文旅项目，以求精准击中游客消费心理，提升文旅吸引力。

表 4　线上调研中公众对红色文旅形式的喜爱程度

项目	十分喜欢	比较喜欢	一般	不太喜欢	不喜欢
红色遗址、纪念馆	78(28.89%)	110(40.74%)	81(30%)	0(0%)	1(0.37%)
红色文创产品	61(22.59%)	97(35.93%)	103(38.15%)	7(2.59%)	2(0.74%)
红色影视资料	72(26.67%)	106(39.26%)	86(31.85%)	5(1.85%)	1(0.37%)
红色游戏体验项目(剧本杀、民兵训练)	69(25.56%)	86(31.85%)	92(34.07%)	17(6.3%)	6(2.22%)
红色舞台剧、文艺汇演	78(28.89%)	104(38.52%)	78(28.89%)	7(2.59%)	3(1.11%)
数字科技体验(AR、VR)	77(28.52%)	106(39.26%)	78(28.89%)	5(1.85%)	4(1.48%)
课程讲座、书籍报刊	53(19.63%)	88(32.59%)	114(42.22%)	11(4.07%)	4(1.48%)

2. 完善产业布局，增强产业吸纳能力

想要让红色文旅在乡村振兴战略中充分发挥作用，必须以人民为中心，让人民共享发展成果。红色文旅是文家市镇的重点项目，在建设方面，政府与各企业需要联合做好规划与分工，既要努力补齐经济要素，也要防止产业过剩；同时，政府要遵循“普惠性”原则，创造良好的政策环境，吸纳更多村镇居民参与到红色文旅的浪潮中，鼓励居民创新创业，在提升产业经济实力的基础上，促进当地民众就业与增收。

在产业结构层面，文家市镇有过“一村一品”的农产品带货经验，也曾通过红色文旅与特色油饼的结合带动经济发展。文家市镇可以通过“红色+”的模式，例如发展“红色+烟花”“红色+手工”等方式提升传统产业的附加值，将当地居民的日常经济生活吸纳进红色文旅产业链。让做强产业与普惠居民形成良性循环，提升红色文旅对地方经济的带动力。

3. 优化投融资政策，扩大资金来源

文家市镇的红色文旅发展需要强大的资金力量支持，在投融资困难的情况下，文家市镇可以先从本地资金入手，鼓励当地资金返乡回流，加大政策优惠支持力度，为投资者提供更为综合包容的社会环境。另外，在追求大规模资金的同时也不能舍弃零散资金链。文家市镇可利用集体经济形式，设立专项村民投资项目，积小成大，合理利用本土资金力量，并用分红的形式让红色文旅深入居民生活，普惠群众。

（三）传播营销层面

1. 立稳求新，制定全媒体宣传策略

文旅宣传营销是提高知名度和客流量的重要途径。而在这个新媒体蓬勃兴盛的年代，文家市镇的宣传也需要与时俱进，提升新媒体的参与度，增强全媒体的发展思维。在线上问卷调查中，在回答“常用接收渠道”的 266 人中，有 180 人选择了“互联网”。在互联网 App 喜好中，社交类 App 和视频类 App 位列一、二（见表 5）。红色文旅应当加强微信、微博等社交类平台的建设，同时还应增加视频创作的比重，通过电影、纪录片、短视频等艺术影像提升宣传效果。在当代社会，直播带货日渐火爆，淘宝头部主播就曾出售过旅游产品，并取得了不错的反响。自媒体时代也涌现了大量旅行博主和旅行直播间，文家市镇可以联合电商平台发展旅行产品带货，同步实现内容宣传与产品销售。

表 5　线上调研中公众了解红色文旅的 App 喜好调查结果

选项	小计	比例
搜索浏览器(百度、搜狗)	94	52.22%
社交类 App(微信、微博)	122	67.78%
视频类 App(抖音、B 站)	111	61.67%
工具类 App(携程、美团)	42	23.33%
新闻资讯类 App(网易、搜狐)	61	33.89%

2. 把握时机，找准产品营销发力点

2021 年是建党 100 周年，“学党史，强信念”“重走长征路”等活动如火如荼。特殊的时代环境为红色文旅带来巨大流量，文家市镇应抓住环境机遇，积极融入重点活动，结合时代热潮对产品进行宣传推广。在每年的重要节假日和大型红色纪念日，需要进行重点宣传，并且可以通过“限定系列”的方式，迎合消费者心理，形成市场区分度。

另外，湘赣边区域合作示范区已被列入全国重要的建设区域，红色文旅是湘赣边合作的重要一环。文家市镇可联动全市、全省乃至周边省市共同开发系列产品或线路，将“湘赣红”列为重要宣传发力点，努力实现客源互引，品牌共建，传播共赢。

（四）基层建设层面

1. 提升服务质量，完善基础设施建设

根据线下调研结果，不少游客反映当地的服务水平和基础设施建设达不到需求。在景区建设层面，应加强对相关人员的培训，确保文化理解到位，信息传递主动清晰。景区要加强服务意识，合理安排服务时间，适当增加服务考评制度，提升人工服务质量。同时，景区可以积极引进人工智能、VR全景等数字科技，在减轻人工压力的同时，给予游客多样化的体验。

发展红色文旅，配套设施需要同步跟进。在交通方面，既要增加周边乡村与中心乡村的交通线路，形成文家市镇的红色文旅综合体；同时要把握湘赣边乡村振兴示范区的发展机遇，完善其他地区与文家市镇的交通网络，推动湘赣（张坊—慈化）高速公路进入全省交通“十四五”规划重点项目并启动建设。住宿设施方面，在提升现有住宿项目质量的同时，可积极联动当地居民，发展乡村民宿项目，利用自然田园的生活场景吸引游客。同时需要加强对村民的服务培训，完善考评机制，保证设施、服务质量，争取让“吃住在民间”成为乡村振兴新路径。

2. 片区试点先行，打造模范、以点带面

红色文旅是一种新型产业，众多居民对此仍然存在顾虑。一方面，各级干部要注重和群众的联系交流，加强思想疏通与技能培训工作；另一方面，红色文旅的发展模式仍在实验中，需要具有带头片区。文家市镇选择在某一个地区集中力量试点先行，实验红色文旅产业与乡村原有产业的结合模式，开拓乡村民宿、教育研学、体验式游戏等新型产业并取得就业增收时效，打造出乡村红色文化旅游模范区。“以点带面”的模式既能为其他片区的发展提供经验，同时也可提高村民积极性，合理配置村干部力量，优化建设资源配置。

（五）人才队伍层面

1. 完善支持政策，提升人才吸纳能力

人才是乡村振兴的关键要素。人才力量不足，将直接影响文家市镇的红色文旅发展。针对人才稀缺、人才外流的问题，文家市镇需要加强对现有人才的支持力度，加强专业知识、技能培训，提升队伍工作能力。同时，文家市镇也需要制定科学的人才吸纳政策，在职位薪资、落户住宿、教育生活方面给予优待，防止人才流失，吸引外来优秀人才。另外，在社会环境层面，当地应顺应国家政策，在资金、税收、制度层面为人才返乡创业提供良好的环境，加强创新孵化能力。

2. 加强基础教育，储蓄人才后备力量

里仁学校是文家市镇红色历史的起点，现在也是文家市镇基础教育的主要阵地。作为红色革命圣地，红色教育需要从娃娃抓起。文家市镇已有“小小讲解员”的教育经验，未来应当加强在基层教育方面的投入，通过馆校联合，借助红色文化课程、红色文化知识竞赛等形式，加强爱国主义教育，提升当地学生的红色文化素养，为未来文家市镇的发展储蓄后备力量。在老师培训层面，文家市镇的基层教师应当具备一定的红色文化知识，做好学生的带头人，为学生树立榜样。

参考文献

陈文胜：《以“三治”完善乡村治理》，《人民日报》2018 年 3 月 2 日。

陈文胜、李珊珊：《论新发展阶段全面推进乡村振兴》，《贵州社会科学》2022 年第 1 期。

李响：《红色文化和旅游产业：文旅融合的困境与路径》，《学术交流》2021 年第 7 期。

邵明华、刘鹏：《红色文化旅游共生发展系统研究——基于对山东沂蒙的考察》，《山东大学学报》（哲学社会科学版）2021 年第 4 期。

张迪、崔燕：《红色文化旅游资源的挖掘与传播——基于内蒙古红色资源的解读》，《社会科学家》2020 年第 7 期。

何丽萍：《用大融合战略推进桂北地区红色旅游品牌建设——兼论桂北地区红色文化的新时代内涵》，《社会科学家》2020 年第 4 期。

刘利琼、乔旋：《红色旅游的文化价值及育人功能——以红旗渠为例》，《社会科学家》2020 年第 4 期。

王雄青、胡长生：《文旅融合背景下红色文化旅游高质量发展路径研究——基于江西的视角》，《企业经济》2020 年第 11 期。

冯亮、党红艳、金媛媛：《晋中市红色文化旅游资源的评价与开发优化》，《经济问题》2018 年第 7 期。

游涛：《浅议荔波县红色文化旅游开发》，《贵州民族研究》2017 年第 11 期。

皮 书

智库成果出版与传播平台

✧ 皮书定义 ✧

皮书是对中国与世界发展状况和热点问题进行年度监测，以专业的角度、专家的视野和实证研究方法，针对某一领域或区域现状与发展态势展开分析和预测，具备前沿性、原创性、实证性、连续性、时效性等特点的公开出版物，由一系列权威研究报告组成。

✧ 皮书作者 ✧

皮书系列报告作者以国内外一流研究机构、知名高校等重点智库的研究人员为主，多为相关领域一流专家学者，他们的观点代表了当下学界对中国与世界的现实和未来最高水平的解读与分析。截至 2021 年底，皮书研创机构逾千家，报告作者累计超过 10 万人。

✧ 皮书荣誉 ✧

皮书作为中国社会科学院基础理论研究与应用对策研究融合发展的代表性成果，不仅是哲学社会科学工作者服务中国特色社会主义现代化建设的重要成果，更是助力中国特色新型智库建设、构建中国特色哲学社会科学“三大体系”的重要平台。皮书系列先后被列入“十二五”“十三五”“ 十四五”时期国家重点出版物出版专项规划项目；2013~2022 年，重点皮书列入中国社会科学院国家哲学社会科学创新工程项目。

S 基本子库
UB DATABASE

中国社会发展数据库（下设 12 个专题子库）

紧扣人口、政治、外交、法律、教育、医疗卫生、资源环境等 12 个社会发展领域的前沿和热点，全面整合专业著作、智库报告、学术资讯、调研数据等类型资源，帮助用户追踪中国社会发展动态、研究社会发展战略与政策、了解社会热点问题、分析社会发展趋势。

中国经济发展数据库（下设 12 专题子库）

内容涵盖宏观经济、产业经济、工业经济、农业经济、财政金融、房地产经济、城市经济、商业贸易等12个重点经济领域，为把握经济运行态势、洞察经济发展规律、研判经济发展趋势、进行经济调控决策提供参考和依据。

中国行业发展数据库（下设 17 个专题子库）

以中国国民经济行业分类为依据，覆盖金融业、旅游业、交通运输业、能源矿产业、制造业等 100 多个行业，跟踪分析国民经济相关行业市场运行状况和政策导向，汇集行业发展前沿资讯，为投资、从业及各种经济决策提供理论支撑和实践指导。

中国区域发展数据库（下设 4 个专题子库）

对中国特定区域内的经济、社会、文化等领域现状与发展情况进行深度分析和预测，涉及省级行政区、城市群、城市、农村等不同维度，研究层级至县及县以下行政区，为学者研究地方经济社会宏观态势、经验模式、发展案例提供支撑，为地方政府决策提供参考。

中国文化传媒数据库（下设 18 个专题子库）

内容覆盖文化产业、新闻传播、电影娱乐、文学艺术、群众文化、图书情报等 18 个重点研究领域，聚焦文化传媒领域发展前沿、热点话题、行业实践，服务用户的教学科研、文化投资、企业规划等需要。

世界经济与国际关系数据库（下设 6 个专题子库）

整合世界经济、国际政治、世界文化与科技、全球性问题、国际组织与国际法、区域研究 6 大领域研究成果，对世界经济形势、国际形势进行连续性深度分析，对年度热点问题进行专题解读，为研判全球发展趋势提供事实和数据支持。

法律声明